AtV

Theodor Fontane wurde am 30. Dezember 1819 im märkischen Neuruppin geboren. Er erlernte den Apothekerberuf, den er 1849 aufgab, um sich als Journalist und freier Schriftsteller zu etablieren. Ein Jahr später heiratete er Emilie Rouanet-Kummer. Nach seiner Rückkehr von einem mehrjährigen England-Aufenthalt galt sein Hauptinteresse den »Wanderungen durch die Mark Brandenburg«. Neben der umfangreichen Tätigkeit als Kriegsberichterstatter, Reiseschriftsteller und Theaterkritiker schuf er seine berühmt gewordenen Romane und Erzählungen sowie die beiden Erinnerungsbücher »Meine Kinderjahre« und »Von Zwanzig bis Dreißig«. Fontane starb am 20. September 1898 in Berlin.

Mathilde von Rohr (1810–1889) wuchs auf dem väterlichen Gut Trieplatz unweit Neuruppins auf. Nach dem Tod des Vaters 1832 und der Verpachtung des Gutes zog die Familie nach Berlin, wo Mathilde von Rohr in der Behrenstraße einen kleinen literarischen Salon unterhielt, in den Fontane durch seinen Freund Bernhard von Lepel eingeführt wurde. Ihre Bekanntschaft vertiefte sich zu einer dauerhaften herzlichen Verbindung, die nach Mathilde von Rohrs Eintritt in das adlige Damenstift Dobbertin (1869) in einen bekenntnisreichen Briefwechsel mündet.

Überliefert sind 230 Briefe Fontanes an Mathilde von Rohr, eine über dreißig Jahre währende Korrespondenz, die zum Schönsten des reichhaltigen Fontaneschen Briefwerks gehört. Den Romancier und das »gnädigste Fräulein« verbindet Sympathie und eine nicht zu erschütternde menschliche Zuneigung. Nicht nur daß sie ihn mit den Details zahlreicher märkischer Familiengeschichten versorgt, für seine Nöte ein stets offenes Ohr hat und seine Wünsche gern erfüllt. Vor allem ist sie ihm eine Partnerin, an die er sich stets ohne Zwang und Diplomatie wenden kann. Was ihm mit zunehmendem Alter immer wichtiger wird, Arbeit und ein »allerstillster Freundschafts- und Plauderverkehr«, das findet er auf beglückende Weise im persönlichen und brieflichen Austausch mit Mathilde von Rohr in der Berliner Behrenstraße und im mecklenburgischen Dobbertin – ein Gegengewicht zur nivellierenden Oberflächlichkeit großstädtischen Lebens.

Theodor Fontane

Sie hatte nur Liebe und Güte für mich

Briefe an Mathilde von Rohr

Herausgegeben
von Gotthard Erler

Aufbau Taschenbuch Verlag

ISBN 3-7466-5287-1

1. Auflage 2000

Umschlaggestaltung Torsten Lemme
unter Verwendung des Gemäldes
»The Travelling Companions« von Augustus
Satz LVD GmbH, Berlin
Druck Clausen & Bosse, Leck
Printed in Germany

www.aufbau-taschenbuch.de

Inhalt

Anhang

Mathilde von Rohr

Konventualin zu Kloster Dobbertin
† 16. September 1889

In ihrer Nummer vom 19. September 1889 brachte die »Kreuzzeitung« folgende Anzeige:

»Am 16. September, 11 Uhr vormittags, verschied nach langem, schwerem Leiden im 80. Lebensjahr unsere geliebte Tante, Großtante und Schwägerin

Fräulein Mathilde von Rohr
aus dem Hause Trieplatz,
Konventualin zu Kloster Dobbertin.

Im Namen der Hinterbliebenen Christian von Rohr, Hauptmann u. Kompaniechef im 3. G.-Gr.-Reg. Königin Elisabeth.«

Das alte Fräulein hatte ich das Glück zu kennen, und von ihr und der guten alten Zeit, die wenigstens dann und wann eine wirklich gute alte Zeit war, will ich in nachstehendem erzählen.

Mathilde von Rohr wurde den 9. Juli 1810 als fünfte Tochter ihrer Eltern in Trieplatz geboren. Ihr Vater, früher Adjutant beim General von Knobelsdorf, war ein Mann von Gesinnung und Bildung, die Mutter (eine von Hünecke) eine Schönheit, die sich schon mit achtzehn Jahren verheiratet hatte. Das fiel in den Anfang des Jahrhunderts. Es waren harte Zeiten, als die Kinder geboren wurden – die Franzosen im Lande, Durchmärsche, Lieferungen ohne Zahl, und so hielt es denn schwer, sich durchzukämpfen. Auch die

Jahre nach dem Kriege waren Jahre harter Entbehrung. Mit dem zehnten Jahre kam Mathilde nach Brandenburg in Pension, aber nicht auf lange; zwei Jahre später war sie wieder bei den Eltern, und weil Trieplatz keinen Prediger und keine passende Schule hatte, mußte sie jeden Tag zum Unterricht nach dem eine halbe Meile entfernten Brunn. Während der langen und hellen Sommertage bot das keine Schwierigkeit und Gefahr, aber winters war es oft schon dunkel, wenn sie den Rückweg antrat, und der Vater, den es ängstigte, das halberwachsene Mädchen so allein auf der verschneiten Landstraße zu wissen, ging ihr dann entgegen. Mit ihm, immer auf tausend Schritt voraus, war sein Hund, der bei jedem Waldeck anschlug, um die in der Winterdämmerung Heimkehrende schon von weither wissen zu lassen: »Wir sind da.« Dieser Unterricht in Brunn dauerte bis zur Einsegnung.

Das Leben im Trieplatzer Hause war sehr einfach, selbst in die Kirche kam man wenig, weil der Prediger nur selten nach dem Filial herüberkam, und so ging man denn sonntags früh auf Wald und Feld hinaus, wo seitens des Vaters eine Art Gottesdienst abgehalten wurde. Man begnügte sich damals mit wenig, und Gott anbeten in der Natur war so gut wie was anderes. Es kam bloß auf »Andacht« an, ein Standpunkt, der für ketzerischer gilt, als er vielleicht sein sollte.

Das Leben im Hause war von einer rührenden Einfachheit, für die wir heute Sinn und Verständnis verloren haben. Erst im Alter kommt man wieder dahinter, »daß das eigentlich das Wahre sei«. Die Töchter hatten die Wirtschaft zu führen und morgens um vier mit dem Melken zu beginnen. Ein Übelstand war es, daß die junge Männerwelt mit einer Art Geflissentlichkeit von Trieplatz ferngehalten wurde, weil der alte Rohr seine Töchter für sich behalten wollte. Das ging so weit, daß, als einer der Gutsnachbarn, ein reicher adliger Herr, um Mathilde anhielt, dieser Antrag vor ihr verschwiegen und ihr erst viele Jahre später zur Kenntnis gebracht wurde. Sie hätte ihn übrigens doch nicht genommen, denn so reich er war, so moralisch fragwürdig war er, ein Punkt, in dem Mathilde von Jugend auf sehr diffizil war. Alles, um es noch einmal zu sagen, trug den Stempel höchster Einfachheit, trotzdem hatte das Leben einen großen Reiz, so groß, daß Frau von Romberg, eine geborene Gräfin Dönhoff, die zu jener Zeit als junge Gutsherrin auf dem benachbarten Brunn lebte, mir noch nach fünfzig Jahren schreiben konnte: »Trieplatz war damals ein Idyll ohnegleichen, und ich kann Ihnen nicht aussprechen, wie uns jedesmal ums Herz war, wenn ich mit meinem Manne vorfuhr und die schönen jungen Mädchen in ihren einfachen Hauskleidern, aber alle wie aus dem Ei gepellt, auf uns zukamen, aus Stall und Küche, vom Butterfaß und von der Bleiche. Zuletzt erschien dann auch der stattliche Vater vom Felde her, wo er die Aufsicht geführt, das weiße Haar im Winde um die hohe Stirn fliegend und die schönen tiefblauen Augen unter den buschigen Brauen von Freundlichkeit leuchtend. Es war alles reizend in seiner Patriarchalität und Gastlichkeit, und ich kann Ihnen nicht sagen, wie tief sich mir diese Bilder eingeprägt haben. Dabei der alte Rohr ganz Ritter und Offizier und ein Bild schöner Menschenwürde.«

1832 starb der Vater. Trieplatz wurde verpachtet, und die Mutter zog mit den Töchtern nach Berlin. Das Haus des der Trieplatzer Familie nahe verwandten Generals von Rohr, damals ein Sammelpunkt der Berliner Gesellschaft, vermittelte Beziehungen, und sehr angenehme Tage brachen an. Aber Mathilde trat nicht sonderlich hervor, was darin liegen mochte, daß einige der ältern Schwestern ihr an Klugheit überlegen waren, eine jüngere an Schönheit. Sie kam erst zur Geltung, als sie bei Gelegenheit eines Besuchs in Künkendorf, einem in der Uckermark gelegenen Rohrschen Gute, mit dem alten Bischof Roß bekannt wurde. Dieser, im gesegneten Besitz einer liebenswürdigen, bis ins Greisenalter hinein ihm treu bleibenden Kindernatur, erkannte sofort die besonderen Gaben, die sich in der bis dahin wenig beachteten Mädchenseele bargen, und lud das junge Fräulein in sein Haus, eine Einladung, der sie Folge gab. In diesem Bischof Roßschen Hause schloß sie sich alsbald an die durch Klugheit und pikantesten Esprit ausgezeichnete Enkelin des Bischofs an, an Lina Tendering, später Frau Lina Duncker, der sie durch alle Zeit hin, auch die Lassalle-Zeit nicht ausgenommen, eine treue Freundschaft bewahrte.

Es war um die Wende der dreißiger und vierziger Jahre, daß diese Beziehungen angeknüpft wurden; dieselben erweiterten sich später innerhalb der hauptstädtischen Gesellschaft und erhielten ihren Höhepunkt, als die vorerwähnte Frau von Romberg von ihrem Gute Brunn nach Berlin zog, um hier in Gemeinschaft mit ihrer älteren Schwester, der Gräfin Schwerin, das alte Dönhoffsche, jetzt Stolbergsche Palais in der Wilhelmstraße 63 zu bewohnen. Seitens dieser Dame (Frau von Romberg), die die Trieplatzer Tage nicht vergessen hatte, wurde das junge Fräulein wie vordem durch Entgegenkommen und Freundschaft ausgezeichnet und sehr bald auch bei der Gräfin Schwerin eingeführt, in deren »blauem Salon« sich ein gut Teil der damaligen ersten Berliner Gesellschaft versammelte. Herren und Damen nahe verwandter, namentlich ostpreußischer und pommersch-uckermärkischer Familien bildeten den Stamm, zu denen sich hervorragende Personen aus Kunst und Wissenschaft gesellten, darunter Maler wie Hopfgarten, Henning, Kretzschmer. Unter den Gelehrten stand der blinde Professor Müller obenan, ein kluger, in literarischen Dingen versierter, zugleich etwas spitzer Herr, der mit seiner »Ironie«, einer Blume, die damals noch blühte, den Rest der Gesellschaft mehr oder weniger intimidierte. Nur als sich Graf Fritz Eulenburg, der spätere Minister des Innern, in den Salon einführte, war es mit dieser Herrschaft vorbei. Graf Eulenburgs Sarkasmus war doch noch stärker als die Müllersche Ironie. Neben dem Grafen Eulenburg würde sicherlich auch noch ein anderes Mitglied des Kreises, sowohl seinem Charakter wie namentlich seinem Talente nach, die Kraft zur gesellschaftlichen Emanzipation von dem ironischen Machthaber gehabt haben, wenn eben diesem Mitgliede nicht ein geradezu krankhafter Respekt vor »Wissenschaftlichkeit« innegewohnt hätte. Dieser ganz ohne Not sich Unterordnende war Bernhard von Lepel, junger Offizier im Regiment »Kaiser Franz«, der um seiner eben damals erschienenen »Lieder aus Rom« willen ebenso schnell der Protegé der Dönhoffschen Schwestern wie ganz im besonderen der intime Freund des Fräulein Mathilde von Rohr wurde. Diese ganz auf literarischen Interessen aufgebaute, durch drei Jahrzehnte hin fortgeführte Freundschaft hatte schon nach verhältnismäßig kurzer Zeit zur Folge, daß sich von dem großen Zirkel im Dönhoff-Schwerinschen Palais ein kleinerer Zirkel abzweigte, dem Mathilde von Rohr vorstand und in dem, unter Zurücktritt der Maler und Gelehrten, das Dichterelement in den Vordergrund trat.

Ich weiß nicht, wie lange dieser abgezweigte Zirkel schon bestand, als mir eines Tages ein Brief zuging, in dem ich von dem Fräulein von Rohr aufgefordert wurde, »nächsten Sonntag nach dem ›Tunnel‹ (dessen Besuch wie Kirchendienst galt und selbstverständlich nicht versäumt werden durfte) den Tee bei ihr zu nehmen«. Ich sagte natürlich in freudig gehobener Stimmung zu, war aber nach allem bis dahin in Erfahrung Gebrachtem, wonach das Fräulein etwas von einer Queen Elizabeth haben mußte, doch auch in hohem Grade beunruhigt, etwa wie wenn ich in einen geheimen Orden aufgenommen werden sollte.

Schließlich waren Tag und Stunde heran, und ich stieg mit Lepel, der den Introdukteur zu machen hatte, die drei Treppen zur Wohnung des Fräuleins hinauf: Behrenstraße 72. Es war ein stilles Haus, das einem Major von Haeseler gehörte. Die altberlinische Klingel, deren verbogener Draht nicht recht durch die Öse wollte, wurde von Lepel stark, aber doch auch wieder diskret und wohlanständig gezogen, und eine für den Abend engagierte Aufwärterin, die sich durch ein kleines vertrauliches Lächeln auszeichnete, öffnete. Nun legten wir ab und traten in ein einfenstriges Empfangszimmer, darin uns das Fräulein, eine Dame von damals nahe an Fünfzig, in einem schwarzen Atlaskleid empfing. Mit einer Gewandtheit, die teils angeboren, teils innerhalb der verschiedensten Wilhelmstraßenzirkel ausgebildet war, wurden die Honneurs gemacht und mir natürlich gesagt: wie glücklich sie sei, mich nun auch bei sich empfangen zu können. Der Gräfin Schwerinsche Kreis, den ich, wie sie zu ihrer Freude vernommen, demnächst auch kennenlernen würde, sei, bei hundert Vorzügen, doch von ziemlich bunter Zusammensetzung, während sich der kleine Zirkel, der sich bei ihr versammle, lediglich dem Lyrischen und Dramatischen zuwende. So hoffe sie denn, es werde mir gefallen. Unter allen Umständen aber würde ich bald wahrzunehmen imstande sein, wie viele Verehrer meine Dichtungen in dem ihr bekannten Kreise bereits hätten. Ich verbeugte mich; Lepel schmunzelte, was halb der gelungenen Rede, halb dem von ihm mit nur zu vielem Recht angezweifelten Tatbestande galt. Denn so befangen er war und so sehr er die literarischen Tugenden seiner und nun bald auch meiner Freundin überschätzte, so war er doch anderseits unbefangen genug, diese Gefühle nicht auf die Gesellschaft, die sich um das Fräulein versammelte, zu übertragen. Er wußte vielmehr umgekehrt, aus wie literaturabgewandten Persönlichkeiten sich dieser Kreis in seiner großen Mehrheit zusammensetzte. Noch zwei-, dreimal wurde die Klingel gezogen, und ehe 9 Uhr heran war, waren alle Geladenen einander vorgestellt, und die Tür zum

Nebenzimmer ging auf. Jeder seine Dame führend, traten wir ein. Hier war es nun wirklich allerliebst. Das Zimmer niedrig, aber doch doppelt so groß als das Empfangszimmer, Lampen und Blumen auf dem Tisch, alles blinkend von Silber und weißestem Linnen.

Wir waren alles in allem acht Personen: Major von Haeseler und Frau, Herr von Hünecke und Frau, ein Fräulein Wißling (das Teefräulein der Gräfin Schwerin), dann Fräulein von Rohr selbst, Lepel und ich. Alles steht mir noch in voller Deutlichkeit vor Augen, und auch das Gespräch ist mir, wenn nicht in seinem Wortlaute, so doch in seinem Inhalte noch so gegenwärtig, als ob es gestern geführt worden wäre. Man war sehr heiter, alles wohlwollend und die Verpflegung vorzüglich, namentlich auch der Tee, was man damals nicht von allen Berliner Teeabenden sagen konnte. Wir hatten zu Kaviar- und Sardellenbrötchen einen kalten Braten, einen Reh- oder Hammelrücken, den Trieplatz oder irgendein befreundetes Gut in Havelland oder Ruppin geliefert hatte. Zum Schluß kam dann »Götterspeise«, die ihrem Namen Ehre machte; sie bestand aus in Rum oder Kognak getränkten Biskuitscheiben, Himbeerkompott und Schlagsahne, welche dreifache Schicht sich dreimal wiederholte. Zum Schluß wurden Apfelsinen zurechtgemacht, aber während wir unter Andauer dieser harmlosen Beschäftigung bemüht waren, unser Gespräch, das sich meist um Theater und die mit den Haeselers befreundete Familie Hülsen drehte, fortzusetzen, war es ganz ersichtlich, daß sich unserer liebenswürdigen Wirtin eine gewisse Unruhe bemächtigte, die von Minute zu Minute wuchs und sich namentlich auch in ihren auf die jedesmalige Frage nicht mehr recht passenden Antworten zu erkennen gab. Dabei sah sie immer eindringlicher nach der Stutzuhr ihr gegenüber, auf der ein goldener Saturn mit Urne lag, bis sie zuletzt die Konversation kurz abschnitt, indem sie kategorisch bemerkte: »Die Herren werden jetzt etwas lesen.« Nun schwieg alles, während sie selbst unter einer kleinen Verbeugung fortfuhr: »Herr von Lepel und Herr Theodor Fontane wollen nämlich die Güte haben, uns eine von ihnen herrührende ›Terzine‹ zu lesen.« Ich wollte, weil ich glaubte, daß sich das Fräulein versprochen habe, die Sache richtigstellen, Lepel aber warf mir einen grotesk-ernsten Blick zu, der mich verstummen machte, während das Fräulein unbefangen hinzusetzte: »Diese Strophen bilden nämlich eine Art Rede und Gegenrede, wie zwei Advokaten, von denen jeder seine Sache verteidigt. Wie lautet doch das Thema?« Lepel, der bereits sein Manuskript aus der Tasche gezogen hatte, sagte: »Das Thema lautet: ›Reden ist Silber, Schweigen ist Gold‹ und bildet eine Tenzone zwischen mir und meinem Freunde Fontane.« Er betonte das Wort »Tenzone«, Fräulein von Rohr aber merkte nichts, denn Terzine oder Tenzone war ihr dasselbe. Sie hatte viele herrliche Gaben und Lyrik war ihr Ideal. Aber die Nomenklatur italienischer Formen und nun gar diese Formen selbst waren ihr ein Geheimnis geblieben.

Lepel und ich lasen nun unsere Tenzone. Dann trat die herkömmliche Verlegenheitspause ein. Der alte Haeseler wirbelte an seinem Husarenschnurrbart, während seine Frau, älter als er und schon nahe an Achtzig, ihren schwarzen Scheitel, der sich etwas verschoben hatte, wieder geraderückte, dabei Lepel und mich verschmitzt ansehend, wie wenn sie sagen wollte: »Kinder, was soll das alles? Als ich jung war, waren ganz andere Dinge Mode.« Sie stammte nämlich aus den Gräfin-Lichtenau-Tagen und hatte manches erlebt. Endlich nahm Herr von Hünecke das Wort: »Es muß schwer sein«, sagte er, worauf Frau von Hünecke fast einen Lachanfall kriegte und gutmütig hinzusetzte: »Ja, Hünecke, du könntest es nicht.« Durch diesen Zwischenfall war das Eis gebrochen, und nun griff auch die alte Haeseler ein und sagte: »Schwer. Ja, was heißt schwer. Ich glaube nicht, daß es so sehr schwer ist, und improvisieren zum Beispiel ist viel schwerer. Da war hier vor zwanzig Jahren ein Improvisator Langenschwarz, ein jüdischer, aber ziemlich distinguiert aussehender Mann, und wir hatten damals eine Matinee im Konzertsaal, es war das letzte Jahr unter des hochseligen Königs Majestät. Und das Thema war ›Alexanders des Großen Tod‹, und jeder, der anwesend war, hatte das Recht, ihm ein Reimwort zuzurufen. Und da war ja nun dieser schreckliche Mensch, der Glaßbrenner, das heißt, eigentlich war er gar nicht so schrecklich und konnte es nur sein, wenn er wollte, der rief Langenschwarzen, weil er eine Pike gegen ihn hatte, das Wort ›Blutwurst‹ zu, so daß einige lachten, während wir andern alle zusammenschraken. Aber was denken Sie, was geschah? Ohne daß dieser Langenschwarz sich verfärbte, nahm er das furchtbare Wort in seine Dichtung auf, und ich weiß auch noch, daß er mit ›Glutdurst‹ darauf reimte, was damals jeder bewunderte, so daß Glaßbrenner eigentlich geschlagen war, und wenn ich mir das alles vergegenwärtige – Hülsen war damals noch Leutnant und hatte die Plätze besorgt –, so muß ich doch sagen, das war schwerer.« Lepel und ich stimmten vollkommen ein, Fräulein von Rohr aber fand diesen plötzlichen Einwurf in eine Debatte, die sich doch mit einer ernsten Dichtung zu beschäftigen habe, ziemlich unangemessen und sagte: »Frau von Haeseler, ich muß Ihnen doch bemerken, daß ich das Gedicht der beiden Herren seit vorigem Sonntag abschriftlich besitze und daß ich es sowohl der Gräfin Schwerin wie dem Prinzen Georg vorgelegt habe, die beide von der besonderen Schwierigkeit sprachen. Es wird also wohl auch schwer sein. Der Prinz ist selbst Dichter, wie Sie wissen, und ein Mann von Urteil.«

So waren die Abende bei Fräulein von Rohr, deren ich von nun ab, durch mehr als zehn Jahre hin, zahllose verlebte. Der Charakter war immer derselbe, immer sechs, acht Personen, immer Mustertee, immer »Götterspeise«, immer Dichtungen vor einem Publikum, das durch Vortrag derselben grenzenlos gelangweilt wurde. Nur Fräulein von Rohr strahlte. Sie war nach wie vor Lepels Egeria und bald auch meine.

Vielleicht, daß ich mich dagegen doch mehr oder weniger gesträubt hätte, wenn das Wesen des Fräuleins lediglich darin zum Ausdruck gekommen wäre. Glücklicherweise war dies nicht der Fall. Wie der berühmte Böckh nicht stolz auf seine klassische Philologie, sondern auf sein Englisch war, das er in einem fragwürdigen Jargon vorbrachte, so war Mathilde von Rohr stolz auf ihre »Dichter« und das dichterische Interesse, das sie mit ihnen verband, während ihre wirklichen Werte nach einer ganz anderen Seite hin lagen, der Art, daß man füglich von ihr sagen konnte, erst wenn sie das Flitterideal abtat, war sie ein wirkliches Ideal: gut, treu, praktisch, hilfsbereit, immer das Herz auf dem rechten Fleck, immer voll gutem Menschenverstand, immer gerecht. Alles Gewöhnliche, namentlich alles Unhumane war ihr in tiefster Seele verhaßt, und ihr schönster Zug war ihre jedesmalige Empörung, wenn sich Adlige unwürdig benahmen und dabei wohl gar noch bis zu dem Glauben gingen: »Sie dürften sich's erlauben, weil sie Adlige seien«. Dann war nicht mit ihr zu spaßen, und es kamen Szenen vor, wo mir's innerlich nicht genug war, daß ich ihr gerührt die Hand küßte, nein, wo ich der guten alten Dame recte hätte um den Hals fallen mögen. Da waren damals zwei Grafen in ihrer Nachbarschaft, beide Unter den Linden. Nun, den einen, einen notorischen Geizhals, hatte sie aufgegeben, sprach nur mit Achselzucken von ihm und vermied ihn, wenn sie ihm in Gesellschaften begegnete. Den andern aber, einen in seinen Formen sehr liebenswürdigen und höfisch verbindlichen Herrn, konnte sie eigentlich sehr gut leiden und trat für ihn ein, wenn er angegriffen wurde, bis ihr eines Tages zu Ohren kam, er habe das Prinzip, Handwerker nie aus freien Stükken zu bezahlen, sondern – um vom Kapital so viel und so lange Zins zu haben wie möglich – immer erst die Klage der armen Leute abzuwarten. Einer hatte ihr das unter Tränen erzählt und hinzugesetzt, er könne nicht mal klagen, denn dann verlöre er die Kundschaft vieler anderer dazu. Da ging sie zu dem Grafen und machte ihm Vorstellungen, und es half auch; als er aber immer wieder rückfällig wurde, gab sie auch ihn auf und sorgte dafür, daß sein Leumund in der Wilhelm- und Behrenstraße nicht besser wurde. Denn ihr heroischer Mut ließ sie jeden Kampf aufnehmen, wenn es ihr nötig schien. Sie hatte etwas Männliches, aber darin war sie doch auch wieder ganz weiblich, daß sie starke Sympathien und Antipathien hatte, was mir persönlich zugute kam. Ich war ihr Verzug, fast mehr als Lepel, und konnte tun, was ich wollte – sie fand immer eine Entschuldigung. Eine Nachsicht und Milde, die sie keineswegs für jeden hatte! Die letzte Wurzel davon war, gleichviel nun, ob es mir zukam oder nicht, ihr großes Vertrauen zu mir, was einmal einen mich tief rührenden Ausdruck annahm. Als ich nämlich vor jetzt zwanzig Jahren in meine gegenwärtige Wohnung zog und ihr erzählte, das alte Weib, das bis dahin in dieser meiner Wohnung gewohnt und dieselbe sehr ungern verlassen habe, habe beim Hinausgehen so was wie einen Hexenfluch ausgesprochen und mir allerhand Böses gewünscht, was mir nun doch im Kopf herumgehe, da nahm sie meine Hand und streichelte sie und sagte: »Das tut Ihnen nichts; Sie kommen da drüber weg.« Und so verwöhnte sie mich in allen Stükken, hatte nur Liebe und Güte für mich und war mir auch, um eine Hauptsache nicht zu vergessen, bei meinen Arbeiten vom allergrößten Nutzen. Ihrer Natur nach, wie ich nur wiederholen kann, mehr gewollt als wirklich literarisch, hat sie mir trotzdem auf eben diesem Gebiete sehr ersprießliche Dienste geleistet, und wohl ein Dutzend der lesbarsten

Kapitel in meinen »Wanderungen« verdanke ich ihrem nie rastenden Eifer, der mir Empfehlungsbriefe schrieb und mir mitunter auch fix und fertige Beiträge verschaffte, die nur ein wenig der Zurechtstutzung bedurften. Ein solcher Beitrag ist beispielsweise der ein völliges Charakterbild gebende Brief, der sich mit der Frau von Jürgaß, einer Tochter des alten Zieten, beschäftigt. Aber bei solchen von den verschiedensten Seiten herrührenden Beiträgen blieb es nicht, sie war auch persönlich ein wahres Anekdotenbuch und eine brillante Erzählerin alter Geschichten aus Mark Brandenburg, besonders in bezug auf adlige Familien aus Havelland, Prignitz und Ruppin. Den Stoff zu meinem kleinen Roman »Schach von Wuthenow« habe ich mit allen Details von ihr erhalten, und wo ich in dem langen Trieplatz-Kapitel von den verschiedensten Rohrs erzählt habe, sind es Mitteilungen aus ihrem Munde.

Die mit ihr in dem Haeselerschen Hause (Behrenstraße) verplauderten Stunden zählen zu meinen glücklichsten.

So gingen die Dinge bis zum Jahre 1869. Zu dieser Zeit kam die Aufforderung an das Fräulein, ihren Klosterplatz in Dobbertin in Mecklenburg einzunehmen, wozu sie, so schwer ihr das Scheiden aus Berlin auch wurde, sogleich bereit war.

Über diesen Klosterplatz muß ich hier ein Wort einschalten. Dobbertin ist eins jener adligen Fräuleinstifte, denen wir im protestantischen Norddeutschland an den verschiedensten Stellen begegnen; in Brandenburg haben wir Kloster Heiligengrabe, in Pommern Schönfließ, in Mecklenburg verschiedene: Dobbertin, Malchow, Ribnitz. Dobbertin bei Goldberg ist unter diesen dreien das größte. Vordem, wie dies bei all diesen Stiften der Fall, war es ein Kloster, und aus dieser Klosterzeit schreibt sich wahrscheinlich das Recht bestimmter adliger Familien – darunter auch einige nicht-mecklenburgische – her, »ihre Töchter ins Kloster einschreiben zu lassen«. Das geschieht, wenn sie noch Kinder sind. Verheiraten sie sich, so erlischt dies Recht, verheiraten sie sich nicht, so empfangen sie von einem bestimmten Zeitpunkt, wahrscheinlich von der Zeit ihrer Großjährigkeit an, eine Rente, die sie zunächst verzehren können, wo sie wollen, bis im Kloster selbst eine »Stelle« frei wird. Tritt dieser Zeitpunkt ein, so rücken sie nach der Anciennität oder wohl richtiger nach dem Datum der Einschreibung in die Stelle ein. Wenn ich nicht irre, liegt hierzu kein Zwang vor, und ein Fernbleiben vom Kloster, sogar unter fernerer Empfangnahme der Rente, ist durchaus zulässig; dieser Fall tritt aber sehr selten ein, weil das Einrücken in die »Stellen« mit zu großen Vorteilen verknüpft ist. Geräumige Wohnung samt Obst- und Gemüsegarten, Holz, Fisch, Wildpret und wahrscheinlich vieles andere noch gehört zu den Klosterpertinenzien, so daß den in die Stelle einrückenden Damen nicht nur Gelegenheit gegeben ist, die ihnen verbleibende Rente zu gutem Teile zu sparen, sondern sich auch durch Gastlichkeit und Einladungen an arme Verwandte zu wahren Freudenspendern für die ganze Familie zu machen. Könnte man zusammenrechnen, wieviel Gebrechliche, wieviel kranke junge Frauen und bleichsüchtige junge Mädchen in vielmonatlichem Sommeraufenthalt hier wieder genesen sind, so würde das eine Zahl von Tausenden ergeben. Man hat in Mecklenburg, und wahrscheinlich auch bei uns in Preußen, mit diesen »mittelalterlichen Resten« aufräumen und den Reichtum dieser Stifte dem Fiskus, dem gesamten Lande zugute kommen lassen wollen, ein Vorhaben, über das ich weder nach der Rechts- noch nach der Klugheits- und wahren Vorteilsseite hin ein Urteil habe. Diese »Klöster« mögen also fallen, wenn sie durchaus fallen müssen. Mein persönliches Gefühl aber ist für Fortbestand derselben, und zwar deshalb, weil ich in ihnen einen bestimmten, wenn auch vergleichsweise nur kleinen Segen direkt und unzweifelhaft vor Augen habe, während sich alles, was in den »großen Pott«, genannt Fiskus, fließt, meiner Wahrnehmung entzieht. Es ist dasselbe wie mit den Wohltätigkeitsanstalten; ich ziehe es vor, fünf bestimmten Personen jedesmal eine Mark zu geben anstatt fünf Mark einer großen Wohltätigkeitskasse zugute kommen zu lassen, und keine nationalökonomische Gelehrsamkeit kann mir dies Gefühl nehmen. Allerdings gehöre ich auch zu den Ungebildeten, die die indirekten Steuern erträglicher finden als die direkten. Aller Stolz über eine erfüllte Bürgerpflicht »höheren Stils« ist mir fremd.

Und nach diesem Exkurse kehren wir zu unserem Fräulein von Rohr zurück, die nun im Sommer oder Herbst 1869 – es hatte nicht an allerhand Zwischenfällen gefehlt – als »Konventualin« eintrat und ihre Wohnung in einem alten Klosterkreuzgang bezog. An der Spitze des Klosters stand damals die Domina von Quitzow, eine schon neunzigjährige Dame, die, was Klugheit und Entschlossenheit anging, ihrem berühmten alten Namen alle Ehre machte. Selbst Preußin von Geburt, war sie froh, in Fräulein von Rohr »mal wieder eine Preußin« im Kloster zu haben, und in dieser Gesinnung verblieb die Neunzigjährige bis zu ihrem sechs Jahre später erfolgten Hinscheiden; aber diese wundervolle alte Domina war auch das einzige Element, auf das sich die neue Konventualin mit Sicherheit stützen konnte. Die Mitschwestern im Kloster waren entweder gegen oder doch mindestens nicht für sie, was in dem vorwiegend antipreußischen Gefühl des damaligen mecklenburgischen Adels seinen Grund hatte, ein Zustand der Dinge, der durch den 1866er Krieg und unsern Sieg über Österreich eher geschärft als gemindert worden war. Klosterhauptmann zu jener Zeit war Graf Joachim Bernstorff, Sohn des alten Gatower Grafen, der aus seiner welfischen Gesinnung kein Hehl machte. Seine Gemahlin, eine Freiin von dem Busche, vordem Hofdame bei der Königin Marie von Hannover, begriff den Wechsel der Zeiten und versuchte Frieden zu stiften, was ihrem liebenswürdigen Naturell ohnehin entsprach, aber sie kam damit nicht weit, weil der Graf bei der Mehrzahl der Klosterdamen seinen eigenen Gesinnungen wiederbegegnete.

Begreiflicherweise hatte Mathilde von Rohr unter dieser im Kloster herrschenden Strömung zu leiden, bis ihr ein Zwischenfall und der Mut, den sie dabei zeigte, zu einem großen moralischen Siege verhalf, der in seiner Folge die gegnerische Partei teils bekehrte, teils stumm machte. Das kam so. Eine der alten Damen – ich verschweige den Namen, um nicht nach zwanzig Jahren noch wieder böses Blut zu machen – erfreute sich einer kleinen Landwirtschaft, einer Kuh, die den Milchbedarf des halben Klosters bestritt. Aber da kam Krankheit, und die Kuh wurde von einer so schweren Lungenseuche befallen, daß der Tierarzt anordnen mußte, sich ihrer so schnell wie möglich zu entledigen. Das geschah denn auch, aber nicht sehr vorschriftsmäßig, vielmehr erschien ein Schlächter aus Goldberg, um die Kuh zu kaufen und zu schlachten.

Ein Zufall fügte es nun, daß Mathilde von Rohr von dem Fleisch dieser Kuh ein Suppenstück in ihre Küche bekam und sofort den widerlichen und gesundheitsgefährlichen Zustand erkannte. Der Fleischer wurde zitiert und mit Klage bedroht, was diesen endlich bestimmte, mit der Sprache herauszurücken und das empörte Fräulein wissen zu lassen, daß eine andere Konventualin ihm diese Kuh verkauft habe. Mathilde von Rohr war sprachlos, und als sie sich schließlich erholt hatte, stand ihr fest, daß hier ein Exempel statuiert werden müsse. Die Domina, ganz auf ihrer Seite, berief eine Generalsitzung, und hier, in großer Versammlung, erhob sich nun unser altes Fräulein, um mit siegender Beredsamkeit von Adel und christlicher Frömmigkeit zu sprechen, mit denen es freilich schlecht stehe, wenn dergleichen Ekelhaftes vorkäme, was noch dazu nicht besser sei als Vergiftung. Die Wirkung ging über alles Erwarten hinaus. In ihren Alltagsempfindungen waren all die alten Damen immer gegen die »Preußin« gewesen, aber das verletzte Rechtsgefühl war in diesem Augenblicke doch so mächtig, daß ein Umschlag zugunsten des Fräuleins eintrat, auch bei ihren ausgesprochensten Feinden. Von Liebe konnte freilich nach wie vor keine Rede sein, aber ein voller Respekt war gewonnen. Auch der Klosterhauptmann, dem trotz seiner Preußenabneigung das Herz auf dem rechten Flecke saß, war bekehrt.

Bald nach diesem Vorfall war es, daß ich meinen ersten Besuch in Dobbertin machte. Kein poetischerer Aufenthalt denkbar! Das Zimmer, darin wir das Frühstück und abends den Tee zu nehmen pflegten, hatte ganz den Klostercharakter, denn aus seiner Mitte stieg ein schlanker, oben palmenfächriger Pfeiler auf; halb verdeckt davon aber stand ein Schaukelstuhl, von dem aus ich, wenn ich mich im Pfeilerschatten hin und her wiegte, mal links, mal rechts das Kohlenfeuer sah, das in dem altmodischen Kamin still verglühte. Denn ein Feuer war immer da und auch nötig, trotzdem wir mitten im Sommer waren. Um die Fenster rankte sich Blattwerk mit großen gelben Tulpenblumen dazwischen, die bis aufs Dach hinaufwuchsen und dies auf seiner Unterhälfte fast überdeckten. Um all die Baulichkeiten herum lagen Gärten, auch ein Stück Park, und wenn man diesen mit der Richtung auf die Kirche zu durchschritt, kam man zuletzt an den Dobbertiner See, in dessen Nähe sich tagsüber nichts regte, bis dann bei Sonnenuntergang die Dohlen und Krähen zu vielen Tausenden von einem Eichenkamp her herüberkamen, um auf Turm und Kirchendach eine kurze Beratung abzuhalten.

Im Mai 1875 starb die Domina, die alte von Quitzow, fast sechsundneunzigjährig. Bis zuletzt hatte sie sich bei Kraft und fast auch bei Frische erhalten. Sie hatte viel Ähnlichkeit mit der zu jener Zeit in Berlin lebenden Frau von Quast, Roonstraße 8 – Mutter des Kunstkonservators und Großmutter des Landrats von Quast –, die sich noch mit dreiundneunzig in ihren Gesellschaften durch Lebhaftigkeit, Esprit und Dezidiertheit hervorzutun wußte. Der Eindruck, den ich dabei empfing – und mit der alten Domina von Quitzow ging es mir ebenso – war aber doch mehr ein Eindruck des Staunens als der Freude. Man kann auch zu lange frisch bleiben, und die geistige Jugend, die sich viele so sehr wünschen, ist ein zweischneidig Schwert; in einem gewissen Alter muß man auch alt wirken, und wenn dies Natürliche sich nicht vollzieht, so berührt es mehr oder weniger unheimlich. Nach dem Tode der alten von Quitzow sollte die »Preußin« Domina werden, so war Wunsch und Wille der Verstorbenen gewesen. Aber die früheren Antagonismen waren mittlerweile wieder zu Kraft gekommen, und da sich's traf, daß Mathilde von Rohr, just als die Neuwahl stattfinden sollte, schwerkrank darniederlag, so siegte die Gegenpartei, was schließlich vielleicht allen angenehm war, auch den vereinzelten, die für sie gestimmt hatten. In ihrem beständigen Betonen des Rechtsstandpunktes und der wiederzuerobernden historischen Dominamachtstellung – die Domina rangiert, glaube ich, gleich nach den Mitgliedern der großherzoglichen Familie – desgleichen in dem strengen Regiment, das sie sicherlich eingeführt und in Kämpfen gegen die »weltliche Macht«, id est gegen den Klosterhauptmann, behauptet haben würde, flößte sie den verschiedensten Parteien eine gewisse Besorgnis für ihre Zukunft, zum mindesten für ihre Bequemlichkeit ein. Eine jüngere, traitablere Dame wurde Domina, und als Mathilde von Rohr wieder eine Genesende war, war sie weitab davon, in Indisziplin zu verfallen; sie nahm die Dinge, wie sie jetzt rechtmäßig lagen, und unterwarf sich.

Noch zehn Jahre war es ihr vergönnt, frisch und freudig in ihrer Stellung auszuharren, und einzelne Freundschaften, die sie während eben dieser Zeit schloß, gestalteten diese zehn Jahre, trotz herber Schicksalsschläge, zu besonders glücklichen ihres Dobbertiner Lebens. Dann aber kam neue schwere Krankheit, ein Herzleiden. Die Anlage dazu mochte seit lange dasein, aber erst eine große Gemütsbewegung brachte das Leiden zum Ausbruch; ein prinzipieller Streit, den sie hatte, schloß nicht bloß mit einer Niederlage, sondern, der Form nach, in der sie sich vollzog, auch mit einer schweren persönlichen Kränkung für sie ab. Gewiß hätte diese kränkende Form ihr erspart bleiben sollen, anderseits war sie wohl nicht ganz ohne Schuld, wenn der Satz richtig ist, daß man auch im Hervorkehren des sogenannten »Rechtsstandpunktes« zu weit gehen kann. Ich fürchte, daß etwas von diesem »Zuviel« ihrerseits mit im Spiele war. Aber wie dem auch sein möge, sicherlich versah sie's darin, daß sie beim Eintritt in den ihr mehr oder weniger aufgedrungenen Kampf die Kräfte nicht richtig abmaß. Wer solchen Kampf aufnehmen und durchfechten will, muß im voraus wissen, daß er kraft seiner Persönlichkeit oder kraft der Unterstützung, die ihm mächtige Verbindungen und glückliche Gesamtverhältnisse leihen, den Sieg oder doch wenigstens die Chancen des Sieges in Händen hat. Siegt er nicht, so werden nutzlos die Kräfte verzehrt. Und so lag es hier. Mathilde von Rohr heimste schließlich in der von ihr geführten Fehde nichts ein als ein zum Tode führendes, schmerzhaftes Leiden. Dies Leiden selbst trug sie mit großer Ergebung und bestrebte sich dabei, was ihrem natürlichen Menschen beinahe widersprach, voll christlichen Sinnes demütig und vergebungsgeneigt zu sein. Und so verzieh sie denn auch denen, die sie gekränkt hatten. In zwei Stücken aber blieb sie sich gleich bis zuletzt: in der Liebe zu denen, an denen ihr Herz einmal hing, und in ihrem persönlichen Mut. Während ihrer letzten, von asthmatischen Beschwerden beständig heimgesuchten Leidenszeit hatte sie das Unglück, eine freche Person als Hausmädchen um sich zu haben, und alle, die es gut mit ihr meinten, wollten dem abhelfen und namentlich in den Nachtstunden ihr eine zweite Pflegerin geben; aber sie lehnte dies, trotz ihres absolut hilflosen Zustandes, ab, weil sie ihrer moralischen Überlegenheit vertraute. Und dies Vertrauen täuschte sie auch nicht. Mitunter schien ihr Zustand sich zum Bessern wenden zu wollen, am 15. September 1889 aber sahen alle, daß es zu Ende ging, und am Vormittage des 16. entschlief sie. Die Trieplatzer Verwandten kamen; am zweiten Tage schaffte man die Tote nach der Kirche hinüber, und am Nachmittage des dritten (19. September) wurde sie zur Ruhe bestattet. Unter denen, die zum Begräbnis erschienen waren, war auch der älteste Sohn ihres alten Freundes Bernhard von Lepel.

Ein äußerlich nicht hervorragendes, aber innerlich tüchtiges Leben hatte aufgehört zu sein. Ihre vollste Würdigung hatte sie von der alten Domina von Quitzow erfahren, die von ihr zu sagen pflegte: »Es gibt nur *eine* Rohr«, und immer voll Anerkennung jener Ungeschminktheit und Einfachheit war, die zuletzt unser Bestes bleibt. Und einfach und natürlich waren schließlich auch noch die Aussprüche, die sie während ihrer letzten Krankheit zu Befreundeten tat: »Immer erst das tun, was vor Gott recht ist; dann erst kommt die Rücksicht auf andere und die Liebe zu den Menschen.« Und bei anderer Gelegenheit: »Nur nicht immer bloß klug sein wollen; wer bloß klug ist, da zeigt sich's über kurz oder lang in abschreckender Gestalt, daß ihm das Beste fehlt: die Wahrheit und die Güte. Und wo die fehlen, da kommt nichts zustande.«

Sie war eine richtige Lutheranerin, noch mehr ihrem Wesen als ihrem Bekenntnis nach, und wußte sich was damit. Da machte es denn einen großen Eindruck auf mich, daß sie mir, wenige Wochen vor ihrem Tode, als ich sie noch einmal in Dobbertin besuchte, mit Ergriffenheit sagte: »Ja, wir hoffen selig zu werden, und ich hoffe es auch. Aber wenn dann so die Beängstigungen kommen, da habe ich doch schon gebetet, daß es vorbeisein möchte, und wenn es auch ganz und gar vorbei wäre. Schrecklich zu sagen, aber die Seligkeitsfrage beschäftigt mich in solchem Augenblicke gar nicht mehr.«

Neben ihrem lutherischen Wesen war sie vor allem spezifisch märkisch und gehörte zu denen, an denen man alle guten und auch einige schwache Seiten des alten Märkertums wie an einem Musterbeispiel studieren konnte; sie war, um es am Schlusse noch einmal zu sagen, tüchtig, verständig, zuverlässig, ja, mehr denn das, treu wie Gold, und ihre schlichten, immer aus der Lebenserfahrung heraus gesprochenen Sätze haben durch ein Menschenalter hin einen großen Einfluß auf mich geübt, auch solche Sätze, denen ich jede höhere und mehr noch jede schönere Berechtigung absprechen mußte. »Nie über seine Verhältnisse leben«, das war natürlich richtig. Und auch das war richtig: »Niemandem zur Last fallen, lieber entbehren und entsagen.« Aber in ihrem am eindringlichsten gepredigten Satze: »Nur von andern nichts annehmen«, konnte ich ihr nicht zustimmen. Freilich lag gerade die Weisheit dieses Satzes – wenn er nun mal bedingungsweise (und das kann er) für weise gelten soll – tief in ihrer Natur begründet, von Jugend an. Als sie zehn Jahre alt war, wollte ihr eine alte Tante durchaus einen Taler schenken; sie nahm ihn, nach langer Gegenwehr, endlich auch an, aber kaum wieder im Zimmer allein, so warf sie ihn fort und rief weinend: »Ich will keinen Taler.«

»Nur nichts annehmen« – noch einmal, ich stehe gegen diesen Satz. Aber das unter märkischen Erfahrungen und Anschauungen herangewachsene und alle Zeit über unter den entsprechenden Eindrücken verbliebene Fräulein wird localiter, so viel kann ich zugestehen, wohl auch in diesem Punkte recht gehabt haben. Leider. Es ist nicht christliche Weisheit, die sich darin ausspricht, aber brandenburgische. Das arme Land hat in den Jahrhunderten eine dieser Armut entsprechende Weisheit großgezogen.

Briefe an Mathilde von Rohr

1

Erlauben Sie mir, mein gnädigstes Fräulein, Ihnen für Übersendung des Subskriptions-Bogens meinen allerergebensten Dank zu sagen. Übermorgen (zwischen 12 u. 2) hoff ich die Billets in Person bei Ihnen abgeben zu können, wollte aber mit meiner Danksagung bis dahin nicht warten. Mit den besten Wünschen für ein glückliches neues Jahr, mein gnädigstes Fräulein, Ihr ganz ergebenster

Th. Fontane.

[Berlin,] Silvester 1859.

2

[Berlin, Ende Januar 1860] *Donnerstag abend.*
Tempelhof. Straße 51

Hochgeehrtes, gnädiges Fräulein.

Anbei »Wigands Telegraphen« mit ergebenstem Danke zurück.

An Skulski (Schadowstraße 9) hab ich eben geschrieben und ihn bestandpunktet. Der Graf kann also jetzt so viele Billets, wie er will, à 2 Tlr. haben. Ich bin indes überzeugt, daß alle diese Vorkehrungen umsonst sein und über das Fach, zu dem er ein für allemal den Schlüssel verloren hat, nichts vermögen werden. Vielleicht ist es auch das Beste, man läßt ihn, wie er ist, und stört ihn nicht in seiner natürlichen Charakter-Entwicklung.

Mit ausgezeichneter Hochachtung und unter Hinzufügung ergebenster Empfehlungen von seiten meiner Frau, Ihr ganz ergebenster

Th. Fontane.

3

[Berlin, Ende Januar 1860] *Dienstag*

Gnädigstes Fräulein.

Im Vertrauen darauf, daß es bei Donnerstag verbleiben werde, nahm ich gestern abend eine anderweite Einladung auf Freitag an, allerdings mit Furcht und schlechtem Gewissen. Nun zeigt sich's, daß die Furcht begründet war. Wie helfen wir uns nun? vielleicht ginge Sonntag *nach* dem Tunnel, oder – wenn Lepel nichts dagegen hat – schwänzen wir am Sonnabend den Rütli und finden uns 7½ bei Ihnen ein. *Mir* paßt das eine wie das andre.

Meine Frau dankt Ihnen herzlichst für Ihre freundlichen Worte und wird diesen Dank, sobald es die Verhältnisse gestatten, mündlich Ihnen selbst wiederholen.

Mit vorzüglichster Hochachtung Ihr ganz ergebenster

Th. Fontane.

Ich war heute bei Skulski; Graf B. hat 2 Billets von seiner Seele gerungen; *solche* Taler bringen einem Glück!

4

[Berlin, 18. Februar 1860] *Sonnabend*

Tausend Dank, mein gnädigstes Fräulein, für Ihre freundlichen Zeilen vom Donnerstag und die R.sche Besprechung, die sich diesmal durch Maß vorteilhaft auszeichnet.

Möge uns Frl. v. Crayn noch lange erhalten bleiben; man kann aber bei 75 freilich nicht wissen, und so würd ich Ihnen sehr dankbar sein, wenn Sie Tag und Stunde festsetzen wollten, wo die Begegnung stattfinden kann. Maler Wisniewski ist schuld, daß ich mir diese Begegnung nicht mehr anders denken kann, als wie zwei steif dastehende Personen, die sich über dem noch steifer daliegenden Prinzen Louis Ferdinand die Hand reichen, gerührt sind und wenig sprechen.

Donnerstag nachmittag (außer sonntags – Tunnel und mittwochs – Vorlesung) ist die einzige Zeit, wo ich immer engagiert bin.

Wenn ich die Ehre habe, Sie zu sehn, werd ich mir noch erlauben, Ihnen meinen Plan (etwas »Politisches«) vorzulegen, der mich jetzt lebhaft beschäftigt und vielleicht Ihr Interesse wachruft.

Meine Frau empfiehlt sich Ihnen angelegentlichst.

Wie immer, mein gnädigstes Fräulein, Ihr ganz ergebenster

Th. Fontane.

5

[Berlin, Juni 1860]

Gnädigstes Fräulein.

Schönsten Dank für Ihre freundlichen Zeilen; – wir hatten die Absicht zu kommen, fühlen uns aber in diesem Augenblick (9¼) beide unwohl und möchten es durch das Wetter, das ich, eben vom Rütli kommend, sehr rauh fand, nicht verschlimmern. So verzeihen Sie wohl, wenn wir mildere Lüfte abwarten.

Ihre freundliche Empfehlung meines schottischen Buchs [»Jenseit des Tweed«] interessiert mich; liest es die Prinzessin [Victoria?] wirklich, so würd es mich sehr interessieren, ihr Urteil zu hören, denn sie kennt ja alle diese Dinge. Wie immer Ihr ergebenster

Th. Fontane.

Meine Frau empfiehlt sich Ihnen bestens. Sonnabend.

6

[Berlin, 10. Juli 1860?]

Mein gnädigstes Fräulein.

Tausend Dank für Ihre freundlichen Zeilen und das geneigte Avertissement in betreff von Frau v. R[omberg].

Ich hatte auch die feste Absicht, heute abend 9 Uhr dort zu sein; die Charlottenburger Partie dauerte aber länger, und ich komme diesen Augenblick erst (10 ½) zurück. Ich will's nun morgen mittag versuchen.

Wie immer Ihr

Th. Fontane.

7

Mein gnädigstes Fräulein.

Beide Tage kann ich und stehe, ganz wie es *Ihnen* paßt, am einen oder andern zu Ihren Diensten. Jeder ist mir gleich recht.

Meinen George hat Ihre Güte ja sehr erfreut, mich beschämt.

Den berühmten Brief an Scherz hat meine Frau, im letzten Moment sich noch besinnend, *nicht* abgeschickt, was ich natürlich mit Befriedigung erfahren habe.

Wie immer Ihr ganz ergebenster

Th. Fontane.

[Berlin, 1860 oder 1861] *Freitag.*

8

[Berlin,] *Sonntag*. d. 30. Dezeb. 60.

Mein gnädigstes Fräulein.

Ihre große Freundlichkeit hat mich in Wahrheit beschämt. Sie sprechen von Dank; da müssen Sie nicht wissen, wie tief ich mich Ihnen verschuldet fühle. Eine von Herzen kommende und deshalb herzerquickende Hospitalität wird immer rarer in der Welt – *Sie* üben sie noch, und ich möchte den sehn (oder lieber nicht sehn, denn es müßte ein greulicher Mensch sein), der ohne Gefühl und ohne Dankbarkeit dafür wäre. Die Welt wird unsrer gemeinschaftlichen Freundin mit dem Kehrmichnichtdran und der völlig befriedigten Miene immer ähnlicher, und je ähnlicher die Welt ihr wird, desto höher schätzt man die Plätze, an denen noch von Herzensgüte ein reich gewogen Teil zu finden ist.

Ich hoffe spätestens übermorgen Gelegenheit zu finden, Ihnen, hochgeehrtes gnädiges Fräulein, meinen Dank mündlich wiederholen zu können; ich wollte aber doch bis dahin nicht warten, daher in vollem Geburtstagstrouble diese flüchtigen Zeilen. Über Lepels erfahr ich vielleicht ein Wort bei Ihnen.

Ihr dankbar ergebenster

Th. Fontane.

PS Wenn ich beschämt war, so war meine Frau gerührt. Sie empfiehlt sich Ihnen bestens. Sie ist diesen Augenblick noch entschlossen, Ihnen morgen ihren Besuch zu machen; ich fürchte aber, daß sie beim besten Willen nicht die Zeit dazu finden wird.

9

[Berlin, 11. Januar 1861]

Mein gnädigstes Fräulein.

Vor vielem Plaudern vergeß ich bei Ihnen in der Regel die Hälfte von dem, was ich sagen und fragen wollte. So hatt ich, als ich das letzte Mal die Ehre hatte, Sie zu sehn, die Frage auf dem Herzen: hab ich bei Gräfin Schwerin eine Visite zu machen? oder genügt Karte abgeben? Ist die Visite nötig, was ich fast glaube, so entsteht die andre Frage: wann? Sonntag ist wohl unzulässig, und wochentags, wie Sie wissen, kann ich erst nach Tisch. Helfen Sie, wie immer, mit Ihrem guten Rat. – Lepel ist avertiert; natürlich vollste Bereitschaft, warum auch nicht? Meine Frau empfiehlt sich Ihnen angelegentlichst; ob die Affären des Hauses ihr Miterscheinen gestatten werden, steht leider noch dahin.

Wie immer Ihr ganz ergebenster

Th. Fontane.

Freitag abend.

Gerlach auch tot!

Schade, daß die Gerlachs in der Fülle ihrer bedeutenden Eigenschaften doch alle unpoetisch sind; sonst wäre dieser Tod ein fix und fertiges Gedicht.

10

Hochgeehrtes gnädiges Fräulein.

Da Sie so freundlich waren, uns zwischen Freitag und Sonntag die Wahl zu lassen, so ist meine Frau so frei, sich für Sonntag zu entscheiden. Hoffentlich hat sich seit gestern abend in der Situation nichts verändert. Meine Frau kommt wohl etwas früher, ich gleich nach dem Tunnel; Lepel ist hoffentlich von der Partie. Ich seh ihn erst am Donnerstag, nicht am Mittwoch, wie ich gestern sagte, da unser »Ellora-Weihnachtsfest« um einen Tag vertagt worden ist. So werd ich auch kaum vor Freitag abend meine Aufwartung bei Gräfin Schwerin machen können. Wie immer Ihr ganz ergebenster

Th. Fontane

[Berlin, 22. Januar 1861] *Dienstag.*

Meine Frau empfiehlt sich Ihnen angelegentlichst.

11

Gnädigstes Fräulein.

Die gebrochenen Kräfte, mit denen wir von einem Merckelschen Diner heut abend heimkehrten, reichten gerade noch aus, um die zugesagte Tenzonen-Abschrift für Frl. A. v. Lepel anzufertigen. Heißt es Ihre Güte nicht mißbrauchen, wenn ich Sie freundlichst ersuche, die Abschrift noch in die rechten Hände gelangen lassen zu wollen. Ich könnte direkt schreiben, aber ich weiß nicht recht, wie ich adressieren soll. Darf ich bitten, wenn sich's so macht, meine ergebensten Empfehlungen und Reiseglückwünsche beizufügen. – Wie schade, daß es nicht Diamanten waren! ich meine natürlich nicht die Tenzonen-Strophen, sondern den wiedergefundenen – Schmuck meiner Frau. Wie immer Ihr ganz ergebenster

Th. Fontane.

Berlin d. 28. Februar 61.

12

Man kann auch *zu* liebenswürdig sein und einen armen Menschen in Verlegenheit bringen, der in einem unbewachten Moment seinen Rotwein-Appetit geäußert hat. Man kann fast zu liebenswürdig sein, aber nie zu dankbar. Und so denn demgemäß Ihr

Th. F.

Berlin, Dienstag nachmittag. 16. April 61.

13

[Berlin, 16. April 1861]

Hochgeehrtes, gnädiges Fräulein.

Nur noch kleine Wölkchen; auch diese, denk ich, werden schwinden, und die Sonne bricht wieder durch.

Ihre freundlichen Zeilen haben mich sehr beschämt; aber ein paar Punkte darin erscheint es mir wie Pflicht noch einmal zu besprechen.

Sie gehen davon aus: »ich läse nicht gerne vor«; von dieser Seite aus aber dürfen Sie die Sache nicht ansehn, wenn Sie mir nicht wirklich bitter unrecht tun wollen. Hätt ich die Tenzonen *absichtlich* nicht mitgebracht, um der Vorlesung überhoben zu sein, so wär ich schlechtweg ein grober, rücksichtsloser und undankbarer Mensch, und Ihre mich beschämenden Worte, daß Sie nichts hätten fordern sollen, was mir ein Opfer kostet, kann ich, trotz der großen Freundlichkeit, die in diesen Worten liegt, nicht akzeptieren. Ich lese nicht sehr gern vor, aber auch nicht sehr ungern; wenn ich's aber auch wirklich ungern täte (was nicht der Fall ist), so würd es doch immer meine allergebotenste Pflicht und Schuldigkeit sein, diese Unlust nie und nimmer einer Dame gegenüber zu zeigen, die mir, von dem ersten Augenblick an, wo ich die Ehre hatte, sie näher kennenzulernen, in ununterbrochener Reihenfolge Liebes und Gutes erwiesen hat. Ich bin nicht *sehr* dankbar, aber ich bin doch auch nicht geradzu undankbar und am wenigsten hätt ich Lust, es unter rücksichtslosen Formen zu sein. Noch einmal: die ganze Geschichte war, was man so gemeinhin ein »Pech« nennt; außerdem aber, wie ich gern zugeben will, eine Folge davon, daß ich solche Dinge leichtnehme und davon ausgehe: »ach, es wird sich schon machen, so oder so.« In der Regel glückt es auch, aber mitunter geht alles schief. Wären meine Balladen zufällig zur Hand gewesen (worauf ich sicher gerechnet hatte), so wäre ja alles noch ganz passabel abgelaufen. – Und nun noch eins. Sicherlich rechne ich die schönen, heitren, zwanglosen Abende bei Ihnen nicht zu den »Gesellschaften«, sie sind mir in jeder Beziehung eine Freude, eine Erquikkung, *genau das, was mir gefällt*, mehr kann ich nicht sagen. Aber ich gehe weiter, ich wollte auch die »Gesellschaften« selbst durchaus nicht in Anklagezustand versetzt haben, denn sie sind nötig und unter Umständen doch auch interessant. Ich meinte in meinen letzten Zeilen nur, daß es für einen Menschen, der vorzugsweise auf Arbeit, und zwar noch dazu auf *geistiges Produzieren* angewiesen ist, *sehr schwer* ist, zugleich die Pflichten, die die Gesellschaft im weitesten Sinne oder, wenn Sie wollen, der *Umgang* überhaupt auferlegt, zu erfüllen. Man wird immer mal Dinge vergessen, die man nicht vergessen sollte, oder einen Gang nicht machen, der gemacht werden müßte. Nicht nur für mich selbst, sondern für die ganze *Gattung* bitt ich um Nachsicht. Wie immer Ihr treu ergebenster

Th. Fontane.

(Meine Frau ist im Sternschen Konzert.)

14

Gnädigstes Fräulein.

Allerschönsten Dank für Ihre freundlichen Zeilen. – Ich bedaure allerdings, daß mir mein Dank in der Kehle steckenbleiben muß, wär ich neugieriger, so käme noch ein andrer Schmerz hinzu.

Wer vertritt denn die eine dissentierende Stimme?

Die Dankvisite bei Bethmann-Hollweg wird mir durchaus nicht schwer, wenigstens viel leichter als die Petitions-Visite vor anderthalb Jahren.

Im übrigen werd ich *schweigen* aus allen möglichen Gründen; ich bin nicht vorsichtig und nicht diskret (wenigstens kein Lepel), aber da kann ich's sein und *bin* es, wo es mein Vorteil erheischt.

Sie sehen, ich tauge auch nichts. – Meine Frau empfiehlt sich Ihnen. In alter Ergebenheit Ihr

Th. Fontane.

Berlin d. 14. Mai 61.

PS Frau v. Alvensleben hat schöne, freundliche, liebenswürdige, besonders *leuchtende* Augen.

15

Gnädigstes Fräulein.

Darf ich bei Ihnen anfragen, *welcher* Abend wohl der geeignetste wäre, um bei Gräfin Schwerin das »Adlerlied« vorzulesen? Wenn ich ganz drum hin käme, so wäre mir das freilich das liebste, doch bedarf ich dazu erst eines Winkes von Ihnen, daß die Gräfin die Geschichte vergessen hat oder mit Reisevorbereitungen über die Maßen beschäftigt ist. Ist beides nicht der Fall, nun so muß es sein, und ich warte auf Ihre

Befehle; ich kann morgen, übermorgen, allenfalls auch *heut* (Mittwoch), aber nicht am Sonnabend.

Lepel war gestern abend bei uns und sehr nett; ich denke, die Frage wegen annehmen oder nicht ist so gut wie entschieden.

Meine Frau empfiehlt sich Ihnen angelegentlichst; so tue ich. Ihr ganz ergebenster

Th. Fontane.

Berlin, Mittwoch früh, *d. 12. 6. 61.*

16

Gnädigstes Fräulein.

Herzlichsten Dank für Ihre freundliche Einladung; wir stehen wie immer mit tausend Freuden zu Diensten. Ich habe eben (bei Krug [»Krugs Garten« am Lützowufer] hatte ich zu fragen vergessen) an Lepel geschrieben; erlauben Sie, daß *er* den Tag bestimmt, uns ist allerdings der *Sonntag* angenehmer, weil wir am Sonnabend nachmittag nach Treptow müssen. Meine Frau, die todmüde ist, bittet um Entschuldigung, daß sie mich als Sekretär engagiert hat, und empfiehlt sich Ihnen angelegentlichst. Ich folge so gutem Beispiel und bin wie immer Ihr ergebenster

Th. Fontane.

Donnerstag abend d. 27. 6. 61.

17

Berlin d. 6. August 61.

Mein gnädigstes Fräulein.

Nach 3/4stündigem Suchen auf Spezialkarten und in Geographie-Büchern hab ich mich endlich für Mützlitz entschieden, nachdem ich lange geschwankt habe, ob ich Möthlow oder Mützlitz nehmen solle; in meinem Gedächtnis existiert nämlich der Name, den Sie so freundlich waren mir zu nennen als Mötlitz, der zwischen Möthlow und Mützlitz genau die Mitte hält, von dem einen hat er den Kopf, vom andern den Schwanz. Ich werde aber auf das Kuvert doch noch eine Bemerkung schreiben, die die Chancen richtigen Ankommens erhöht.

Ich schreibe, gnädigstes Fräulein, zu folgendem Behuf.

Eben ist mein Brief an Gräfin Schwerin (unter *richtiger* Adresse) abgegangen, und wie ich die Gräfin zu kennen die Ehre habe, wird sie natürlich antworten. Aber wann? Selbst wenn sie nur eine Woche vergehen läßt, ist es zu spät. Und doch mocht ich ihr das nicht schreiben, es kam mir so wichtigtuerisch vor oder mußte notwendig zu der Betrachtung führen: nun, wenn es solche Eile hat, konnt er ja eher schreiben.

Sie erraten nun schon, was ich von Ihnen erbitten möchte – ein paar Worte direkt an die Gräfin, worin Sie ihr von meinen Nöten und Verlegenheiten erzählen. Hab ich Glück, so hat sie den Brief am Sonnabend früh, und vielleicht am Montag oder Dienstag ist schon Antwort in meinen Händen.

Ich schäme mich aber doch, Ihnen nichts zu schreiben wie das Vorstehende, und so geh ich getrost auf einen zweiten Bogen über.

Wir rösten hier fast, wäre nicht etwas Wind, so wäre es tödlich; dabei ist meine Frau mit der Kleinen [Martha] über Land (nach Köpenick), ich denke beide als Zigeuner wiederzusehn.

An Lepel hab ich noch nicht geschrieben, da die Briefe, auf die er und ich warten, noch nicht in meinen Händen sind; an die Tenzone denk ich dann und wann, aber der Druck meines Buches [erster Band der »Wanderungen«] schreitet so rasch vorwärts, daß ich alle Kraft und Zeit zusammennehmen muß, um Schritt zu halten, denn es sind ja noch ganze lange Kapitel zu schreiben, darunter auch – *Ganzer*. Nächsten Sonntag will ich hin.

Am Freitag oder Sonnabend wird das »Turnfest« beginnen, was an und für sich Leben genug machen wird und außerdem eine politische Bedeutung dadurch erhält, daß Hof und Regierung auch diese Gelegenheit benutzen, ihre liberale, deutsche Richtung zu zeigen. Ganz gut; aber ich fürchte, der »Umschlag« kann nicht ausbleiben. Man hat nur noch die Wahl zwischen etwas tun und – sich blamieren.

Genießen Sie die stillen Wochen des Landlebens; fast könnt ich Sie drum beneiden, mitunter hab ich die Hetzjagd doch herzlich satt und sehne mich nach Ruhe. Aber nichts dergleichen ist in Sicht, und das macht einen noch unruhiger.

Bitte, lassen Sie mich durch eine Zeile wissen, daß dieser Brief in Ihre Hände gekommen ist, ich fürchte sonst doch, daß mir Möthlow und Mützlitz einen Streich gespielt haben. Unter Gruß und Dank wie immer, gnädigstes Fräulein, Ihr ganz ergebenster

Th. Fontane.

18

Berlin *d. 11. August 61.*

Mein gnädigstes Fräulein.

Also doch Mötlitz. Welch Triumph für mein Gedächtnis, aber vergeblich hab ich *diesen* Namen in den allergenausten Büchern gesucht – ist es vielleicht nur ein Vorwerk, ein einzelnes kleines Gut? sonst verzweifle ich an unsren Geographen und Statistikern.

Heute 7 ½ nach Ganzer, um 11 dort, bis gegen 1 geblieben und auf dem Kälberwagen des Krugwirts (die Post war schon um 12 durchgekommen), freilich gegen Zahlung eines baren Talers und des Chausseegeldes, in einer *halben* Stunde (es sind 5/4 Meilen) zurück. Um 4 wieder hier; unter den Linden – ich saß oben auf dem Omnibus, der nun still halten mußte – den *Turner*-Zug bei kostbarstem Wetter und unter äußerstem Jubel und Menschenandrang gesehn, die ganze Geschichte ein reizendes Bild. Es würde auch Ihnen viel Freude gemacht haben, wiewohl die Konservativen von der ganzen Geschichte nicht viel wissen wollen.

Ich war also in Ganzer. Das Dorf reizend und mir durch die noch in allem deutlich sichtbare *Zweiteilung* – der man jetzt anderwärts sehr selten begegnet – doppelt interessant, links die Rohr- und rechts die Jürgaß-Seite. Zwei Krüge, zwei Herrenhäuser, zwei Grabgewölbe etc. Das gußeiserne Denkmal ist sehr stattlich und in gutem Geschmack ausgeführt, die Inschriften indes (ein paar Wendungen abgerechnet) doch nur von mäßigem Interesse. Ich würde mich freun, wenn ich *recht, recht* bald von Ihnen, mein gnädigstes Fräulein, erfahren könnte, *wer* das Denkmal hat errichten lassen; – die Inschriften klingen beinah so, als rührten sie vom Grafen Zieten her. Hätt ich mehr Zeit, so würde »Ganzer« noch wieder ein prächtiges Kapitel werden können, aber so fehlt es an Zeit zu sorglicher Ausführung. Auch der Rohrs werd ich erwähnen; ein Landrat dieses Namens hat ein Denkmal in der Kirche, mit einer ganz unglaublich wahnsinnigen Inschrift. Die Hauptfigur bleibt natürlich Frau v. Jürgaß, geb. v. *Zieten*, und meine Bitte an Sie geht dahin, daß Sie mir noch in einem Briefchen *nach Möglichkeit* von dieser Dame erzählen. Ich weiß, daß sie klein, häßlich, klug und liebenswürdig war, und habe das Gedicht der Frau v. Drieberg, aber gern erführ ich noch einzelne, frappante Züge, um doch ein leidliches Charakterbild geben zu können; namentlich möcht ich auch wohl wissen, ob zwischen

Wustrau und Ganzer bis zuletzt ein andauernder, intimer Verkehr war und wie er sich äußerte. – Auf wen ist denn der Namen Wahlen-Jürgaß übergegangen? Meine Frau dankt für Ihre freundlichen Worte und empfiehlt sich Ihnen aufs angelegentlichste; so tue ich und bin wie immer Ihr ergebenster

Th. Fontane.

Einen Brief von der Gräfin [Schwerin] erwart ich morgen.

19

Berlin d. 2. Sept. 61.

Mein gnädigstes Fräulein.

Gestern endlich ist ein dickes Manuskript abgegangen, darunter auch »Ganzer«. Hoffentlich werden Sie, wenn Ihnen nach 3 Monaten das Buch [erster Band der »Wanderungen«] zu Gesicht kommt, nicht böse sein über meine Plaudereien. Ich erhalte zum Schluß, von einer schlanken blassen Dame, die ich (natürlich nur in der Phantasie) im Ganzerschen Herrenhause habe kennenlernen und die mich durch ihr schönes schwarzes Haar, ihren Strohhut mit rotem Band und einen pikanten Leidenszug interessiert hat, einen Brief, worin mir besagte blasse Dame alles schreibt und erzählt, was ich von meinem hochverehrten Fräulein v. Rohr, die das Glück hat gesund zu sein und gar nicht blaß auszusehn, alles erfahren habe. Übrigens kann kein Mensch erraten, daß es von Ihnen stammt – es sind ja außerdem auch die liebevollsten Urteile.

Nun 2 ergebenste Fragen noch.

1) Der Krugwirt in Ganzer sagte mir von den beiden alten Herrn: »de een wor en beten streng, aberscht de anner wor sehre good und gäw jeden 'nen Daler zu dem oder gegen

welchen sin Broder to streng west wor.« Nun will ich dies in märkischem Platt sagen, meine Kenntnis reicht aber nicht so weit, namentlich ist das Wort »jeder« und »gegen welchen« ganz hochdeutsch. Bitte geben Sie dem ganzen Satze in *sehr freier* und willkürlicher Übertragung eine solche Form, daß er *echt* aussieht und nicht den »jebildeten Berliner« verrät. – 2) Wieviel Kinder sind auf dem großen Rohrschen Familienbilde in Meyenburg abgebildet und welche Szene ist es, bei welcher sie aufmarschieren? Pardon für die Ungeniertheit meiner Fragen.

Hier wird es nun wieder menschlich, die ersten Zugvögel kommen zurück und lassen sich wieder häuslich nieder: Roquette, Frl. von Mühler, Merckels, Bormann sind wieder da, nur auf Frl. v. Rohr und Lepel werden wir noch lange warten müssen. Zuletzt aber kommen auch sie, und die kleinen Plauder-Abende mit dem Marzipan und den Pumpernickelbrötchen nehmen Behrenstraße 70 wieder ihren Anfang. Wir freuen uns alle darauf, d. h. meine Frau und ich. Wie immer Ihr

Th. Fontane.

Meine Frau empfiehlt sich Ihnen angelegentlichst. Die Gräfin [Schwerin] antwortete umgehend; Ihre Menschenkenntnis hat sich glänzend bewährt.

20

Hochgeehrtes gnädiges Fräulein.

Mit tausend Dank für so vieles, speziell auch für so manchen Wink und guten Rat, den ich Ihnen bei Niederschreibung dieses meines Buches verdankte, überreiche ich Ihnen diese »Wanderungen durch Mark Brandenburg« mit dem Wunsche, daß die Durchwanderung der 475 Seiten Ihnen nicht allzu schwer werden möge. Wie immer Ihr ganz ergebenster

Th. Fontane.

Berlin d. 16. Noveb. 61.

21

Hochgeehrtes gnädiges Fräulein.

Anbei Buch [erster Band der »Wanderungen«], Strophe und tausend Empfehlungen an Sie und den Unbekannten, unter Sie beide gleichmäßig verteilt. Die Strophe steht auf der *Innenseite* des grünen Umschlags. Lassen Sie mich *bald* etwas hören; ich brenne auf Notizen von jener Seite her.

Und nun Pardon, Mitternacht ist längst vorüber, und ich bin todmüde.

Ihr dankbar ergebenster

Th. Fontane.

Berlin d. 22. 11. 61.

22

Hochgeehrtes gnädiges Fräulein.

Mein Ausbleiben gestern bei Gräfin Schwerin haben Sie hoffentlich richtig erklärt; – ich hüte noch immer das Zimmer; erst heute fühl ich, trotzdem ich wegen eines langen Briefes erst um 2 zu Bette kam, daß es bessergeht, vielleicht mach ich nach Tisch einen halbstündigen Spaziergang.

Ich wollte mich gestern nachmittag noch eigens entschuldigen und Ihnen schreiben, daß ich nicht kommen könnte, es kam aber was dazwischen, und dann vergaß ich es.

Für die Notizen über Tamsel, die eine Art Schlüssel zu

leichterem Verständnis des Ganzen sind, bitt ich der Gräfin schon im voraus meinen ergebensten Dank zu sagen; ich wiederhol ihn mündlich.

Mein Bedauern darüber, daß ich am Montag abend bei Ihnen fehlen mußte, wird Ihnen meine Frau schon ausgedrückt haben. Sie empfiehlt sich Ihnen. Wie immer Ihr ganz ergebenster

Th. Fontane.

Berlin d. 28. Noveb. 61.

23

[Berlin, 6. Dezember 1861?] *Freitag abend*

Mein gnädigstes Fräulein.

Meine Frau hat mir heut früh gestanden, daß sie Ihnen die Geschichte von Lepel, die mich neulich allerdings verdroß (und, wie ich glaube, *mit Recht*), erzählt hat. Ich habe nichts gegen diese Mitteilung *an Sie*, aber ich möchte nicht, daß Sie es Lepel'n wiedersagten, es kann am Ende zu nichts führen, wiewohl er gutherzig und billig denkend genug ist, um nachträglich zu empfinden, daß es von seiner Seite wohl allerdings nicht sehr freundlich war; – namentlich war die *Art nicht angenehm*, in der er es vorbrachte.

Sei dem, wie immer ihm wolle, so heg ich doch den Wunsch, daß er von meinem kleinen Ärger nichts erfährt. Bitte, merken Sie sich aber freundlichst die Geschichte (in meinem Interesse), weil ich dergleichen nach 4 Wochen völlig vergessen habe, und *das ist nicht gut*. Lepel glaubt nämlich (und das ist mir das wichtigste an der ganzen Sache), daß ihm solche Verstöße etc. etc. nicht gut passieren können, und die Wahrheit ist doch, daß er in dieser Beziehung ziemlich ein ebenso langes Sündenregister hat wie andre ehrliche Leute. – Meine Frau empfiehlt sich Ihnen und dankt bestens für den

Adressen-Zettel. Der gestrige Abend bei der Gräfin [Schwerin] ist Ihnen hoffentlich wohl bekommen.

Wie immer Ihr ergebenster

Th. Fontane.

24

Mein gnädigstes Fräulein.

Eben höre ich, daß George Ihnen schon morgen vormittag seinen Besuch machen soll, also früher als ich von der Redaktion zurückkomme. Da hab ich denn nur die Wahl zwischen morgen ganz früh und heute abend ganz spät und entscheide mich natürlich, als Langschläfer, für dies kurze *Abend*-Billet, dessen Zweck und Inhalt ich in den herzlichen Wunsch

ein frohes Fest

zusammenfasse. Empfehlen Sie mich bei Gräfin Schwerin.
Wie immer Ihr

Th. Fontane.

[Berlin,] Montag d. 23. Dezbr. 61.

Eine Marzipankartoffel ist heut abend bereits Probe gegessen und gut befunden worden.

25

[Berlin,] *Silvester 1861.*

Gnädigstes Fräulein.

Als ich gestern Ihr freundliches Geburtstagsangebinde in Begleitung so liebenswürdiger Zeilen empfing, ließ ich mir nicht träumen, daß 30 Stunden bis zu meinem Dank dafür vergehen würden. Aber der Trouble und die Aufregung dieser Tage waren groß, und so werden Sie gütigst entschuldigen, wie immer. Ich sage Ihnen einfach, daß Sie mir nicht leicht etwas Lieberes hätten schenken können, die Aufmerksamkeit, die in *diesem* Geschenk liegt, das Geschenk selbst, die Erinnerungen – alles vereinigt sich, um mir die Gabe doppelt und dreifach lieb zu machen. Nochmals besten Dank.

Heut früh haben wir unsren lieben kleinen Merckel zur Ruh gebracht; es war schön und feierlich. Lepel nicht dabei; aber er hatte geschrieben, einen *sehr* schönen Brief, wie ich gehört habe.

Da Lepel *nicht* hier ist, wir alle aber matt, müde und sehr herunter sind, so billigen Sie es wohl, wenn wir morgen abend ausbleiben, dafür uns aber für die ersten Tage, wo Lepel wieder hier ist, bei Ihnen anmelden.

Ein frohes, glückliches neues Jahr wünscht Ihnen von ganzem Herzen Ihr ganz ergebenster

Th. Fontane.

Meine Frau vereinigt ihre Wünsche mit den meinigen.

Darf ich bitten, mich bei Gräfin Schwerin – wenn es angebracht ist – zu empfehlen.

26

[Berlin,] *Sonntag* [1861 oder 1862]

Mein gnädigstes Fräulein.

Hier schicke ich Ihnen die Kinder, die Ihnen hoffentlich nicht zu viel Lärm machen werden. Zugleich die ergebenste Bitte, das einliegende Buch morgen durch Ihre Dienstfrau im Hertzschen Geschäft abgeben zu lassen. Mit dem herzlichen Wunsche, daß es Ihnen wieder besser geht, wie immer Ihr ergebenster

Th. Fontane.

27

[Berlin, Winter 1861 oder 1862]

Hochgeehrtes gnädiges Fräulein.

Gräfin Schwerins Einladung konnt ich heute nicht akzeptieren, da ich von den Gesellschaftsstrapazen dieser Woche ganz konsumiert bin und mir meiner wirklich angegriffenen Gesundheit halber fest vorgenommen hatte, den morgigen Tag (Sonntag) zu *ruhn*. Ich habe mich bei Frau Gräfin noch eigens (schriftlich) entschuldigt; bitte sagen Sie ihr den *wirklichen* Grund, den ich natürlich nicht angeben konnte, weil es den Eindruck gemacht haben würde, als hätt ich mich nebenbei auch noch als »Gesellschafts-Lion« vorstellen wollen.

Wohl jedem, der wie Lepel per Woche 28 Gesellschaften abwickeln kann, ohne seine Nerven im geringsten tangiert zu fühlen.

Mich schuf aus schwächrem Stoffe die Natur. Gruß und Empfehlung von meiner Frau und Ihrem ergebensten

Th. Fontane.

28

Hochgeehrtes gnädiges Fräulein.

Lepel ist nicht gekommen (trotzdem er 8 Tage mit seinem Erscheinen gedroht hat), und die Frage entsteht: was nun? Haben wir, auch *ohne* Lepel, morgen die Freude, bei Ihnen zu sein, oder vertagen wir die Sitzung?

Wir küssen für jeden Bescheid dankbarst die Hand, im voraus mit Ihren Arrangements einverstanden.

Wenn wir aber kommen sollen und Lepel *nicht* da ist, so bitt ich lebhaft, daß die Vorlesung meines Nachrufs an Merckel unterbleibt.

Im Buch der Gräfin [»Woge des Friedens« von Gräfin

Schwerin] les ich mit größtem Interesse und größter Befriedigung. Wie immer Ihr ganz ergebenster

Th. Fontane.

[Berlin, 11. Januar 1862?] Sonnabend.

Aus Wollatz erhielt ich einen sehr freundlichen Brief.

29

[Berlin, 25. Januar 1862] *Sonnabend.*

Hochgeehrtes gnädiges Fräulein.

Morgen werd ich das Vergnügen haben, Sie zweimal zu sehn: im Faubourg St Germain der Wilhelmsstraße und auf dem Kiez der Tempelhofer Straße. Ich befinde mich in Verlegenheit, ob ich morgen vor versammeltem Volk der Frau Gräfin [Schwerin] meinen Dank für das Buch [»Woge des Friedens«] aussprechen soll oder nicht. Da man doch *laut* sprechen muß, will es mir fast scheinen, schweigen wäre zunächst besser. Vielleicht wissen Sie einen Ausweg oder schildern der Gräfin *vorher* meine Verlegenheit. Dann weiß sie, weshalb ich schweige. Wie immer Ihr ergebenster

Th. Fontane.

30

Berlin d. *29. Januar 62. Mittwoch.*

Hochgeehrtes gnädiges Fräulein.

Es ist mir Bedürfnis, Ihnen mein Bedauern darüber auszusprechen, daß ich mir gestern Ihr Mißfallen zugezogen habe; Ihre Freundlichkeit, ja, verzeihen Sie mir, Ihr Gerechtigkeitsgefühl wird aber hinterher gewiß einräumen, daß meine Schuld Ihnen größer *erschien*, als sie wirklich ist. Allerhand kleine Versehn und Umstände haben zusammengewirkt, um mich unter den Verdacht einer Rücksichtslosigkeit zu bringen, die doch wirklich nur in zu entschuldigender Verdünnung existiert.

Drei Dinge sollten, wenn möglich, gelesen werden:

1) die Merckelsche Tenzone [»Post oder Eisenbahn«]
2) die Lepel-Fontanesche Tenzone
3) die weiße Frau.

Die weiße Frau las ich durch und fand, daß es unmöglich sei, sie in einem Kreise vorzulesen, der zum Teil zu Pastor Steffann hält. (Es soll damit wahrlich nichts gegen Steffann, sondern nur sehr viel gegen meine Ballade gesagt sein.)

Die Lepel-Fontanesche Tenzone glaubte ich in *Ihren* Händen (so wie ich denn bis diesen Augenblick nicht weiß, *ob* und *wo* ich sie besitze), und die Merckelsche Tenzone hoffte ich schlimmstenfalls auf dem Gange zu Ihnen abholen zu können, wenn meine Frau verhindert sein sollte, sie im Laufe des Tages herbeischaffen zu können.

Der Gang zu Frau v. Merckel wurde unmöglich, weil wir von halb fünf bis nach halb acht die Ihnen bekannten Damen zum englischen Kaffe bei uns hatten, was mir, wie so oft, ganz entfallen war und woran ich erst gestern mittag durch meine Frau erinnert wurde.

Sie denken vielleicht: »wie kann man dergleichen vergessen« oder »wie kann man sich in derlei Dingen irren« – leider passiert mir das sehr oft, und ich bekenne Ihnen, ich weiß mich innerlich dabei ohne alle Schuld. *Ordentlich* kann ein Mensch nur eins sein, man ist entweder ein Gesellschaftsmensch, der all die gesellschaftlichen Pflichten strikte zu erfüllen hat, oder man ist ein Künstler, Schriftsteller etc., der vor allem seiner Arbeit gehört. Muß man nun *beides* sein, so entsteht Überanstrengung und Verwirrung als unausbleibliche Folge. Pardon! Wie immer Ihr treu ergebenster

Th. Fontane.

An Frl. v. Crayn schreib ich heute noch.

31

Hochverehrtes gnädiges Fräulein.

Allerschönsten Dank für Ihre freundlichen Zeilen; mein Besuch stand übrigens heute abend drohend über Ihrem Haupt, ich hatte bei Bernstorffs und Gräfin Schwerin Karten abgegeben und stand auf dem Punkt, von dem in Ihrer Nähe Sein zu profitieren. – Der einliegende Zettel ist mir *sehr wertvoll*, wiewohl der Schreiber ein schlechter Historiker ist. – Für die Notiz aus Charlottenburg ein ganz besondres »Küß die Hand«. – Unser kleiner Kampf ist also nun ganz beigelegt; Gott sei Dank. Spätestens auf Wiedersehn am Montag abend.

Wie immer Ihr ergebenster

Th. Fontane.

[Berlin,] d. 7. Febr. 62. Freitag.

32

[Berlin, Ende Februar 1862] *Sonnabend nachmittag*

Gnädigstes Fräulein.

Nur ein paar Worte, die ich im Auftrage meiner Frau schreibe, die leider krank (total erkältet, mit Fieber und Husten) auf dem Sofa liegt. Das Buch schicke ich morgen vormittag durch George; zugleich bitten wir um Entschuldigung, wenn wir die beabsichtigte kleine Montags-Reunion ausfallen lassen. Auch Pastor Schultz ist krank.

In großer Eil Ihr aufrichtig ergebenster

Th. F.

Meine Frau empfiehlt sich Ihnen angelegentlichst.

33

Mein gnädigstes Fräulein.

Ein paar Zeilen, die ich gestern abend noch schrieb, gingen nicht mehr mit, weil der Briefkasten eine Minute vorher geleert worden war. So schick ich denn heute George, damit Sie wenigstens um 3 Stunden früher als bei der Gräfin [Schwerin] erfahren, daß Lepel nicht kann und meine Frau auch nicht, jener, weil er, ich glaube mit seiner Frau, in großer Gesellschaft ist; – diese, weil sie heut Hauswache hat (d. h. das Mädchen geht aus), was ich gestern noch nicht wußte.

Genügt Ihnen nun meine eigne, alleinige, arme Person, oder ziehen Sie nicht lieber eine Vertagung vor? George kann die Antwort bringen, oder ich erfahre sie mündlich von Ihnen. Wie immer Ihr

Th. Fontane.

[Berlin, März 1862?] Sonntag.

34

Mein gnädigstes Fräulein.

In aller Eil nur 3 Zeilen. Die Sache ist arrangiert; es ließ sich noch machen, und keine feinen Empfindungen sollen verletzt werden. – Am Sonnabend bring ich den Brief von Frau v. R[omberg] wieder mit. Alles schläft schon. So denn nur von mir Gruß und Empfehlung. Ihr

Th. F.

[Berlin, März 1862?] Mittwoch nacht.

35

[Berlin, 31. März 1862?] *Montag nachmittag.*

Gnädigstes Fräulein.

Nochmals tausend Dank für Ihre große Freundlichkeit, die uns, wenn auch nicht vorm Ertrinken in dem Wolkenbruch von gestern abend, so doch vor Erkältung gerettet hat. Der arme Lepel mit seinen dünnen Lackstiefeln! Da hat er heute gewiß 2 eiskalte Bäder genommen, um alles wieder ins Gleise zu bringen.

Viel, viel Grüße von beiden

Fontanes.

36

[Berlin, 12. April 1862] *Sonnabend*

Gnädigstes Fräulein.

Soeben erhalte ich eine Einladung von Frau v. Massow auf *morgen abend.* Ein Frl. v. Rohr-Abend kann durch einen Frau v. Massow-Abend nicht aus dem Felde geschlagen werden, zumal wenn die Rohrs mit fliegendem Banner zuerst im Felde waren. Morgen darf aber vielleicht eine Ausnahme stattfinden, da die Fürstin Reuß, die *nur wenige Tage hier verweilt*, morgen abend bei Frau v. Massow sein wird. Ich hoffe vorher noch eine Zeile von Ihnen zu empfangen, worin Sie's mir erlauben. Meine Frau, die noch immer recht sehr unwohl ist, empfiehlt sich Ihnen. Ihr treu ergebenster

Th. F.

37

Berlin 15. April 62

Mein gnädigstes Fräulein.

Zunächst besten Dank für den hübschen Abend, den wir gestern Ihrer Güte verdankten. Roth ist Roth, aber allerdings sehr unterhaltend, das muß ihm der Neid lassen.

Nun hab ich noch 2 Bitten auf dem Herzen.

Erstens. Hätten Sie wohl die große Güte, die Strophen der Fürstin Carolath mir abzuschreiben, die dieselbe auf Strachwitz' Tod gedichtet hat und die in einem Jahrgang des Musen-Almanach stehn.

Zweitens. Ich habe heut das Tamsel-M. S. an Dr. Beutner abgegeben. Vorher sah ich es glücklicherweise noch einmal durch und fand noch, am Schluß des Aufsatzes, eine Stelle von seiten der Gräfin [Schwerin] beanstandet, wie ich gern zugebe, mit Recht. Um die *Gegen*stücke oder eine Art von Antithese schärfer herauszubringen, hab ich die schöne Frau v. Wreech in der 2ten Hälfte des Aufsatzes vielleicht etwas *kleiner* gezeichnet, als die Billigkeit erheischt.

Ich habe nun die betreffende Stelle umgearbeitet, d. h. gemildert und namentlich folgende Stelle ganz fortgelassen:

»Er (der König [Friedrich II.]) ist groß geworden, die schöne Frau aber nahezu kleinlich, engherzig, egoistisch. Im engen Sinn hat sich der Sinn verengert.«

Diese *stärkste* Stelle fehlt jetzt ganz. Die unmittelbar vorhergehenden Zeilen aber hab ich, um nicht den ganzen Zusammenhang zu stören, gelassen. Sie lauten:

»Mit der Jugend hatte Frau v. Wreech auch die Poësie der Empfindung eingebüßt, und während die Jugendbriefe des Kronprinzen uns ungleich mehr mit der *Empfängerin* in

Tamsel als mit dem Küstriner Verfasser sympathisieren ließen, wendet sich nun das Blatt.«

Ich denke, dies ist nicht zu streng. Sollte aber Frau Gräfin wünschen, daß auch dies noch fiele, so müßte ich allerdings die ganze Stelle total umarbeiten, was bekanntlich, da solche Arbeit aus *einem* Guß ist und sein soll, seine Schwierigkeiten hat. Dennoch bin ich selbstverständlich und *pflichtschuldigst* jeden Augenblick dazu bereit, wenn Gräfin S. solchen Wunsch äußert. – Ich schreibe dies Ihnen, mein gnädigstes Fräulein, weil die ganze Angelegenheit ja kein Geheimnis für Sie ist und ich der Gräfin, die Ihnen ihren Wunsch leicht sagen kann, dadurch eine schriftliche Auseinandersetzung erspare. Es *meinerseits persönlich* zur Sprache zu bringen schien mir auch nicht gut angetan.

Meine Frau empfiehlt sich Ihnen. Wie immer Ihr ergebenster

Th. Fontane.

38

Mein gnädigstes Fräulein.

Mutmaßlich hat Geh. R. K[eller] meinen Namen schon an bewußter Stelle fallenlassen; hat er's aber noch *nicht* getan, so ist es, glaub ich, besser, es unterbleibt überhaupt. Es hat nämlich etwas Lächerliches, immer mit seinen Diensten bei der Hand zu sein, und erinnert an Personen, die seit 20 Jahren für den roten Adlerorden 4ter Klasse vorgeschlagen werden und ihn doch nicht kriegen.

Am Donnerstag abend will ich eine kleine Reise antreten, und zwar zuerst nach Kossenblatt, zwei Meilen von Beeskow, dann über Fürstenwalde und Müncheberg nach Buckow. In Buckow will ich mich einquartieren und dann mit einiger Muße Ausflüge machen, besonders nach Pritzhagen, Friedland und Kunersdorf. So wäre denn der große Itzenplitz-

Moment gekommen. Am Montag, Dienstag oder Mittwoch möcht ich mich Exzellenz vorstellen, und ich würde mich sehr freun, wenn ich durch Sie erfahren könnte:

1) welcher jener 3 Tage der angebrachteste ist und

2) ob ich meinen Besuch (Audienz) auch ohne großen Verstoß zwischen 5 u. 7 machen kann, da ich gerade in der Mittagsstunde auf unsrer Redaktion am meisten zu tun habe.

Drittens die ergebenste Anfrage, ob Sie uns wohl die Ehre geben, morgen (Sonntag) Ihren Tee bei uns zu nehmen? Wir werden nur noch Lepel auffordern und vielleicht Hertz.

Meine Frau empfiehlt sich Ihnen. Wie immer Ihr ergebenster

Th. Fontane

Berlin d. 26. April 62.

39

Mein gnädigstes Fräulein.

Herr v. Lepel hat uns versprochen, morgen abend (Donnerstag) seinen Tee bei uns zu trinken; würden Sie uns die große Freude machen und an der kleinen Reunion (engster Zirkel) teilzunehmen. Daß diese Zeilen erst in zwölfter Stunde eintreffen, werden Sie gütigst verzeihn; Herrn v. Lepels Zusage ist erst 2 Stunden alt. Wie immer Ihr aufrichtig ergebenster

Th. Fontane.

[Berlin, April 1862?] Mittwoch.

40

Mein gnädigstes Fräulein.

Ei, ei, auch heute bei Fräulein M. v. Rohr vergeblich geklingelt und nur als guter Wirt eine zweite Karte *nicht* geopfert! – Ich war heute bei Exzellenz Itzenplitz (nicht zu Hause getroffen) und konnte doch, einmal in № 72, bei № 70 nicht vorübergehn.

Wenn nichts dazwischenkommt, möchte ich am Donnerstag reisen. Ich habe noch zwei Wünsche.

1) daß Sie mich gelegentlich, wenn sich's gerade gut macht, bei Gräfin Schwerin (wegen noch nicht abgestatteten Besuchs) entschuldigen

2) daß Sie mich mit gewohnter Freundlichkeit wissen lassen, wer mir wohl eine Introduktions-Zeile für Gielsdorf (v. Pfuel) schreiben könnte.

Da ich schon Donnerstag fort will, so ist das freilich nicht mehr möglich *vorher* in Gang zu bringen; es ließe sich aber vielleicht so arrangieren, daß die Damen selbst von befreundeter Seite die Ankündigung erhalten, am Sonntag oder Montag wird ein gewisser Th. F. in Gielsdorf auftauchen – zeigt ihm freundlichst, was zu zeigen ist. Ich hätte dann nur noch die Bitte, daß ich in Buckow (wo ich dann sein werde) bis Sonnabend oder Sonntag erführe, daß solche Annoncierung erfolgt ist. Meine Adresse würde lauten:

Herrn Th. F.
zu erfragen im Gasthof in Buckow bei Müncheberg.

Pardon, daß ich wieder so viele Wünsche habe; aber die »Wanderungen« würden ja ins Stocken geraten, ohne Ihre Hilfe und Mitarbeiterschaft.

Meine Frau empfiehlt sich Ihnen. Wie immer Ihr ergebenster

Th. Fontane

Berlin d. 29. April 62.

41

Mein gnädigstes Fräulein.

Gestern abend bin ich wohlbehalten und reich verproviantiert hier wieder eingetroffen; selbst die Wagen voll jubelnder Wahlmänner, die auf allen Wegen an mir vorüberfuhren, haben mir die Laune nicht verdorben.

Ich wollte Ihnen nur melden, daß ich nach Gielsdorf, Wilckendorf und Jahnsfelde nicht gekommen bin, wiewohl ich ganz in der Nähe des letztren Dorfes war. Es ließ sich aber aus allen möglichen Gründen nicht tun, doch hoff ich, noch im Laufe dieses Sommers, von den Empfehlungszeilen der Frau Gräfin Nutzen zu ziehn. Bitte, entschuldigen Sie mich vorläufig bei Gräfin Schwerin; die Details geb ich recht bald mündlich.

Von Steinhöfel und Demnitz aus (zwei Gütern des Herrn v. Massow, Adjutanten beim jungen Prinzen Albrecht) war ich am Sonntag nachmittag in Madlitz, wo, ebenso wie in Ziebingen, der Sommernachtstraum, die phantastische spanische Komödie »Tieck-Finkenstein« in vielen Akten aufgeführt worden ist. Das Rauschen im Park erzählt noch davon. – Meine Frau empfiehlt sich Ihnen; wie immer Ihr

Th. Fontane.

[Berlin,] Mittwoch d. 7. Mai 62.

42

Gnädigstes Fräulein.

Sehr hab ich bedauert, daß ich gestern abend nicht zu Hause war; ich hätte so gern von Ihnen selbst gehört, daß Ihnen die havelländische Luft wohl bekommen sei. Daß es so *ist*, daran hab ich glücklicherweise nicht den geringsten Zweifel.

Ich bin heut abend 8 Uhr zu einer Festlichkeit geladen, die dem aus Griechenland zurückgekehrten Hofbaurat Strack zu Ehren gegeben wird. Billet (höchst schmerzlicherweise) 2 Tlr. ohne Wein. Ich bin also kaum in der Lage, Ihrer freundlichen Einladung auf heute abend nachkommen zu können, bitte aber darum, mich Ihnen in den Spätnachmittagsstunden (zwischen 6 und 7 ½) vorstellen zu dürfen.

Wie immer Ihr dankbar und aufrichtig ergebenster

Th. Fontane.

Berlin d. 23. Juli 62.
(In der Löwenhöhle № 5.)

43

Gnädigstes Fräulein.

Mein Ausbleiben heut abend in Moritzhof haben Sie hoffentlich so milde wie möglich beurteilt. Mich schreckte der weite Weg ab, das Sicherhitzen und hinterher Sicherkälten; – ich muß, wie Sie wissen, sehr vorsichtig in diesem Punkte sein. Den Ausschlag gab, daß mich, seit meinem letzten Unwohlsein, alles Gehen so sehr angreift. – Hoffentlich haben Sie einen recht schönen Abend gehabt. – Meine Frau erwart ich übermorgen zurück; sie läßt sich gewiß recht bald bei Ihnen sehn. Wie immer Ihr ganz ergebenster

Th. Fontane.

Berlin d. 28. Juli 62.

44

Gnädigstes Fräulein.

Diese Zeilen treffen hoffentlich noch rechtzeitig ein, um Ihnen meinen Dank für Ihr freundliches Briefchen auszudrücken und Ihnen gutes Wetter und glückliche Reise zu wünschen. – Wo darf man Sie im Geiste denn aufsuchen? wo liegt das Mötlitz der nächsten Zukunft? ich vermute in der Uckermark bei Collätz, Collatz oder so ähnlich.

Ich war all die Tage über nicht wohl, zum Teil durch Schuld unsres Mädchens, die den Küchenzettel ohne Rücksicht auf meine intimeren Magenverhältnisse macht und mich mit Mouserons und holländischer Sauce tötet, ohne eine Ahnung von dem zu haben, was sie tut. Und stören darf man solche Leute nicht in ihrer Unbefangenheit, sonst ist man vollends verloren.

Meine Frau kommt erst am Sonntag – sie ist dann fast 11 Wochen auf Reisen gewesen, was ich ihr übrigens gönne, denn sie bedurfte solcher Erholung.

Nun nochmals die aufrichtigsten Wünsche für Ihr Wohl; bewahren Sie uns Ihre freundschaftliche Gesinnung diesseits und jenseits der Oder, und kehren Sie gerüstet für den Berliner Winter (der kein Spaß ist) in die alten Kreise zurück.

Wie immer Ihr ergebenster

Th. Fontane.

Berlin d. 31. Juli 62.

45

Mein gnädigstes Fräulein.

Die Götter scheinen darauf *dringen* zu wollen, daß ich immer, in Großem und Kleinem, die Wahrheit sage. Mache ich auch nur die kleinste Ausrede, so ist die Blamage da. Eben erfahre ich nachträglich, daß unsre Mathilde das große Wort gesprochen hat: »der Herr schläft noch.« Ja, er schlief noch, d.h. er hatte einen Hasenschlaf und hörte die kurze Unterredung an der Tür, freilich nicht scharf genug, um einen solchen faux pas zu vermeiden, wie ich ihn nun doch in meinem eben zur Post gegebenen Briefe gemacht habe. Beurteilen Sie's milde. Vielleicht hat Ihnen meine Frau auf der nächsten Seite ähnliche Confessions zu machen.

Wie immer Ihr

Th. Fontane.

[Berlin, 5. August 1862?] *Dienstag abend.*

[*Nachschrift von Emilie Fontane:*]

Ich habe nur zu beichten, daß ich meinem guten Mann ein X für ein U gemacht habe und mit meiner Arbeit und meinem lahmen Bein drüben bei meiner guten Freundin saß – aber mein großes Bedauern muß ich noch aussprechen, Sie, liebstes, gnädigstes Fräulein, verfehlt zu haben. Die Ihrige

Emilie Fontane.

46

[Berlin,] Alte Jakobsstraße 171.
2. Oktob. 62.

Mein gnädigstes Fräulein.

Wenn Sie auch, infolge der Barre, die Ihre eignen Warnerworte vor Behrenstraße 70 errichtet haben, vorläufig nicht persönlich zu erreichen sind, so sollen wenigstens diese Zeilen vor Ihnen erscheinen und Sie, gnädigstes Fräulein, wieder herzlichst in Berlin willkommen heißen. Ich habe zwar von den Berlinern en masse kein dahin lautendes Mandat erhalten, aber eine desto entschiednere Aufforderung von dem Bruchteil Berlinertum, das jetzt Alte Jakobsstraße 171 parterre links seine Hütten aufgeschlagen hat.

Seit wenigstens 2 Monaten, mein gnädigstes Fräulein, hab ich immer an Sie schreiben wollen, aber Sie waren in diesem Sommer doch allzusehr märkischer Tourist, und ich konnte Ihnen auf Ihren Zügen und Flügen nicht folgen. Kaum daß ich Mötlitz und v. Hünecke meinem Gedächtnis mühsam eingeprägt hatte, so waren Sie wieder auf und davon, um in den weiten Distrikten der Uckermark unterzugehn. Gott sei Dank, daß Sie wohlbehalten wieder da sind, trotz alledem und alledem.

Von Lepel seit Menschengedenken kein Wort.

Daß ich in Kunersdorf und Friedland und hinterher in Neuhardenberg war, haben Sie vielleicht auf Umwegen schon erfahren. Die Aufnahme war überall die zuvorkommendste von der Welt; es wäre mir ganz lieb, wenn Sie hier und da, wo's eben paßt, aussprächen, daß ich mich zu lebhaftem Dank verpflichtet fühlte.

Meine Frau empfiehlt sich Ihnen angelegentlichst. Wie immer Ihr ergebenster

Th. Fontane.

47

[Berlin, 14. Oktober 1862?] *Dienstag.*

Mein gnädigstes Fräulein.

Lepel hat den Donnerstag proponiert; paßt auch Ihnen der Tag, so werd ich mich herzlich freun, 7½ Uhr erscheinen und ein paar Stunden plaudern zu können. Mehrere Themata sind mit Ihrer gütigen Erlaubnis bereits auf der Tagesordnung. Bei mir zu Haus geht es passabel; die Nächte sind sehr unruhig. Frau und Schwester [Elise Fontane] empfehlen sich Ihnen angelegentlichst. Wie immer Ihr ganz ergebenster

Th. Fontane.

48

Berlin *d. 22. Oktober 62.* Mittwoch.

Mein hochgeehrtes gnädiges Fräulein.

Verzeihen Sie, daß ich erst nach 24 Stunden dazu komme, Ihnen zu schreiben; – aber ich bin sehr abgehetzt und wirklich angegriffen.

Mit dem Canitzschen Gedicht hat es seine Schwierigkeit; – ich dachte, ich würde es in einer dicken Anthologie [»Poetischer Hausschatz des deutschen Volkes«, hrsg. von O. L. B. Wolff] finden, die ich besitze, und hatte vor – ein kleines Opfer im Damendienst – das ganze *sehr lange* Gedicht aus dem Buch herauszuschneiden. Statt dessen hat die Anthologie nur ein andres Gedicht von Canitz: »Harpax der Geizhals«, womit der Frau v. H[aeseler] vielleicht eher gedient wäre als mit dem Tod- und Trauergedicht. Da Frau v. H. aber nur Nebenperson ist und alles auf die kunstliebende Dame mit blauer Dinte ankommt, so weiß ich nicht aus noch ein.

[*Schluß fehlt.*]

49

Mein gnädigstes Fräulein.

»Doch das Unglück schreitet schnell« – gestern abend, als meine Damen nach Haus kamen, hörte ich, daß sie eigens ausgegangen waren, um mündlich zum Sonntag abend einzuladen, und daß Roquettes und Zöllners (ich setze, kleinstädtisch, ihre Bekanntschaft voraus) die Einladung angenommen hätten.

So müssen wir denn leider auf den Abend bei Ihnen, gnädigstes Fräulein, verzichten. Hoffentlich bietet sich bald mal wieder Gelegenheit zu einem Tee-Geplauder im engsten Zirkel. Wenn die Dame mit dem »Diner der Zukunft« dabei fehlt – tant mieux.

Meine Frau und Schwester [Elise Fontane] empfehlen sich Ihnen angelegentlichst. So tue ich und bin wie immer Ihr ganz ergebenster

Th. Fontane

Berlin d. 13. 11. 62.

50

Mein gnädigstes Fräulein.

Meine Frau dankt bestens für die Billets; sie selbst ist zu angegriffen, um ein solches Konzert, das doch immer eine Strapaze ist, durchmachen zu können; wir schicken aber die Billets an meine beiden Schwestern [Elise Fontane und Jenny Sommerfeldt], die sehr froh darüber sein werden.

Auch für den Sonntag – wiewohl der Abend noch frei ist – läßt sich meine Frau entschuldigen; sie wird selbst noch kommen, Ihnen danken, aber Ihnen auch sagen, daß es nicht geht. Sie ist in der Tat sehr hin und schleicht nur so rum.

Unter diesen Umständen fällt auch meine Schwester weg, und wir werden uns also im engsten Zirkel treffen, nur Frau v. Haeseler als Extra-Gestirn.

In alter Verehrung Ihr aufrichtig ergebenster

Th. Fontane

[Berlin, 26. November 1862?] *Mittwoch abend.*

51

Hochgeehrtes, gnädiges Fräulein.

Sie haben mich seit lange so verwöhnt, daß ich immer neue Freundlichkeiten halb wie selbstverständlich hinnehme, und nur dann und wann mischt sich ein Beschämtsein hinein, darüber, daß Ihre freundliche Hand immer offen und die meine immer krampfhaft geschlossen ist. Ach, und es sind so wenig Aussichten da, daß ich je von diesem Krampfe geheilt werde; das ist wenig tröstlich. Zum Glück gehören Sie zu den wenigen, denen zu Dank verpflichtet zu sein immer eine herzliche Freude und nie ein Druck ist.

Ich habe bereits alles durchgekostet. Wie immer »alles auf der Höhe unsrer Zeit«. In England würde man sagen »first rate«. Das tuen Sie nun schon nicht anders; wer Ihren Teetisch kennt, hat das längst alles erfahren. Das Beste gerade gut genug.

Meine Frau dankt Ihnen mit mir herzlich für Ihre Zeilen und auch für das Marzipan, an dem sie sich bereits beteiligt und es comme toujours vorzüglich befunden hat. Seine Tugenden liegen in dem einen Worte ausgesprochen: *frisch*.

Ihre Bedenken wegen der alten H[aeseler] sind nur zu gerechtfertigt; – indessen, sie schlägt auch vielleicht dem alten, heute nicht zu nennenden, noch ein Schnippchen.

Jedenfalls stell ich mich in den Festtagen der Gräfin [Schwerin] vor; am liebsten abends (9 Uhr) und noch mal am liebsten, wenn Sie zugegen sind. Vielleicht ließe es sich arrangieren.

Nochmals herzlichsten Dank und fröhlichste Feiertage. Wie immer Ihr

Th. Fontane

Berlin d. 24. Dzmb. 62.

52

Hochgeehrtes, gnädiges Fräulein.

Königinnen besuchen, vielleicht auch sprechen, und dann am selben Tage noch (als wäre gar nichts passsiert) an einen gewöhnlichen Menschen Geburtstagswünsche schicken, das ist mal wieder eine Tat, wie sie nur noch im Ruppinschen und im Ruppinschen wieder nur *da* vorkommen kann, wo die »Rohrschen« ihre Stätte haben.

Ich danke Ihnen herzlich für diesen neuen Beweis Ihrer freundlichen Gesinnung gegen mich.

Am Sonntag abend war ich bei Gräfin Schwerin; – ich wurde gütig wie immer empfangen; zuletzt auch wurde von den Tamselschen Papieren gesprochen und mir eine Anfrage oder Verwendung von seiten der Gräfin zugesagt. Ich blieb bis einige Minuten nach 10½ (ich dachte nicht, daß es schon so spät wäre) und fürchte fast, etwas zu stark »festgesessen« zu haben. Vielleicht können Sie mich darüber gelegentlich beruhigen.

Und nun: es leben die Rohrs im neuen wie im alten Jahre, es lebe vor allem

Frl. Mathilde v. Rohr,

die Schutzpatronin im Gebiet der Behren- und Wilhelmstraße Ihres ganz ergebensten

Th. Fontane.

Berlin d. 31. Dezmb. 62.

53

Mein gnädigstes Fräulein.

Herr Hertz wird den zweiten Teil [der »Wanderungen«: »Das Oderland«] verlegen, und der Druck soll in etwa 4 Wochen beginnen. Tamsel ist der *zweite* Aufsatz im Buch; Sie sehen also, mein gnädigstes Fräulein, daß es, wenn »Frau v. Wreech und die Karschin« noch hinein soll, die allerhöchste Zeit ist. Alles Weitre überlaß ich Ihrer freundlichen Fürsorge. Wie immer Ihr ganz ergebenster

Th. Fontane

Berlin d. 23. Mai 63.

54

Mein gnädigstes Fräulein.

Heut abend soll es nun also fortgehn, und zwar in Gesellschaft unsres Freundes [Lepel]. Natürlich hätte ich mich vorher Ihnen persönlich empfohlen, wenn ich nicht, zu meinem Bedauern, durch meine Frau erfahren hätte, daß Sie bettlägrig krank sind. Mög es *recht* bald besser sein.

Daß es mit den Tamsler Papieren voraussichtlich gut steht, hab ich zu meiner großen Freude gehört. Verzögerungen werden durch meine Reise nicht entstehn; spätestens in 8 Tagen bin ich zurück, träfen nun selbst die Papiere heute schon ein, so würd ich doch, bei 14tägiger Frist, von der Sie sprechen, immer noch eine volle Woche haben, und das reicht aus.

Mich Ihnen bestens empfehlend und Ihnen von ganzem Herzen recht baldige Besserung wünschend, wie immer Ihr aufrichtig ergebenster

Th. Fontane.

Berlin d. 3. Juni 63.

55

Mein gnädigstes Fräulein.

Schönsten Dank für Ihre freundlichen Zeilen, die ich im Namen meiner Frau beantworte. Letztre ist seit 3 Tagen Krankenpflegerin und sitzt am Bett unsres kleinen Theo, der seit Montag die Lungen-Entzündung hat. Es geht aber seit gestern nachmittag Gott sei Dank besser.

Mit Bedauern haben wir aus Ihren Zeilen ersehn, daß Sie noch immer wohl zu den Rekonvaleszenten, aber nicht zu den Gesunden zählen. Möge alles bald wieder gut sein.

Die Tamseler Papiere lassen lange auf sich warten (eine Bemerkung, die ich nicht auf Undank zu deuten bitte), und ich fürchte fast, daß sie ganz ausbleiben werden. Am Ende führe ich noch zu einem Familien-Konflikt.

Unsere Reise war sehr hübsch, anregend, lehrreich; ich für *meine* Person bin völlig befriedigt und wünsche nur, daß Herr v. Lepel (der *sehr* liebenswürdig war) ähnlich darüber denken möge. – Mit besten Wünschen für eine rasche Genesung wie immer Ihr aufrichtig ergebenster

Th. Fontane.

Berlin d. 11. Juni 63.

56

Mein gnädigstes Fräulein.

Morgen also das Paul Heyse-Fest im engsten Zirkel! Leider noch enger, als Sie erwarten konnten. Es scheint, daß meine arme Frau immer daran verhindert werden soll, Paul Heysen wiederzusehn. Sie liegt total verschwollen (infolge furchtbaren Zahnwehs) im Bett, und der Doktor [Koblanck], der eben hier war, sprach »von noch mehreren

Tagen«. Also auf Wiedersehn im allerengsten Kreise. Wie immer Ihr

Th. Fontane.

Berlin d. 25. Juni 63.

57

Zum 9. Juli 1863

In Bratrings Geschichte des Landes Ruppin
Hab ich heute zehn Seiten gelesen,
Von den Rohrs, die auf Trieplatz, Ganzer, Leddin
Und andern Orten gewesen.

Die einen hießen »Gebrüder von Rohr«,
Ein andrer war »Präsidente«,
Und noch viel berühmtere kämen wohl vor,
Wenn man sie nur alle kennte.

Zehn Generale stellten die Rohrs,
Nebst andern, viel-wackren Leuten,
Doch General-Leutnants und Gen'ral-Majors,
Was wollen sie alle bedeuten!

Uns bedeutet mehr unser Fräulein von Rohr,
Nummer siebzig Straße der Behren,
Wir ziehn sie den andren Rohren vor
Und wollen sie doppelt verehren!

58

[Berlin, 9. November 1863?] *Montag abend*

Mein gnädigstes Fräulein.

Meine Frau hat heut über die Debatte oder richtiger den Disput, den ich am Sonnabend mit Lepel gehabt habe, zu Ihnen geplaudert, was mir auf der einen Seite ganz recht ist, auf der andern Seite aber mich mit Sorge erfüllt. Solche Berichterstattung eines Dritten ist selten ganz korrekt, und es würde mich sehr genieren, wenn Lepel erführe, Dinge gesagt haben zu *sollen*, die er vielleicht gar nicht gesagt hat.

Jedenfalls bitt ich Sie, wenn Sie vielleicht den einen oder andern Punkt ihm gegenüber berühren, die Vossin und Trautwein v. Belle aus dem Spiel zu lassen. Ich replizierte nämlich schon am Sonnabend (und zwar, wenn auch wider Willen, halb spöttisch), »ja wohl, das hat ja schon Trautwein v. Belle gesagt«, worauf Lepel erwiderte: »davon weiß ich nichts.« Es würde ihn also mit Recht verdrießen, wenn ihm, sozusagen, nochmals die Pille »Trautwein und Vossin« vorgesetzt würde. Die Sache *muß* durch sein: »davon weiß ich nichts« erledigt sein.

Das Einfachste wäre, ich bäte Sie, der ganzen Sache mit keiner Silbe Lepeln gegenüber zu erwähnen; ich schwanke aber, ob ich diese Bitte aussprechen soll oder nicht. Helfen wird es freilich nichts, gleichviel ob es geschieht oder nicht geschieht. Mit aufrichtiger, herzlicher Trauer seh ich, daß Lepel und ich nachgerade so verschieden geworden sind (die Politik ist nur ein kleiner Teil der Sache), daß wir uns nicht mehr recht verstehn. Ich zanke mich mit niemanden; Friede ist mir allerlebhaftestes Bedürfnis; dennoch kann ich meinen ältesten und liebsten Freund nicht sehn, ohne mich durch seine *Art* verletzt zu fühlen. Ich fürchte sehr, daß *meine* Art auch *ihn* verletzt. Und das ist eben, was ich beklage. Wer recht hat, das stehe dahin; ich kann nicht Richter sein, wo ich

Partei bin. Gewiß haben wir beide diesen Zustand der Dinge nicht gesucht, haben gewiß uns beide gemüht, ihn zu vermeiden, *dennoch ist er da*. Ich bin vielleicht zu nah am Kochpunkt, aber er ist zu nah am Eispunkt. Empfindlich und eigensinnig sind wir beide, und das ist schlimm genug. Das schlimmste aber ist mein raschblütiger, oft *unvorsichtiger*, auch wohl mal *ungeziemender* Bummelton, gegenüber seiner *steinernen Würde* und *Superiorität*. An liebenswürdigen, schlichtmenschlichen Tagen legt er diese Eisenrüstung ab, aber er hat sie immer bei sich, um sie gleich anziehn zu können. Das geschieht im Nu, unsichtbar, und man merkt es erst an plötzlicher Härte und Kälte. – Wie immer Ihr

Th. Fontane

59

[Berlin, 24. Dezember 1863]

(Mit Hesekiels »Zwischen Sumpf und Sand«)

Am Rand
Zwischen Sumpf und Sand
Stehen Binsen und *Rohre*;
Und weil überall denn im märkischen Land
Die Rohre stehen bei Sumpf und Sand,
So steh auch Du
Und neige Dich zu
Diesen Liedern mit freundlichem Ohre.

60

Mein gnädigstes Fräulein.

Der Berliner Dienstmann gibt schon alltags die Briefe nicht ab, was darf man am Silvester von ihm erwarten? dennoch schreib ich auf gut Glück hin

1) um Ihnen für Ihre wiederholte Einladung zu danken, 2) um Ihnen nochmals alles Liebe und Gute zum neuen Jahre zu wünschen und 3) um Sie zu bitten, an Lepel die halb mordhaften Worte zu richten »das Messer ist da«. Indessen können Sie sich bei der gesegneten Friedfertigkeit unsrer Verhältnisse denken, daß es sich höchstens um ein Federmesser handelt, und so ist es auch. Es ist nicht das pen knife der schönen Judentochter in Mirryland [in Fontanes Gedicht »Die Jüdin«] (all dies kann nur Lepel selbst verstehn), sondern Lepels kleine Taschen-Guillotine, womit er die Zigarren köpft. Ich wollte es eigentlich diesen Zeilen beipacken, aber 1) trau ich dem Dienstmann nicht und 2) darf man Messer und alles, was schneidet, nie einem Freunde oder einer Freundin übersenden, am wenigsten in der Scheidestunde des Jahres. So muß sich Lepel demnach gedulden.

Bitte sehr, mich dem kleinen Kreise, der heut die Freude hat, bei Ihnen zu sein, zu empfehlen. Wie immer Ihr aufrichtig ergebenster

Th. Fontane.

Berlin d. 31. Dezmb. 63.

61

Mein gnädigstes Fräulein.

Andauernder kleiner Besuch, der mich heute nur zum Schwatzen und nicht zum Schreiben kommen ließ, mag es entschuldigen, daß ich Ihre freundlichen Zeilen so spät beantworte.

Das Gedicht [von Lepel auf den Tod der Gräfin Schwerin] habe ich gestern abgegeben, nachdem ich vorgestern mit Dr Beutner gesprochen hatte; – ich denke, er wird es mir nicht zurückgeben, das ist nicht seine Art. Bitte, sagen Sie aber Lepeln nichts, wir wollen ihn überraschen, wiewohl ich im allgemeinen den Grundsatz habe: »nur keine Überraschungen.«

Den Sonntagabend akzeptiere ich dankbarst, hoffentlich im engsten Zirkel; meine Frau, wie Sie sich denken können, ist nicht mehr gangbar und bleibt, so gerne sie auch käme, doch vernünftigerweise zu Hause. Ein Gespräch über die 2. Auflage [des »Wanderungen«-Bandes »Die Grafschaft Ruppin«] wird mir höchlichst willkommen sein.

Wie immer Ihr ganz ergebenster

Th. Fontane

Berlin d. 14. Januar 64, *spät*.

Unsre ganze Wohnung heizt sich vorzüglich; wir sitzen alle warm.

62

Mein gnädigstes Fräulein.

Ein kleiner Junge [Friedrich] ist heute früh 10 1/4 glücklich – wiewohl nach einigem Sträuben – einpassiert. Mutter und Kind sind wohl.

Ich hoffe, wenn alles so bleibt, morgen abend an Ihrem Teetisch Platz nehmen und plaudern zu können.

Wie immer Ihr aufrichtig ergebenster

Th. Fontane.

Berlin d. 5. Februar 64.

63

Mein gnädigstes Fräulein.

Wie hab ich bedauert, gestern nicht bei der Hand gewesen zu sein, als Sie so freundlich waren, bei uns vorzusprechen. Mit meiner Frau und dem Kinde [Friedrich] geht, Gott sei Dank, bis jetzt alles gut.

Ich schreibe heut aus dem egoistischsten Motiv von der Welt.

Am Sonnabend, wo Sie so freundlich sein wollten, uns wieder zu erwarten, ist *Tunnel-Eulenspiegelfest*. Nun werde ich zwar nicht zugegen sein (ehrlich gestanden, weil es mich langweilt), aber Herr v. Lepel wird sicherlich in bekannter Gewissenhaftigkeit seine Stunden daselbst absitzen.

Ich proponiere deshalb, da ich um diesen Tee- und Plauderabend bei Ihnen nicht kommen möchte, einen *andern* Abend. Mir ist *jeder* recht; vielleicht treffen Sie zwischen Freitag und Sonntag eine Wahl; fast würde ich (aber das laß ich nur leise fallen) dem Freitag den Vorzug geben.

Ich war am Montag in Potsdam; Herrn v. Block habe ich leider nicht gesehn. – Wie immer Ihr ergebenster

Th. Fontane.

Berlin d. 10. Febr. 64.

64

Mein gnädigstes Fräulein.

Also am Sonntag abend! Ob ich vorher in den Tunnel gehe, ist mindestens zweifelhaft, es kostet einem zu viel Zeit.

In Schleswig tut mir jeder Mutter Sohn, der sein junges Leben lassen muß, von Herzen leid, aber – blutig ist dieser Krieg nicht. Namentlich für uns war er bisher Promenade. Die letzte große Schlacht in N.Amerika kostete der Union 28000 Mann. Das sind andre Zahlen! Wie immer Ihr

Th. Fontane.

Berlin d. 11. Febr. 64.

Meine Frau läßt sich Ihnen angelegentlichst empfehlen; es geht alles ziemlich gut; mög es so bleiben.

65

Mein gnädigstes Fräulein.

Seit vorgestern bin ich unwohl und habe es verschlimmert, weil ich am Donnerstag abend noch bei Frau v. Massow war. Sie verzeihen es mir daher wohl, wenn ich heut abend (zu meinem lebhaftesten Bedauern, wie Sie's ja auch wissen) an Ihrem Teetisch fehle. Empfehlen Sie mich dem ganzen Zirkel, ganz besonders der Frau v. Haeseler, die ich gern mal wiedergesehen hätte, einmal um sie überhaupt zu sehn, andrerseits um mich wegen nicht gemachten Besuches zu entschuldigen.

Meiner Frau halber, die sich sehr auf den Abend gefreut hatte, tut es mir doppelt leid.

Ihnen allen einen frohen Abend wünschend, Ihr erkälteter (nur nicht in der Freundschaft) und gastrisch-nervöser

Th. Fontane.

Berlin d. 9. April 64.

Darf ich freundlichst bitten, einliegenden Brief zu adressieren und gelegentlich in den Kasten werfen zu lassen; – ich weiß Herrn Roths Wohnung nicht.

66

Mein gnädigstes Fräulein.

Pardon, wenn wir verabsäumt haben, einer etwaigen Verabredung gemäß, Ihnen zu schreiben: ja oder nein. Wir wußten nicht davon. – Lepel hält sich seit vorgestern ein, war gestern nicht im Rütli und wird also (nach ärztlicher Verordnung) wohl auch heute das Zimmer hüten. Unter diesen Umständen ist es wohl am besten, wir vertagen die vertrauliche Tee-Sitzung bei Ihnen auf einen andern Tag.

Vielleicht mache ich noch heute, im Lauf des Tages, einen Versuch, Sie zu sehen; es ist aber unbestimmt und bitte ich lebhaft, Ihre Arrangements für den Tag um deshalb nicht stören zu wollen.

Meine Frau empfiehlt sich Ihnen angelegentlichst.

Wie immer Ihr ergebenster

Th. Fontane

Berlin d. 24. April 64. Sonntag.

67

[Berlin, Mitte Juni 1864] *Dienstag.*

Mein gnädigstes Fräulein.

Die bewußte Angelegenheit, bei der Sie sich meines *besten Willens* fest überzeugt halten können, wird allerdings, wie ich mehr und mehr fürchte, auf große Schwierigkeiten stoßen.

Am 1. Juli reist Dr Beutner, wie alljährlich so auch diesmal mit Frau und Kindern ins Bad. Es ist gerade die Ferienzeit der Kinder, daher immer im Juli; ein Vertagen ist nicht möglich. Sie wissen außerdem, wie sich dieser Mann 11 Monate lang quälen, ärgern, aufreiben muß, und es ist ganz *unmöglich*, ihm zuzumuten, daß er seine Dispositionen *mir* zuliebe (denn unser Freund geht ihn doch blitzwenig an) ändern soll. So ist denn nur 2erlei möglich:

entweder Lepel muß bis spätestens morgen über 8 Tage seine Molken- und Gebirgsreise antreten,

oder es empfiehlt sich – ich spreche dies mit Bedauern aus, aber es wird kaum anders werden –, einen andern Reisegefährten ausfindig zu machen. Ich halte dies nicht für so sehr schwer, wenigstens nicht für unmöglich.

Meine äußerste Bereitwilligkeit kennen Sie, und Sie wissen, daß es so ist, wenn ich's sage. Der Druck meines Buchs [zweite Auflage des »Wanderungen«-Bandes »Die Grafschaft Ruppin«] soll am 1. Juli beginnen, ich *muß* noch nach Ruppin, *kein* Kapitel ist geschrieben – aber all dies, weil es meine *persönlichen* Angelegenheiten sind, hat in dem vorliegenden Falle keine Bedeutung, und ich reise mit Freudigkeit, wenn es in *diesen* Tagen sein kann. Aber Sie sind gewiß meiner Meinung, daß ich nicht fremden Leuten zumuten kann, meiner Lepel-Freundschaft ihrerseits ein so großes Opfer zu bringen. – Es wäre mir sehr lieb, wenn wir die Details noch mündlich besprechen könnten. Wie immer Ihr aufrichtig ergebenster

Th. Fontane.

68

Mein gnädigstes Fräulein.

Besten Dank für Ihre freundlichen Zeilen und die Einlage, die gerade nicht viel bietet, aber doch sehr liebenswürdig ist.

Herr Roth tat mir eigentlich leid. Ich hatte ihn bis dahin

doch für klüger und für gesellschaftlich routinierter gehalten. Wie kann man in der Fülle seiner Begeisterung so gegen allen guten Geschmack und gegen das ABC gesellschaftlichen Tons verstoßen. Schließlich, als er so etwas wie eine Niederlage empfand, bedauerte ich ihn aufrichtig; er war ganz *junger* Mensch, kleinstädtischer Student. Dr Heyse hielt still mit rührender Geduld.

Ich hoffe nun doch durch Ihre Güte *Rohr*stoff [»Trieplatz«] genug zu erhalten, um ein Kapitel arrangieren zu können. Ich will erst Allgemeines voraufschicken und dann den *Besitz*, schließlich einzelne *Gestalten* aufzählen. Der Besitz ist:

Ganzer
Meyenburg
Leddin
Trieplatz

vielleicht ein fünftes und sechstes noch. Ganzer ist behandelt. Es handelt sich nun darum, auch von den andern Dörfern ein paar Notizen zu erhalten, so ähnlich wie die Notiz über Leddin oder wie das bekannte große Bild in Meyenburg. Das nächste Mal, daß ich die Ehre habe Sie zu sehn, sprechen wir ausführlicher darüber. Wie immer Ihr aufrichtig ergebenster

Th. Fontane.

Berlin d. 28. Juni 64.

69

Berlin d. 4. Juli 64.

Hat Herr v. Lepel schon geschrieben?!

Mein gnädigstes Fräulein.

Ich habe Ihnen heute einen doppelten Brief zu schreiben, einen wegen der Rohrs und einen wegen andrer vortrefflicher Leute.

Das Rohr-Kapitel [»Trieplatz«] soll etwa die Überschrift führen:

Von den Rohrs.

Nun spreche ich erst ganz allgemein über die Familie, wie sie ins Land kamen, über ihren alten Besitz, ihren Reichtum und ihr Ansehn, dann über ihren Charakter und zuletzt über ihren jetzigen Besitz. Erst bei Aufzählung des jetzigen Besitzes gedenke ich auch Personalien und kleine Anekdoten zu geben. Also z. B. *Meyenburg*. Beschreibung. Das große alte Bild und sonstige Raritäten. Dann Namhaftmachung irgendeines Rohrs aus der Meyenburger Linie.

Trieplatz. Beschreibung. Irgendeine Kuriosität. Dann die Geschichte vom Hauptmann von Capernaum. – Ebenso über Leddin, Tramnitz etc. Leider fehlt es mir noch sehr an Stoff, und ich hätte wohl den Wunsch (vorausgesetzt, daß solche Briefe an Ihre Familie weder *Sie* noch auch die *Empfänger* genieren), noch einiges über die Örtlichkeiten wie über die Personen zu erfahren. Wenn es Ihnen nicht langweilig ist, so sehen Sie sich, mein hochgeehrtes Fräulein, im 2. Bande [»Das Oderland«] das Kapitel: »Das *Pfulen-Land*« an; – *ganz nach demselben Rezept, wie dort die Pfuels besprochen sind, möchte ich nun die Rohrs besprechen*. Alles in der Kürze; aber mit einzelnen *Pointen*, damit es nicht allzu langweilig wird.

Nun komme ich zur zweiten Hälfte meines Briefes. Ich formuliere ohne weitres verschiedne Fragen:

1. Glauben Sie, daß mir Frau v. Romberg oder deren Sohn über Brunn etwas Interessantes wird mitteilen können und wollen?

2. Glauben Sie, daß dieselben beiden Personen etwas über Werder und Walsleben wissen, die beide den *Schwerins* gehören?

3. Glauben Sie, daß Frau v. Romberg mir wird namhaft machen können, wo ich über den Freiherrn *Dodo v. Knyphausen* (der mit einer Tochter der Frau von Wreech vermählt war)

Ausführliches finden kann. Ein Greifswalder Professor gab eine Biographie desselben oder Briefe oder Memoiren heraus; jedenfalls *wollte* er es und hatte sich deshalb an die sel. Gräfin Schwerin gewandt, die noch mit mir darüber sprach. Er soll in der Diplomatie eine hervorragende Rolle gespielt haben. Die vierte Frage schreibe ich, da sich's um eine andre Person dabei handelt, lieber auf einen aparten Zettel, damit sich's besser markiert. Wie immer Ihr dankbar ergebenster

Th. Fontane.

70

Mein gnädigstes Fräulein.

Wenn der Briefträger seine Schuldigkeit tut, so werden diese Zeilen mit unter den ersten sein, die Ihnen morgen die herzlichsten Glückwünsche überbringen. Werde ich aber auch der Zeit nach um eine halbe Stunde geschlagen, so doch sicherlich nicht in der herzlichen Aufrichtigkeit meiner Wünsche. Übrigens werden Ihnen dieselben noch in solennerer Gestalt entgegentreten, wenn meine Frau morgen vormittag ihre Gratulation in höchst eigener Person überbringt. Diese Zeilen sind nur ein kleines Extra, ein kleiner voraufreitender Postillon.

Die heutige Sendung über die Rohrs war mir *sehr* wertvoll; ich bin Ihnen und Ihrem Herrn Vetter [Theobald von Rohr] sehr zu Dank verpflichtet und wünsche dafür

Hildegarden [von Rohr]

den besten Mann und so schön und stattlich und mächtig, wie der eigene Name Hildegarde ist.

Bald mündlich ein mehreres. Wie immer Ihr aufrichtig ergebenster

Th. Fontane

Berlin d. 8. Juli 64.

71

Berlin, den 9. Juli 1864.

Heil, Heil
zum 9. Juli 1864.

Das Leben dauere noch 50 Jahr
Ohne Sorge und Tränen-Befeuchtung,
Es gehe alles klipp und klar
Und in der schönsten Beleuchtung.

Goethe-Schiller.

Nichts reizender als ein freundlich Gesicht
Und die gastlich Rohrsche Schüssel,
Nichts reizender als ein Wachsstock-Licht
Auf dem Leuchter-ersetzenden Schlüssel.

Doch fehlen einmal die Moccoli
So zwischen zehn und elfe,
Dann, gnädigstes Fräulein, nehmen Sie
Diesen Leuchter zum Behelfe.

Er mahne Sie an das Potsdamer Tor
Und die Hirschelstraßen-Gesichter,
An den alten Verehrer des Hauses Rohr
Und Ihren Ruppinschen Dichter.

Th. Fontane.

72

Sie wissen ja: immer der Ihrige.

Es ist zwar morgen Rütli bei *uns*, aber ich werde nichtsdestoweniger um 8 Uhr satteln. Auch meine Frau (die sich Ihnen empfiehlt) wird ihren Zelter besteigen. Wie immer Ihr

Th. F.

[Berlin, Juli 1864?] *Freitag*.

73

Berlin d. 5. August 1864.

Mein gnädigstes Fräulein.

Ohne daß ich weiß, *wo* meine Gedanken Sie suchen sollen, lebe ich doch der Hoffnung, daß diese Zeilen irgendwo zwischen Elbe und Oder, mutmaßlich an den stillen Ufern der Havel resp. des Rhin und der Temnitz Sie finden werden.

Ich schreibe in Rohren-Angelegenheiten an Sie; aber nicht um mir weitre Auskunft über dies und das zu erbitten, sondern um Ihnen umgekehrt die traurige Anzeige zu machen, daß ich *diesmal* das Rohren-Kapitel [»Trieplatz«] nicht schreiben kann – wir müssen warten bis zu einer 3. Auflage, von der es freilich dahinsteht, ob sie jemals kommt.

Die Sache ist die. Das Material, das ich habe, reicht nicht aus; – es fehlt diesem anzurichtenden Mahl durchaus das pièce de resistance. Die kleinen mir mitgeteilten Anekdoten, von denen sich nur die Geschichte vom »H[au]ptmann von Capernaum« novellistisch behandeln läßt, würden einen kümmerlichen Eindruck machen. Zweierlei müßte ich haben: eine längere, möglichst anziehende *Biographie* irgendeines alten Rohr und die detaillierte Beschreibung irgendeiner Rohrschen *Lokalität*, am besten wahrscheinlich Meyenburg. *Ich habe aber weder das eine noch das andre.* Hat man irgend etwas in ernster und gehaltener Weise beschrieben, so kann man nachher mit kleinen Anekdoten kommen – sie sind das Dessert, das aufgetragen wird. Fehlt aber der solide Untergrund, so erscheinen solche Mitteilungen, die nun nicht bloß *Ornament* sind, sondern die Sache selber sein wollen, in höchst bedenklichem Lichte, und ich fürchte beinah, daß die Familie selber (nicht jeder urteilt so milde wie Sie, und nicht jeder kennt so genau meine guten Absichten) mit dieser *ausschließlich* scherzhaften Behandlung nicht zufrieden sein würde.

Ich will also die Rohrs vertagen und werde das liebenswürdig-humoristische Material, das ich Ihren freundlichen Bemühungen verdanke, einsiegeln und bis zur nächsten Auflage lagern lassen.

Mir kommt dies selber schwer an, aber es geht nicht anders. Ruppin hat 3 alte Familien: Die Zietens, die Quasts, die Rohrs; – in gewissem Sinne sind die Rohrs die ersten von den dreien; sie waren früher die reichsten und angesehensten und haben auch vielleicht (wiewohl ihnen eine *recht markante Figur* in der vaterländischen Geschichte leider fehlt) vielleicht mehr tüchtige Männer, wenn auch nur von einer gewissen Durchschnitts-Tüchtigkeit, hervorgebracht als die Zietens und die Quasts. Sie können sich also denken, wie fatal das Nichtbringen eines Rohren-Kapitels meinem historischen Gewissen ist – wobei ich noch gar nicht mal an meine hochverehrte Gönnerin dieses Namens denke, der ich durch ein möglichst gelungenes Rohren-Kapitel gern eine kleine Freude gemacht hätte. Aber es ist unmöglich; – man kann doch am Ende nicht hexen, und ich bin sicher, Sie werden es verzeihn. – Und nun nur noch ein paar Worte. Was macht unser gemeinschaftlicher Freund [Lepel]? Ich höre, es geht ihm so gut, daß er nicht schreibt; nur seine freundliche Pflegerin sollte er nicht vergessen. Aber Sie wissen: Bade- und Sommer-Aufenthalte sind ihm immer gefährlich; er hat ein großes Herz und umschlingt gern Millionen. – Hier geht es leidlich. Frau und Kinder sind munter und benutzen den Tiergarten, der noch immer eine Pracht ist, als Sommeraufenthalt. Ich war recht leidend, immer matt und hinfällig, und kaum ist es in diesem Augenblicke besser. Einzelne Freunde sind noch in den Bädern, andre sind bereits zurück, alle mit der üblichen Reisefarbe, die nur nie lange vorzuhalten pflegt. Meine Frau empfiehlt sich Ihnen; ich tue ein gleiches und verbleibe in alter Verehrung Ihr

Th. Fontane.

An den Meyenburger Rohr [Otto von Rohr, genannt von Wahlen-Jürgaß] schrieb ich; er hat aber nicht geantwortet, was mir jetzt, bei dem Entschluß, den ich gefaßt habe, auch recht lieb ist.

74

Berlin d. 21. August *1864*.

Mein gnädigstes Fräulein.

Pardon, daß ich heute erst Ihre so freundlichen und nachsichtigen Zeilen beantworte; ich hoffte aber gestern schon durch meine Frau Ihnen meinen Dank aussprechen lassen zu können, und heute früh sollte es ganz gewiß geschehn. Es zerschlug sich aber beide Male; so schreibe ich denn nun, da ich fühle, ich darf nicht länger warten.

Was Sie mir über das »Rohr-Kapitel« [»Trieplatz«] schreiben, das nun vorläufig ungeboren bleibt, ist sehr liebenswürdig gegen mich, zu gleicher Zeit aber muß ich allerdings hinzufügen: es ist ganz so, wie Sie's schildern, und die Chance, zu verletzen und zu verdrießen, ist immer größer als die zu befriedigen.

Auf das letztre, wie Sie wissen, habe ich nun zwar längst verzichtet, aber ich möchte doch nicht geradezu zu den Vehses, zu den Beleidigern und Kränkern geworfen werden. Genug davon. Bleibe ich am Leben, so wird auch noch ein Rohren-Kapitel geschrieben; aber dann aus dem vollen.

Nun habe ich noch 2 Fragen oder Bitten. Auch natürlich in betreff meines Buchs [zweite Auflage des »Wanderungen«-Bandes »Die Grafschaft Ruppin«].

Über eine ganze Anzahl Ruppiner Dörfer gedenke ich in einem großen General-Kapitel [»Dörfer und Flecken im Lande Ruppin«] hintereinanderweg eine Menge einzelner Notizen zu bringen. Und zwar alphabetisch. Also: Barsikow,

Bechlin, Binenwalde, Buskow, Campehl etc. Darunter sind nun 2, in betreff deren ich mich an Sie wende: *Buskow* und *Hoppenrade*.

In Buskow war ich, konnte aber nicht in die Gruft hinein. Nun hab ich mir die Finger zerschrieben. Alles vergeblich. Das Gut gehört einer Frau v. Kroecher. Könnten Sie nun diese Dame (die Sie ja wohl kennen) veranlassen, daß sie kategorisch an den Pächter oder an den Küster schreibt: ich *will* wissen, ob die Särge des Feldmarschall v. Dossow und des General v. Schwendy in der Gruft stehn, und *will* wissen, welche Inschriften diese Särge (wenn überhaupt welche da sind) tragen. – Wegen Hoppenrade an – Herrn v. Wülknitz. Ich kann natürlich nicht mehr ausführlich über Hoppenrade schreiben, das muß ich mir vorbehalten, bis auf spätre Zeit. Nur eine kurze Beschreibung der Rokkoko-Kapelle und eine Beschreibung des Grabmals (im Park) nebst Inschrift wäre mir höchst wünschenswert. Ist's möglich?! Wie immer in alter Ergebenheit Ihr

Th. Fontane.

Meine Frau empfiehlt sich Ihnen angelegentlichst; sie sucht Sie auf, sobald es die häuslichen Affären irgend erlauben.

Th. F.

75

Berlin d. 23. August *1864*.

Mein gnädigstes Fräulein.

In aller Eil eine ganz kurze Anfrage.

Wie war der Vorname des schönen Frl. v. Voß (der spätren Gräfin Ingenheim).

In meinen Nachschlagebüchern steht nichts; nur im Vehse steht *Julie* v. Voß, und ich glaube diesem Vornamen auch sonst begegnet zu sein.

Frau v. Haeseler ist mir nicht *ganz* Autorität auf dem Punkt, und doch muß ich andrerseits einräumen, sie kann sich kaum irren. Auch ist man ja wohl in der Familie auch der Meinung, daß der Vorname *nicht* Julie war.

Aber welcher dann? ich hab es vergessen. War es nicht *Amelie.*

Soll ich in dem Buch-Kapitel überhaupt noch etwas ändern (doch weiß ich, mit Ausnahme der Anmerkung, in der ich von der Vermählung des Ingenheims und v. d. Marks spreche, kaum was), so ist es die höchste Zeit. Wie immer Ihr ganz ergebenster

Th. Fontane.

Ich freu mich, daß es unsrem Lepel so gut geht – das ist die Art zu leben, die ihm wohltut, und man sollte ihn ruhig in dieser Weise weiterleben lassen.

76

Mein gnädigstes Fräulein.

Am guten, ja am allerbesten Willen hat es all die Zeit über nicht gefehlt, mich Ihnen vorzustellen und nach Ihrem Befinden zu fragen. Ich bin aber über alles Maß abgehetzt, und Ihre Milde und Nachsicht wird meine Unterlassungs-Sünden verzeihn. Vielleicht – wenn ich nicht zu hungrig bin – komme ich morgen nachmittag auf eine Viertelstunde mit vor; ich muß um 1 in die Akademie und kann vielleicht um 2½ bei Ihnen sein; aber bitte *erwarten* Sie mich *nicht* – es kann ja so viel dazwischen kommen und wär es auch wirklich nur die Essensfrage. Selbst ein *Rohr*scher Kaffe hilft *darüber* doch nicht ganz hinweg.

Ich reise wahrscheinlich nicht vor Freitag abend, hoffe also jedenfalls Sie noch sehn zu dürfen.

Die Papiere habe ich herausgesucht; – es ist alles da, ich händige es Ihnen persönlich ein.

Von Herrn v. Rohr-Wahlen-Jürgaß-Ganzer-Meyenburg [Otto von Rohr, genannt Wahlen-Jürgaß] habe ich vor 2 oder 3 Tagen eine sehr freundliche Einladung erhalten, kann sie aber leider nicht annehmen. Nun hoffentlich später. Wie immer Ihr

Th. Fontane

Berlin d. 28. August 64.

Das Couvert wird nun zum *dritten* Mal benutzt.

77

[Berlin, frühestens 12. Dezember 1864]

Unser Freund [Lepel] ist wohl und munter; wir werden ihn morgen (Montag) in einer großen Gesellschaft bei Zöllners sehn; an den verschiedenen, ziemlich zahlreichen Reunions dieser letzten fünf, sechs Wochen hat er immer teilgenommen. Einmal führte er mich, zu einem Diner, bei Exz. v. Witzleben (General a. D.) ein; denselben Abend war ich sein Gast in einer Art Offiziers-Casino.

Über die schwebende große Angelegenheit weiß ich so gut wie nichts. Dann und wann verlautet mal ein Wort; meist auf Umwegen durch Zöllners. Sobald Sie mich dazu *auffordern*, schreibe ich Ihnen, was ich weiß; ohne diese direkte Aufforderung möchte ich den Punkt nicht gern berühren. Es kommt bei einer Diskussion darüber doch nichts heraus.

Nochmals Ihr ergebenster

Th. F.

78

Mein gnädigstes Fräulein.

Herr v. Lepel war gestern abend auf eine halbe Stunde bei uns, und wir haben, unter Voraussetzung Ihrer freundlichen Zustimmung, *Sonntag* abend festgesetzt; – ich hoffe bis dahin wieder leidlich im Stande zu sein. Meine Frau läßt sich entschuldigen; sie sagt, Sie wüßten schon davon; es ist auch besser, sie schont sich ein bißchen, denn an Strapazen ist kein Mangel und dabei dieser Nordost! In der Hoffnung, Sie bei bestem Wohlsein wiederzusehn, trotz Wind und Weihnachts-Kommissionen, Ihr ganz ergebenster

Th. Fontane.

Berlin d. 15. Dezmbr. 64.

79

Berlin d. 27. Dzmb. *1864*.

Mein gnädigstes Fräulein.

Eben höre ich, daß wir Ihren freundlichst uns zugedachten Besuch verpaßt haben; sonst hätte ich den einliegenden Brief meiner Frau (sie selber ist zu einem grand café) Ihnen einhändigen können. Die Schicksale meiner Frau wird Ihnen diese wohl selber in ihrem Briefe erzählt haben – die Sache hatte gestern abend einen ziemlich bedenklichen Charakter.

Nun zunächst allerschönsten Dank für den Marzipan von längst anerkannter Vortrefflichkeit; ich habe mich gleich am 24. mit siegreicher Gewalt drüber hergemacht.

In dem vor kurzem erschienenen, von K. v. Holtei herausgegebenen *»Briefwechsel Ludwig Tiecks«* kommt auch unser alter Lepel vor, und zwar in 2 Briefen Humboldts an Tieck, wo Lepel durch H. an Tieck empfohlen wird. Das wird unsrem Freunde Spaß machen, wiewohl eine Malice gegen seinen Onkel [Friedrich Wilhelm von Lepel] (in Rom) mit drunter läuft. In der Hoffnung, Sie bald begrüßen zu dürfen, wie immer Ihr

Th. Fontane.

80

Mein gnädigstes Fräulein.

Schon sind einige Gäste da (Heydens); ich kann es mir aber doch nicht nehmen lassen, Ihnen heute noch meinen allerherzlichsten Dank für Ihr so wunderschönes Geschenk auszusprechen. Es muß ein Haupt-Reh gewesen sein, ein Reh, das das günstigste Licht auf die uckermärkischen Forsten wirft, in denen es geschossen wurde. Nochmals schönsten Dank. Recht bald spreche ich ihn Ihnen mündlich aus.

Auch *Lepel* hat geschieben; ich glaube, daß ich hauptsächlich Ihrer Fürsorge diesen Brief zu danken habe, ohne dadurch Lepels eigenen Verdiensten zu nahe treten zu wollen.

Haben Sie denn in der vorgestrigen Nummer der Kreuz-Ztng. den furchtbaren Artikel über Tamsel gelesen? Wer mag *den* geleistet haben! Ich bringe ihn Ihnen nächstens. Er ist in *seiner* Art bewundernswert.

Tausend Grüße von meiner Frau; viel, viel Glück zum neuen Jahr. Wie immer Ihr

Th. Fontane

Berlin d. 30. Dezembr 1864.

81

Mein gnädigstes Fräulein.

In der Hitze des gestrigen Gefechts entging mir Ihr Rückzug, und ich kam nicht nur um die Gelegenheit, Ihnen Adieu zu sagen, sondern versäumte auch, Ihre Entschuldigung für meinen kleinen, über den Tisch weg gerichteten Ausfall gegen »Fräulein v. Rohr« zu erbitten. Was ich nun gestern nicht mehr tun konnte, tu ich wenigstens heut und bitte mir auch diesmal eine kleine Ungezogenheit freundlichst zugute halten zu wollen, die, wie Sie wissen, aus einer gewissen nervösen Lebendigkeit, um nicht zu sagen Reizbarkeit entspringt. Ich werde dafür das nächste Mal, wo ich die Ehre habe, Sie zu sehn, desto frommer und traitabler sein.

Wie immer Ihr aufrichtig ergebenster

Th. Fontane

Berlin d. 7. Januar 65.

82

Mein gnädigstes Fräulein.

Zunächst schönsten Dank für Ihre freundlichen Zeilen. Schade, daß Sie krank sind oder doch nicht wohl. Da es nun aber mal so ist, so müssen wir *dringend* bitten, daß Sie morgen *nicht* kommen, weder Vormittag noch Nachmittag, sondern uns die Freude Ihres Besuchs zu einer Zeit machen, wo sich Husten und Ostwind gelegt haben.

Daß Herr v. Haeseler nicht unbedeutend erkrankt ist, habe ich zu meinem großen Bedauern gehört. – Welch liebenswürdiges Komplott wird denn wegen meiner Balladen geschmiedet? Ich habe keine Ahnung davon.

Ihnen baldige völlige Wiederherstellung wünschend, unter Empfehlungen von meiner Frau und mir, Ihr ganz ergebenster

Th. Fontane

Berlin d. 4. Febr. 65. *Sonnabend.*

83

Mein gnädigstes Fräulein.

Unter dem Eindruck, daß Sie mir mein gestriges Nicht-Erscheinen doch am Ende ein wenig verdacht haben, schreibe ich diese Zeilen, die eine Abschrift von »Stadt oder Land« begleiten und Ihnen meine ergebensten Empfehlungen, resp. die wiederholten Wünsche um Ihre nachsichtige Beurteilung bringen sollen. Ich habe wirklich das Gefühl, daß Sie's mir nicht übelgenommen haben können und daß es – wenn ich nicht halb und halb ein mir zu Ehren getroffenes Arrangement stören wollte – nicht anders ging, als daß ich Ihres beßren, weil frühren Anspruchs auf mich zu entsagen bat. Ich bemerke eigens, daß ich die Einladung von Frau v. Massow erst annahm, nachdem ich Ihre Zeilen, die es mir gestatteten, in Händen hatte.

Im Vertrauen auf neuen Sonnenschein, wie immer Ihr ergebenster

Th. Fontane

Berlin d. 3. April 65.

84

[Berlin, wahrscheinlich 9. Juli 1865]

Trara,
Der 9. Juli ist wieder da,
Er sieht mit lachendem Sonnenschein
Bei Fräulein v. Rohr ins Fenster hinein
Und spricht: »Ich bin der erste schier,
Ich gratulier, ich gratulier.«

Die Sonne grüßt ins Fenster hinein,
Nicht jeder kann die Sonne sein.
Ich kenne einen, der sitzt weit
In Zeitungshöhlen-Dunkelheit
Und nimmt an dieses Tages Glanz
Nur teil von ferne, par distance.

Doch ob von ferne oder nah,
Mit seinem Herzen ist er da,
Und wie die Morgensonne schier
Ruft er von Hirschelstraße 4
Aufs herzlichste: ich gratulier.

85

[Berlin, 16. November 1865]

Mein gnädigstes Fräulein.

Die Kreuz-Ztng. bringt heute abend eine gestern eingegangene Besprechung der Gedichte unsres Freundes, eine Besprechung, deren An- und Aufnahme ich selbst empfahl, da sie mir, wiewohl ein bißchen zu stark im Ausdruck (wenigstens zu stark nach meinem Geschmack), doch sehr praktisch, sehr zweckentsprechend erschien. Ich schrieb darüber auch gleich an Lepel selbst, ihm mitteilend, daß meine Kritik nunmehr in einem andern Blatt erscheinen würde. Ich denke in der Berliner Revue.

Weshalb ich nun in diesem Augenblick schreibe, das ist der Umstand, daß Dr B[eutner] diese Besprechung, *mit andern Notizen zusammen* (die ich weggeschnitten habe), unter »Literatur und Kunst« hat setzen lassen, anstatt diesen empfehlenden Zeilen eine *bevorzugtere* Stelle, und zwar in *größeren* Typen zu geben.

Es scheint mir, er hat es nicht gewollt. Auf Lepel brauchte er dabei keine Rücksicht zu nehmen, *aber vielleicht ein klein wenig auf mich.* Mir ist die Sache höchst peinlich, und zwar aus verschiednen Gründen. Mehr mag ich nicht sagen. Die Verfitztheit der Verhältnisse bringt mich mitunter in sehr unerquickliche Lagen, und ich erhalte Nackenschläge von zwei Seiten her. Lepel wird sagen (und scheinbar mit Recht), da ist mein alter Fontane bei der Kreuz-Ztng., und in derselben Zeitung werde ich mit einer kleingedruckten Kritik abgespeist; Beutner sagt (und vielfach mit Recht), was gehen mich die *liberalen* Freunde meiner Mitarbeiter an! Ich mag dieses Kapitel nicht weiter ausführen; nur bitte ich Sie herzlich, Lepel wissen zu lassen, daß sich eine Andersgestaltung dieser Verhältnisse meiner Macht entzieht. Ich muß mich mit dem begnügen, was geboten wird, es sei viel oder wenig. Mündlich recht bald ein mehreres. Ich bin verstimmt und kann doch Dr B. (wiewohl ich fatal mitbetroffen werde) nicht ganz unrecht geben. Ihr aufrichtig ergebenster

Th. Fontane.

86

Mein gnädigstes Fräulein.

Wenn Sie unsren Lepel seit Eintreffen meines letzten Briefes nicht gesehn haben, so bitte ich mit ihm über die Sache entweder gar nicht zu sprechen oder sie ihm in einem andern, *richtigeren* Lichte darzustellen. Dies richtigere Licht ist mir heute rein zufällig aufgegangen.

Dr B[eutner] war heute bester Laune, und in dem Moment, wo ich die Zeitung verließ, sagte er zu mir: »nun wir haben ja auch gestern gleich Ihren Lepel gebracht«; worauf ich antwortete: »ich hatte gedacht, Sie würden ihn in *großen Typen* bringen.« Er lachte und meinte gutgelaunt: »ich machte sehr feine Unterschiede mit großen und kleinen Typen; er hätte sich seinerseits nichts Verkleinerndes dabei gedacht, als er das bekannte petit (d. h. kleiner Druck) an den Rand des Manuskripts geschrieben habe«.

Sie sehen hieraus, daß meine Interpretation von gestern abend ganz falsch war und daß die Sache sich nur so machte, wie sie sich gemacht hat, weil Zeitungs-Redakteure allen Dichtern und Gedichten auch nicht den geringsten Wert beilegen, wenn sie nicht ausnahmsweise aus *Interesse* an der *Person* ein übriges tun. Ein solches Interesse zu erwecken ist mir freilich aus den Ihnen bekannten mit Partei und Politik zusammenhängenden Gründen nicht geglückt.

Mit den besten Wünschen für Ihr Wohl, Ihr aufrichtig ergebenster

Th. Fontane.

[Berlin,] d. 17. Novb. 65.

87

[Berlin, 17. November 1865]

Mein gnädigstes Fräulein.

In 24 Stunden der dritte Brief! Besten Dank für Ihre freundlichen Zeilen, an denen es mich hoch erfreut, daß Sie mir weiter keinen Vorwurf machen, wiewohl Sie die Sache, gleich mir, beklagen.

In einer Beziehung erweisen Sie mir zu viel Ehre, wenn Sie von meiner Bescheidenheit sprechen. Da diese *erste* Unterredung mit Beutner das eigentlich Entscheidende war, woran sich nachher alles andre wie von selber angeschlossen hat, so gestatten Sie mir, Ihnen diese *erste* Unterredung ganz wahrheitsgetreu zu schildern, damit ich nicht besser wegkomme, als ich verdiene, aber auch nicht schlechter.

Dr B. wußte (und *wünschte* auch, soweit er nach der Seite hin überhaupt Wünsche hat), daß ich Lepels Gedichte besprach. Zweitens, wenn er's auch nicht wußte, so konnte er doch annehmen, daß ich, 10 bis 12 Tage nach dem Erscheinen der Gedichte, mit Abfassung einer Besprechung bereits beschäftigt sei.

Nun kam am Mittwoch diese eingesandte Kritik. Ich glaube kaum, daß er sie gelesen hatte, als er sie mir zur Durchsicht gab; aber, ob gelesen oder nicht, er mußte sie mir gar nicht zum Durchlesen geben und mich gar nicht in die Lage bringen, zwischen dieser eingesandten Kritik und meiner eignen eine Entscheidung zu treffen. Hätte ich die eingesandte Kritik absolut albern oder dumm oder schlecht gefunden, so hätte ich das ganz ehrlich an Dr B. gesagt, ich fand sie jedoch (und finde sie noch so) nur freundlich-frauenhaft-überschwenglich, im übrigen aber, der Grundempfindung wie der Grundanschauung nach, nicht übel und für das sogenannte große Publikum, weil sie diesem die Pistole auf die Brust setzt, *praktisch*. In diesem Sinne, ganz der hier dargelegten Überzeugung gemäß, äußerte ich mich gegen Dr B. Ich glaube (womit gegen meinen verehrenswerten Chef weiter kein Tadel, am wenigsten eine Anklage ausgesprochen sein soll), Dr B. hätte nun die Pflicht gehabt, mir zu sagen: »Teuerster, wenn diese eingesandte Kritik nicht ganz ausgezeichnet ist, so ist mir die Ihrige, die wahrscheinlich mit freundschaftlichem Gefühl, aber auch zugleich mit der maßvollen Haltung eines ästhetisch geschulten Mannes geschrieben ist, *natürlich zehnmal lieber.*« So sprach er aber *nicht*; ohne es direkt auszudrücken, las ich doch aus seinen Mienen, daß er denken mochte, »je rascher und je kürzer dies abgemacht ist, desto besser«; vielleicht kamen auch Rücksichten gegen den mir völlig unbekannten Einsender hinzu. Kurzum ich begegnete *mindestens* einer völligen Gleichgültigkeit gegen meine Besprechung, und dieser Gleichgültigkeit gegenüber (die mich übrigens weiter nicht verletzte; an derlei Dinge gewöhnt man sich) hielt ich es für unangebracht, meiner Besprechung das Wort zu reden. Bei einer Zeitung, wo alles gegen solche Dinge abgebrüht ist, macht man sich durch ein Gewichtlegen auf ästhetische Fragen, namentlich wenn die eigne Person und eine eigne Arbeit mit hineinspielt, nur lächerlich. So trat ich denn meinen Rückzug an, ich kann nicht sagen aus *Bescheidenheit*, sondern mehr durch mir gegenüberstehende *Indifferenz* gezwungen, die bekämpfen zu wollen mich in eine lächerliche Lage und in den Verdacht der Eitelkeit gebracht haben würde. Dies der Sachverhalt. – Wie immer Ihr aufrichtig ergebenster

Th. Fontane.

88

Mein gnädigstes Fräulein.

Ihr Brief und der Brief meiner Frau haben sich gekreuzt. Zunächst herzlichen Dank für Ihre freundlichen Zeilen; für mich selbst nehme ich – die unsrige vertagend – Ihre freundliche Einladung dankbarst an, für meine Frau, die katarrhalisch stark affiziert ist, nur halb. Doch hofft sie bis Sonnabend wieder wohler zu sein. Unsre gestrige kleine Gesellschaft, mit den für eine Hausfrau unvermeidlichen Aufregungen und Erkältungen, hat den Katarrh auf die Höhe gebracht. Lepel und Eggers glänzten gestern als Vorleser; – wir hätten so gern auch um Ihre Gegenwart gebeten, wagten es aber nicht, da wir über die Frage v. Rohr gegen v. Besser nicht recht im klaren waren. Mündlich darüber, Ihre Geneigtheit vorausgesetzt, ein mehreres.

Meine Rezension über Lepel ist seit einigen Tagen fertig; – ich schicke sie morgen früh ans Johanniterblatt.

Wie immer Ihr aufrichtig ergebenster

Th. Fontane

Berlin d. 23. Novb. 65.

89

Mein gnädigstes Fräulein.

In Abwesenheit meiner Frau, die mit George in der Kirche ist, habe ich Ihre freundlichen Weihnachtsgaben in Empfang genommen. Sie beschämen uns wie immer. Für den Kaviar, der wohl direkt an meine Adresse geht, noch meinen ganz besondern Dank; ich bin – wiewohl seit drei, vier Tagen leidlich im Gange – doch immer noch in einer Verfassung, die mich auf

Kaviar und Rotwein als auf meine eigentlichste Nahrung hinweist.

Mit unsern kleinen Geschenken, bitte, nehmen Sie freundlichst fürlieb. Der Köppensche »Strauß« ist nicht gerade sehr duftig (nach unsres Freundes [Lepel] Ansicht die reinen Strohblumen), aber die Illustrationen, wiewohl ganz dilettantisch, sind doch zum Teil nicht ohne Geist und Humor. Jedenfalls hat das Ganze einen gewissen Reiz als kameradschaftliches Produkt und wurde ich durch dasselbe an die Zeit erinnert, wo Lepel und ich unsre schottische Reise [»Jenseit des Tweed«] in ähnlich gemeinschaftlicher Weise herausgeben wollten.

Ich hoffe Sie *recht* bald zu sehn, wenn nichts dazwischenkommt, mache ich morgen einen Versuch, Sie zu treffen; eine Zeit gebe ich absichtlich nicht an, damit Sie sich in Ihren Arrangements nicht stören lassen.

Daß Sie vorgestern im Theater waren, davon hatten wir keine Ahnung, würden sonst nicht unterlassen haben, fleißig nach Ihnen auszulugen. – Wie immer Ihr aufrichtig ergebenster

Th. Fontane

Berlin d. 24. Dezemb. 65.

[*Nachschrift von Emilie Fontane:*]

Ich komme gerade zurecht, um Ihnen, mein teures, gnädigstes Fräulein, noch meinen besten, herzlichsten Dank für Ihr so freundliches Unsergedenken zu sagen; Ihre lieben Gaben werden den Weihnachtstisch zieren helfen. Beigehende kleine Arbeit nehmen Sie bitte nachsichtig auf. Ein frohes, gesegnetes Fest wünscht Ihnen in treuer Anhänglichkeit Ihre

E. Fontane.

90

[Berlin, 31. Dezember 1865?]

Gnädigstes Fräulein.

Die letzten Zeilen im Jahr gehören Ihnen und sollen Ihnen meinen Dank für das gestrige Tönnchen und eine Tonne voller Glückwünsche für das neue Jahr bringen.

Der Tag gestern verlief sehr angenehm; die Gratulanten, die die Stunden von 1 bis 3 und dann wieder von 5 bis 7 gewählt hatten, ließen meiner Frau und mir gerade Zeit zum Nachmittagsschlaf, so daß wir auch der zweiten Serie (Heydens, Zöllners, Lucae und mein Schwager Sommerfeldt) mit relativer Frische entgegentreten konnten. Schmerzlich vermißt wurden nur Frl. v. Rohr und Lepel, woraus ich fast schließen möchte, wieder mal mißverstanden zu sein.

Mit meiner Frau, die sich Ihnen empfiehlt, geht es besser; vorgestern (29.) war sie sehr elend, hatte sich aber aufs Sofa gelegt, um wenigstens sehn zu können. Erst nach Eintreffen Ihrer Zeilen ging sie zu Bett und hat sich dann leidlich gesund geschlafen. Sobald sie ausgeht, ist ihr erster Gang im neuen Jahr zu Ihnen.

In alter Ergebenheit wie immer Ihr

Th. Fontane.

91

[Berlin,] 1. Januar 1866

Neujahrswunsch

Freundschaft, Verse, Götterspeise,
Tee und feine Fleischerware,
Alles in der alten Weise
Auch in diesem neuen Jahre;
Und das Glück von Dobbertin
Mög ein Weilchen noch verziehn.

92

Mein gnädigstes Fräulein.

Diesmal ist meine Frau selber krank; sie liegt seit gestern (Donnerstag) im Bett, und gleichzeitig mit diesen Zeilen gehen einige Zeilen an Koblanck zur Post. Ich hoffe, daß es nichts Schlimmes ist (heftige Erkältung) und daß sie morgen eine Stunde aufstehen kann; wenn Ihr Weg Sie in unsre Nähe führt, sehen Sie sich freundlicherweise den Patienten vielleicht an.

So würden wir denn morgen im allerengsten Zirkel bei Ihnen sein. Mancherlei ist zu erzählen. Unsern Freund [Lepel] habe ich die ganze Woche nicht gesehn.

Wie immer, mein gnädigstes Fräulein, Ihr aufrichtig ergebenster

Th. Fontane.

Berlin d. 23. März 66.

93

[Berlin,] den 9. Juli 1866

Wie zu allen Zeiten, wie immer, wie stets,
So auch in den Tagen von Königgrätz,
Nach wie vor,
(Wo möglich mehr
Als je vorher)
Es lebe, es lebe Fräulein von Rohr.

94

Berlin 10. August [1866]

Mein gnädigstes Fräulein.

Für den Fall, daß ich Sie nicht treffe, stecke ich diese Zeilen zu mir.

Sie haben möglicherweise durch unsern Freund Lepel schon erfahren, daß sich vielleicht, unter relativ günstigen Verhältnissen, seine Mit-Reise ermöglicht.

Der Urlaub ist noch nicht da, doch fürchte ich fast, daß, wenn er schließlich gewährt wird, Lepel es für geraten hält, das mühsam Errungene abzulehnen. Ich hatte vorgestern abend ein Gespräch mit ihm, das mich das beinah fürchten läßt.

Ich wollte Sie nun, mein gnädigstes Fräulein, bitten, daß Sie ihn, in einem etwaigen Gespräch über diesen Gegenstand nicht noch abgeneigter oder schwieriger stimmen, als er ohnehin zu sein scheint. Alles, was er mir vorgestern in dieser Angelegenheit sagte, läßt sich durchaus hören, dennoch hab ich ein Gefühl davon, daß er diese Urlaubs-Angelegenheit *peinlicher nimmt, als nötig wäre*. Ich habe sein Eintreten, als der Krieg da war, von Herzen begrüßt und an eine abermalige *kurze* militärische Episode allerhand Hoffnungen geknüpft; Lepel scheint nun aber mit 48 Jahren halb und halb eine *neue* militärische Carrière anfangen zu wollen, und das will mir nicht recht einleuchten. Wäre die *Durchführung* möglich, so würde ich mich dessen herzlich freun, *es ist aber nicht durchzuführen*, und deshalb bin ich für ein gewisses heitres Leichtnehmen dieser ganzen Angelegenheit. Doch mag ich unrecht haben. Ihr ergebenster

Th. Fontane

95

Mein gnädigstes Fräulein.

Es war mein lebhaftester Wunsch, morgen nachmittag zu Ihnen kommen zu können, um Ihnen zu danken für Ihren heutigen Besuch und Ihre liebenswürdigen Worte. Ich würde eine andauernde Verstimmung – die nicht verschuldet zu haben wir wirklich das gute Gewissen hatten und haben durften – aufs aufrichtigste beklagt haben. Nochmals meine Freude darüber, daß dieses kleine Gewölk wieder vergangen ist.

All dies wollte ich Ihnen morgen sagen; ich bin aber dermaßen mit Arbeiten pressiert, daß ich Sie freundlichst bitte, mich noch auf ein paar Tage zu beurlauben. Ich hatte gehofft, meine böhmischen Reise-Erlebnisse [»Reisebriefe vom Kriegsschauplatz. Böhmen 1866«] in einer Woche aufschreiben zu können; nun bin ich schon dritthalb Wochen dabei und bin erst halb fertig. Sie sehen also, daß ich mich heranhalten muß. Und dazu die Kunstausstellung!

Doch nicht klagen! Mit herzlichen Wünschen für Ihr Wohl, in der festen Hoffnung, Sie noch in dieser Woche sehn zu dürfen, wie immer Ihr ergebenster

Th. Fontane

Berlin d. 10. Septbr. 66.

96

Mein gnädigstes Fräulein.

Herzlichen Dank für Ihre freundlichen Zeilen. Die Anonymität war nicht zu vermeiden; Beutner ließ mir die Wahl:

an der Spitze *ohne* Namen
im Zuschauer *mit* Namen.

So ist die alte Zeitungsregel, und Beutner konnte nicht davon abgehn, um nicht Präzedenzfälle zu schaffen, die ihm später, wenn andre dasselbe verlangen, große Verlegenheiten bereiten würden.

Ich ging zu Lepel, um ihm selbst die Wahl zu lassen; da er nicht zu Haus war, so tat ich, was mir als das für ihn Wünschenswertere erschien.

Ich würde mehr geschwankt haben, wenn ich mir nicht gleich vorgenommen hätte, einen nachträglichen Abdruck *mit Namen* im Fremdenblatt zu erwirken. Ich habe das Gedicht nun *mit* Lepels Namen an das Fremdenblatt geschickt und hoffe, daß es heut abend oder morgen früh in demselben erscheinen wird. Mehr konnte ich nicht tun. Wie immer Ihr ergebenster

Th. Fontane

Berlin d. 22. Sept. 66.

97

Mein gnädigstes Fräulein.

Das Fremdenblatt von gestern (Montag) abend ist Ihnen hoffentlich zu Händen gekommen; es enthält Lepels Gedicht, das ich schon am Sonntag darin erwartet hatte. Nun, auf den Tag kommt's nicht an. – Besten Dank für Ihre freundlichen Zeilen; wie immer Ihr ergebenster

Th. Fontane

Berlin d. 25. Sept. 66.

98

Mein gnädigstes Fräulein.

Decker schickt eben neue Abzüge; ich lege von beiden Gedichten drei Exemplare bei, stehe aber, wenn gewünscht, *sehr gern* mit mehr zu Diensten. Aber bitte herzlich, nur da, wo ein Interesse ist; auf den Poeten fällt sonst immer etwas Lächerliches. Mit der Bitte, mir diese aus Eitelkeit geborne Schlußbemerkung nicht übel deuten zu wollen, wie immer Ihr ergebenster

Th. Fontane

Berlin d. 2. Okt. 66.

99

Mein gnädigstes Fräulein.

Besten Dank für Ihre freundliche Benachrichtigung; – ich habe noch am selben Abend meinen Brief abgehen lassen und habe mir erlaubt, Ihre Zeilen mit der Einladung, die dieselben enthielten, beizuschließen.

Heute schreibe ich noch zu einem besondren Behuf.

Übermorgen ist meiner Frau Geburtstag, und ich möchte allerhand kleine Einkäufe machen. Hätten Sie wohl die große Güte, mir auch diesmal wieder dabei zur Seite zu stehn? Wenn ich keine Antwort erhalte, so nehme ich dies für Zustimmung und bin morgen nachmittag 3 Uhr bei Ihnen. Dann allerhand mündlich.

Wie immer Ihr aufrichtig ergebenster

Th. Fontane

Berlin d. 12. Novb. 66. Montag abend.

100

Mein gnädigstes Fräulein.

Ihr Herr Vetter [Theobald von Rohr?], den wir gestern noch das Vergnügen hatten zu sehn, hat zugesagt, am *Sonntag* seinen Tee bei uns zu trinken. Auch Heydens würden dasein. Dürfen wir darauf rechnen, auch Sie an unsrem einfachen Tisch zu sehn? Hoffentlich »ja«. Meine Frau empfiehlt sich Ihnen. Wie immer Ihr

Th. Fontane

Berlin d. 15. Novmb. 66.

101

Mein gnädigstes Fräulein.

Der heutige Nachmittag sollte mich zu Ihnen führen, teils um mich nach Ihrem Befinden zu erkundigen, teils um zu erfahren, wie es mit unsrem L[epel] steht. Die Wahrheit zu gestehn, erwartete ich ihn schon Ende der vorigen Woche und bin höchlichst überrascht, daß er noch immer nicht da ist.

Meinen Besuch mußte ich heute nachmittag unterlassen, weil ich so angegriffen war, daß ich 3 Stunden im Bett gelegen habe. Überhaupt wieder alles unwohl; meine Frau herunter, Friedel seit 10 Tagen die Lungenentzündung, so daß ich gestern nicht in den Tunnel (Stiftungsfest) konnte. Meine Frau empfiehlt sich Ihnen; sobald es mir wieder bessergeht, erlaube ich mir persönlich bei Ihnen vorzusprechen.

Ihr aufrichtig ergebenster

Th. Fontane

Berlin d. 4. Dezbr. 66.

102

Mein gnädigstes Fräulein.

Wie freundlich, daß Sie uns mitteilten, Paul H[eyse] sei angekommen; – aber schade, daß Sie nicht eintreten wollten. Ich bin immer noch viel zu enrhumiert, um abends arbeiten zu können.

Zu morgen abend sind wir zu Hertzens zum Tee eingeladen, was wir (vorausgesetzt, daß Friedel nicht kränker wird) annehmen wollen, wenn Sie's uns nicht übelnehmen. Die Situation hat sich nämlich seit Ihrem letzten freundlichen Besuche ganz verschoben: Rütli ist *nicht* bei mir, sondern (auf meinen Wunsch) bei Schulrat Bormann. Eine Einladung zum Diner bei Dr Beutner ließ sich nicht ablehnen. So bin ich für den Abend frei geworden, da sich das Diner höchstens bis 7½ hinzieht, während die letzten Rütli-Funken erst um 9 zu erlöschen pflegen.

Ich habe es für gut gehalten – wiewohl sich geschrieben dergleichen Sachen immer breit und philiströs ausnehmen –, Ihnen zu erzählen, wie sich das alles so gemacht hat. Ich möchte nicht gern in Anklagezustand kommen. Paul Heyses Hiersein führt uns hoffentlich bald mal wieder zusammen. Meine Frau (sehr herunter durch Plätten und Kindergeschrei) empfiehlt sich Ihnen. Wie immer Ihr aufrichtig ergebenster

Th. Fontane

Berlin d. 7. Dezeb. 66.

103

[Berlin, Dezember 1866] *Montag abend.*

Mein gnädigstes Fräulein.

Meine Frau war sehr böse, daß ich Sie nicht zu ihr ins Nebenzimmer geführt hatte. Frau Rechnungs-Rätin Müller war zugegen (eine Bekannte, *fast* wohl eine Freundin von der Gräfin Saurma), die ohnehin gern Ihre Bekanntschaft gemacht hätte.

Ich schreibe nun aber noch um eines andern Punktes willen. Ich müßte eigentlich Ihrem Herrn Vetter [Theobald von Rohr?] einen Gegenbesuch machen, was bei Regenwetter und ohne Visitenkarten doppelt hart ist.

Hätten Sie nun wohl die Güte, ihm gelegentlich zu sagen, ich rechnete darauf, daß er dieselbe freundliche Nachsicht gegen mich hätte wie so viele andre, die mich ein für allemal von der strikten Innehaltung gesellschaftlicher Formen dispensiert hätten. Vielleicht ist sein gutes Herz ohnehin schon so weit gegangen und hat mir Indemnität erteilt, noch eh Sie Ihren Antrag gestellt haben. Mög es so sein; bitte empfehlen Sie mich ihm. Sobald unser alter L[epel] in Bonn von sich hören läßt, erfahren wir wohl durch Ihre Güte: ob oder ob nicht. Ich rechne diesmal fest auf gute Abwicklung. Ihr

Th. F.

104

Mein gnädigstes Fräulein.

In erster Reihe:

Viel Glück
zum neuen Jahr!

In zweiter Reihe natürlich eine Bitte, die Bitte, einliegenden Brief an unsren alten v. L[epel] gelangen zu lassen.

Ich schrieb gestern einen Bogen voll, zum Dank für seine telegraphische Gratulation. Heute mittag traf nun ein langer, sehr interessanter und sehr liebenswürdiger Brief ein, der mich veranlaßte, meinen gestrigen Zeilen heute noch einen zweiten Bogen hinzuzufügen. Seine Adresse hat er mich nicht wissen lassen, deshalb meine Bitte an Sie. Über den Inhalt von L.s Brief sprechen wir nächstens. Meine Frau empfiehlt sich Ihnen und vereinigt ihre Glückwünsche mit den meinigen. Wie immer Ihr

Th. Fontane

Berlin d. 1. Januar 67.

105

Berlin d. 18. Januar 67.

Mein gnädigstes Fräulein.

Eben war unser Bonnenser Freund [Lepel] bei mir. Ich freute mich sehr, ihn wiederzusehn, war aber noch speziell angenehm überrascht durch sein frisches Aussehn und seine gute Laune. Es scheint ihm vorzüglich bekommen zu sein, und vielleicht müßte er öfter so auf Reisen geschickt werden. Ich halte auch viel davon.

Das Neuste ist, daß sich der Kronen-Orden bei mir eingefunden hat, richtiger am Sonntag (beim Ordensfest) mir überreicht werden wird. Mit der Zeit kommt alles, Orden – Titel – Tod. Mit dem Wunsche für uns beide, daß der letztre noch eine Weile ausbleiben möge, und in der Hoffnung, Sie am Sonntag froh und heiter wiederzusehn, Ihr ergebenster

Th. Fontane

106

Mein gnädigstes Fräulein.

Seit 3 Tagen bin ich Strohwitwer, habe immer mit vorsprechen wollen bei Ihnen, bin aber vor Arbeit und Kopfweh (eine neue Errungenschaft) nicht dazu gekommen.

Ich habe eine Bitte, die ich eben auch unsrem Lepel schriftlich vorgetragen habe.

Ich muß dann und wann in die wöchentlich oder monatlich erscheinenden militärischen Zeitschriften (es gibt deren ein halbes Dutzend) einen Einblick tun, sie *alle* anzuschaffen – auf die beste und teuerste hab ich abonniert – ist aus vielen Gründen unmöglich, und so geht denn mein Wunsch dahin, daß ich Gelegenheit finde möchte, diese Blätter aus dem Kriegsministerium oder dem Generalstabe oder der militärischen Gesellschaft leihweise auf zwei, drei Tage entnehmen oder an den betreffenden Orten die betreffenden Artikel nachlesen zu können.

Auch dies wird natürlich seine Schwierigkeit haben, hier aber hilft doch vielleicht Empfehlung. Mir ist Oberst v. Garten und seine *Tochter* wieder eingefallen. Wenn sie will, so muß er. Aber im Ernst, Oberst v. Garten, der ja zu Moltke und andern Autoritäten in Beziehung steht, könnte da gewiß aushelfen, wenn er wollte. Vielleicht wissen Sie auch noch anderweitig Rat zu schaffen. Bitte, gedenken Sie meiner.

Meine Frau – unglaublich, aber wahr – ist nach Beeskow; ich hoffe, daß sie heute noch mit dem Frankfurter Abendzuge wieder eintrifft. – Wie immer Ihr ergebenster

Th. Fontane

Berlin d. 22. Febr. 67.

Wo haust denn jetzt der junge Graf Haeseler? Der würde mir *sehr* helfen können und hätte gewiß auch den Willen dazu.

107

Mein gnädigstes Fräulein.

Ich bin krank. Eine Erkältungsreise zu meinem Papa und drei Diners hintereinander haben mich so heruntergebracht, daß ich mich nur noch mühsam auf die Zeitung schleppe und dann immer zu Bett gehe. Es tut mir sehr leid, heute nicht kommen zu können, einmal weil ich Sie überhaupt seit sehr langer Zeit nicht gesehn habe und zweitens weil ich fürchten muß, Ihre Arrangements zu stören. Meine Frau käme gern; es ist aber peinlich mit dem Zuhausegehn. – Anfang nächster Woche komme ich, um mich noch mündlich zu entschuldigen. Wie immer Ihr aufrichtig ergebenster

Th. Fontane

Berlin d. 6. April 67.

108

Mein gnädigstes Fräulein.

»Blinder Eifer schadet nur« oder *hätte* doch geschadet, wenn ich mich ihm überlassen hätte.

Eben trifft – wie ich bekennen muß zu *meiner höchsten Überraschung* – ein sehr freundliches Briefchen von Hertz ein; er ist eigentlich mit *allem* einverstanden.

Wir müssen nun die Debatte von gestern abend in Vergessenheit begraben und die 100 Tlr. noch 14 Tage behalten.

Besser ist besser. Leise habe ich den Verdacht, daß Sie heute vormittag vielleicht in liebenswürdigster Weise gemahnt und zu diesem Hertzschen Briefe angeregt haben!

Hoffentlich ist Ihnen der gestrige Abend trotz Hitze und später Stunde gut bekommen.

In dieser Hoffnung, unter Gruß und Empfehlung von meiner Frau, Ihr ergebenster

Th. Fontane

Berlin d. 3. Juni 67.

109

[Berlin,] Zum 9. Juli 1867

Im Rosenflor
Heut und immer wie zuvor
Lebe Fräulein Mathilde v. Rohr!
So singt allein und singt im Chor
Ihr ergebenster Theodor

Fontane.

110

Berlin 4. August 67.

Mein gnädigstes Fräulein.

Heute früh (Sonntag) erhielt ich Ihren freundlichen Brief, und ich eile mich, Ihnen zu danken und zu antworten. Ich kann es um so besser, als ich gestern abend bereits ein kurzes Gespräch mit unsrem Freunde [Lepel] hatte, der übrigens den für mich bestimmten Brief eben in einen Briefkasten gesteckt hatte, so daß wir ihn nicht als Fundament unsrer Unterhaltung nehmen konnten.

Ihre gütigen Mitteilungen haben eine rechte Reise-Sehnsucht in mit hervorgerufen: Wald und Berg und Quellen, freundliche Menschen, historische Erinnerungen und billige Preise, ja sogar 2 Balladen von mir auf Bergeshöhe vorgetragen – was will man mehr! Es wird aber doch wohl mit unsrem Rendezvous in Ilmenau nichts werden, da ich, oder sag ich lieber da *wir* (meine Frau und ich), vor dem 21. schwerlich bei Ihnen eintreffen könnten. Ein Verweilen aber bis dahin, während Sie doch Ihre Abreise eigentlich schon auf den 15. oder 16. festgesetzt haben, würde uns geradezu in Verlegenheit bringen, um so mehr, als wir doch höchstens 2 Tage würden bleiben können. Unser Reiseplan ist nämlich folgender:

Meine Frau trifft am 10. aus Schlesien hier ein (es geht ihr jetzt gut); am 17. beginnt mein Urlaub; wir wollen dann, nachdem mir meine Frau mit heiligen Eiden bekräftigt haben wird, mich *nicht* zu ärgern, auf 3 Tage nach Kösen reisen, wo Zöllners uns, besonders auch meine Frau erwarten. Frau Zöllner hat nämlich kurz vor ihrer Abreise, die heute erfolgte, einen sehr betrübenden Verlust gehabt. Ihre Cousine, an den Generalarzt Dr Steinberg verheiratet, ist am Kindbettfieber gestorben und hat 5 Kinder, das jüngste 10 Tage alt, hinterlassen. Infolge dieses Todesfalls mußte die Reise des Zöllnerschen Paares, zusammen 5 Personen, die nach Reichenhall gehen sollte, erst verschoben und dann in eine Reise nach Kösen umgewandelt werden. Frau Zöllner selbst, die in diesen 8 Tagen, als einzige nahe Anverwandte, den ganzen Jammer durchmachen mußte, war sehr angegriffen, und der Wunsch, dem um seine eigentliche Reise gekommenen Ehepaar die bloße Abschlagszahlung: Kösen, so angenehm wie möglich zu machen, ließ mich das Versprechen eingehn, ein paar Tage dort zuzubringen, entweder allein oder mit Frau. Die letztre weiß von all diesen Plänen noch gar nichts. Ich glaubte diese Zusage um so eher machen zu können, als es mir im Ohre klang, die beiden Ilmenauer Damen würden vor Ende August ihren thüringischen Sommeraufenthalt nicht verlassen; doch muß ich mich darin wohl geirrt haben. Kösen liegt 10 Meilen *vor* Ilmenau, unmittelbar an der Bahn, sonst hätte sich's am Ende arrangieren lassen, die Sache umzudrehn und erst Ilmenau, dann Kösen zu nehmen.

Ich fasse alles Gesagte kurz dahin zusammen: Bleiben Sie ohnehin bis Ende August in Ilmenau, so sehen Sie mich jedenfalls, und ich folge Ihrer bewährten Führung über Tal und Berg; haben Sie aber in der Mitte des Monats von Ilmenau genug, und dies erscheint mir als das natürlichere, so wär's eine Art Verbrechen, Sie auch nur einen Tag länger dort festhalten zu wollen. Ich bin ja in der glücklichen Lage, Sie auf der Berghöhe von Behrenstraße 70, auch 55 Fuß über dem Meeresspiegel, allsonnabendlich sehen zu können. Dies muß in Rechnung gestellt werden. Wo immer aber wir uns wiedersehn, ob in Thüringen oder Mark, ob bei Goethe-Schiller- oder Lepel-Fontane-Erinnerungen, zu Wasser und zu Lande, in gleicher Ergebenheit immer Ihr

Th. Fontane.

111

Mein gnädigstes Fräulein.

Seit vorgestern (Sonntag) nachmittag sind wir hier und haben sehr glückliche Stunden verlebt, worüber wir Ihnen in Bälde berichten werden.

Wir wollen übermorgen reisen und hoffen am 22. nachmittags (die Stunde werden Sie besser wissen als ich) in Ilmenau einzutreffen. Wir sind beide wohl, auch meine Frau recht munter. – Unter herzlichsten Grüßen und Empfehlungen Ihr ganz ergebenster

Th. Fontane

Berlin d. 20. Aug. 67.

112

Mein gnädigstes Fräulein.

Am Montag nachmittag machte ich einen Versuch, Sie in Ihrer Wohnung zu treffen, aber mein Klingeln verhallte ungehört. Ich schreibe nun diese Zeilen, damit Sie, wenn Sie in den nächsten Tagen zurückkehren, einen schriftlichen Gruß von uns auf Ihrem Tische vorfinden.

Es war eine sehr schöne Reise, reich an den angenehmsten Eindrücken und Erlebnissen, durch kaum irgend etwas Unschönes oder Widerwärtiges getrübt. Für die schönen Stunden in Ilmenau haben wir *Ihnen* zu danken. Landschaftlich ist es, nach meinem Geschmack, die Krone meines diesmaligen Sommerausfluges geblieben. Der Blick vom Gabelsbach aus zählt überhaupt zu dem Schönsten, das ich gesehn.

Meine Frau empfiehlt sich Ihnen angelegentlichst. Mit dem Wunsche, daß Sie in bester Gesundheit hier wieder eintreffen mögen, Ihr aufrichtig ergebenster

Th. Fontane

Berlin d. 5. Sept. 67.

113

[Nachschrift zu einem Brief Emilie Fontanes, Berlin, 14. Oktober 1867]

Herzlichste Grüße auch von mir. Eigentlich wollte ich einen neuen Bogen nehmen und Ihnen einen ordentlichen Brief schreiben, aber es würden 3, 4 Bogen werden, und an die mag ich nicht heran, weil ich doch spätestens in 14 Tagen Sie wiederzusehen hoffe. Über Tod und Begräbnis meines guten Papas kann ich einen ganzen Abend plaudern, weil es wirklich poetisch, manches balladenhaft-romantisch war. – Mit meinem Befinden geht es leidlich, auch mein Buch [»Der deutsche Krieg von 1866«] macht Fortschritte; wenn ich Sie wiedersehe, hoffe ich bei Königgrätz zu sein, und habe ich erst Königgrätz hinter mir, so bin ich über den Berg, trotzdem der Mainfeldzug auch noch eine hübsche Aufgabe ist. – Herrn v. L[epel] sah ich am Sonnabend im Rütli; er war leidlich wohl und freundlich-liebenswürdig. Hans v. Rohr war bei uns, verfehlte uns aber. Wie immer Ihr

Th. F.

114

Berlin 13. Dezb. 67. *Freitag*.

Mein gnädigstes Fräulein.

Sehr schönen Dank für Ihre freundlichen Briefe. Ich freue mich sehr, daß nun von den 56ern eine gute Arbeit in Aussicht ist, und danke Ihnen im voraus für Ihre freundliche Vermittlung.

Ein Verschen für H. v. R. [Hans von Rohr] werd ich mit großem Vergnügen in das Balladenbuch eintragen und es Ihnen am Sonntag abend zustellen; wir freun uns sehr auf ein Zusammensein an Ihrem Teetisch.

Meine kleinen, scherzhaft sein sollenden Bemerkungen über »Connexionen« haben Sie mir doch hoffentlich nicht übelgenommen! Alles stand ja außerdem auf Ihrer Seite; man ließ mich total im Stich. Auch tun Sie mir darin unrecht, wenn Sie glauben, ich meinte, Sie gebrauchten das Wort nicht an der richtigen Stelle. Sie *meinen* »Connexionen« und haben deshalb auch das vollste Recht, diesen Ausdruck zu gebrauchen. Die Differenz zwischen uns liegt nicht im *Ausdruck*, sondern in der *Anschauung*, in der Beurteilung der Verhältnisse. Ich will nun aber, wenigstens in Gegenwart andrer, nicht mehr auf den Punkt zurückkommen; wenn ich aber mal wieder die Ehre habe, allein bei Ihnen Kaffe zu trinken, dann halte ich Ihnen, mit Ihrer gütigen Erlaubnis, einen kleinen Vortrag über diese Frage und bin im voraus ganz sicher, daß wir einig sein werden. – Meine Frau empfiehlt sich Ihnen. Wie immer Ihr

Th. Fontane.

115

Mein gnädigstes Fräulein.

Wenn ich nicht bis 2 Uhr Contreordre habe, so erlaube ich mir, um 3 Uhr bei Ihnen zu sein, und stelle dann den ergebensten Antrag, mir bei kleinen Weihnachts-Einkäufen, die ich vorhabe, behilflich sein zu wollen.

In der Hoffnung, Ihnen dadurch nicht *allzu*sehr beschwerlich zu fallen und unter herzlichen Grüßen von meiner Frau, wie immer Ihr ergebenster

Th. Fontane

Berlin d. 19. Dezb. 67.

116

Mit dem herzlichsten Wunsche, uns auch für 1868 jenseits wie diesseits der mecklenburgischen Grenze Ihre Güte, Ihre Nachsicht, Ihre freundschaftliche Gesinnung bewahren, die anbei erfolgenden Kleinigkeiten aber als ein kleines Zeichen unsrer Verehrung hinnehmen zu wollen, wie immer Ihre aufrichtig ergebensten

Fontanes
Mann und Frau.

Berlin, d. 24. Dezbr. 67.

117

Mein gnädigstes Fräulein.

Angesichts der kleinen Kaviartonne, aus der wir eben Miene machen einen kleinen Imbiß zu nehmen, setz ich mich, um Ihnen für die vielen, liebenswürdigen Gaben, womit Sie wieder uns alle bedacht haben, unsren herzlichsten Dank auszusprechen. Der glücklichste ist ohne Zweifel Friedel, der unter der beständigen Versicherung: »ich hab es von Pate Rohr« auf seinem Pferde durch die ganze Wohnung reitet, nicht eben zum Vorteil der Dielen und noch weniger zum Vorteil meiner ohnehin desolaten Decke. Doch alle Jahr ist ja nur einmal Weihnachten!

Unsre 3 Gäste haben uns und speziell die Kinder reich beschenkt; darüber mündlich, wie auch über die am 24. stattgefundene Verlobung zwischen Fräulein Hedwig Scherz und Herrn Lieutenant Baron v. Eberstein.

Lepel, der später kam, war sehr munter und liebenswürdig. Ob er sich bloß einen Ruck gab oder ob es echt war, vermag ich nicht zu sagen. Meine Frau grüßt herzlichst; wie immer Ihr

Th. Fontane

Berlin d. 26. Dezeb. 67.

118

Berlin 30. Dezeb. 1867.

Mein gnädigstes Fräulein.

Wie freundlich Sie wieder meiner gedacht, wie überreich Sie mich beschenkt haben! Die Schale ist ein Prachtstück und wird gleich heute ihren Platz einnehmen und sozusagen die Gäste mit empfangen helfen.

Alles wäre gut, nur daß Sie krank sind, ist entschieden *nicht* gut. Fast noch schlimmer ist es, daß Sie morgen Gäste empfangen wollen; – ließ es sich denn nicht vertagen?!

Auch wir sind übrigens nicht ganz wohl, und eine Baiser-Torte, die, glaub ich, im Anzuge ist, wird die Situation schwerlich verbessern.

In der Hoffnung, bald Gutes von Ihnen zu hören, und mit dem Wunsche mindestens, daß Ihnen die Silvester-Gesellschaft nicht schaden möge, unter Dank und herzlichen Grüßen von meiner Frau und mir wie immer Ihr

Th. Fontane

Unter den heutigen Brief-Gratulanten war auch Hans v. Rohr. Er schreibt liebenswürdig wie immer.

119

[Berlin, vermutlich Dezember 1867 oder Januar 1868] *Sonnabend abend.*

Mein gnädigstes Fräulein.

Meine Frau ist unwohl, eigentlich seit Mittwoch schon; sie darf sich kaum rühren. Bis Mittwoch ist sie aber hoffentlich wieder in Ordnung, und so nehmen wir dankbarst an.

Wie immer, unter herzlichsten Empfehlungen von meiner Frau, Ihr aufrichtig ergebenster

Th. Fontane.

Frl. v. B[esser?] ist heute im Hamlet.

120

Mein gnädigstes Fräulein.

Es war meine Absicht, schon heute bei Ihnen vorzusprechen und Ihnen über meine Lehnert-Korrespondenz, die übrigens *einseitig* geblieben, Bericht abzustatten. Darf ich morgen um 3 bei Ihnen sein? In der Hoffnung, daß ich nicht störe, Ihr ergebenster

Th. Fontane

Berlin 28. Febr. 68 Freitag

121

Berlin d. 7. Mai 68.

Mein gnädigstes Fräulein.

Sie haben immer einen Archivrat aus mir machen wollen – das ging nicht. Ich hatte stets das Gefühl, daß speziell *dazu* andre Personen erforderlich seien.

Nun schick ich Ihnen beiliegend einen andern Plan, der, wenn er akzeptiert würde – und es liegt nichts vor, warum er *nicht* akzeptiert werden sollte –, mir eine ehrenvolle Tätigkeit eröffnen, einen anständigen Titel und ein gutes Gehalt eintragen würde.

Bitte, zeigen Sie, was Sie können. Ich bin voll besten Mutes.

Mein Wunsch geht dahin, daß Sie Herrn Geh. Rat Keller oder vielleicht auch dem Unterstaatssekretär Lehnert (wenn das möglich ist) diesen Plan vorlegen, damit der eine oder andre dieser Herrn dem Herrn Minister [Heinrich von Mühler] darüber einen Vortrag hält. Die Wichtigkeit und die Notwendigkeit der Sache ist in die Augen springend. Ein weitres mündlich. Wie immer Ihr aufrichtig ergebenster

Th. Fontane

Ich bemerke noch, daß es sich bei meinem Plan nicht etwa um eine bloße auf 3 oder 6 Monate berechnete *Ausstellung*, sondern um die Errichtung eines vollständigen *Museums* handelt, um eine Angelegenheit, deren bloße Einrichtung mehrere Jahre in Anspruch nehmen und die, wenn eingerichtet, immer einer Verwaltung, einer Förderung und Erweitrung bedürfen würde.

122

Mein gnädigstes Fräulein.

Jeden Augenblick kann Hans v. Rohr eintreten, der heute eine halbe Stunde mit mir plaudern will, nachher ist Rütli; ich kann es mir aber doch nicht versagen, Ihnen heute schon in dieser knapp zugemessenen Viertelstunde einen Plan zu skizzieren, der mich seit heute mittag vollständig erfüllt und der, wenn ich Glück habe, zu – meinem Glücke führen und mir auf einen Ruck eine lohnende, ehrenvolle, auskömmliche und meinen Gaben entsprechende Stellung schaffen kann.

In Schloß Monbijou ist jetzt eine »Ausstellung historisch merkwürdiger Gegenstände« in Szene gesetzt, die sehr wohl gemeint ist, die man mit Rücksicht auf den wohltätigen Zweck sogar loben kann und loben muß, die aber, wenn man ernster an die Dinge herantritt und sich die Frage vorlegt: »wie könnte, wie sollte das alles sein«, nahezu ein Skandal ist. Von historischem, künstlerischem und überhaupt ästhetischem Standpunkt aus angesehn, ist die Ausstellung ein bloßer Raritäten-Laden, zum Teil ein bloßes Jahrmarkts-Chaos.

Diese Wahrnehmung nun, das Wissen, daß nach *dieser* Seite hin überhaupt ein Chaos bei uns herrscht, daß die wertvollsten und interessantesten Dinge sich wie Gerümpel herumtreiben, in alten Schlössern zum Teil auf Böden und Korridoren mißachtet und verzettelt unter Staub und Spinnweb verkommen – hat mir den Gedanken an die Hand gegeben: »hier ist noch was zu machen, und *für das*, was hier noch zu machen ist, bist du der geeignete Mann.«

Es fehlt uns ein national-historisches Museum, wie es die meisten andern europäischen Hauptstädte, wie es auch einzelne der kleineren deutschen Residenzen (Hannover, Schwerin, Stuttgart etc.) haben, und die Herstellung eines solchen aus dem reichen Material, was die Kunstkammer und die zahlreichen königlichen Schlösser, außerdem die alten Kirchen in Stadt und Land bieten würden, wäre eine große, schöne, herzerhebende Aufgabe. Es würde mich glücklich machen, mit einer solchen Aufgabe betraut zu werden. Ob ich derselben gewachsen wäre, darüber müssen andre entscheiden. Im allgemeinen meinen Kräften mißtrauend und in Rivalitätskämpfen gern zurücktretend, hab ich doch hier das Gefühl: *das* könnt ich. Ich bin mir auch klar darüber, *warum* ich es könnte. Doch darüber gelegentlich mündlich.

Über die Sache selbst nur so viel, daß, wie man in großen Museen, beispielsweise in London, einen romanischen, einen früh-gotischen, einen spät-gotischen, einen Renaissance-, einen Rokkoko-, einen Empire-Saal hat, Säle, in denen jedesmal die ganze Epoche nach allen Richtungen hin, also in bezug auf die bildenden Künste, Kunstindustrie, Sitten und Trachten charakterisiert wird, so auch in diesem nationalhistorischen Museum sich Saal an Saal reihen müßte, von denen jeder einer Epoche oder einem Regierungsabschnitt zu entsprechen haben würde. Den früheren Jahrhunderten würden, bei der Mangelhaftigkeit des Materials, nur kleine Räume angewiesen werden können, während beispielsweise das Zeitalter Friedrichs des Großen mehrere große Säle in Anspruch nehmen würde. Jeder Raum müßte dieselbe Grundeinteilung zeigen, um dadurch Klarheit, Übersichtlichkeit in das zur Zeit chaotisch durcheinander gewürfelte Material zu bringen, *das bisher weder sachlich noch chronologisch jemals gruppiert worden ist.* Gobelins und Bilder, immer der bestimmten Epoche entsprechend, hätten an den Pfeilern und Wänden hinzulaufen, ein *historisches* Mobiliar (Wiege, Lehnstuhl, Arbeitstisch, Notenpult, Sterbesessel etc.) hätte eine möglichst natürliche Aufstellung zu erfahren, große Glasschränke hätten das historische Kostüm und Glaskästen die Kuriositäten, Reliquien, Erinnerungsstücke aufzubewahren.

Jeder Saal ein Ganzes, in sich Abgeschlossenes, ein Zeitenbild, eine Welt für sich und doch in Aufbau, Arrangement, Prinzip der gleichgeartete Bruder der Nachbarsäle.

Hier haben Sie in Andeutungen meinen Plan. Ich habe gerade so viel gegeben, daß sich erkennen läßt, wie die Sache völlig klar vor mir steht. Eine Baulichkeit würde sich finden lassen; ein Katalog müßte unmittelbar der Aufstellung folgen.

Bitte, bringen Sie die Sache passenden Orts zur Sprache. Vielleicht – die Sache selbst ist eine Notwendigkeit und *muß* über kurz oder lang kommen – greift man zu. Es würde mich höchlichst erfreun; auch dann noch, wenn man sich veranlaßt sehn sollte, die Sache andern Händen anzuvertraun als den meinigen. (Direktor v. Ledebur – hochverehrt von mir – ist einfach zu alt für einen solchen Aufbau; ich glaube, er ist 78.) Wie immer Ihr

Th. F.

Berlin d. 7. Mai 68.

123

Berlin d. 8. Mai *1868*.

Besten Dank, mein gnädigstes Fräulein, für Ihre heute abend empfangenen freundlichen Zeilen. Ich schreibe, weil ich morgen nachmittag leider nicht kommen kann; ich muß durchaus ein bestimmtes Kapitel meines Buchs [»Der deutsche Krieg von 1866«] (weil ich das Material zurückgeben muß) bis Sonntag fertig schaffen.

Was meinen neuen Plan angeht, so müssen Sie meinen Charakter dabei gegenwärtig haben. Wenn mir so etwas durch den Kopf geht, erfaß ich es mit großem Eifer, und wenn mir dabei der Gedanke dämmert: »das könnte zu deinem Glücke führen«, so halte ich es sogar für Pflicht, dergleichen Gedanken, von denen ich gelegentlich glauben möchte, daß sie einem der liebe Gott schickt, nicht gleich ad acta zu legen. Da ich nicht in der Lotterie spiele, muß ich sozusagen auf diese höhere, beßre Art beim Glück mein Heil versuchen.

Dies der Grund, warum ich meinen Gedanken auch Worte gegeben habe; aber Sie werden mich andrerseits genugsam kennen, um zu wissen, daß mich das Scheitern eines solchen Planes noch viel weniger aufregt, als mich das Gelingen aufregen würde.

In dem Augenblick, in dem mir der Plan kam, kam mir auch die Frage: wie bringst du denselben zur Kenntnis des Ministers [Heinrich von Mühler]? Ich hatte die Wahl:

Frau v. Merckel,
Frl. v. Rohr,
Geh. Cabinetsrat [Ferdinand] v. Mühler,
der Minister direkt.

Bei längrem Grübeln wären mir auch wohl noch andre Wege eingefallen. Ich entschied mich aber gleich für Sie.

Da ich nun ersehe, daß dieser Weg – trotz Ihres persönlich besten Willens, woran ich keinen Augenblick zweifle – den Dienst versagt, so werd ich es noch anderweitig versuchen. Aber – wenn auch mit Lebhaftigkeit, so doch mit großer innrer Ruhe.

In einem – Sie dürfen mir es nicht übelnehmen, daß ich das sage – verkennen Sie die Situation. Vielleicht in zwei Dingen.

1. Die Sache ist viel wichtiger und viel *brennender*, als Sie glauben, und der Minister weiß das auch. Die Hannoveraner, in ihrem sogenannten Welfen-Museum, haben ein großartiges Muster-Institut der Art, und man empfindet es hier sehr peinlich, daß uns in solchen und ähnlichen Dingen die neuen Provinzen sehr voraus sind. Man weiß recht gut, daß diese Dinge, infolge alt-preußischer Ruppigkeit, bei uns im argen liegen, und man hat den guten Willen, es zu ändern.

2. Die Finanzlage ist gar nicht so schlecht. Das wird immer

vorgeschützt. Wenn man aber *will*, so hat man auch Geld oder kriegt es.

Nein, die Schwierigkeiten – und deshalb hab ich mich auch keinen Augenblick großen Hoffnungen hingegeben – liegen in bezug auf meine Person ganz woanders; sie liegen in der Bettelvorstellung, die man von einem deutschen Schriftsteller hat, in der Vorstellung, daß erst ein Geheim-Sekretär oder ein Konrektor kommt und dann ein Schriftsteller noch lange nicht. Wenn in diesem Augenblick ein hervorragender Professor, am besten ein reich-dekorierter Geh. Rat diese spezielle Angelegenheit mit Feuereifer in die Hand nehmen und ein Memorial ausarbeiten und einreichen wollte, so würde das zünden, und es würde etwas geschehn. Man würde dem Betreffenden eine selbständige Stellung und ein auskömmliches Gehalt geben – wenn *ich* mich aber an den Minister wende (was ich ja könnte), so würde die Sache, die groß angefaßt sein will, sofort als eine Art Bettelei angesehn werden, und man würde mir – immer den Fall einer Akzeptierung überhaupt vorausgesetzt – das Anerbieten machen, für ein Gehalt von 500 Taler wahre Wunderdinge zu verrichten. Alles muß bei uns nach der Tabulatur, nach dem Herkommen und unter Innehaltung billigster Preise gehn, und deshalb kommt auf allen Gebieten, die es verlangen, *apart* behandelt zu werden, bei uns nicht viel heraus. Ich brauche und verdiene jetzt alljährlich 2000 Taler, und ich bin sicher, daß, wenn ich ein solches Gehalt fordern wollte, man mich als übergeschnappt oder prätentiös ansehn würde. *Da* liegen die Schwierigkeiten. – Auf Wiedersehn am Montag. Wie immer Ihr

Th. Fontane

124

Mein gnädigstes Fräulein.

Willkommen wieder in der Heimat! Leider, wie ich höre, befinden Sie sich nicht in bestem Wohlsein, was einmal zu Ihnen überhaupt nicht paßt und am wenigsten dann, wenn Sie von einer langen Sommerkur in den verschiedensten Provinzen wieder bei uns eintreffen.

Außer meiner Freude über Ihr Wieder-da-sein sollen Ihnen diese Zeilen aber vor allem auch ausdrücken, wie lebhaft ich es bedaure, daß ich noch nicht zu Ihnen kommen und mich in Person nach Ihrem Befinden erkundigen konnte.

Paßt es Ihnen, wenn ich morgen (Montag) um 6 Uhr komme und eine Viertel- oder halbe Stunde bleibe? Hoffentlich erlaubt es Ihnen Ihr Zustand, mir eine Zeile Antwort zu schreiben. *Vor* 6 kann ich nicht gut, und von 7 an muß ich arbeiten; ich habe einen wichtigen Abschnitt [vom »Deutschen Krieg von 1866«] zu beenden.

Für den Fall, daß Ihr Befinden ein Vertagen meines Besuches wünschenswert macht, rechne ich darauf, daß Sie's mir in aller Offenheit sagen.

In alter Verehrung und Hochschätzung Ihr ganz ergebenster

Th. Fontane

Berlin d. 18. Oktob. 68. Sonntag.

125

Mein gnädigstes Fräulein.

Zwölf ist's längst durch, einen langen Brief an Hans v. Rohr hab ich eben beendet; ich setze die Unterhaltung mit Ihnen fort. Die Rohrs haben nichts Spukhaftes, da kann man es schon wagen, die Geisterstunde durchzuplaudern oder den Geist lieber Freunde zu zitieren.

Schwer ist mir's heute aufs Gewissen gefallen, daß es bereits 9 Tage ist, daß ich bei Ihnen war; dazu erfuhr ich Sonnabend durch Lepel, daß es noch immer nicht gut mit Ihnen geht.

Eine kleine Entschuldigung mag es für mich sein, daß ich seit Sonntag – meine Stunde spazierengehn abgerechnet – um und um gearbeitet habe; selbst »Tante Merckel«, die heute von Schlesien kam, habe ich nicht am Bahnhofe empfangen. Meine Arbeit [»Der deutsche Krieg von 1866«] brennt mir auf den Nägeln; ich will nun endlich wenigstens den *ersten* Druckbogen sehn; *wann* den letzten?

Wenn irgend möglich, komme ich morgen gegen 6 mit bei Ihnen heran und erkundige mich in Person nach Ihrem Befinden.

Mit dem Wunsche, daß es besser gehn möge, als Lepel mir rapportierte, wie immer Ihr aufrichtig ergebenster

Th. Fontane

Berlin d. 28. Okt. 68

126

Berlin 7. Novemb. 68.

Mein gnädigstes Fräulein.

Eine Anfrage, die ich schon am Mittwoch abend an Sie richten wollte, trag ich Ihnen heute, da ich's in der Debatte vergaß, brieflich vor.

Ich habe, in betreff meines George, an die Militär-Erziehungs- und Bildungs-Kommission (an deren Spitze General v. Peucker steht) eine Bitte zu richten und bedarf dazu einer *lebhaften* Empfehlung an den Obersten *v. d. Osten*, Luisenstraße 19, der, unter Peucker stehend, doch in Wahrheit alle diese Dinge zu machen und zu regulieren hat.

Könnten Sie nun wohl, bei Ihrer ausgebreiteten Bekanntschaft, einen Herrn ausfindig machen, der mich an Herrn v. d. Osten nachdrücklich empfiehlt. Eher möcht ich nicht gern zu ihm gehn. Ich habe an Oberst v. Blücher gedacht, der ihn sehr wahrscheinlich kennt, doch möchte ich den letztren *jetzt* nicht inkommodieren, wo die Hochzeit vor der Türe steht.

Herr v. d. Osten ist à la suite des 2. Garde-Ulanen-Regiments, so daß sich beinah annehmen läßt, alle ältren Offiziere, die diesem Regiment angehörten, werden ihn kennen.

Heute gegen Abend kommt meine Frau. Also großer Haus-Trouble; Luise kocht, bohnt und steckt Gardinen an – alles gleichzeitig. Wie immer Ihr ergebenster

Th. Fontane.

In der Angelegenheit von George handelt es sich bloß darum, daß ihm 5 versäumte Tage (was wir alle nicht wissen konnten) angerechnet werden. Die Sache, so klein sie auf der einen Seite ist, ist wichtig auf der andern. Der Junge verliert, wenn sie ihm *nicht* angerechnet werden, ein ganzes Jahr.

127

Berlin 3. Januar 1869.

Mein gnädigstes Fräulein.

Von Weihnachten bis Neujahr haben wir uns eingehend mit einem gewissen »Gruß aus der Ferne« beschäftigt, und von Neujahr bis Dreikönigstag werden wir mit einem Dobbertiner Rehrücken, dessen Lob wir in die Worte zusammenfassen: »es ist ein *Mecklenburger* Rücken« ein Gleiches tun. Weiter in dies wichtige Thema einzudringen, überlasse ich meiner Frau, die Ihnen auch von Weihnachtsfest und Geburtstagsfeier, von Familie und Freunden erzählen wird.

Ich beschränke mich vorläufig darauf, einige Fragen Ihres Briefes vom Heiligabend zu beantworten.

Über Lepel kann ich Sie glücklicherweise ganz beruhigen. Vor 2 oder 3 Monaten war er mal wegen seines Übels sehr verstimmt; das hat sich aber ganz gegeben, und er war während der letzten 14 Tage in andauernd guter Laune. Wir sahen ihn, flüchtig, am Nachmittage des 24., dann bei Wangenheims am 26., dann am 30. spät abends und endlich am Silvester-Abend, wo er gleich nach 10 erschien und sich mit uns ins neue Jahr hineinpunschte. Er war bei all diesen Begegnungen ungezwungen heiter und hat sich auch, auf gelegentlichen Spaziergängen, nie besorgt gegen mich ausgesprochen. Die Verstimmung, von der ich oben sprach, gehörte einer ganz bestimmten Epoche an; bald darauf beruhigte er sich, und in dieser Verfassung ist er glücklicherweise noch. Es scheint mir auch wirklich so, als ginge es besser mit ihm. Was Sie, mein gnädigstes Fräulein, über seine Kurmethode schreiben, hat viel für sich; es läßt sich aber auch manches dagegen sagen. Und mitunter liegen die Dinge so, daß es eben kein absolut, sondern nur noch ein relativ Bestes gibt.

Das Lebensbild der Gräfin Schwerin hat meine Frau mit dem größten Interesse gelesen; ich habe es nur durchblättert, was ich nicht zu mißdeuten bitte. Sie wissen, ich lese eigentlich immer nur Bücher, die mir bei der Arbeit, die ich vorhabe, direkt dienen müssen. Nun ist es gar keine Frage, daß mir solche Arbeiten, bei denen mir das »Lebensbild« von Wichtigkeit sein wird, nahe bevorstehn (beispielsweise wenn ich mich wieder an meinen Roman [»Vor dem Sturm«] mache), und deshalb war mir der Empfang des Buches von hohem Wert; ich kann aber nicht gut, ohne andern Zweck als den literarischer Unterhaltung, an die ernste Lektüre eines umfangreichen Buches gehn, und deshalb bin ich noch im Rückstand. Ihre Güte und Nachsicht werden mir hierin zustimmen.

Die Visite bei Frau v. Haeseler werde ich ganz bestimmt machen, trotzdem es mir etwas schwer wird. Nicht, daß es mir langweilig oder peinlich wäre, mit der alten Dame 10 Minuten zu sprechen, nein, die Visite trägt so sehr den Charakter, als wollte ich was, und darin liegt das Häßliche. Trotz alledem soll es geschehn. Und nun danke ich Ihnen für alle im vorigen Jahre (wie in so vielen früheren) bewiesene Liebe und Güte und wünsche Ihnen alles Gute und Beste zum neuen Jahre. In alter Ergebenheit, mein gnädigstes Fräulein, Ihr

Theodor Fontane.

128

Gnädigstes Fräulein.

Der gestrige Abend, trotz Zwischenfälle (an denen ich schuld sein sollte) und später Stunde, ist Ihnen hoffentlich wohl bekommen; bei mir hat der Apfelkuchen seine alte Macht geübt, die Blutwelle ruhiger gemacht und mich sanft gestimmt. So hab ich Ihnen denn auch mittelbar für meine moralische Besserung zu danken.

Dr Reetzke wohnt auf dem Carlsbad No 5; ich glaube, er ist sehr zu empfehlen, vielleicht gerade deshalb, weil sein Institut mehr eine Lehr- als eine sog. Pauk-Anstalt ist. Pensionäre zahlen, soweit ich weiß, 50 Taler, Schüler 25 Tlr. monatlich.

Daß Sie eine kleine (oder vielleicht große) Aversion gegen Reuter haben, wußte ich nicht; ich hätte sonst etwas andres zum Vorlesen in Vorschlag gebracht. Das nächste Mal besser.

Meine Frau empfiehlt sich Ihnen angelegentlichst; wie immer Ihr ergebenster

Th. Fontane

Berlin d. 11. Januar 69.

129

Berlin d. 22. Januar 69. *Freitag.*

Mein gnädigstes Fräulein.

Wir sind beide, Mann und Frau, total erkältet.

Meine Frau hat nun zwar nichtsdestoweniger vor, Ihnen morgen im Lauf des Tages einen Besuch zu machen und Sie in meinem Namen herzlich zu bitten, die Sonnabend-Reunion auf einen andern Tag verlegen zu wollen, ich weiß aber nun schon aus Erfahrung, wie es mit diesen Besuchs-Vorsätzen geht, und ziehe es deshalb vor, die K. preußische Stadtpost zu Hilfe zu nehmen. Erlaubt es mein Befinden irgendwie, so komme ich etwa um 3 Uhr mit heran und sehe, wie es Ihnen geht, plaudre dann auch mit Ihnen über Dobbertin, das nun also doch eine Wahrheit werden soll.

Haben Sie Nachricht von Hans Rohr?

Unsren Lepel hab ich mit Ausnahme einer Abendgesellschaft bei Heydens (heute vor 8 Tagen) seit vollen 14 Tagen nicht gesehn. Ich fürchte fast, er hat mir meinen Satz über die Dezimal-Stellen übelgenommen.* *So* schlimm war es doch am Ende nicht.

Ich hoffe also, Sie jedenfalls morgen zu sehn; komme ich nicht, so bitte ich sich überzeugt zu halten, daß ich wirklich nicht kann. Mein Organismus ist nur für gemäßigte Temperatur.

Mein gnädigstes Fräulein, wie immer Ihr ergebenster

Th. Fontane

Die Unglücklichen, die heute auf den Subskriptions-Ball müssen!

* [*Dazu am Rand:*] am Sonntag abend bei uns.

130

Mein gnädigstes Fräulein!

Also die ersten Zeilen nach Dobbertin! Und *was* für Zeilen! jeder Buchstabe ein Glückwunsch. Mög es ein Zeichen guter Vorbedeutung für unsre Korrespondenz sein, daß sie durch Gratulationen eingeleitet wird. Meine Wünsche faß ich dahin zusammen, daß es Ihnen beschieden sein möge, in Dobbertin so Rat und Trost und Kitt der Gesellschaft zu werden, wie Sie es hier waren; dann wird Ihnen dort eine gleiche Liebe begegnen, und wo man geliebt wird, da ist's gut sein.

Durch Frau v. Ciesielski haben wir erfahren, daß Frl. v. Pritzbuer in Dobbertin eingetroffen ist oder eintreffen wird und daß Sie sich von deren Nähe und Umgang viel versprechen; das Geplauder mit ihr wird Ihnen manchen Plauderabend in Behrenstraße 70 zurückrufen.

Uns geht es hier nicht zum Besten; manche Bekümmernisse bedrücken uns, und es bleibt uns nicht viel was anderes als der leidige Trost: wer weiß, wozu es gut ist. Über die Kinder schreibt wohl meine Frau. Unser alter Lepel war vorgestern bei uns, und wir plauderten wie üblich von 10 bis 12. Er war ausgezeichnet guter Laune und rapportierte in entzückend humoristischer Weise über zwei große Festessen in der Kaserne sowie über andre Erlebnisse. Von Hans v. R[ohr] haben wir noch keinen Brief. – Nochmals die herzlichsten Glückwünsche von Ihrem in alter Treue ergebenen

Th. Fontane

Berlin 8. Juli 69.

131

Berlin 5. Novemb. 69.

Mein gnädigstes Fräulein.

Die Winter-Rütlis nehmen morgen (Sonnabend) ihren Anfang, alles wird beim alten sein, der Kaffe, die Stimmung, das Gespräch, und nur für Lepel und mich wird sich schließlich ein beträchtlicher Unterschied ergeben: wir werden nach Hause gehn und unser Bier trinken statt, wie in alter guter Zeit, die Nach-Rütli-Stunden bei Ihnen zu verplaudern. Das ist ein Übelstand, und wenn überhaupt noch in alter Weise zu Ihnen geplaudert werden soll, so muß es auf einem Blatte weißen Papiers geschehn.

Oft gedenken wir Ihrer, mein gnädigstes Fräulein, in Liebe und Dankbarkeit, aber ein ganz besondrer Gedenk-Tag war doch vorgestern (3. November), wo die Hubertusjagd mit 40 Hunden und 400 Pferden durch den *Grunewald* tobte, durch denselben stillen Grunewald, in dem wir zweimal *mit* Ihnen und *durch* Sie unsres alten Lepels Geburtstagsfeier begingen. Ich wollte bei diesem Hubertusjagen eigentlich mit zugegen sein, nicht im roten Jagdfrack, aber doch in Überzieher, Gummischuhen und Cachenez, und wurde nur durch ein greuliches Wetter daran verhindert. Das hinderte indessen nicht, daß ich vielfach unsres Spazierganges im Walde gedachte, des Kaffes mit der gelben Sahne und des Streuselkuchens, an dem wir uns alle, Sie ausgenommen, den Magen verdarben.

Noch ist kein halbes Jahr seitdem vergangen, und was liegt schon wieder alles dazwischen: Sie sind nicht nur nach Dobbertin übersiedelt, Sie haben sich sogar an anfänglich fremder Stätte eingelebt, Ihr Neffe Hans ist aus Pau und Montreux zurück, Lepel hat die alte Bauhofs-Gasse mit der Annenstraße vertauscht, meine Frau war 5 Wochen in Liegnitz, ich selbst 3 Wochen in Hermsdorf, George hat Garnison und

Regiment gewechselt, und Frl. Ludovica Hesekiel steht auf dem Punkt, die Ringe zu wechseln. Wie weit wäre diese Aufzeichnung noch auszuspinnen!

Unser Leben hier ist das alte, und wenn ich einen Unterschied bemerke, so ist es nur der, daß die Tage, wie es scheint, immer ruhiger werden. Ich würde das nicht beklagen. Sosehr ich Geselligkeit liebe und in ihr eine Feiertagsspeise des Lebens sehe, so ist es doch nicht gut, wenn dieser Feiertage so viele werden wie bei den Katholiken; ich begnüge mich mit einem protestantischen Sonntag; mit *einem* Fest- und Ruhetage nach sechs Werkeltagen. Dies Gefühl hegte ich immer, und es ist nur natürlich, daß dies Gefühl eher wächst als schwindet. In jungen Jahren, wo einem alles zur Staffel werden soll, erwartet man auch von der Geselligkeit wahre Wunderdinge, bis man sich schließlich überzeugt, daß es auch damit seine Grenze hat. Man zieht sich dann in immer engere Kreise zurück, findet in ihnen Glück, Anregung, Heiterkeit, aber doch auch – nachdem ein Höhenpunkt erreicht wurde – in mehr schwindender als wachsender Proportion. Man kennt alles auswendig zuletzt, die Menschen und die Dinge, und betrachtet es als keine Einbuße, eine Gesellschaft versäumt, aber dafür ein gutes Buch in traulicher Abendstille kennengelernt zu haben. Die Umformung, die unser Kreis durch das Ausscheiden lieber Mitglieder erfahren hat, mit alleiniger Ausnahme *Ihres* Fortganges von hier, hat übrigens unser gesellschaftliches Leben wenig oder gar nicht berührt. Blomberg, im Rütli selbst eine Kraft, unterhielt zu niemandem intimere Beziehungen, und selbst Roquette, so lieb er uns allen war, war doch ein selten gesehner Gast. Nun ist er seit 7 Monaten in Darmstadt, und man merkt es kaum.

Lepeln sehen wir selten. Die Verhältnisse tragen die Schuld. Er wartet, aus Zartheit und Rücksicht, eine Einladung ab, um mich nicht in der Arbeit zu stören, und die Einladung erfolgt allmonatlich höchstens einmal, weil mir eben die Verpflichtung obliegt, *immer* zu arbeiten. Vielleicht daß es über kurz oder lang ein wenig besser damit wird; wenigstens wünsche ich es von ganzem Herzen. Das immer Arbeiten-müssen macht egoistisch wie alles Ausschließliche; es ist bürgerlich respektabel und verdirbt *doch* den Charakter. Ein liebenswürdiges Bummeln, wenn es ohne schwere Pflichtverletzung geschehen kann, berührt wohltuender als die ewige unerbittliche Korrektheit.

Da bin ich nun schon am Ende des 2. Bogens und habe noch immer nicht für die Rehkeule gedankt, die Zöllners, Lepel und mich zu einem festlichen Mahle versammelte; meine Frau war an demselben Morgen abgereist; der freundlichen Geberin wurde dankbar gedacht, trotzdem wir nur mit Gläsern voll Tivoli-Bier zusammenstießen. Und unser Hoch! ist nicht in die blaue Luft verhallt; nach allem, was wir hören, ergeht es Ihnen aufs trefflichste, und jeder Tag läßt Sie empfinden, was so viele schon empfanden, die schweren Herzens von hier schieden: daß schließlich auch an andern Plätzen zu leben ist, und zwar *gut* zu leben. – Meine Frau, in alter Liebe und Verehrung, empfiehlt sich Ihnen aufs angelegentlichste, ich aber verbleibe wie immer Ihr Sie hochschätzender

Th. Fontane.

132

Berlin 22. Dezemb. 69.

Mein gnädigstes Fräulein.

Vielen Dank für die freundlichen und teilnehmenden Worte in Ihrem gestern früh erhaltenen Briefe.

Meine Frau reiste gleich nach Eintreffen der telegr. Depesche (Montag d. 13.) wieder hinunter; wir andern folgten am Mittwoch. Am Donnerstag haben wir dann unsre gute Mama auf dem alten Ruppiner Kirchhof – Kaufmann Gentz hatte uns ein Stück Erde abgetreten – an einer schönen, baumbepflanzten Stelle zur letzten Ruhe bestattet. Die ganze Stadt war voll Teilnahme, was uns wieder einmal zeigte, daß ein ordentliches, ehrliches, anständiges Leben, voll Strenge gegen sich selbst und voll Güte gegen die Mitmenschen, immer noch seine Würdigung findet. Der Sarg war mit Kreuzen und Kränzen überdeckt. Auf der Hinfahrt (beiläufig bemerkt) war ich auch dem Herrn v. Winterfeldt in Neustadt a/D begegnet; er machte einen wenig aristokratischen Eindruck.

Das Fest ist nun vor der Tür. Am Heiligabend werden hoffentlich, wie seit Jahren, Lepel und Frau Müller bei uns sein. Das Buch ist besorgt, und zwar zu einem ermäßigten Preise. Ihr Gedanke, unsrem Freunde gerade dies Geschenk zu machen, ist wieder außerordentlich liebenswürdig, noch mehr gegen mich als gegen Lepel.

Ihr Neffe Hans ist ja nun seit 3 Wochen in Erfurt und gewiß glücklich, das »Bummeln«, das jeder satt kriegt, hinter sich zu haben. Ich hoffe durchaus, daß Pau seine Dienste aufs beste getan hat. Vor einigen Tagen schickte ich ihm auf seinen Wunsch das M. S. zurück, von dem Dr B[eutner] bereits zwei weitre Briefe akzeptiert hatte. Nun konnte und wollte Hans aber den Abdruck, der vielleicht erst zu Ostern erfolgt wäre, nicht abwarten. Was ich ihm auch nicht verdenke. Andrerseits kann Dr B. *wirklich* nicht. Bei der ganzen Affäre ist mir wieder recht klar geworden, wie undankbar ein solches literarisches Vermittleramt ist. Und man wird auch nicht klug. Immer wieder laß ich mich hinreißen, eine Einführung zu versuchen, und jedesmal scheitert es kläglich. Erst hat man allerhand Mühen, und hinterher hat der, für den man eintrat, nur allzu vielen Grund, wenig befriedigt zu sein. Hans ist viel zu fein, um dies auch nur *anzudeuten*, aber wenn er auch nie ein Wort darüber sagt, so muß er doch so empfinden. Es ist nicht anders möglich.*

* Heute früh, 23., trifft ein Brief von H. ein; er schreibt ganz heiter und scheint allerseits zufrieden.

Mein Buch [»Der deutsche Krieg von 1866«] – ich weiß nicht, ob Ihnen meine Frau darüber schon berichtete – ist durch Geh. R. Wehrmann dem Könige überreicht worden. Er hat sich (wie mir Herr v. Decker vor einigen Tagen schrieb) mehrfach sehr gnädig darüber geäußert; mir auch ein ansehnliches Geldgeschenk zustellen lassen. Eingehende Urteile über meine Arbeit sind mir im übrigen noch nicht zu Gesicht gekommen; auf Zeitungsredensarten geb ich nichts; ich weiß zu gut, wie sie gemacht werden.

An dem 3. Teil meiner »Wanderungen« [»Havelland«] arbeite ich fleißig weiter; ich hoffe spätestens Pfingsten mit dem Manuskripte fertig zu sein. Vor etwa 14 Tagen war ich in *Spandau*, um, vom dortigen Kirchturme aus, einen Blick in das »Havelland« zu tun, das ich eben im 3. Teile beschreibe. Dieser Blick vom Turm soll das Einleitungskapitel bilden. Major v. Tietzen unterstützte mich aufs freundlichste bei meiner Expedition; den Geschäften folgte ein solennes Diner bei Frau v. Tietzen. Sie war liebenswürdig wie immer. Dennoch hatt ich den Eindruck, daß man froh war, die Sache »abgemacht« zu haben, und daß man mich ohne Kummer scheiden sah.

Oft gedenken wir Ihrer. Die Sonnabend-Abende nach dem Rütli sind nicht mehr, was sie waren. Man könnte einen Groll fassen gegen Dobbertin, wenn nicht der See wäre, die Kutsche und die Aussicht – auf 90 Jahre. Dies letztre fängt einem an wichtig zu werden, wenn man in 8 Tagen 50 wird.

Mit dem herzlichsten Wunsche, daß Sie ein frohes Fest verleben und am Heiligabend einen Augenblick unsrer freundlich gedenken mögen, wie immer Ihr aufrichtig ergebenster

Th. Fontane.

[*Briefteil von Emilie Fontane:*]

d. 23. 12. 69.

Mein teures, gnädigstes Fräulein.

Auch ich sage Ihnen für Ihre teilnehmenden, liebevollen Worte meinen innigsten Dank. Der Ernst des Lebens tritt einem in solcher Zeit doch recht nah, und gottlob sind die Kinder da, sonst hätte ich gar keinen Sinn für das schöne Weihnachtsfest. Ich wollte mir die Freude machen, mich bei Ihnen mit einer kleinen Handarbeit in Erinnrung zu bringen; damit muß ich nun zu meinem Bedauern nachgehinkt kommen, denn die letzten Wochen nahmen mir jede Muße. – Unser George ist seit vorgestern hier u. bringt durch seine Frische u. Heiterkeit wieder Lebensmut in die bedrückten Gemüter. Unser Lischen [Fontanes Schwester Elise] will still das Fest in Ruppin verleben und erst im Januar nach Berlin kommen; es mag auch so am besten sein, obgleich es mir recht traurig ist, sie so allein zu wissen. Einen ordentlichen Detail-Brief Ihnen, mein teures Fräulein, zu schreiben, behalte ich mir nach dem Fest vor. Meine Gedanken werden viel bei Ihnen sein, denn mehr wie in anderer Zeit vermißt man seine besten Freunde an Tagen, wo man an Zeichen der Liebe gewöhnt ist, verwöhnt von Ihnen. Mögen Sie ein frohes, schönes Fest feiern. Frau v. Merckel trug mir die besten Grüße für Sie auf; sie hat auch eine ernste Zeit zu leben; Augustchen [Auguste von Mühler, Henriette von Merckels Schwester] kaum genesen u. ihr Bruder Kabinettsrat [Ferdinand von Mühler] dem sicheren Tode (Blutschwamm auf der Brust) entgegengehend; außerdem ist das Weihnachtsfest die Zeit, wo sie ihr Liebstes [ihren Mann Wilhelm von Merckel] verlor.

Meine Kinder, namentlich auch George, grüßen Sie aufs herzlichste.

Ihre Ihnen treu ergebene

Emilie Fontane.

133

Berlin 15. April 70 [Freitag vor Ostern].

Mein gnädigstes Fräulein.

Die nah bevorstehende Abreise meiner Frau nach England wird diese wohl kaum noch zu einem ausführlicheren Briefe (wie eigentlich ihre Absicht war) kommen lassen, und so fällt mir denn die immer willkommene Aufgabe zu, eine Viertelstunde mit Ihnen zu plaudern. Der Moment dazu ist freilich nicht der günstigste, denn ziemlich gleichzeitig mit diesen Zeilen wird mutmaßlich unser Freund [Lepel] bei Ihnen eintreffen, und dies schriftliche Geplauder wird die Konkurrenz der lebendigen Erzählung zu bestehen haben. Ich will deshalb auch auf alles, was die Stadt oder den Freundeskreis betrifft, gar nicht eingehn und mich darauf beschränken, Ihnen von uns selbst zu erzählen. Zunächst aber allerherzlichsten Dank für Ihre freundliche Oster-Einladung. Wie gerne wäre ich ihr gefolgt! indes die mannigfachsten Gründe verbieten es. Der nächstliegende ist der, daß am nächsten Mittwoch meine Frau und Martha ihren Zug gen England antreten. Gestern war bereits Putzmacherinnen-Tag, und die Coiffuren sind fertig.

Die Reise nach England wird viel Geld kosten und aus diesem wie aus manchem andern Grunde weidlich kritisiert werden. Man muß es darauf ankommen lassen. Wenn man sein Leben nach der bescheidnen Skala einrichten wollte, die andre als vollständig ausreichend für einen ansehn (oft dieselben Menschen, von denen man als »berühmter deutscher Dichter« etc. vorgestellt wird), so hätte ich längst als Nachtwächter in Rixdorf oder in ähnlicher amtlicher Stellung geendet. Verzeihen Sie diese Bitterkeit. Aber, mein gnädigstes Fräulein, Sie glauben gar nicht, was einem alles geboten wird, und wenn ich auch die Welt nicht zwingen kann, mir meine Ehre zu geben, so will ich mir diese Lebensader wenigstens nicht selber unterbinden. Was unsren Plan angeht, unsre Martha nach England zu schicken, so ist es ein wohlüberlegter und wohlgereifter Entschluß, gerade wie der, der uns bestimmte, unsren George Militär werden zu lassen. Natürlich können auch wohlüberlegte Entschlüsse kläglich zuschanden werden. Das Gelingen liegt bei Gott. Aber es ist einem ein Trost, nach seinem Teile getan zu haben, was einem als das Richtige erschien. Da wir unsren Kindern sonst nichts hinterlassen können, so wollen wir wenigstens versuchen, ihnen eine innerliche Ausrüstung mit auf den Weg zu geben, die es ihnen möglich macht, vorwärts zu kommen, und dazu gehört beispielsweise Sprachkenntnis. Die volle Kenntnis einer fremden Sprache ist wie ein Kapital, von dessen Zinsen man leben kann. Die Reise bezweckt aber mehr! Bekanntschaften in London und New York sind wie Etappen über die Welt hin, Hospize, Rettungshäfen für die Gescheiterten. Und wer in solcher erbärmlichen Jolle, wie die meinige ist, auf dem Wasser treibt, der tut gut, an Schiffbruch und an Rettungshäfen zu denken. Es kommt aber noch ein Drittes hinzu. Unser alter Plan, es mit einem Pensionat zu versuchen, ist wieder aufgelebt. Das Arbeiten wird mir immer schwerer, und das Bücherschreiben bis in die Nächte hinein, um dann nach Jahresfrist 300 Tlr. in Empfang zu nehmen, hat einen Degout und eine Bitterkeit gegen literarische Tätigkeit in mir erzeugt, wovon ich Ihnen keine Beschreibung machen kann. Meine Frau und ich sind deshalb einig geworden, junge Damen, am liebsten Engländerinnen und Amerikanerinnen, ins Haus zu nehmen. Anfangs wollten wir die Sache sofort im großen Stil anfassen; bei ruhigerer Überlegung sind wir aber übereingekommen, ganz klein anzufangen, damit ein etwaiges Scheitern des Planes nicht unsren totalen Bankrutt sofort im Gefolge hat. Meringtons sollen uns nun behilflich sein, eine Engländerin von bescheidneren Ansprüchen ausfindig zu machen, und so empfiehlt sich denn auch aus *diesem*

Grunde eine Wiederanknüpfung der alten Verhältnisse. Ein Briefwechsel reicht dazu nicht aus; da muß man selber kommen.

Alle diese Pläne, mit ihrer Sorge und Unruhe, wären nicht nötig gewesen, wenn es Sr. Exzellenz dem Herrn Minister der Geistlichen, Unterrichts- und Medizinal-Angelegenheiten [Heinrich von Mühler] beliebt hätte, die große Unfreundlichkeit, die er mir vor 3 Jahren antat, nun endlich wiedergutzumachen. Es hat ihm *nicht* beliebt. Ich bin fest überzeugt, daß sein Bruder, der Cabinetsrat [Ferdinand von Mühler], und vor allem sein Schwager, mein lieber kleiner Merckel, wenn sie ihm dort oben begegnen sollten, bei seinem Anblick sofort beide Hände in die Hosentaschen stecken und ohne Gruß und Handschlag an ihm vorbeigehen werden. Sie, mein gnädigstes Fräulein, werden davon ausgehn, daß ich mir dies alles selber eingebrockt habe. Ich glaub es nicht; aber es kann sein. Jedenfalls gereicht es mir zum Trost, nach meinem Gefühl gehandelt zu haben. Mein Gefühl aber schreibt mir unbedingt vor, auf ein hartes »nein«, das meiner Bitte zuteil wird, nicht ruhig weiterzubitten, als wäre nichts vorgefallen. Möglich, daß dergleichen im preußischen Bureaukratismus alle Tage vorkommt, aber wenn dem so ist, so ist es mir nur ein Beweis mehr, daß dies vielgerühmte Zopfpreußentum mit seinem Dünkel, seiner Filzerei und seiner Grobheit wenig paßt zu dem Zuge meines Herzens.

Es ist mir nicht lieb, diesen Brief, der einen Ton anschlägt, wie ihn meine Briefe im allgemeinen nicht haben, so ganz ohne irgendein ausgestecktes rotes Fähnchen, so ganz ohne ein Zeichen der Freude an Sie gelangen zu lassen. Aber diese letzten 8 Wochen, mit Krankheit, Ärger, Sorge, Enttäuschung liegen so öde und trist hinter mir, daß ich weit zurückgreifen muß, um wieder bei einer Oase anzukommen. Daß solche Oasen die Sonnabend-Abende, die Grunewald-Fahrten und die vielen glücklichen Stunden waren, die wir mit Ihnen zubringen durften, mit dieser Versicherung lassen Sie mich schließen. Wie immer, mein gnädigstes Fräulein, Ihr aufrichtig ergebenster

Th. Fontane

134

Berlin 13. Mai 1870.

Mein gnädigstes Fräulein.

Ihr Brief und unser Freund [Lepel] haben mir von Ihrem Leben erzählt, und ich habe mal wieder die alte Wahrnehmung gemacht: wo viel Licht ist, ist auch viel Schatten. Wir verhandeln das alles wohl ausführlicher, wenn wir uns im Spätherbst oder Winter wiedersehn, freilich noch eine hübsche Zeit, in der meinerseits noch vieles getan und gefördert werden muß.

Meine Frau ist seit dem 21. April in London; die Reise war glücklich, die Überfahrt (von Calais aus) ein Vergnügen, der Aufenthalt ist eine Freude und Erhebung. Ich gönne ihr diese schönen, poetischen, sorglosen Wochen, nachdem sie einen durch meine 10wöchentliche Krankheit langweiligen und sorgenvollen Winter hinter sich hat; das berühmte Reskript aus dem Kultusministerium – übrigens nicht von Mühler, sondern von Lehnert unterzeichnet – war nicht dazu angetan, die ohnehin gedrückte Stimmung wieder aufzurichten.

Dies führt mich auf Ihren freundlichen Vorschlag, die bewußte Visite bei Lehnert zu machen. Ich will mich nicht in hochtrabenden Redensarten ergehn und will Ihnen gern zugestehn, daß Hunderte, und darunter beßre Leute als ich, diesen Gang machen würden; *ich* kann es nicht. Sie müssen denken: des Menschen Wille ist sein Himmelreich. Ich bisse mir lieber den kleinen Finger ab. Auf *solche* Erfolge hab ich zeit meines Lebens verzichtet. Und glauben Sie mir, es geht auch so. Zudem, was hätte ich von einer lumpigen Bewilligung auf 1 oder höchstens auf 3 Jahr. Wenn man sich nicht entschließen kann, mir zu sagen: wir bewilligen Dir aus *freien Stücken*, in Anerkennung alles dessen, was Du der spezifisch vaterländischen Literatur in Prosa und in Versen geleistet hast, 300 Tlr. jährlich auf Lebenszeit, wenn man sich nicht entschließen kann, *endlich* diese Anstandssprache zu mir zu sprechen, so will ich ihre 300 Tlr. nicht, so kann mir das ganze Kultusministerium mit seiner »altpreußischen« Sechsdreier-Tradition gewogen bleiben.

Ich schreibe Ihnen dies in Lebhaftigkeit der Empfindung, aber ebenso gewiß in aller Heiterkeit. Den Gram und Groll über diese Dinge hab ich längst hinter mir; was soll ich mich jetzt noch groß über diese mesquine 300-Taler-Affäre kümmern, wo ich es für gut befunden habe, den ausgebliebenen 300 noch die 1000 Tlr. meiner ganzen Kreuzzeitungs-Stelle nachzuwerfen und ein ganz neues Leben anzufangen. Lepel hat Ihnen vielleicht schon davon geschrieben. An demselben Vormittage, an dem meine Frau abreiste, setzte ich mich hin, um den Absagebrief zu schreiben. Die unmittelbare Veranlassung war unbedeutend, daß Maß war aber voll, und so lief es über. Die Unfreiheit, die Dürre, die Ledernheit des Dienstes fingen an mir unerträglich zu werden, vor allem aber empörte mich mehr und mehr der Umstand, daß man nie und nimmer für gut fand, die wichtige *Pensionsfrage* auch nur leise zu berühren. Ich sagte mir also, das geht noch so 10 Jahr, dann sehnt man sich nach einer jüngeren Kraft, behandelt dich schlecht und zwingt dich, deine Stelle zu quittieren; *dem* komme lieber zuvor, *jetzt* kann's noch glücken; und danach hab ich gehandelt. Bis in den Sommer des nächsten Jahres bin ich in meinen Einnahmen gedeckt; das Weitre wird sich finden.

Da haben Sie meine Neuigkeiten. An Hans Rohr hab ich

ebenfalls heute geschrieben. Lepel ist munter; wir wollen nächstens eine kleine Wanderung ins Havelland zusammen machen. – Mich Ihrem ferneren Wohlwollen empfehlend, in alter Verehrung Ihr

Th. Fontane.

135

Berlin 10. Juni 70.

Mein gnädigstes Fräulein.

Es sind nun schon fast 3 Wochen, daß mir die Dobbertiner Spargel trefflich geschmeckt haben, und noch immer kam ich nicht dazu, Ihnen für Ihre freundlichen Zeilen und das begleitende Paket zu danken. Lepel sollte eigentlich an dem Spargelgericht teilnehmen, es kam aber meinerseits etwas dazwischen, und als ich später mit Berliner Spargel nachexerzieren wollte, konnte *er* nicht, so daß Zöllner und Tante Merckel sich der großen Schüssel erbarmen mußten. Am 2. Pfingsttage wurden wir endlich Lepels habhaft; es gab einen großen englischen Pudding, aber Spargel gab es *nicht*. Um diese war er nun mal gekommen.

Mit Erstaunen ersah ich aus Ihren Zeilen, daß Sie warme Seebäder gebrauchen sollen; Ihnen gegenüber hat man die Vorstellung guter Gesundheit (unberufen) so ganz und gar, daß man von Kuren, Bädern und Medizinen nicht recht hören will. Wohin werden Sie gehn? werden Sie die Ostsee an der mecklenburgischen oder an der pommerschen Küste proben? nach Heringsdorf auf 3 Wochen zu gehn, hab ich nicht übel Lust.

Ihre freundlichen Worte in betreff meiner augenblicklichen Situation haben mir sehr wohl getan; ich weiß ja, wie gut Sie es mit mir meinen und daß Ihnen mein Wohlergehn eine Freude, meine Sorge selbst eine Sorge ist. Aber so gewiß ich das weiß, so gewiß mögen Sie mir auch glauben, daß die

Mehrzahl der Menschen (nicht alle) meine Lage ganz verkennen. Meine Lage ist bloß freier, angenehmer, heitrer, produktiver, als sie war, aber nicht um ein Haar schlechter. Sie mögen es daraus ersehn, daß ich noch nicht den kleinsten Schritt getan habe, mir eine *neue* Stelle zu erobern; *ich will gar keine*. Bis in den nächsten Sommer hinein bin ich gedeckt, wahrscheinlich auch noch länger. Sollte sich's dann zeigen, daß es so nicht weitergeht, daß meine Kräfte erlahmen etc. etc., nun, so werd ich mich bemühn, eine Stelle von 500 bis 600 Tlr., bei *leichtem* Dienst, zu erhalten, und Sie mögen mir's glauben: ich werde sie finden. *So* schlecht stehen die literarischen Dinge nicht mehr in Deutschland, daß ein Mann von Wissen, Lebenserfahrung, Sprachkenntnis, Talent und *Fleiß* sich schließlich nicht seinen Lebensunterhalt erwerben könnte. Es wird mir von jetzt ab besser gehn, nicht schlechter, und das ganze Kultusministerium (gegen das ich einen schweren, wohlbegründeten Haß habe) kann mir mit seinem Bettelgelde gestohlen werden. Wenn ich auf *diesen* Punkt zu sprechen komme, verliere ich jedesmal alle Contenance. – Nächsten Mittwoch erwarte ich meine Frau zurück; ich hoffe, daß sie sich erholt hat. – Die Freunde aus Rom sind, mit Ausnahme von Eggers, alle zurück. – Lepel ist wohl und munter. Seinen Geburtstag feierten wir bei Zöllners. Über unsre reizende Fahrt nach dem Brieselang wird er Ihnen geschrieben haben. – Meine Jungens sind wohl, George ist auf Besuch hier; alle empfehlen sich Ihnen. So tu auch ich und verbleibe in herzlicher Ergebenheit Ihr

Th. F.

136

Berlin 26. Juni 70.

Mein gnädigstes Fräulein.

Ihr heute früh eingetroffener, wie immer liebenswürdiger Brief hat mich in eine gewisse Aufregung gesetzt und innerhalb meiner Reise- und Arbeits-Pläne starke Änderungen hervorgerufen. Im großen und ganzen (kleine Abänderungen vorbehalten) ging mein Plan dahin: den Juli oder vielleicht auch erst den August *mit ganzer Familie*: Frau, Mädchen, 2 Kinder, in Heringsdorf zuzubringen und mich dann zwei Monate lang in Rottstiel, im Walde zwischen Ruppin und Rheinsberg, behufs emsigster Arbeit zu vergraben. Das Verlockende, das nun in Ihrem heutigen freundlichen Anerbieten liegt, veranlaßt mich, meinen alten Plan fallenzulassen und folgendes, hoffentlich unter Ihrer Zustimmung und ohne Unbequemlichkeiten und Verlegenheiten für Sie, an die Stelle zu setzen.

1. ich setze Warnemünde an die Stelle von Heringsdorf und treffe spätestens, und zwar fünf Mann hoch, in der Mitte Juli in Warnemünde ein;

2. die Familie Fontane verläßt W. etwa am 7. August; Frau und Kinder kehren nach Berlin zurück; das Haupt der Familie folgt Ihrer freundlichen Einladung und schreibt in Dobbertin ein Dutzend Romankapitel [»Vor dem Sturm«].

Mein Zusammentreffen mit Ciesielskis ist hoffentlich weder eine Störung für diese noch für Sie; für mich ist es eine solche gewiß *nicht*, wenn ich nur sicher bin, die *Vormittage* für mich zu haben. Dies wäre allerdings unerläßlich; denn ohne Arbeit geht es nicht.

Bliebe noch die Warnemünder Frage. Eigne Menage, also Vermeidung der Table d'hôte-Affäre, entspricht am meisten unsren Wünschen; auch gönnen wir unsrem Mädchen nach so vielen Jahren treuer Dienstleistung eine Erholung. Sorge macht uns nur der Preis der *Wohnung*. Wir brauchen 1 Wohnzimmer, zwei Schlafzimmer, Mitbenutzung der Küche. Wieviel würde man wohl für 4 Wochen, nötigenfalls auch nur für drei Wochen, dafür zu zahlen haben. *Über* 30 Taler, wofür dann die Räume aber schon angenehm sein müßten, würde ich nicht gehn; ist es dafür nicht zu beschaffen, so geben wir den Warnemünder Plan auf, und ich würde Ihnen dann nur für Dobbertin (im August) in Sicht bleiben. Vielleicht antworten Sie mir auf diese Punkte, sei es noch von Dobbertin oder aber von Warnemünde aus. Meine Frau empfiehlt sich Ihnen angelegentlichst. Heute Mittag bei Wangenheims haben wir viel von Ihnen geplaudert. Wie immer Ihr aufrichtig ergebenster

Th. Fontane.

137

Berlin 8. Juli 70.

Mein gnädigstes Fräulein.

Morgen ist also der Tag, der hoffentlich im Gedächtnis des Warnemünder Briefboten ewig fortleben wird, der Tag der Briefe und Pakete, der Hut- und Kuchenschachteln, vor allem aber der Tag, wo Stube und Cabinet in Blumen stehn und auf dem »Balkon« alle möglichen Girlanden sich im Seewind schaukeln werden. Zu diesem festlichen Tage erscheinen auch wir mit einem rotgebundenen Mecklenburger [»Neue Novellen« von Adolf Wilbrandt] in Händen, dessen beide letzte Novellen noch dazu den Vorzug haben, die eine direkt in Warnemünde zu spielen, die andre in seiner Nähe abzuschließen. Ergeh es Ihnen gut, mein gnädigstes Fräulein, und stärke Sie die Seeluft in der Tapferkeit, deren Sie in D[obbertin] bedürfen und von der Sie, wie ich weiß, einige glänzende Proben abgelegt haben, was mir sehr imponiert hat. Weitres darüber, wie über vieles andre, mündlich.

Wir wollen also Dienstag reisen, hoffen 2¾ in Rostock und 4 Uhr in Warnemünde zu sein. Dann ist hoffentlich noch Zeit, eine Wohnung zu suchen und zu finden; wär es aber möglich, daß Sie schon *vorher* etwas Gutes entdeckten, so würde uns das vielen Trubel und manches Unbehagen ersparen. Daß die Wohnungen teuer oder wenigstens nicht billig sind, ist schlimm; nachdem nun aber mal alles eingeleitet ist, wär es töricht, sich dadurch in seiner Freude stören zu lassen. Zuletzt kann es auf 10 Tlr. mehr oder weniger auch nicht ankommen. Daß wir in eine Etage zusammenziehen, dazu rate ich nicht; Sie kennen die menschliche Natur genugsam, um mit mir zu sagen: besser ist besser. Sich oft sehen und plaudern und gegenseitig besuchen ist eine Freude; *zusammen leben* ist immer eine Gefahr. Wozu soll man sich das verhehlen. Wir brauchen genau die linke Hälfte Ihrer Zeichnung (also auch Architekt! ich gratuliere) samt einer Giebelstube oder Kammer für Luise [Reißner]; vor allem brauche *ich* aber einen leidlich geschützten Balkon, von dem ich *ganz allein*, als Selbstherrscher aller Reußen, Besitz ergreifen kann. An schönen Tagen, die man doch immer erhofft und auf die man nun nachgerade eine Art Anspruch hat, gedenke ich halbe Tage lang, jedenfalls des Vormittags, auf solchem Balkon zu sitzen und zu arbeiten. Bis 12 Tlr. würd ich dann gern für solche Wohnung bezahlen, dafür ist es hoffentlich zu beschaffen. *Sehr* liebenswürdig wär es, wenn Sie uns am *Sonntag* noch 10 Zeilen schrieben, vielleicht mit der kurzen Angabe: gefunden!

In alter Verehrung und Freundschaft, unter ergebensten Empfehlungen an Ihr Frl. Schwester [Antoinette von Rohr], Ihr

Th. Fontane

138

Berlin 7. August 70. Sonntag nachmittag.
[Fontane schreibt irrtümlich: 7. Juli]

Mein gnädigstes Fräulein.

Nur wenige flüchtige Worte. Heute früh 5 Uhr bin ich gesund hier eingetroffen, nachdem ich gestern in Gesellschaft des jungen Sponholz einen sehr angenehmen Tag zugebracht hatte. In Güstrow besuchten wir das alte Schloß, in Schwerin Paulskirche, Dom, Schloß (höchst interessant), fuhren über den wunderschönen See, neben dem der Dobbertiner nur ein »Puhl« ist, aßen im Hotel Stern und erhielten hier die Nachricht vom zweiten, *größren* Siege des Kronprinzen [Friedrich Wilhelm]. Der Enthusiasmus war grenzenlos, und ich nahm den Eindruck mit heim, daß die Schweriner auch ganz »König« seien, aber nicht ironisch und bitter, sondern ernsthaft und ehrlich.

Der junge Sponholz ist ein sehr angenehmer Mann, er wird Ihnen gewiß Ausführliches erzählen. In einer halben Stunde geh ich zu Hofrat Herrlich, um bei diesem anzufragen. Bitte sagen Sie auch Sp[onholz]: ich hätte doch mit meiner Besorgnis recht gehabt und sei ihm ein Seidel, das wir am Kaninchenwerder tranken, schuldig geblieben. Ich würde mich, wenn er nach Berlin käme, mit drei Erlangern auslösen.

Bald mehr. Aber heute schon nochmaligen herzlichsten Dank für die Warnemünder und Dobbertiner Tage. Meine ergebenste Empfehlung an Frl. Annette, Frau Domina und Frl. v. Pritzbuer, auch leise, aber *sehr* leise, an Penzchen. Wie immer Ihr

Th. Fontane.

[*Nachschrift von Emilie Fontane:*]

Vorläufig nur 1000 Grüße und 1000 Dank für alle Güte! Ihre liebenswürdige Spende für die Soldaten soll nun, wo wir Verwundete erwarten, denen bei ihrer Durchfahrt zugute kommen.

In innigster Freundschaft

Ihre Emilie Fontane.

139

Berlin 11. Aug. 70.

Mein gnädigstes Fräulein.

Meine ersten Zeilen, die ich gleich Sonntag, am Tage meiner Ankunft, schrieb, sind Ihnen hoffentlich zu Händen gekommen; gestern gedachte ich dem Briefe meiner Frau einige Zeilen hinzuzufügen, sie hatte das Kuvert aber schon geschlossen, als ich zum Schreiben Miene machte.

Lepel sah ich am Sonntag abend bei Heydens, sonst bin ich noch zu niemand gekommen, da Arbeit, Korrespondenz und Geschäftsgänge meine ganze Zeit in Anspruch nehmen. So bitt ich denn auch zu entschuldigen, daß ich noch nicht bei Ciesielskis war. Heute, bei schwülem Wetter, hab ich eine Menge Gänge abgemacht. Zunächst zu Geh. R. Hahn. Er sagte mir, daß er alle meine Arbeiten (ich brachte ihm wieder 3 Briefe [»Briefe aus Mecklenburg«]) nicht brauchen könne. Unter den obwaltenden Umständen kann dabei von Übelnehmen gar nicht die Rede sein. Wer will jetzt Plaudereien über Warnemünde und Doberan lesen! Eine einzige Depesche, wenn auch nichts drinsteht, wiegt ganze Berge von Literatur auf. Übrigens – und das war das beste – sagte mir Hahn: ich brauchte jetzt überhaupt nichts zu schreiben, er würde mir's sagen, wenn's wieder Zeit sei anzufangen. – Dann ging ich zu Hertz. Zwei seiner Söhne sind jetzt Militär, der älteste steht als 35er vor dem Feind, der jüngere ist als Garde-Füsilier eingetreten und exerziert. Von Hertz auf die Vossische Ztng. Am 15., nächsten Montag, wird also meine Referenten-Tätigkeit beginnen, und zwar mit »Wilhelm Tell«; ich könnte sagen: »ich freue mich darauf«, wenn nicht manches doch anders wäre, als es wohl eigentlich sein sollte. Sobald ich bei Ihrer Frau Schwester war, schreibe ich wieder. Die Gefangenen-Transporte nehmen kein Ende und sind aus mehr als einem Grunde höchst interessant. – Mit Lepel hab ich über den bew. Punkt noch gar nicht sprechen können. Gleichzeitig mit diesen Zeilen geb ich auch einen zweiten Brief an Herrn Dr Sponholz auf die Post. Gruß und Empfehlung an Ihr Frl. Schwester [Annette], Frau Domina, Frl. v. Pritzbuer, Frau v. Poppelow und alle, die sich meiner freundlich entsinnen. Wie immer Ihr aufrichtig ergebenster

Th. Fontane.

140

Berlin 18. Aug. 70. Donnerstag.

Mein gnädigstes Fräulein.

Vielen, vielen Dank für Ihre liebenswürdigen Zeilen; meine Frau antwortet in den nächsten Tagen, und ich füge dann einige Zeilen bei. Heute nur ein paar Worte mit Rücksicht auf Sponholz jun. Ich finde nämlich im Johanniterblatt, daß Graf Schwerin-Göhren eine Haupt-Johanniter-Kolonne kommandiert. Wenn Sie nun an diesen kurz schrieben und ihm sagten, was sich über den jungen S. sagen läßt, so würde er am Ende antworten: »schicken Sie ihn mir; Herrlich ist angewiesen, ihm eine Fahrkarte zu geben.« Oder dergleichen. Dies alles schreib ich nur für den Fall, daß die Felddiakonie noch kein Lebenszeichen von sich gegeben hat. Hat D^{r} Sp. bereits eine Antwort oder der Sohn gar einen Ruf erhalten, so ist die Sache erledigt. Lepel ist munter. Auch über ihn in meinem nächsten Briefe. Von George hatten wir heute einen Brief vom 13ten. Es ging ihm gut. Ergebenste Empfehlungen an Frl. Annette und die Haupt-Damen des Klosters; wie immer, mein gnädigstes Fräulein, Ihr aufrichtig ergebenster

Th. Fontane

Gestern (im Wilhelm Tell; Hülsen unmittelbar neben mir oder ich neben ihm) hab ich mein neues Amt als – Theaterkritiker angetreten. – Decker ist auf alle meine Bedingungen eingegangen. Also ein *drittes* Kriegsbuch!

Adresse.
Feldpostbrief!
An den Rechtsritter des Johanniterordens,
Grafen Wilhelm v. Schwerin-Göhren.
II. Armee.

Dies genügt. Alles Nähere weiß eben die Feldpost.

141

Berlin 26. Aug. 70.

Mein gnädigstes Fräulein.

Ihr Plan, die Dinge ruhig gehn zu lassen und nicht noch einmal einen Versuch in Angelegenheiten des jungen Sp[onholz] zu machen, war gewiß der richtige. Es macht das alles viele Wirtschaft, und das Resultat bleibt zweifelhaft. So viel scheint mir aber doch aus der Haltung der betr. Behörden hervorzugehn, daß man die Sache wieder sehr zopfig betreibt und es gründlich versteht, auf alle Begeistrung kaltes Wasser zu gießen. Man braucht sich diese Pastoren und Konsistorialräte auch nur anzusehn, so weiß man schon, was die Glocke geschlagen hat.

Und doch trifft es sich, daß diese meine Zeilen grade durch Freundschaft zu einem kleinen Pastor diktiert werden, der in Fehde mit seinem Superintendenten liegt. Der Weg, ihm zu helfen, führt über Dobbertin; lehnen Sie Ihre freundliche Vermittelung ab, so bezweifle ich, daß der Bittsteller große Chancen hat.

Es handelt sich um einen Prediger Dr Lierke in Schnellenwalde bei Neiße, mit dessen verstorbener Frau [Agnes Hesse] ich befreundet war. Unsre Mütter waren zusammen erzogen und Freundinnen von Jugend auf. Ich bin als ganz junger Mann viel dort im Hause (Kriegsrat Hesse) gewesen. Pastor Lierke mag 54 oder 55 Jahr sein, ein kleiner Mann, mit einem guten, intelligenten Gesicht. Seine Gemeinde umfaßt 4000 Seelen, die, eingesprengt in katholische Gemeinden, derartig zerstreut wohnt, daß es sich oft um Entfernungen von mehr als einer Meile handelt. Er konnte dies nur leisten mit Hilfe von Pferd und Wagen und konnte wiederum Pferd und Wagen (bei einem *fixen* Gehalt von 150 Talern*!) nur halten, solange er eine Landwirtschaft hatte. Diese hat er aber auf *Ordre* seines Superintendenten, eines administrativ-begabten, aber sehr herrschsüchtigen Mannes, aufgeben müssen und ist dadurch nun in Verlegenheiten geraten. Er *will* fort oder *muß* fort, oder beides. Das Konsistorium will ihm wohl, ebenso die gesamte Geistlichkeit des Kreises, nur der Superintendent steht gegen ihn und macht ihm das Leben schwer. Dem sich zu entziehn, hat er an den Kultusminister [Heinrich von Mühler] eine Petition gerichtet und um Versetzung in eine *leidliche* Stelle gebeten, wo er etwas für seine Kinder tun kann.

Er (Pastor Lierke) war nun bei mir, um meine Fürsprache beim *Kultusminister* zu erbitten, was mich natürlich herzlich lachen machte. Ich werde *dort* nie mehr petitionieren, weder für mich noch für andre. Damit sind wir fertig. Im Hin- und Herplaudern fiel mir aber ein, daß Geh. R. Keller diese Angelegenheiten, wenn ich nicht irre, bearbeitet, und so versprach ich ihm, mit Hilfe Frl. v. Rohrs, von deren Gütigkeit ich ihm eine richtige, d.h. also glänzende Vorstellung machte, bei Geh. R. Keller für ihn zu sprechen. Wollen Sie, mein gnädigstes Fräulein, auf meine Bitte und Empfehlung hin, dies nun wirklich tun? Ich zweifle nicht daran.

Gestatten Sie mir nun noch ein paar Worte über meinen kleinen oberschlesischen Prediger. Ich halte ihn für nicht

* *Gesamt*-Einnahme 700 Tlr.

unerheblich über das bloße Mittelgut hinaus. Er ist gütig, klug, beredt, lebhaft, wahrheitsliebend, ein Mann, der das Herz auf dem rechten Flecke hat. Er ist wohl nun 20 Jahr in der Gemeinde, und diese liebt ihn, ist aber arm und kann aus eignen Mitteln nicht recht was für ihn tun. Mit den kathol. Geistlichen und den vielen Katholiken der Gegend steht er gut, zu erheblichem Teile deshalb, weil er keine Übertritte zur evangelischen Kirche künstlich einleitet. Dies erscheint mir in der Tat als ein großes Verdienst. Sein Herr Superintendent aber, ein rechter Zahlen- und Aktenmensch, ein Mann der ewigen Berichte, denkt anders drüber und hat unter anderm auch den Ehrgeiz, in der Rubrik: »Übergetreten« große Zahlen aufzuweisen. Dazu hilft nun Pastor Lierke nicht genug mit. Andres mag hinzukommen.

Wie alle Menschen, so wird auch der kleine Pastor seine Fehler haben. Sie können aber nicht groß sein, und was mir davon zu Ohren gekommen ist, ist derart, daß er der allein Leidende ist, er selber muß die Zeche bezahlen. Er ist nämlich unpraktisch und in seinem Hause (*aber nicht in seinem Amt*) unordentlich. Ob ein Chemisette-Band fehlt oder ein Knopf angenäht ist oder nicht, macht ihm wenig Sorge, aber diese Mängel gehen aus einer poetisch-idealen und nicht aus einer zynischen Natur hervor. Er ist auch wohl im Geldpunkt nicht sorglich, als ein wahrhaft christlicher Mann davon ausgehend, daß Gott schon über den nächsten Tag hinhelfen wird. Sind dies Fehler, so sind die, die sie haben, beinah die einzig Leidenden. Ich glaube, daß Sie den kleinen Mann Herrn Geh. R. K. aufs beste und mit gutem Gewissen empfehlen können. Bitte, tun Sie es.

Nun aber, auf den 3. Bogen übergehend, zu andrem. Welche Siege, welche Verluste! Lepel, der gestern eine Stunde bei uns war, sagte sehr richtig: noch zwei solcher Siege und –

wir sind ruiniert. Menschen gibt es noch, auch noch Generale, aber – keine Offiziere. Alles, was überhaupt im Feuer war, ist tot oder verwundet. Die halben, mitunter ¾ Offizier-Korps fehlen überall; Fähnriche und Feldwebel führen die Kompanien. Glückt es uns nicht, die Besatzung von Metz zu baldiger Kapitulation zu zwingen, so sind diese 3 Siege doch vielleicht zu teuer bezahlt worden. Wir müssen's abwarten. Das Franz-Regiment, wenn Lepel recht hat, besteht nur noch aus 6 kombinierten Kompanien, das 2. Garde-Regiment und das Regiment Augusta haben vielleicht noch mehr gelitten; aus der heutigen Zeitung erseh ich, daß auch das Regiment Alexander scharf mit vor war. Daß das 1. Garde-Reg. furchtbar zerschossen ist (es heißt 26 Offiziere Verlust), werden Sie gehört haben; ebenso die armen 24er. Das Bataillon Havelberg ist ohne Offizier. Alle diese Verluste verschwinden wieder vor denen der 5. Division (Frankfurt a/O) und der beiden Garde-Dragoner-Regimenter. Doch wozu weiter aufzählen! Erfreuen wir uns an der einen großen Tatsache, daß wir wenigstens gesiegt haben und daß wir auf Feindes Land stehn. Ein zweites wiegt kaum minder schwer: heiter und singend ziehen Tag und Nacht immer neue Tausende hinaus, um die entstandenen Lücken zu füllen. Ohne einen gewissen Leichtsinn wäre es jetzt gar nicht auszuhalten.

Von George hatten wir gestern Nachricht. Am 17. war er im Feuer gewesen; die 93er und 27er, unter Führung von General v. Zychlinski, berannten Toul. Es mißglückte. Die 93er und das 2. Bat. vom 27er hatten *erhebliche* Verluste; das 1. Bataillon, bei dem George steht, und die Füsiliere hatten nur ein paar leicht Verwundete, da sie in Reserve (übrigens im Granatfeuer) standen. – Nun genug. Meine Frau empfiehlt sich Ihnen und Frl. Annette. Wie immer Ihr

Th. Fontane.

142

Berlin 25. Sept. 70. *Sonntag.*

Mein gnädigstes Fräulein.

Nur ein paar Worte. In wenigen Stunden brech ich auf, um Metz und Sedan und Paris zu studieren. Wenn meine Hoffnungen in Erfüllungen [!] gehn, so muß ich spätestens am Donnerstag über 8 Tage, also etwa am 6. Oktober vor Paris eintreffen. Meinem Jungen [George] habe ich nur eine leise Andeutung gemacht, daß ich *vielleicht* käme. Zunächst wünsche ich ihn heil und gesund wiederzusehn; der zweite Wunsch ist, dem Einzuge unsrer Truppen die Elyseischen Felder hinauf beiwohnen zu können. Natürlich treffe ich dann auch Hans [von Rohr], dessen allerliebster Vers nicht nur mich und meine Frau, sondern *alle* Freunde, auch unsren alten Lepel, sehr amüsiert hat. Ich danke Ihnen herzlichst dafür, daß Sie ihn mir geschickt haben; ich gab ihn dann, nach genommener Abschrift, gleich weiter zur Post.

Meine Frau liegt krank im Bett (heftige Halsentzündung etc.), grüßt aber herzlichst von ihrer Lagerstätte aus. Meine Empfehlungen an Frl. Annette, an die Frau Domina und Frl. v. Pritzbuer. Vielleicht finde ich Gelegenheit, Ihnen von Paris aus einen kleinen Brief zu schreiben. In alter Verehrung Ihr ganz ergebenster

Th. Fontane.

143

Berlin 15. Dezeb. 70.

Mein gnädigstes Fräulein.

Seit dem 5. d. M. bin ich heil und auch im übrigen unverändert wieder da. Längst hätte ich Ihnen Anzeige davon gemacht und auch Ihnen meinen Dank ausgesprochen für so viele Beweise von Teilnahme, aber ich sage kaum zuviel, wenn ich Ihnen versichre, daß sich an anstrengende Gefangenen-Tage hier noch anstrengendere Tage des freien Menschen angeschlossen haben. Dankesvisiten, Empfangsfeierlichkeiten, Briefe nach Frankreich, England und in alle Landesteile des lieben Vaterlandes, meist Briefe, die ich meinen Mitgefangenen versprochen hatte an ihre Eltern zu schreiben. Dies ging natürlich vor.

Eben treffen Ihre freundlichen, aber nicht freudigen Zeilen vom 14. ein. Welche Fülle von Not und Jammer, Haus bei Haus, und immer noch kein Ende abzusehn; ich glaube an die Erfolglosigkeit der französischen Anstrengungen, an die baldige Kapitulation von Paris, und doch werden, auch im günstigsten Falle, noch immer neue Opfer nötig werden.

Wir wußten von Max Belows Verwundung noch kein Wort. Die armen Eltern, die arme Frau! Es hat uns *beiden* sehr leid getan, weil wir immer eine besondre Vorliebe für diesen hübschen und wohlwollenden Mann hatten. Und Blocks Sohn! Wie *doppelt* schmerzlich ein solcher Fall.

Auf Oleron befand sich auch der junge Jahn, Sohn des Schweriner Konsistorialrats. Ich erfuhr es erst 2 Tage vor meiner Abreise und konnte ihn nicht mehr sprechen, da er, gleichsam zu seiner Erholung und Zerstreuung, durch den Doktor, mit dem er auf gutem Fuße steht, nach La Rochelle geschickt worden war. Ich sprach aber seinen Mitgefangenen, den Jäger Schönfeldt vom 14. (mecklenb.) Jäger-Bataillon, der mir ihre Gefangennahme und die vorausgehenden gräßlichen Szenen erzählte. Diese zwei waren nur dadurch gerettet worden, daß der junge Jahn ziemlich gut französisch sprach. Wenn der Vater eine genaue Darstellung dieser Vorgänge zu haben wünscht, so will ich sie ihm, nach der Erzählung des Jägers Schönfeldt, sehr gern geben.

Meine Frau grüßt herzlichst und dankt. Viele, viele Empfehlungen an Frl. Annette und all die Damen, die sich meiner entsinnen. – Das Buch für Lepel besorge ich. Wie immer Ihr

Th. F.

144

Gnädigstes Fräulein.

Der II. Band meines 66er Kriegsbuches [»Der deutsche Krieg von 1866«] ist nun auch da, das Ganze also fertig vor mir. Wie Sie wissen, möchte ich das Werk dem Großherzog [Friedrich Wilhelm von Mecklenburg] überreichen, habe aber doch beschlossen, vorher anzufragen, ob die Überreichung auch *erwünscht* sein werde. Der Brief, in dem ich diese Anfrage tue, ist so abgefaßt, daß ich dies kaum bezweifeln darf, dennoch möchte ich vorher Gewißheit haben.

Meine ergebenste Bitte an Sie geht dahin, mich wissen zu lassen, an welchen Hofbeamten (wahrscheinlich *Hofmarschall*) ich meine Anfrage zu richten habe. Ist Hofmarschall richtig, so bitt ich auch um dessen Namen und sonstige Titulaturen.

In alter Ergebenheit Ihr

Th. Fontane

Berlin 14. März 71.

145

Berlin 7. Juli 71.

Gnädigstes Fräulein.

Ihre Güte und Nachsicht werden es mir nicht böse angerechnet haben, daß ich seit so langer Zeit nicht habe von mir hören lassen; nun preise ich Ihren Geburtstag, daß er mir eine Veranlassung wird, Ihnen meine Grüße und Glückwünsche zu senden. Unter meinen Wünschen steht der obenan, daß das nächste Jahr Ihnen minder schwere Opfer auferlegen möge als das jüngst verflossene. Mit aufrichtiger Teilnahme habe ich von dem Hinscheiden Ihrer durch so viele Jahre hin bewährten und geistig so hochbegabten Freundin gehört; ich bekenne, daß es mir dabei zu einem gewissen Troste wurde, aus Ihren Zeilen an meine Frau zu erfahren: die Prinzessin [Carolath] sei von ihren Ansichten, die sie im Gegensatz zu ihren Standesgenossen und eigentlich zu allen konservativen Elementen des Landes gehegt hatte, durch die Ereignisse des letzten Krieges zurückgekommen. Ein solches Hinscheiden in Antagonismus und Bitterkeit, wie es doch hätte sein können, hat immer etwas Trauriges, ein Lied, das in einer Dissonanz ausklingt.

Von dem *andern* Verluste dieses letzten Jahres will ich nicht sprechen. Wenn Sie sich nicht entschließen konnten, das Vorhaben L[epel]s, ich will nicht sagen zu billigen, aber als individuell berechtigt laufen zu lassen, so *mußte* dieser Bruch über kurz oder lang kommen. Und *sollte* er kommen, so betrachte ich die Entschlüsse, die über halbe Zustände hinweghelfen, als ein Glück. Wie ich über die Streitsache selbst denke, wissen Sie; Sie wissen, ich hätte es wünschenswerter gefunden, er hätte sich in sein Schicksal ruhig ergeben; da er dies nun aber nicht wollte, da er glaubte, den Traum eines künftigen Glücks, eines Glücks, das ihm das Leben noch schuldig sei, hegen zu dürfen, so, glaube ich, mußte man ihn diese Versuche (auch wenn sie einem persönlich nicht gefallen) ruhig machen lassen. Es involviert innerhalb des protestantischen Lebens keine Blâme, wenn man sich scheiden lassen will, um sich wieder zu verheiraten; es mag im gegebenen Einzelfall unklug sein, aber das ist zuletzt Sache dessen, der die Sache auf seine Schultern nimmt und etwaige Irrtümer mit eignem Glück und Leben bezahlen muß. Daß er sich in seiner ersten Ehe (in aller Hochachtung gegen Frau v. L. sage ich dies) nicht glücklich fühlen *konnte*, davon bin ich überzeugt.

Nächstens über heitrere Stoffe.
In alter Verehrung wie immer Ihr

Th. Fontane

146

[Berlin, Mitte August 1871]

Nur ein paar Worte, Gruß und Dank. Lepel reist übermorgen nach Reichenhall; er wird Augen machen, wenn er später erfährt, daß wir in Dobbertin waren.

Werden wir wohl 14 Tage bleiben dürfen? So viel Zeit brauche ich nämlich, um etwa ein Dutzend Kapitel für mein neues Buch [»Aus den Tagen der Okkupation«] zu schreiben. Ich rechne so: jeden Vormittag ein Kapitel! Derweilen plaudern und promenieren Sie mit meiner Frau, während ich oben Stuben-Arrest habe. Eh ich die Kapitel nicht fertig habe, geh ich nicht wieder weg. Sie sehen daraus, daß es nötig sein wird, mich zur Arbeit anzutreiben, sonst werden Sie mich nicht los. Wie immer in Verehrung und Dankbarkeit Ihr

Th. F.

147

Berlin 20. Aug. 71. *Sonntag.*

Mein gnädigstes Fräulein.

Vielen, vielen Dank für Ihre so überaus liebenswürdigen und so *tröstlichen* Zeilen; *zu* schlimm werde ich es nicht machen.

Unser Plan ist nun der: morgen nachmittag 5 Uhr nach Dresden; Dienstag, Mittwoch, Donnerstag *in* Dresden, Freitag abend wieder zurück; Sonnabend, zu Abwicklung allerhand Geschäfte, wieder hier; Sonntag zu *Ihnen*, und zwar denken wir 7 ½ Uhr abends mit der Post bei Ihnen einzutreffen, immer vorausgesetzt, daß wir in Güstrow den Anschluß nicht versäumen. In diesem Fall am andern Vormittag 11 ½. Doch hoffen wir auf Sonntag abend. Wir freuen uns sehr, Sie wiederzusehn. Meine Frau grüßt herzlichst; in alter Ergebenheit Ihr

Th. Fontane.

Ich bitte mich der Frau Domina und Frl. v. Pritzbuer zu empfehlen.

148

Warnemünde 12. Sept. 71.

Mein gnädigstes Fräulein.

Die bekannten Pakete an Decker und Vossin [mit den Manuskripten zu »Aus den Tagen der Okkupation«] sollen nicht zur Post ohne ein paar Zeilen an Sie, mein gnädigstes Fräulein, die Ihnen unsren herzlichsten Dank für so viel ganz besondre Liebe und Güte wiederholen sollen. Es waren schöne, glückliche Tage; man freut sich ihrer um so mehr, als man sich sagen muß: *sehr* lange kann es nicht mehr dauern.

Hier ist es wieder entzückend; eine tiefe, poetische Langeweile, die mir wohltut. Übrigens recht gut, daß meine Frau *nicht* mit hier ist; die ganze Einrichtung ist doch nur für Einzelpersonen. Ich werde arbeiten und Goethe lesen. Frl. Annette hab ich in den 2 Stunden, die ich hier bin, noch *nicht* gesehn. Der Schreck ist ihr noch vorbehalten. Gehorsamste Empfehlungen an die Frau Domina, Frl. v. Pritzbuer, Frl. v. Bülow und die »inferiore bürgerliche Welt«. In alter Ergebenheit Ihr dankbarer

Th. F.

149

Warnemünde 15. Sept. 71.

Gnädigstes Fräulein.

Morgen reist nun also Frl. Annette, mit der ich eben beim Café eine Viertelstunde geplaudert habe, und diese Zeilen sollen sie begleiten.

Es geht mir hier nach wie vor sehr gut; ich finde alles vorzüglich und begreife gar nicht, wie vernünftige Menschen, wenn sie nicht Prinzen sind oder Schickler oder Bleichroeder heißen, zwei verschiedne Meinungen darüber hegen können. Es ist alles so, wie man es, in gewöhnlichen deutschen Verhältnissen, zu Hause gewohnt ist, dabei alles billig und prätentionslos. Daß es keine »Sehenswürdigkeiten« gibt, ist ein ganz besondres Glück; ich bin so kathedralen- und galerienmüde, wie man nur sein kann, und jedes Schloß, das ich *nicht* zu sehen brauche, ist ein Segen für mich. Wie viele Stadien überwindet man im Leben?! Es gab mal eine Zeit, wo ich es als das größte irdische Glück erachtete, bei Anthieny (eine von Lepels dunkeln Konditoreien) Apfelkuchen zu essen und den »Berliner Figaro« zu lesen. Jetzt bin ich nun so weit, daß mir die monotone Musik des Meeres oder auch (auf Abschlag) des Dobbertiner Sees über alles geht, und bei dieser Stimmung werde ich nun wohl auch bleiben.

Meine Frau hat mir von Ludwigslust aus einige sehr befriedigte Worte geschrieben; »in Schwerin«, so schreibt sie, »verbrachte ich eine glückliche Stunde.« Zöllners Bruder, ein kleiner dicker Stöpsel, führte sie im Schloß umher. – Über Fräulein Annette schreibe ich nicht, da Sie sie ja sehen werden; ich finde sie merkwürdig erholt, rote Backen und ordentlich stark geworden. Sie war freundlich, gut und nachsichtig wie immer. Ich werde wohl noch 14 Tage bleiben und vielleicht bei meinem Eintreffen in Berlin erst aufgetaut werden müssen. Denn es wird schon kalt. Ihnen für Ihre große Güte und unveränderte Freundschaft erneuten herzlichen Dank von Ihrem

Th. F.

150

[Berlin, November 1871?] *Sonnabend*

Mein gnädigstes Fräulein.

Meine Angegriffenheit mag mich entschuldigen, wenn ich bequemlichkeitshalber diese Zeilen mit Bleistift schreibe.

Ich sprach L[epel], eh ich Ihre Zeilen, für die ich herzlich danke, gelesen hatte. Es ist dadurch für die Debatte nichts Erhebliches verlorengegangen, da er seinen Brief (den er von Ihnen erhalten) mitgebracht hatte.

Die Sache liegt nach meinem Dafürhalten so, daß Sie unserm L. einen doppelten Vorwurf machen:

1. er habe Ihnen das Abbrechen versprochen.

2. er gebe durch sein Verhalten dem Verdachte Nahrung, daß er an Scheidung und Wiederverheiratung denke.

Hierauf antwortet er nun:

1. Sie hätten immer ein solches Versprechen von ihm verlangt; er habe es aber nie geleistet;

2. Er denke weder an Scheidung noch an Wiederverheiratung. Was die Leute sagten, könne er nicht ändern.

Soweit stünde alles gut; denn wenn er sagt: »ich habe nichts versprochen«, so müssen Sie's ihm am Ende glauben. Er kann doch unmöglich ein direktes »ja« in »nein« verkehren wollen oder umgekehrt.

Das Bedenkliche scheint mir nicht in der Vergangenheit, sondern in der Zukunft zu liegen.

Soviel ich verstehe, fordern Sie auch jetzt noch aufs bestimmteste: *Abbruch des Verhältnisses.*

Hierauf hat L. nicht direkt geantwortet. Es *scheint* mir

aber, daß er dieser Ihrer Forderung auch für die *Zukunft* nicht nachkommen will, und da liegt die Schwierigkeit. Meinerseits ebenfalls in ihn dringen, dies Verhältnis zu lösen, ist sehr mißlich und eigentlich ganz und gar gegen meine Grundsätze. Erstlich pflegt dergleichen nie zu helfen, zweitens wer will vorausbestimmen, was in Zukunft zum Glück oder Unglück eines Menschen führt. Ich habe die schönsten Verbindungen scheitern, die allerbedenklichsten zu gegenseitigem Glücke enden sehn. Man darf vorher sagen: »na, na, das wird schwerlich gut ablaufen«, aber darüber hinaus darf man nicht gehn. Wir müssen notwendig noch darüber sprechen; ich sehe leider kein gutes Ende ab, denn er scheint nicht gewillt, A. [Anna von Heydebreck] bestimmt aufzugeben. *Spätestens* also am Montag, Ihr

Th. F.

151

Mein gnädigstes Fräulein.

Zuerst

1000mal willkommen in der Heimat.

Nun zu den Geschäften. Wie immer Geschäfte fatal! Aber ich muß.

Eben war L[epel] hier, der gestern Ihre Ankunft erfahren hat. Wie Sie wissen, liegt ihm an Versöhnung, deren Zustandekommen ich meinerseits nur wünschen kann, wär es auch nur, um vor L. endlich Ruhe zu kriegen. Ich habe ihm also versprechen müssen, Ihnen heute noch mitzuteilen, daß er mir seinen berühmten Brief, über den wir in Dobbertin so oft gesprochen, vorgelesen habe.

Diesem Versprechen komme ich hierdurch nach.

Für mich liegt die Sache danach so:

ich finde es sehr natürlich, daß *Sie* von einer bereits erfolgten innren Lösung des Verhältnisses gesprochen haben; – ich teile ganz Ihre Empfindung;

andrerseits aber muß ich zugeben, daß L. in seinem Antwortsbrief darauf lediglich über diesen Ihren Ausspruch geseufzt und geklagt, die Tatsache selbst indes weder zugegeben noch am allerwenigsten begrüßt oder unterzeichnet hat.

Was *sonst* noch in dem Briefe steht, laß ich unberührt. Er versucht eine Charakterschilderung ihrer, die er vielleicht weglassen konnte, sie involviert aber keinen Bruch.

Wie ich im übrigen über die ganze Angelegenheit denke, wissen Sie ja *längst*.

Lassen Sie mich hoffen, daß Ihnen diese Zeilen nicht Ihre Stimmung und den ganzen Aufenthalt verderben. Ich konnte es L. nicht abschlagen. Ist er doch ohnehin gegen mich gereizt und glaubt, daß ich an seinen Angelegenheiten kein Interesse nehme oder immer gegen ihn stehe.

Nehmen Sie's leicht und tuen Sie, was Sie können.

In alter Verehrung Ihr

Th. Fontane

Berlin d. 21. Novemb. 71.

152

[Berlin, November 1871?] *Dienstag.*

Mein gnädigstes Fräulein.

Es war mein lebhafter Wunsch, Ihnen heut nachmittag einen Besuch machen zu können; ich bin aber noch zu unwohl. Es handelt sich um unsern gemeinschaftlichen Freund [Lepel]; ist es unartig, wenn ich Sie, mein gnädigstes Fräulein, um *Ihren* Besuch freundlichst bitte. Vielleicht von 5 an, zu jeder Zeit, die Ihnen paßt. Ihr

Th. Fontane.

153

Mein gnädigstes Fräulein.

Sie haben gewiß, wie immer, das Rechte getroffen. Ich freue mich der Aufforderung oder Einladung, die Sie an L[epel] gerichtet haben. Hoffentlich ist er gekommen. Im Rütli war er *nicht*. Gewiß ist er böse mit mir; er kennt nicht *die*, die es am besten mit ihm meinen, und geht mit denen, die sich's bequem machen und ihm zum Munde reden. Das veracht ich. Lassen Sie uns in einer Zeile wissen, wie sich alles gemacht hat. Ich wünsche aufrichtig, daß ein *gutes* Verhältnis wiederhergestellt worden sei; das *alte kann* es nicht sein. Das wäre gegen die Natur der Dinge. Meine Frau empfiehlt sich Ihnen; sie leidet noch immer sehr.

In alter Verehrung Ihr

Th. Fontane.

[Berlin,] Sonnabend d. 25. Novemb. 1871.

154

Mein gnädigstes Fräulein.

Verzeihen Sie, daß wir gar nichts von uns hören lassen; aber meine Frau ist in ihren gewöhnlichen Novemberzuständen, d. h. andauernd krank. Heute wieder ganz arg; die Knieschmerzen sind fort, aber sie leidet überhaupt. In diesem Augenblick liegt sie leise phantasierend im Bett. – Unsren Freund [Lepel] sah ich am Montag abend bei Zöllners; er schien über die Versöhnung sehr glücklich. In alter Ergebenheit Ihr

Th. Fontane

[Berlin,] Donnerstag d. 30. 11. 71.

Mich absorbiert ganz das Theater; *vier* Vorstellungen in einer Woche.

155

Berlin d. 19. Dezeb. 71

Mein gnädigstes Fräulein.

Der erste Weihnachtsbrief richtet sich diesmal, wie billig, nach Dobbertin, denn im verflossenen Jahre, noch über die sonstige Verwöhnung hinaus, habe ich an keiner Stelle so viel Gütiges und Freundliches erfahren wie in dem bekannten Kloster-Kreuzgang an der scharfen Ecke, wo die große Laterne ihr Licht auf den porzellanenen Klingelgriff strahlt. Diese wohlbekannte Stelle wiederzusehn, bin ich sehr begierig, dennoch möchte ich Sie um Vertagung Ihrer freundlichen Einladung bitten, vorausgesetzt daß ich nicht nervös gänzlich herunterkomme. In diesem letztren, nicht begehrenswerten Falle würde ich mit Ihrer gütigen Erlaubnis allerdings zu Ihnen eilen, um mich angesichts des Sees und der Rabengeschwader bei Sonnenuntergang, andrer noch wichtigerer Elemente zu geschweigen, wieder zu erholen. Besser aber bleibt besser, und so rechne ich denn vorläufig auf Frühjahr (Mai) oder Sommer, wo ich – auf meiner üblichen Nordlandsfahrt gen Warnemünde – wohl wieder eine 14tägige glückliche Rast bei Ihnen nehmen möchte. Gearbeitet wird freilich wieder werden müssen wie immer; ein »ausspannen« ist einem nun mal nicht beschieden vor jenem letzten, dem kein anspannen und weiterkutschieren folgt. Ein Buch [»Aus den Tagen der Okkupation«] ist kaum fertig, und schon steck ich in einem andren, größeren drin [»Der Krieg gegen Frankreich 1870–71«]; das Ganze eine Schraube ohne Ende.

Die beiden Bände [»Aus den Tagen der Okkupation«], die ich mir als Weihnachtsangebinde diesen Zeilen beizuschließen erlaube, sind zu nicht geringem Teile in Dobbertin entstanden und werden Ihnen schon aus diesem Grunde ein kleines Interesse abgewinnen. Die beiden letzten Kapitel des

I. Bandes und die 9 ersten Kapitel des II. Bandes (bis »Beaumont« inclusive) wurden in Dobbertin geschrieben; einiges davon zählt zu dem Besten, was das Buch überhaupt enthält. In Warnemünde schrieb ich dann den Rest mit Ausnahme des Schlußkapitels »Wilhelmshöhe« und des ganzen umfangreichen Abschnittes »Metz«. Dazu gebrauchte ich noch der Vorstudien, die ich nur hier machen konnte. In den nächsten Tagen werde ich beide Bände, wie auch »Kriegsgefangen«, dem Kaiser überreichen lassen, vorausgesetzt daß mir Geh. Kab. Rat Wilmowski keinen Strich durch die Rechnung macht. Über die Aufnahme, die das Buch beim Publikum finden wird, bin ich einigermaßen neugierig; in Petersburg, in Warschau, in New York, in der Schweiz, in Holland wird man es wahrscheinlich mit Zustimmung lesen, hier wird man es wohl wieder zu »franzosenfreundlich« finden, weil ich nicht ausgesprochen habe, jeder Franzose muß zur Strafe seiner Sünden lebendig gebraten werden. Daß mich dies alles wenig anficht, werden Sie glauben.

An unsren Freund L[epel] habe ich eben ein paar Einladungsworte zum Heilig-Abend geschrieben; hoffentlich akzeptiert er; ebenso Prof. Eggers. Von dem alten Bestand wird nur die »schöne Julie« [Julie Müller] fehlen, die sonst regelmäßig ihren Heringssalat an diesem Tage bei uns einnahm. Wir wissen nicht, wo sie sich zur Zeit aufhält, können also auch keine Einladung ergehen lassen.

Lepel ist munter; die Aussöhnung – diesen Eindruck hatte ich am 27. November, wo wir bei Zöllners Prof. Eggers' Geburtstag feierten – scheint ihn sehr beglückt zu haben. Ob es vorgehalten hat, ob er noch befriedigt leuchtet (dies war tatsächlich der Fall), kann ich nicht sagen, da ich ihn seitdem nur ein einziges Mal auf eine Stunde im Rütli gesehen habe. Ich war nämlich beinah 14 Tage lang krank und mußte selbst bei Zöllners Geburtstag (12. Dezember) fehlen. Es geht mir jetzt wieder besser; aber der Winter ist nun mal nicht meine

Zeit, und das bißchen Hirn arbeitet nur mit halber Dampfkraft.

An unsren hochverehrten Kardinal von Besançon [Césaire Mathieu] hab ich heute mein großes 66er Kriegsbuch [»Der deutsche Krieg von 1866«] geschickt, natürlich nur zu dem Zweck, daß er sich die Bilder ansieht; es wäre ein sonderbarer Dank, wenn ich ihm zumuten wollte, sich mit 84 Jahren eingehender um den Inhalt zu kümmern.

Bei 84 Jahren gedenke ich natürlich auch Ihrer 93jährigen Domina; empfehlen Sie mich ihr. Ich hatte dem Kardinal eine lange Beschreibung von Dobbertin und der Domina gemacht, und er hat mir in mehreren Zeilen darauf geantwortet.

Meine ergebensten Empfehlungen an Fräulein Annette, Frl. v. Pritzbuer, Frl. v. Bülow, Forstinspektors und Doktors [Sponholz] von Ihrem dankbar ergebensten

Th. Fontane.

PS Die Verse an den Dobbertiner See [»Die Tage von Dobbertin«] habe ich nicht vergessen; aber die momentane Stimmung ist nicht die beste, so bitte ich denn auch *dies* bis auf den Sommer vertagen zu dürfen. Ihr

Th. F.

156

Berlin 5. Januar 72.

Mein gnädigstes Fräulein.

Wenn ich Ihnen für jeden Ihrer Briefe zu Dank verpflichtet bin, so ganz besonders für den letzten, der, neben seinen Glückwünschen zum neuen Kalender- und neuen Lebensjahr, noch so viel Freundliches, vielleicht *zu* viel (denn man bleibt ein Egoist) enthält. Zwei Punkte haben mir ganz besonders wohlgetan: das Zeugnis, daß wir uns in der wirklich höchst schwierigen L[epel]-Frage korrekt und anständig benommen haben, und zweitens die gütig-liebenswürdige Art, in der Sie mir das Efeu- und Tulpenbaum-umrankte Zimmer, dazu die gotischen, immer gastlichen Parterre-Räume zu freundlicher Verfügung stellen. Es ist leider zu weit, sonst hätten Sie vor mir gar keine Ruhe, und ich würde alle 6 Wochen einmal auf drei Tage erscheinen, um die verbrauchten Nerven durch Ruhe, frische Luft und Rotwein wiederherzustellen. Es fehlt mir in den langen Winter-Monaten ein solcher Erholungspunkt, der nicht weiter entfernt sein dürfte als Potsdam. Ich hab es oft hin und her erwogen, wie es wohl zu machen wäre, aber bei mir müssen sich die Dinge immer *finden*, suche ich sie auf, so scheitre ich in der Regel. Ein liebenswürdiges Pfarrhaus, wo ich, wenn ich einträfe, eine freundliche Giebelstube fände und nach einer halbstündigen Begrüßung gleich an die Arbeit gehen könnte, das wäre mein Ideal; aber wo dergleichen finden? greift man nur ein weniges fehl, ist die Frau dumm oder prätentiös, werden Gäste geladen, die man ja gerade vermeiden will, sind die Bälge quarrig oder ungezogen oder rauchen die Öfen (was in unbenutzten »Fremdenstuben« fast immer der Fall ist), so ist man verloren, und man hat mehr Schaden von der Sache als Vorteil. Viel hängt auch von der Arbeit ab, die man gerade vorhat; meine »Wanderungen« oder ein Romankapitel lassen sich in Kremmen oder Tremmen schreiben, aber Kriegsbücher nicht, weil ich beständig nachschlagen und eine ganze Bibliothek um mich her haben muß.

Doch genug und übergenug von diesen Dingen. Ich gehe jetzt einer scharfen Theater-Kampagne entgegen, da Frau Jachmann nicht nur *Abschieds*rollen, sondern zwei andre brunhildehafte Damen, die sich beide um die Stellung der Jachmann bewerben, auch eine Menge *Antritts*rollen geben, noch dazu teilweis im Opernhause, wo man sich *immer* erkältet. Was Ihnen meine Frau neulich über diese Dinge geschrieben hat, ist doch nur von einer sehr fraglichen Richtigkeit. Ich werde immer als »generös«, als ein kleiner »Grand Seigneur« geschildert, der eine Neigung hat, 10 Tlr. auszugeben, wenn er kaum 5 eingenommen hat. Ich bestreite, daß das richtig ist. Es kann mir, bei einem gewissen lebhaften Empfinden, was ich habe, dergleichen in einem Einzelfall begegnen, aber im *Ganzen* bin ich keineswegs der schlechte Rechner und unpraktische Mensch, als der ich immer ausgegeben werde. Meine Frau sieht bloß die 500 Tlr., die ich aufgebe, sie berechnet sich aber nicht, *wieviel ich verliere*, damit ich diese 500 Tlr. gewinnen kann. Es ist sehr wahrscheinlich, daß mich das Theater in diesem Winter daran hindert, etwa bis Monat April 15 Bogen zu schreiben; ich will froh sein, wenn ich es bis dahin auf 5 bringe; macht eine Differenz von 10 Bogen in drei bis vier Monaten. *10 Bogen tragen mir aber allein schon 500 Tlr. ein*, da ich 50 Tlr. Honorar pro Bogen erhalte. Sie sehen also, daß diese Dinge immer ihre zwei Seiten haben und daß, wenn der eine Teil recht hat, der andre noch nicht unrecht zu haben braucht. Daß sich vieles auch für *Beibehaltung* einer solchen Stellung sagen läßt, weiß ich sehr wohl und hab ich *nie* bestritten. Ich bestreite nur, daß meine Entschlüsse in solchen Dingen in der Regel falsch seien; bisher – Sie kennen ja mein Leben seit 20 Jahren – sind sie *immer richtig* gewesen; Gott aber ist mein Zeuge, daß ich dies nicht meiner superklugen Weisheit und Berechnung, sondern lediglich *seiner Gnade zurechne*; an Gottes Segen ist alles gelegen. Es gibt nichts, wovon ich *so* durchdrungen wäre; die menschlich-klügsten Pläne scheitern, wenn sie scheitern sollen, und so bin ich, auch bei dem Wohlerwogensten, das ich tue, immer davon erfüllt, daß es mir ebensogut zum Nachteil wie zum Vorteil ausschlagen kann. In nichts hat man den Sieg, den Erfolg in der Tasche.

Was Sie über die »Vergelbten Blätter« [von Prinz Georg von Preußen] sagen, unterschreib ich alles; nur eines unterschätzen Sie ein wenig: die Dinge sind nämlich wirklich *geist-*

reich. Wie wenig dabei herauskommt, lehren einen eben diese »Blätter«, nichtsdestoweniger bleibt Geistreichsein immer eine schöne Sache. Übrigens ist es ein *Kunstprodukt*, von feiner Hand neuerdings sorglich zusammengestellt; ein Mosaik von Rahel-Geistreichigkeiten. Ich kenne seit 3 Tagen den Verfasser, bin aber durch 7 Eide gebunden, ihn nicht zu nennen. Die Eitelkeit wird aber dafür sorgen, daß er bald selbst das Schweigen bricht. Bei Eitelkeit fällt mir ein, lassen Sie mich doch wissen, wie Dobbertin meine 2 neusten Bände [»Aus den Tagen der Okkupation«] ausgehalten hat.

Meine Empfehlungen an Frau Domina, Frl. Annette, Frl. v. Pritzbuer, seinerzeit auch an Frl. v. Bülow und alle freundlichen Dobbertiner beiderlei Geschlechts. Ihnen, mein gnädigstes Fräulein, 1000 Glückwünsche zum neuen Jahre von Ihrem ergebensten

Th. Fontane

Exzellenz v. Sell, an den ich meine neusten drei Bücher (Kriegsgefangen und Okkupationstage) geschickt hatte, hat mir sehr freundlich geantwortet. Da ich *seiner* Verwendung den mecklenb. Orden verdanke, so schien mir diese Huldigung meinerseits geboten.

157

Berlin 17. März 72.

Mein gnädigstes Fräulein.

Im Nebenzimmer – die Tür weit offen – sitzen Frau und 3 Kinder: George, Theo und Martha, und spielen Whist, ein Spiel, für das sie alle vier eine mir unbegreifliche Vorliebe haben. Ich kann die mir dadurch werdende Muße (an arbeiten ist doch nicht zu denken) nicht besser verwenden als durch Beantwortung Ihrer letzten beiden freundlichen Briefe, von denen der zweite, an meine Frau gerichtete, heute früh hier eintraf. Eine Stunde später überraschte uns George, der auf 24 Stunden Urlaub genommen, gestern nachmittag einen abkommandierten Regimentskameraden in Potsdam besucht und bei demselben genächtigt hatte und *mit* demselben heute hier eintraf, um den Sonntag en famille zu verbringen. Dieser Regimentskamerad ist Lieutenant Wenzel, Neffe des Kammergerichtsrats gleiches Namens, welcher letztre vor 20 Jahren, mit *Ihrem* Wenzel um die Wette, als »schöner Wenzel« hier figurierte. Dieser Neffe und Lieutenant ist ein sehr angenehmer junger Mann, den ich vor beinah Jahresfrist in Dieppe kennenlernte und der mit Georgen zwei Leidenschaften gemein hat: Musik und – Whist. Beides nicht Erbstücke von mir.

Nun, mein gnädigstes Fräulein, zu all jenen liebenswürdigen Stellen Ihrer beiden Briefe, wo Sie sich, in gewohnter Güte und Vorsorge, mit meinem Wohl und, wenn man mit 52 davon noch reden darf, mit meiner Zukunft beschäftigen. Sie knüpfen an den Prinzen Georg an, an Kultus-Ministerium (Geh. R. Keller), an v. Decker und Hertz. Lassen Sie mich auf alles kurz antworten.

Zuerst der Prinz. Glauben Sie mir, mein gnädigstes Fräulein, mein Leben muß nun schon so weitergehn, und ich werde nach wie vor auf die beiden alten Hauptfaktoren unsres Daseins angewiesen sein: auf Gott und das eigne Tun. Man fährt dabei schließlich auch wirklich am besten. Mir kann kein Kaiser und am allerwenigsten ein doch immerhin ziemlich wackliger Prinz helfen. Sie sollen selbst entscheiden: wir haben im vorigen Jahre (erschrecken sie nicht) 3 000 Tlr. ausgegeben; 300 Tlr. davon hab ich an Scherz zurückgezahlt, und 200 Tlr. hab ich, neben andrem, auf meiner französischen Reise verausgabt. Bleiben noch 2500 Tlr. Diese bleiben nun aber auch *wirklich*; davon geht nichts ab; nun nennen Sie mir irgendeinen König oder Prinzen, der die Lust oder – den besten Willen vorausgesetzt – auch nur die Fähigkeit haben könnte, mir drittehalbtausend Taler jährlich auszuzahlen. Sie kennen unsre Verhältnisse zu gut, als daß Sie nicht selbst wissen sollten, daß dies ein Unding ist. Über 300 Tlr. gibt es nicht; über 400 gewiß nicht, und auch *diese* Summen werden an zivile Personen nie aus prinzlichen oder königlichen Schatullen, sondern immer aus ministeriellen Fonds gezahlt. Die Hohenzollern (was ihnen kein Vorwurf sein soll) haben nach dieser Seite hin – immer von Militärpersonen abgesehn – *nie* etwas getan; Friedrich der Große schickte an die Karschin 2 Tlr., andre schicken eine Bronze-Medaille im Werte von 1 Tlr.; ich persönlich habe, von wenigen Fällen abgesehn, nie etwas andres extrahiert als ein prinzliches oder herzogliches Schreiben, an dem nichts golden war als der Rand des Briefpapiers. Nicht mal eigenhändig geschrieben waren solche Briefe; Cabinetsekretär-Arbeit und der Namenszug von Serenissimus unleserlich druntergefludert. Ich weiß, daß ich mich Ihnen gegenüber durchaus offen über alle solche Dinge äußern kann, weil *Sie* eben wissen, daß ich mich über dies und viel andres noch nie gegrämt habe. Ich habe von derlei Schritten, wenn ich sie dann und wann unternahm, nie etwas erwartet und finde es im allgemeinen ganz in der Ordnung, daß man sich kühl gegen die ganze Klasse von nicht recht vorwärtskommenden Kunst- und Literatur-Menschen verhält, aber nachdem ich dies alles eingeräumt und den sogenannten »hohen Herrschaften« die besten Zeugnisse ihres Verhaltens ausgestellt habe, soll man mich nun auch – wenn Sie mir diesen Ausdruck gütigst verzeihn wollen – in Ruhe lassen* und von mir kein ferneres An-

* Ich fürchte nicht, daß Sie mir diese etwas derbe Wendung, die mir aus der Feder gelaufen ist, übelnehmen werden. Sie wissen ja, daß ich *nie* persönlich bin, weder im Sprechen noch im Schreiben; so bitt ich denn auch diese Worte als ganz *allgemein* gesagt anzusehn, ohne alle bestimmte Adresse. Ich habe beim Schreiben an alle die (darunter auch meine Frau) gedacht, die dann und wann mit Ähnlichem in mich dringen.

klopfen an Türen fordern, von denen ich aufs bestimmteste weiß, daß das bekannte Berliner Schild »Mitglied des Vereins gegen Bettelei« neben dem Klingelzuge hängt. Nennen Sie mir *ein* Beispiel, wo durch derartiges Pochen und Purren etwas *Ordentliches*, d. h. also eine Stellung mit drittehalbtausend Talern, herausgekommen wäre; wenn Sie an Stellungen denken, wie etwa Olfers eine innehatte, so würde man mich die Treppe hinunterwerfen (und mit Recht), wenn ich meine Hände so hoch ausstrecken, *solche* Prätentionen erheben wollte. Kleinere Stellungen aber sind umgekehrt unter meiner Würde und passen weder zu meinen Jahren noch zu meinen Talenten, noch zu meinen Bedürfnissen. Was soll ich mit einer 6 oder 800 Tlr.-Stellung? Das ist gut für jemand mit 25, nicht mit 52 Jahren.

Nun das Kultusministerium. Gegen das ganze Ministerium habe ich einen wohlbegründeten Haß. Seit lange hätte es eine Art von moralischer Verpflichtung gehabt (namentlich wenn Sie daran denken, wie wenig man mir meine 4jährige Mission in England gelohnt und gedankt hatte), etwas *Reelles*, Dauerndes für mich zu tun; statt dessen haben sie sich jeden Tropfen abbetteln lassen. Bethmann-Hollweg war ein steifbockiger, unliebsamer alter Herr, Mühler ein dünkelhafter, halb verdreht gewordener Egoist, seine Frau (die man mitrechnen muß, denn *sie* war Minister) ein Greuel, Stiehl ein wichtigtuerischer Grobian und selbst Lehnert ein wunderbarer Heiliger. Wie ich Ihnen schon früher schrieb, ich mag mit diesem Ministerium nichts zu tun haben; eh ich nicht *muß*, tret ich über jene Schwelle nicht mehr; die Leute wissen, daß ich existiere, sie wissen auch, daß mir eine Anerkennung für meine klar vorliegende Gesamttätigkeit willkommen sein würde; wollen sie also etwas tun, so mögen sie es tun auf eigne Veranlassung oder infolge eines Anstoßes von außen her; aber *ich* werde diesen Anstoß nicht mehr geben. An den perfiden, nichtsnutzigen Reskripten dieses kümmerlichen, schusterhaften Ministeriums würge ich noch. Mich an Herrn Falk zu wenden, hab ich keine Veranlassung; auch beschäftigen ihn ganz andre Fragen.

»Spielhagen erhält hundert Taler für den Bogen.« Antwort: ich glaub es nicht. Ein 3bändiger Roman besteht wenigstens aus 60 Bogen, macht 6000 Taler ... Ich muß mich hier unterbrechen, um sans phrase meinen Irrtum einzuräumen. Ja, diese Summe *kann* er kriegen. Er lebt so, daß er eine Jahreseinnahme von 6000 Tlr. haben mag; aber ich glaub es nicht, daß ihm sein Buchhändler Janke diese Summe gibt. Janke ist ein Knauser, wie alle Buchhändler. Spielhagen wird schwerlich mehr erhalten wie 2000 Tlr., vielleicht *die* kaum, aber er läßt seine Romane in der Regel vorher in zwei großen Zeitungen *gleichzeitig* drucken, in Wien und in New York oder in Köln und Baltimore à tempo. *Dadurch* kommen die großen Summen heraus. Sollt ich aber in dem allem auch unrecht haben, so dürfen Sie nicht vergessen, daß Spielhagen neben mir ein Heros ist. Ich würde mich schließlich zwar besinnen, mit ihm zu tauschen, weil ich ein halbes Dutzend vaterländ. Gedichte und Balladen geschrieben habe, von denen ich bestimmt glaube, daß sie länger leben werden als Spielhagens Romane, aber all das ändert nichts an der augenblicklichen Tatsache, daß er, neben Auerbach, der angesehenste deutsche Romanschriftsteller der Gegenwart ist, während ich in allem nur so mitschwimme und auch nicht ein einziges Prosa-Buch geschrieben habe, das über den succès d'estime hinausgewachsen wäre. Unter diesen Umständen muß ich mit den Deckerschen 50 Tlr. pro Bogen sehr zufrieden sein.

Nun Hertz. Sie wissen, daß ich ihn in mehr als einer Beziehung *sehr* gelten lasse. Er ist gescheit, espritvoll, bürgerlich-respektabel und nach *seiner* Art sogar gütig gegen mich; er hält mich für einen sogenannten »guten Kerl«, preist meinen Charakter als ein Unikum und behandelt mich auch danach:

freundlich, schmeichlerisch; er kajoliert mich. Er kajoliert mich, aber mit *zugemachter* Hand, und in allen Geld- und Honorarfragen nimmt er einen kümmerlich-altmodischen Standpunkt ein. Sein Charakter zeigte sich mal recht wieder bei der Balladen-Frage. Sie wissen, daß ich ihm das ganze Zeug abkaufen wollte und daraufhin eine Anfrage an ihn richtete. Wär er nun ein bißchen gentil, ein bißchen unternehmend, so hätte er (Sie wissen, wie er von meinem Balladenbuch eingenommen ist; er sagt es mir bei jeder Gelegenheit) antworten müssen: »stampfen wir die Geschichte ein; ich mache eine neue, total veränderte Auflage.« Solche Antwort würde mich so erfreut haben, daß ich jede Honorarforderung für dies eigentlich völlig neue Buch sehr wahrscheinlich unterlassen haben würde; aber nicht einmal zu *solcher* Antwort konnte er sich entschließen. Da mag lieber das Beste, was ich geschrieben habe, vergilben und verregnen; – eh nicht das letzte Exemplar weg ist, keine neue Auflage; zugleich aber auch kein Verkauf des noch vorhandenen Restes en bloc, »denn« (so etwa sagt er) »willst du dir jedes einzelne Exemplar *voll* bezahlen lassen, so ist das im höchsten Maße unanständig, denn ich habe dem armen Kerl überhaupt nur 100 Tlr. Honorar gegeben, überlaß ich ihm den ganzen Rest aber für 50 oder 100 Tlr.« (die *ich* [Fontane] gern dafür zahlen würde), »so stellt er für die neue Auflage möglicherweise Forderungen, die ich (Hertz) nicht gern bewilligen möchte.« Um diesem Dilemma zu entgehn, hat er die ganze Sache hinausgeschoben, so daß ich nicht recht weiß, ob er will oder nicht will.

Sie sehen, mein gnädigstes Fräulein, wohin es führt, wenn man gütig ist und an dem Wohl und Wehe seiner Freunde ein lebhaftes Interesse nimmt, dies Interesse auch immer betätigt. Der Dank dafür besteht darin, daß ich Ihnen einen Brief schreibe, den Sie vielleicht kaum zu Ende bringen, namentlich wenn ich bedenke, daß Sie von morgen ab Besuch haben und lieber plaudern als Briefe lesen werden. Bei der Gelegenheit bitt ich zunächst, mich Frau v. Zieten angelegentlichst empfehlen zu wollen. Was macht denn das »kranke Herz«? Sagen Sie der verehrten Dame, man sähe an ihr und mir, daß man auch *dabei* bestehen könne.

Das »kranke Herz« führt mich natürlich auf unser Brautpaar: Hans v. R[ohr] und seine Braut. Liebende sind immer herzkrank, solang es dauert. Hoffentlich lange. Wenn Sie zur Hochzeit reisen, so haben wir wohl Aussicht, Sie hier zu sehn. Das wäre eine große Freude. – Im übrigen geb ich auch der hübschen Prehnschen Erzieherin meinen Segen mit auf den Weg und wünsche ihr möglichst viel Gehalt und möglichst wenig Kinder. In Pfarrhäusern ist es oft umgekehrt.

Die Bismarck-Frage etc. etc. hat *hier* die Gemüter viel weniger bewegt als in den Provinzen. Das Oberflächliche, Nivellierende des großstädtischen Lebens kann man dabei recht studieren. *Jede* Frage, auch die größte, interessiert die Menschen nur 3 oder 5 oder 7 Tage, dann ist es vorbei, und *R. Türschmann* oder Frau Mallinger oder irgendeine Klatschgeschichte drängt sich in den Vordergrund und läßt die große Staatsfrage daneben verschwinden.

Reisepläne tauchen schon auf. Sie sind im Juli oder August, wenn Sie dann nicht selber fort sind, nicht sicher vor einem Überfall von mir. Aber nicht auf lange. Meine *eigentliche* Reise will ich diesmal nach Wien und Pesth hin richten. Ich kenne diese Ecke noch nicht. – Der Frau Domina wie Frl. v. Pritzbuer die ergebensten Empfehlungen und herzlichsten Wünsche. All dies auch Ihnen von Ihrem dankbar ergebensten

Th. Fontane.

158

Berlin 30. März 72.

Mein gnädigstes Fräulein.

In Oberschlesien, wenn die Leute zu viel getrunken haben, retten sie sich dadurch, daß – sie weitertrinken bis zur Nüchternheit; so schreibe ich heut weiter, um das *zu viel* meiner vier Bogen durch ein paar weitre Bogen wiedergutzumachen. Näher betrachtet, lag es nun eigentlich nicht an den 4 Bogen, sondern an dem, was drauf stand; nicht in der Quantität steckte die Sünde, sondern in der Qualität. Es war, auch im einzelnen, alles viel zu lang und vielleicht viel zu aggressiv, und doch muß ich auch heute noch sagen: wenn denn doch mal über solche Punkte gesprochen werden sollte, so ging es nicht viel anders. In Momenten, wo man sich gekränkt oder angeklagt oder unterschätzt sieht, muß man entweder schweigen oder – *wenn* man spricht – wird ein gewisser selbstloberischer Ton unvermeidlich. Ich habe (dies in Parenthese) nach dieser Seite hin jetzt wirklich ziemlich viel durchzumachen; ein starkes Gefühl ist in mir lebendig, daß man mich besser behandeln könnte. Man behandelt mich nicht schlecht, aber auch nicht gut; allem liegt die Anschauung zugrunde: dieser Mensch hat für *seine* Verhältnisse ein Äußerstes erreicht; was will er noch mehr? er muß sich ruhig verhalten. Diese Ansicht teil ich nicht ganz. In meinem letzten Briefe, überall da, wo ich das Ministerium, die Buchhändler etc. berührte, handelte es sich auch um diese Dinge; ich wiederhole, ich hätte vielleicht besser getan, diese ohnehin schon öfter erörterten Fragen auf sich beruhn zu lassen; klagen, schimpfen, bitter sein ist immer *unbescheiden*, prätentiös; ich empfand das, als ich den Brief noch wieder durchlas, und doch – *wenn* schon, *denn* schon! Soll überhaupt ein Wort nach dieser Richtung hin gesprochen sein, so, ich muß es wiederholen, kann es nicht viel anders lauten, oder ich müßte aus purer Bescheidenheit an zu lügen fangen. Andrerseits bleibt so viel bestehen, daß ich diese Zeilen aus einer Art schlechtem Gewissen heraus schreibe.

Zu andern Dingen. Die letzten Wochen verliefen in und außer dem Hause ziemlich geräuschvoll: Mittags- und Abend-gesellschaften, Marthas und Königs Geburtstag (kühne Zusammenstellung), viel Theater, Zeitungsfestlichkeiten und ein zweimaliger Besuch von George; denn seit vorgestern ist er wieder hier. Sein Oberst hat eine Art General-Urlaub für die Ostertage gegeben. Mehr als der Quadrillen-Ritt zum Königsgeburtstag wird Sie das Souper oder richtiger vielleicht die Assemblée intressiert haben, die Rombergs am Vorabend gaben und wo sich alles zusammenfand, was einen Anspruch hat zu leben; natürlich auch einige Prinzen. Wie wird das Herz der Dame vom Hause hoch geschlagen haben! Ein paar Tage früher oder später war ich bei einer andern Dame aus dem Hause Itzenplitz zum Diner, natürlich bei der alten Exz. Meding. Die Gesellschaft war sehr interessant zusammengesetzt; außer verschiedenen Familienmitgliedern: Putlitz und Frau, Leopold v. Ranke, Prof. Adler (frisch von Jerusalem zurück), Oberst v. Krosigk u. a. m., die ich vergessen habe. Ich saß während der zweiten Hälfte der Tafel unmittelbar neben Putlitz (vorher Frl. v. Meding zwischen uns), und es schien mir, daß ein wenig sondiert werden sollte, ob ich wohl Lust hätte, bei der Spenerschen Ztng., sei es im politischen Teil, sei es im Feuilleton, einzutreten;* es kam aber zu nichts. Später erfolgten – durch Dr Wehrenpfennig – direkte Anfragen; die Sache mußte aber scheitern, da man nichts Rechtes für mich hatte und eigentlich nur wünschte, ich möchte für die Spener-

* Ich knüpfe hieran die Sie gewiß interessierende Notiz, daß Putlitz eben von München zurückkam, wohin er eigens, nur auf 9 Stunden, gereist war, um Paul Heyse einen eben vollendeten *Roman* [»Kinder der Welt«] für das Feuilleton der Spenerschen Ztng. abzukaufen. Hertz (der ihn nachher druckt) wird schwerlich erfreut darüber sein.

sche schreiben. Das hat aber keinen Sinn. Mein Geschriebenes drucken zu lassen, und zwar zu besten Honoraren, hab ich keine Schwierigkeiten; mir kommt es darauf an, Geld zu kriegen, *ohne* zu schreiben. *Das* ist das Geheimnis schriftstellerischen Wohlergehns. Wer noch schreibt, ist entweder ein Genie, was ich leider nicht bin, oder ein – Cadet.

Das Theater, das mich in letzter Zeit vielfach in Anspruch nahm, macht mir Leid und Freud. Es hat viel Amüsantes, auch menschlich Interessierendes, ist und bleibt ein Bildungsmittel, außerdem macht mir die Art, in der ich mich zu dem ganzen »Kunstinstitut« gestellt habe, einigen Spaß; andrerseits fühl ich, daß ich für eine solche Beschäftigung zu alt bin. Das müssen junge Leute tun oder *solche* alten, die ihr ganzes Leben diesem Theaterkram gewidmet haben. Davon bin ich ja nun aber, wie Sie wissen, weit, weit ab. Ich schreibe Kriegsbücher, Historisches mannigfacher Art, dazu will es denn freilich nicht recht passen, wenn ich mich hinsetze, um über Frl. Kühle oder Frl. Keßler, über Herrn Liedtcke oder Herrn Karlowa meine Witzchen zu machen. Ich kann all diese Witzchen zwar verantworten, sie haben einen ernsten Hintergrund und dienen, nach dem Maße meiner Erkenntnis, der Wahrheit und nicht der Lüge, dennoch empfind ich die Richtigkeit dessen, was mir meine Frau vorgestern sagte: »es ist nicht ganz deiner würdig.«

Meine Frau ist jetzt vor allem in Wohnungsnöten. Ich weiß nicht, ob ich Ihnen schon schrieb, daß unser Haus verkauft ist, daß die Mieten mindestens verdoppelt werden und daß wir also *alle* ziehn. Eine vorzügliche Wohnung in der Dessauer Str. hat uns Tante Merckel vorgestern weggeschnappt. Ich persönlich teile übrigens nicht die allgemeinen Ängste; wir müssen natürlich 3 Treppen hoch ziehen und 100 Tlr. mehr bezahlen; c'est tout. Dafür kriegt man aber was. – Freund L[epel] hat von Amerika her eine Überraschung gehabt – Streber ist angekommen. Ich soll ihn in den nächsten Tagen kennenlernen. Nun, mit einem leisen Gefühl der Entsühnung, wie immer, mein gnädigstes Fräulein, Ihr dankbar ergebenster

Th. Fontane.

Meine Frau weiß nicht, daß ich schreibe, daher keine Grüße.

159

Berlin 17. April 72.

Mein gnädigstes Fräulein.

Die fliegende Eil, in der ich schreibe, kann mich aber doch nicht abhalten, Ihnen zunächst für Ihre große Güte, die wieder aus jeder Ihrer Zeilen spricht, von ganzem Herzen zu danken.

Ich antworte nur auf die Keller-Frage, die ja für mich eine wahre Turmfrage ist, denn sie beherrscht nahezu alle andern. Wäre es mir beschieden, ähnlich wie Scherenberg, in die Reihe der Staats- oder Ministrial-Pensionäre [!] einzurücken und für den Rest meiner Tage eine Summe von 700 Tlr.* jährlich sicher zu haben, so wäre mir auf einen Schlag geholfen. Ich wäre dadurch die immer wieder sich aufdrängende Frage los: was wird? Von 700 Tlr., wenn die Kinder herangewachsen sind, kann man leben, natürlich nicht in Berlin, aber doch in Alt-Landsberg mit einem Garten und einem Kartoffelfeld hinterm Hause. Wie man buddeln muß, hab ich ja bei Dörthen gelernt.

Ich ersehe aus Ihrer gütigen Anfrage, daß Sie mich für viel bockiger halten, als ich bin. Wenn mir ein humaner Mann, der mir schon früher sachlich und persönlich die Beweise

* 400 vom Ministerium d. Innern
300 vom « des Kultus.
Ob Sie K. gegenüber jene 400 erwähnen wollen, stelle ich anheim.

seines Wohlwollens gegeben hat, sagt: »die Sache ist fertig, machen Sie eine Eingabe«, so müßte ich ein Narr oder ein Prinzipienreiter sein, wenn ich mir solche Einnahme wollte entgehen lassen. Ich habe nicht das geringste dagegen; es wird mir durchaus leicht. Nach den zahllosen Kränkungen aber, nach der perfiden Behandlungsweise, die mir seitens dieses Ministeriums zuteil geworden ist (wobei ich ununtersucht lasse, ob die Schuld auf Mühler oder auf Stiehl oder auf die heilige Adelheid [von Mühler] fällt), ergreife ich nicht mehr die Iniative [!], tue ich nicht mehr den ersten Schritt. Wollen freundlichere, beßre, ehrenvollere Männer mir jetzt sagen: »komm«, so werde ich kommen, aber natürlich diesen ermutigenden Zuruf erst abwarten. Will mich auch gern nachher allerorten bedanken. Nur Stiehl muß mir aus dem Gehege bleiben; es ist möglich, daß er unschuldig ist, aber er hat mir nie viel Gutes gebracht, und Vertrauen hat er mir niemals eingeflößt. Wem hätt er das?! So denn mit Gott. Mögen Ihre aus gutem Herzen gebornen Schritte gesegnet sein. Dies der egoistische Wunsch Ihres

Th. Fontane.

Meine Frau grüßt herzlichst.

160

Berlin 24. April 72.

Mein gnädigstes Fräulein.

Ihr so freundlicher, gütiger Brief versetzte mich in einige Aufregung, und war es natürlich meine Absicht, Ihnen umgehend zu antworten; von 6 Uhr ab kam aber beständig Besuch, so daß ich gestern nicht zum Schreiben kommen konnte.

Es *geht nicht!* Wenn Sie diesen Brief zu Ende gelesen haben werden, so werden Sie mir zustimmen. Wenn ich sage: »es geht nicht«, so ist dies nicht aus irgendeiner Bockigkeit heraus gesprochen, sondern weil es gegen alle praktische Klugheit und Lebensweisheit, ja geradezu gegen den *Anstand* verstoßen würde, wenn ich anders handelte.

Sie wissen, ich erhalte (durch G. R. Hahn vermittelt) vom Ministerium des Innern 400 Tlr., und zwar zu allerwesentlichstem Teile, ja noch richtiger *ausschließlich* deshalb, weil mir das Kultusministerium die Wiederbewilligung von 300 Tlr. verweigerte. Wenn nun nachträglich, wo sich Zeiten und Personen geändert haben, das Kultusministerium kommt und mir – angeregt durch einen guten Freund – aus heiler Haut ein jährliches Geschenk von 300 Tlr. macht, so kann ich es allenfalls nehmen. Es ist dann wie etwas, das man am Wege findet und das man aufzunehmen am Ende berechtigt ist. Anders aber liegt die Sache hier. Ich soll um die Wiederbewilligung einer Summe *bitten*, die ich, von andrer Seite her, schon seit 2 Jahren wieder beziehe; das geht nicht; *gibt* man sie mir, so bin ich am Ende ein Narr, wenn ich sie nicht nehme, *fordre* ich sie aber, so liegt das an der Grenze der Unverschämtheit oder hat diese Grenze schon überschritten. Es ist etwa so, wie wenn mir morgen der *Besitzer* der Voss. Ztng., Stadtger. R. Lessing, eine Zulage bewilligt, für die ich mich herzlich bedanke, und ein Vierteljahr später fordre ich von dem *Redakteur* der Ztng., Dr Kletke, daß er mir mein Gehalt noch um weitre zwei, dreihundert Taler erhöht. Tut der letztre es, trotz jener ersten Zulage, aus *freien* Stücken, so kann ich es nehmen, ergreife *ich* aber die Iniative [!], so verstößt dies gegen allen Anstand und alle Billigkeit. Meine Frau hat diese Empfindung geradeso lebhaft wie ich selbst, und Sie werden sie auch haben. Ich habe in dieser Angelegenheit den Fehler gemacht, daß ich Ihnen diese *Auseinandersetzung* nicht gleich geschrieben habe; ich dachte aber damals so: wenn dir das Kultusministerium die Sache *vorweg* bewilligt, so wird jeder Eingeweihte hinterher sagen: »nun, die Eingabe, die er noch machte, war eine reine *Formalität*;

in der Sache selbst war alles bereits entschieden.« Ich hätte dann diese Eingabe mit *schwerem Herzen* gemacht, aber ich hätte sie gemacht, hätte auch vielleicht Geh. R. Hahn ganz offen und ehrlich davon in Kenntnis gesetzt (über diesem Punkte schwankte ich noch), aber vollständig wieder als Petent auftreten, in und für eine Sache, für die ich gar nicht mehr zu petitionieren habe, da sie durch ein *andres* Ministerium erledigt ist, ist unmöglich. Ich kann ein *Geschenk nehmen*, aber nicht eine Summe, die ich schon habe, erbitten. Alles Weitre mündlich. Wir sehen Sie doch wohl sehr bald. Ihnen für Ihre große Güte und Helfebereitschaft wie immer zu Dank verpflichtet, Ihr aufrichtig ergebenster

Th. Fontane.

161

Berlin 15. Mai 72.

Mein gnädigstes Fräulein.

Es wäre, glaub ich, doch besser gewesen, ich hätte das Gespräch, das wir gestern abend führten, bis auf heute vertagt. Dergleichen weckt immer eine leise Verstimmung, auch in dem wohlwollendsten Herzen.

Hahn hat mir kein Stillschweigen auferlegt; dennoch würde ich Ihnen *sehr dankbar* sein, wenn Sie der ganzen Angelegenheit Geh. R. K[eller] gegenüber gar nicht mehr erwähnen wollten, auch nicht der Familie gegenüber. Im Vertrauen gesagt, es *ruht von Anfang an kein Segen auf dieser Angelegenheit*, ein Zustand, den auch Ihre sonst glückbringenden Hände nicht völlig haben ändern können. Mit wahrem Entsetzen denke ich an die Laufereien und Schreibereien, an das Antichambrieren und die hochmütigen Ministrial-Mienen [!] zurück, die von Anfang an diese miserablen 300 Tlr. begleitet haben. Ich bin kein Bettler, war es auch nicht; ich habe ohne diese 300 Tlr. gelebt und werd es hoffentlich ferner können. Sie nehmen, mein gnädigstes Fräulein, eine Stellung zu diesen Dingen ein, wie sie immer *der* einnimmt, der, unabhängig drüberstehend, nicht direkt von ihnen berührt wird; außerdem, Pardon, teilen Sie noch die alten preußischen Beamten-Anschauungen, wonach es ganz gleichgültig ist, welche Verhandlungen im Schoße des Ministeriums stattgefunden haben, wenn nur schließlich die Sache, auf die es ankommt, bewilligt wird. Dies ist mir aber alles ein Greuel. Ich arbeite *viel, viel* lieber bis zur äußersten Erschöpfung, als daß ich solchen Ärger an meinem Herzen zehren lasse.

Der Gang gestern zu Hahn wurde mir blutsauer; er war gegen mein Gefühl; und man muß nicht gegen sein Gefühl handeln. Ich glaube ganz aufrichtig – trotzdem was mir H. gesagt –, daß Geh. R. K., wenn *Sie* ihn scharf dazu anspornten, wirklich imstande sein würde, die Sache durchzusetzen; ein Minister ist ja auch ein Mensch, und Falk würde schließlich nachgeben, wie (ich stütze mich dabei auf Ihren eignen Bericht) schließlich auch Bethmann-Hollweg nachgegeben hat; aber ich kann immer nur wieder sagen: solch herausgepreßtes Geld will ich nicht. Daß einem solche Summe auch ehrenvoll und in angenehmster Form bewilligt werden kann, hat mich ja der Fall mit Hahn gelehrt. Ich habe nun mal mit dem Kultusministerium kein Glück. Und je weniger ich davon höre, desto lieber ist es mir. – Auch diese Zeilen wieder werden Sie nicht angenehm berühren. Aber es mußte gesagt werden. Gebt mir Geld, wenn ihr wollt, und ich werde es dankbar einstecken, wie Klaus Groth, Geibel, Scherenberg etc. Geld ohne weitres empfangen haben, aber petitioniert hab ich nun genug, und ich tu es nun nicht mehr oder doch nicht eher, als bis mich die Not dazu zwingt. Und die ist Gott sei Dank nicht da. Wie immer Ihr dankbar ergebenster

Th. Fontane.

162

Berlin 15. Juni 72.

Gnädigstes Fräulein.

Morgen werden es schon 8 Tage, daß wir den Dobbertiner Spargel verzehrt haben, und noch immer nicht ist der Dank dafür in Ihren Händen. Er sei nun endlich hiermit ausgesprochen. Ebenso der Dank für Ihre so überaus freundliche Einladung unsres Theo. Ob er sie akzeptieren kann, weiß ich nicht zu sagen; ich glaube, es liegen alte Engagements nach Schlesien hin, Warmbrunn, Hermsdorf oder dergleichen, vor, und ich habe mir deshalb erlaubt, Ihren Brief an meine Frau zu schicken, die nun darüber befinden mag. An Theo selbst hab ich noch nichts gesagt, denn wer die Wahl hat, hat nicht nur die Qual, nein, er wird auch wider Willen zu unliebsamen und undankbaren Betrachtungen geführt. Hat er nämlich das Gute in A. genossen, so kommt er schließlich zu dem Resultat, daß es in B. vielleicht doch noch schöner gewesen wäre, und anstatt A. zu lieben, kommt er schließlich dahin, es zu hassen, weil es schuld dran ist, daß er B. nicht kennenlernte. Und natürlich umgekehrt! Es gehört schon viel Disziplin des Geistes und Gemütes dazu, um solche naturmenschlichen Betrachtungen hinter sich zu haben. Von mir kann ich es wohl sagen. Man wird nicht umsonst 52.

Vorgestern hatte ich eine doppelte Überraschung. Als ich mich eben in einem nicht näher zu beschreibendem Kostüm befand – es war Heydens Geburtstag, und ich mußte zum Diner –, schickte Frau Forstinspektor ihre Karte herein; ich mußte leider ablehnen. Am Abend aber, als ich im Opernhause erscheine, um die Ziegler als Prinz-Georgliche Phädra (was nämlich eine besondre Gattung ist) zu sehn, sitzt genannte Dame, d.h. nicht Phädra, sondern Frau Forstinspektor, unmittelbar vor mir und gab mir dadurch Gelegenheit, Versäumtes nachzuholen. Im vorletzten

Zwischenakt empfing sie Besuch von einer Dame, die ihrem Umfange nach nicht aus Mecklenburg-Schwerin oder Mecklenburg-Strelitz, sondern nur aus einem rätselvollen Mecklenburg-Mecklenburg herstammen konnte. Sie hatte mindestens das Gewicht von 7 Berlinerinnen. Es war übrigens so furchtbar heiß, daß sie den Abend als eine Vorkur für Karlsbad ansehen konnte. Nur freilich 20 ℔ weniger sind bei solchem Körper gar nicht zu merken. Frau Forstinspektor hat mir Grüße und Empfehlungen an Sie aufgetragen. Meine Frau, denk ich, wird von Schlesien aus an Sie schreiben.

Lepeln hab ich seit fast 14 Tagen nicht gesehn; bei Heyden sollte er sein, konnte aber nicht. Vielleicht hat er jetzt in der Loge viel zu tun. Um Johanni herum ist ja bei den Maçons immer der Teufel los. Und nun ade; meine ergeb. Empfehlungen an die Frau Domina und Frl. v. Pritzbuer; in alter Verehrung Ihr

Th. Fontane

163

Berlin 21. Juni 72.

Mein gnädigstes Fräulein.

Dieser Todesfall kam nun doch überraschend; wer denkt in Sommertagen an sterben!

Ich danke Ihnen herzlich für Ihre Benachrichtigung, denn ich empfand ein lebhaftes Interesse, ja eine wirkliche Zuneigung zu dieser klugen, feinen und ausgezeichneten Dame [Fräulein von Pritzbuer]. Sie hatte im besten Sinne etwas Altenfritziges, ohne dabei eine Spur unweiblich zu sein. Sie müssen sie notwendig *sehr* vermissen, denn sie war Ihnen von Herzen zugetan und vertrat außerdem ein Element, von dem im übrigen in Dobbertin nicht allzuviel zu Hause ist.

Empfehlen Sie mich der Frau Domina. In alter Verehrung Ihr

Th. Fontane.

Wir reisen *alle*, auch Theo, Anfang Juli nach Schlesien ins Gebirge; Ort noch unbestimmt. Meine Frau wird gleich von Liegnitz aus die Reise machen.

164

Krummhübel 8. Juli 72.

Mein gnädigstes Fräulein.

Sie kennen die Geschichte vom »Swinegel un sine Fru«. Swinegel hätte ohne die Hilfe seiner Fru die Wette nie gewonnen, und ich soll nun ebenfalls gewahr werden – übrigens nicht zum ersten Mal –, daß man ohne »de Fru« verloren ist. Lepel freilich wird der entgegengesetzten Ansicht sein.

Ich hatte Ihren Geburtstag vergessen – reumütiges Bekenntnis ist immer die beste Politik –, und erst gestern abend wurde ich durch einen hier eintreffenden Brief meiner Frau daran erinnert, welche Bedeutung der 9. Juli in unsrer Zeitgeschichte hat. Ich tu nun noch, was möglich ist, kann mir aber doch berechnen, daß diese Zeilen erst am 10. bei Ihnen eintreffen werden. Jedenfalls, wenn auch verspätet, die herzlichsten Glückwünsche. Vor allem wünsche ich Ihnen, daß die Lücke, die durch den Tod Frl. v. Pritzbuers in Ihrem Umgangskreise entstanden ist, bald wieder gefüllt werden möge. Freilich wird das schwerhalten, denn, neben der freundlichsten Gesinnung für Sie, besaß sie einen seltenen Fonds von Geist und Charakter. Solche Damen sind überhaupt rar und können in Dobbertin immer nur sehr vereinzelt zu finden sein. Das liebenswürdige Frl. v. Bülow hat wohl die freundliche Gesinnung, aber nicht die Kraft; die Penz hat die Dicke, aber weiter nichts.

Schrieb ich Ihnen denn schon, daß ich im Opernhause die Frau Forst-Inspektor traf, noch dazu an einem Abend, wo die Phädra des Prinzen Georg aufgeführt wurde. Ein furchtbares Stück. Prinzen müssen auf Jagd gehen oder Geliebte haben oder alte Münzen sammeln; die Poeterei ist eine zu mühvolle Beschäftigung und läßt sich nicht bei der Schokolade abmachen. Die Frau Forstinspektor war sehr angenehm, literatisierte ein wenig (aber ganz prätentionslos) und fiel einem neben mir sitzenden alten Redakteur zum Opfer, der ihr gleich erklärte: »Preußen habe zur Zeit Fr. W. III. unter mecklenburgischen Einflüssen politisch sehr gelitten«. Ich glaube, er betrachtete diese Form von Unterhaltung als eine Art von Courmachen. Es gibt wunderbare Heilige.

Morgen erwarte ich meine Frau von Neuhof her; ich werde sie vom Hirschberger Bahnhofe abholen. Die Kinder – die alle mit besondrer Liebe und Verehrung von Pate Rohr sprechen – sind *sehr* glücklich hier, und freue ich mich jetzt, ihnen diese Zerstreuung gegönnt zu haben. Unser Aufenthalt hier ist angenehm; ich habe Stille, frische Luft und keine Berliner. Oder doch nur wenige. Denn wo fehlten sie ganz?! Meine Empfehlungen an Frl. Annette und die Frau Domina. In alter Verehrung und Dankbarkeit Ihr ganz ergebenster

Th. Fontane

165

Berlin 25. Septemb. 72. *Mittwoch*

Mein gnädigstes Fräulein.

Eine Stelle Ihres letzten freundlichen Schreibens an meine Frau ist, wenn auch mittelbar, so ganz an mich gerichtet, daß ich eine gewisse angenehme Verpflichtung empfinde, auf Ihren Brief zu antworten, trotzdem er die Adresse meiner Frau trägt.

Lassen Sie mich Ihnen aussprechen, daß es mich außerordentlich erfreut, Sie jetzt bei den Aufzeichnungen aus Ihrem

Leben zu wissen, und oftmals abends, wenn eine linde, nachsommerliche Luft geht, seh ich Sie im Geiste in dem bekannten Glas-Erker sitzen, wie Sie geschäftig sind, die lieben alten Gestalten zu porträtieren. Ob ich diese Aufzeichnungen je lesen werde, steht, trotz eines kleinen Unterschieds der Jahre, doch sehr dahin. Ich rechne zwar auf 70, weil Vater und Großvater es so weit brachten, aber wie leicht macht man, auch auf *diesem* Gebiete, die Rechnung ohne den Wirt. Und wie es in alten Balladen heißt: »ich hätte deß nicht leid«; das beständige Ringen, nicht mehr, um vorwärtszukommen, sondern nur noch, um sich auf einem Platze dritten Ranges mühvoll zu behaupten, hat etwas Ermüdendes. Aber keine sentimentalen Betrachtungen! Überlebe ich Sie und komme ich je in die Lage, diese mir so werte Erbschaft anzutreten, so mögen Sie sicher sein, daß Sie in dem, was Sie jetzt abendlich niederschreiben, einen späten, aber aufmerksamen Leser finden werden.

Unser Leben beginnt sich, jetzt, wo alle ausgeflogenen Vögel heimkehren, wieder in der alten Winterweise zu gestalten. Die großen Gesellschaften sind freilich noch in Rückstand, was ein wahres Glück ist. Vorläufig beschäftigt uns allerpersönlichst unser in etwa 8 Tagen bevorstehender Umzug. Wir freuen uns auf den Wechsel der Szene. Es waren 9 glückliche Jahre, die wir in dieser Wohnung (die wir, wie so vieles andre, Ihnen verdanken) zugebracht haben; aber Haus und Wohnung sind sehr heruntergekommen, und keine Ordnungsliebe, auch der wirtschaftlichsten Frau, reicht aus, eine Wohnung im Stande zu erhalten, wenn alle Nachbarn oben und unten, rechts und links, alles verkommen lassen. Dazu Flur, Treppe, Korridor – alles in einem furchtbaren Zustand, der Hof sieht aus, als könne er das ganze Geheimerats-Viertel mit Typhus versorgen. Alles hat seine Zeit, so auch eine Wohnung. Im übrigen wünschen wir aufrichtigst und in Dankbarkeit gegen das, was zurückliegt, daß die nächsten

9 Jahre nicht unglücklicher verlaufen mögen als die Epoche von 1863 bis 72. Es waren wie die besten so auch die interessantesten Jahre meines Lebens. Drei Kriege und welche! Alles an den Fenstern vorüber, Dänen, Kroaten, Turkos. Dazu Reisen kreuz und quer und selbst eine romantische Gefangenschaft.

Der Aufregung der Drei-Kaiser-Zusammenkunft, dem Zapfenstreich und dem Totdrücken (nicht der drei Kaiser; wohl am wenigsten aus Liebe zueinander) sind wieder stillere Tage gefolgt. Aber wohl nur still auf der Oberfläche. Ich kann es weniger beweisen, als ich es *fühle*, daß in breiten Volksschichten, berechtigt und unberechtigt, eine tiefe Unzufriedenheit gärt. Das Sozialdemokratentum wächst, reiht sich bereits in die standesgemäßen politischen Parteien ein; Frankreich sinnt Revanche; der Partikularismus sammelt alle politisch Unzufriedenen um seine Fahne, und die Katholiken – was man auch sagen mag – sind aufs tiefste verstimmt. Und von ihrem Standpunkt aus mit Recht. Zündstoff genug ist da, um die Welt, auch ohne Zutat von Petroleum, mal wieder in Flammen zu setzen. Doch weiß ich wohl, daß dies die herkömmlichen Betrachtungen alter Herren sind und daß solche Sprache, seit Beginn dieses Jahrhunderts, eigentlich alljährlich geführt worden ist.

Mit Hans Rohr habe ich neulich einige Briefe gewechselt; Lepel war 14 Tage lang in Wyck auf Föhr (ich dachte, er hätte die Wiecks satt) und besuchte bei der Gelegenheit unsren Theodor Storm in Husum. Lucae, jetzt Baurat, ist seit einer Woche aus Schweiz und Italien zurück; er hat sich sehr erholt. Nur Lazarus steht noch aus. Von Eggers wird dann und wann mit einem langweilig-betrübten Gesicht gesprochen, wie wenn jeder einzelne sagen wollte: »nun ja, ja, er ist tot; wir können ihn doch nicht wieder lebendig machen«, und doch gibt es jedem zugleich einen Vorschmack davon, wie es sein wird, wenn er selber über kurz oder lang an die Reihe kommt. Nichts kann so gut entbehrt werden wie ein Mensch, auch der beste. Einen besondren Wert hat nichts mehr, weder Person noch Sache. Ein ungeheurer Überschuß an geistiger Kraft ist da; es ist ein Glück; aber dem einzelnen beschneidet es die Flügel.

Mir gewiß. In den nächsten 4 Wochen werden 2 Bücher von mir erscheinen: der 3. Teil Wanderungen (Havelland) und der erste Halbband meines Krieges von 1870–71; aber meine Phantasie und Hoffnung beschäftigen sich keinen Augenblick damit. Ich weiß nachgerade: all dergleichen kommt und geht, und es ist Torheit, sich etwas andres davon zu versprechen als die 10zeilige Zeitungsnotiz eines Reporters, der das Buch nicht gelesen hat. Kann auch nicht anders sein. Was erscheint nicht alles! Und darunter Hundert- und Tausendfaches, das weit über das hinausgeht, was man selber leistet.

Die Hoffnung ist nur bei der Jugend. George ist jetzt auf Urlaub hier und kreuzfidel; auch Theo, der morgen (nachdem er heute 5 Bände Livius als Schulprämie erhalten hat) seine Ferienreise in die Uckermark antritt. Mög er im Hause Ihrer Frau Nichte [Sophie Antoinette Eltester] mit Ehren bestehn. Friedel ist munter und grüßt Pate Rohr aufs herzlichste. Martha ist in die zweite Klasse versetzt und hat eine »Freundin«. Bekanntlich das Wichtigste für einen Backfisch. Die glückliche Mutter dieses Hümpelchens von Menschheit ist leider elend, doch voll mehr Ergebung in ihr Schicksal als früher. Sie empfiehlt sich Ihnen angelegentlichst. So tu auch ich und verbleibe, mein gnädigstes Fräulein, in alter aufrichtiger Verehrung Ihr

Th. Fontane.

166

Berlin 31. Oktob. 72.
Potsdamer Straße 134. c.

Mein gnädigstes Fräulein.

Dieser Oktober soll nicht aus der Zeitlichkeit scheiden, ohne daß ich Ihnen vorher noch für Ihren lieben Brief vom 6. d. M. gedankt hätte. Vieles darin tat mir wohl, am meisten aber die, ich darf es wohl sagen, in Demut von mir hingenommenen Worte: »Sie und Ihre liebe Frau bringen Segen in jedes Haus, in der unausgesetzten Tätigkeit und der dankbaren Anerkennung dessen, was Gott Ihnen schenkt.« Diese Worte hätten mich zu allen Zeiten beglückt, an *dem* Tage aber, an dem sie hier eintrafen, wirkten sie wie ein Talisman, denn unmittelbar vorher hatte mir meine Frau erzählt, das alte Judenweib, das vorher diese Wohnung innehatte, sei mit den Worten von hier geschieden: »na, Freude soll er hier nicht erleben.« Bei all meinem Vertraun in die Gnade Gottes, die auf den Wunsch eines alten Judenweibes nicht von mir abfallen wird, verstimmte mich die Sache doch ein wenig, und ich atmete erst freier auf, als Ihre Zeilen wie eine Art Exorzismus des Teufels eintrafen. Ein christlicher Segenswunsch wird doch wohl mächtiger sein als ein alter, halbversteckter Judenfluch. Mögen Ihre freundlichen Gesinnungen und Fürsprachen an *aller*oberster Stelle uns ferner schützend zur Seite stehn.

Mancherlei ist in diesen 4 Wochen passiert. Das Wichtigste ist die nun ausgesprochene Scheidung unsres Freundes [Lepel]. Seitdem ich erfahren habe, daß auch Frau v. L. im wesentlichen damit einverstanden ist, darf ich wohl sagen, ich freue mich der Sache aufrichtig, namentlich wenn ich das glückliche Gesicht sehe, das er jetzt macht. Er ist wie umgewandelt und ganz ohne Gereiztheit und Vergrätztheit, die während der letzten Jahre das Leben mit ihm nicht immer ganz leicht machten. Was nun *wird*, das mögen die Götter wissen. Im nächsten Mai wird er 54; er muß nun wissen, was er zu tun hat; verplempert er sich wieder, trifft er wieder eine verkehrte Wahl, nun so ist ihm nicht zu helfen. Er hat dann wenigstens seinen Willen gehabt. Ich lebe übrigens ganz aufrichtig der Überzeugung, daß es *nicht* schlimm ablaufen wird. Nur die Geldfrage ängstigt mich noch. Ich bin neugierig, Ihre Ansichten über dies alles zu hören.

Der III. Band meiner Wanderungen [»Havelland«] ist vor etwa 14 Tagen erschienen; es stand fest bei mir, ihn gerade *Ihnen* zu schicken, und ich habe nur nach Eintreffen Ihres letzten Briefes Abstand davon genommen. Ich weiß zudem, daß es Ihnen in Ihrer großen Güte für mich sogar eine Freude ist, mir ein Exemplar zu sparen. Die Aufnahme ist bis jetzt sehr günstig. Ein Blättchen leg ich bei, das Sie, weil aus Potsdam herstammend, vielleicht noch besonders interessiert. Hertz hofft auf eine *dritte* Auflage des I. Bandes (Ruppin). Das würde mich *sehr* glücklich machen. Dann schriebe ich endlich das »Rohr-Kapitel« und gestaltete das Ganze um. Über andres wird meine Frau berichten; meine ergebensten Empfehlungen an Frl. Annette, an die Frau Domina, an Frl. v. Bülow. In alter Verehrung Ihr

Th. F.

167

Berlin 18. Dezemb. 72.
Potsdamer Str. 134. c.

Mein gnädigstes Fräulein.

Eine leise Mahnestimme sagt mir, daß es an der Zeit sei, mich mal wieder zu immer gern geleisteter Huldigung vor Ihnen, mein gnädigstes Fräulein, zu präsentieren. Vielleicht ist kein Tag dazu berufener als der heutige, wo meine Frau ihre Salons mit dem Dobbertiner Rehziemer eröffnet. Wangenheims, Zöllners, Bleibtreus (eine neue Bekanntschaft) und Frau Präsidentin Vignau werden zugegen sein; Lepel hat absagen lassen »der scharfen Luft« halber, doch fürchte ich fast, das die »scharfe Luft«, die er vermeiden will, nur der Katholizismus der Frau v. Wangenheim ist. Dazu kommt, daß er sich dann jedesmal über mich ärgert, weil er meint, ich steckte schon halb im Katholizismus drin.

Lassen wir das. Die allgemeine große Lepelfrage ist schon lange nicht mehr zwischen uns, will sagen zwischen Ihnen und mir verhandelt worden. Auch heute nur ein paar Worte darüber. Sie wissen, wie ich darüber denke. Bei allem höchstem Respekt vor Frau v. L. hab ich doch die Ansicht, daß man aus Prinzipienreiterei nicht Menschen an ihrem Glück behindern soll, oder an dem, was sie, wohl oder übel, als ihr Glück *ansehn*. Von strengsten kirchlichen Standpunkten aus muß man sich natürlich anders zu dieser Frage stellen, aber diese *strengsten* Standpunkte sind eben nicht die meinigen. Einfach menschlich mußte man sagen: sie sind innerlich und äußerlich längst geschieden; warum also noch die Kette nutzlos weiter durchs Leben schleppen? Ob ihm infolge dieser Trennung und *durch* dieselbe ein besondres Glück erblühen wird, das müssen wir abwarten. Niemand weiß es, niemand *kann* es wissen, denn wir kennen ja den Gegenstand nicht, dem sein 54jähriges Herz (durchlöchert wie eine alte Schießscheibe) entgegenschlägt. Vorläufig hat er das Erkenntnis des Kammergerichts in Händen; ob Frau v. L. noch die *dritte* Instanz (Obertribunal) beschreiten wird, weiß hier niemand. *Ich* hätte den Wunsch, sie stünde davon ab. Dazu kommt, daß er elend ist, zu sehr erheblichem Grade infolge der ewigen innren Unruhe und des Nichtwissens, was das Endresultat sein wird.

Eigentlich wollte ich Ihnen von ganz andern Dingen erzählen und Ihren Rat erbitten. Herr Hertz hat mir vor einigen Tagen mitgeteilt, daß auch die zweite Auflage des I. Teils meiner Wanderungen (Ruppin) vergriffen sei. Ich erbat nun von ihm die Erlaubnis, diesen Teil total umarbeiten und alles Un-

Ruppinische (fast die Hälfte) hinauswerfen zu dürfen. Den dadurch gewonnenen Raum wollte ich dann dazu benutzen, Neustadt a. D., Wusterhausen a. D., Lindow, Gransee, außerdem aber die 3 Familien Rohr, Hertefeld und Arnstedt hineinzunehmen.

Die Rohrs, als alte Ruppiner Familie, unbedingt. Ich habe nun aber schließlich doch auf diesen Lieblingsplan verzichten müssen, weil der Druck in den nächsten Wochen oder doch in den nächsten Monaten beginnen muß, ich aber nicht im Januar oder Februar die Luch- und Torfgegenden des Kreises Ruppin bereisen kann. Andres Hinderliche (Theater, Kriegsbuch [»Der Krieg gegen Frankreich 1870–71«]) kommt hinzu. Die 3. Auflage muß also wieder so erscheinen wie die 2.; dennoch bin ich nunmehr gewillt, im nächsten Sommer und Herbst je 8 Tage im Ruppinschen zuzubringen und die betreffenden, oben genannten Kapitel zu schreiben, damit – wenn nach Jahren eine 4. Auflage nötig werden sollte – das Material zur Herstellung eines Normal-Bandes in meinen Händen ist. Hertz hat den besten Willen und ist, solang die Bücher gut gehen – wie beispielsweise *jetzt* –, immer sehr verbindlich u. zu allem bereit; hinterher aber besinnt er sich und hat tausend Bedenken. Er ist ein sogenannter Sicherheitskommissarius; der Gedanke, auch mal etwas zu verlieren, ist ihm schrecklich. Ich bin zwar ebenso geartet, aber ich bin auch kein Geschäftsmann.

Sie haben lange nichts über Ihre Aufzeichnungen geschrieben; neulich, als ich etwas vom »tollen Quast« las, wurde ich wieder an Schack, Frl. v. Crayn und dadurch auch an Ihre Aufzeichnungen erinnert. Bitte, geben Sie es nicht auf.

Meine Frau empfiehlt sich Ihnen angelegentlichst und vereinigt ihre Wünsche für ein glückliches, ungetrübtes Dobbertiner Weihnachtsfest mit den meinigen. Mögen Sie einen recht hellen Christbaum haben. An Frau Domina meine ergebensten Empfehlungen. Mein gnädiges Fräulein, wie immer Ihr dankbar ergebenster

Th. Fontane.

[*Nachschrift von Emilie Fontane:*]

Ich will doch noch selbst meine herzlichsten Grüße senden u. Ihnen, teure Freundin, ein frohes Fest wünschen. Heut müssen Ihnen die Ohren klingen, wo ich Ihrer dankbarst gedenke. Den Verlauf der Gesellschaft teile ich Ihnen gelegentlich mit.

Ihre treu ergebene

Emilie Fontane.

168

Kabarz bei Waltershausen (Thüringen)
8. Juli 1873.

Mein gnädigstes Fräulein.

Sie werden diese Glückwunschzeilen wohl um einen Tag zu spät erhalten, aber ohne rechtes Verschulden unsrerseits. Meine Frau traf gestern mittag (Montag d. 7.) hier ein, war indessen von Packen und Nachtreise derartig angegriffen, daß sie sich krank niederlegte: Kopfweh, Kolik, totale Erschöpfung. Sie wird auch heut noch im Bett zubringen müssen. Dazu unser Mädchen die Rose am Fuß, so daß die Freuden des Wiedersehns bis jetzt ziemlich leicht wogen. Um das Unheil voll zu machen, hat sich nun auch noch ein verdrehter Professor mit einer 18jährigen Frau und einer 24jährigen Tochter als Hausgenoß und Mitmieter hier eingefunden, Figuren, von denen ich fürchte, daß sie mir den ganzen Sommeraufenthalt verderben werden.

Meine Verstimmungen über all dies tue ich aber freudig beiseit, um Ihnen zu dem morgigen Tage von ganzem Herzen meine Glückwünsche darzubringen. Mögen Sie frischen Geistes und rüstig und tapfer bleiben, wie man es überall im Leben und in Dobbertin vielleicht nicht am wenigsten gebraucht; das Befinden unsrer verehrten Domina aber möge sich so gestalten, daß Ihnen irgendeine Sommerzerstreuung und eine bessere als der letzte Berliner Aufenthalt ermöglicht wird.

Von meinem hiesigen Aufenthalt ist bis zur Stunde wenig zu berichten; ein Blick auf Berg und Wiese ist angenehm, Kindergeschrei und Hühnergegackel sind unangenehm, das ist so ziemlich alles, was ich bis diesen Augenblick von meiner Sommerfrische berichten kann, auf die der Mensch sich 11 Monate freut, um dann im 12. zu erfahren, daß es auch nichts ist. Es ist vielleicht mit allem so im Leben; also still davon. Die letzten Berliner Monate waren Wochen angestrengter Arbeit, um diese »Sommerfreuden« überhaupt möglich zu machen. Die einzige aparte Unterbrechung war das Diner, das am 1. Juli die Kreuz-Ztg. zur Feier ihres 25jährigen Bestehens gab. Ich schrieb darüber einen kleinen Artikel für die Vossin, der wohl in die meisten Berliner Blätter übergegangen ist und den Sie also vielleicht im Fremdenblatt gelesen haben. Ich hatte wenig Lust hinzugehn; da aber die Einladung immerhin eine große Freundlichkeit war, so gab ich dem Zureden meiner Frau nach und erschien.

Lepel haben wir nur selten gesehn; Fräulein Braut noch seltener. Ich persönlich finde sie nicht übel, da ich das Talent habe, *gesellschaftlich* (im Leben nicht) mich in die Leute zu schicken und ihre guten Seiten zu erkennen und anzuerkennen. Zu einer intimeren Stellung innerhalb unsres Freundeskreises wird es aber seitens Frl. v. H[eydebreck] voraussichtlich nicht kommen. Sie ist eine kluge, sehr belesene, geistvolle, aber ganz und gar den Berliner Ton vertretende Dame. Ich habe für all das ein Verständnis und unter Umständen selbst eine Wertschätzung, aber die Damen unsres Kreises sind anders und werden sich mit diesem Ton schwerlich befreunden.

In den nächsten Tagen, sobald sie einigermaßen wieder im

Gange ist, schreibt meine Frau. Bis dahin und für alle Zeit, mein gnädigstes Fräulein, Ihr aufrichtig ergebenster

Th. Fontane

169

Kabarz bei Waltershausen (Thüringen)
d. 12. Juli 73.

Mein gnädigstes Fräulein.

Den heute mittag zur Post gegebenen Zeilen meiner Frau laß ich, nach Empfang Ihres liebenswürdigen Briefes vom 10., diese Zeilen in aller Eile folgen. Ihr Reiseplan ist der glücklichsten einer und weckte die Freude des ganzen Hauses. Es ist ganz unzweifelhaft, daß Sie hier noch eine angenehme Wohnung finden werden, sollte dies aber auch – woran übrigens kaum zu denken – scheitern, so können wir auf mehrere Tage mit einem Zimmer aushelfen, bis andres, Besseres gefunden ist. Wir denken, wenn nichts dazwischenkommt, bis etwa zur Mitte des August hier zu bleiben, so daß wir uns, während der letzten Wochen unsres Aufenthalts, Ihres Besuches zu erfreun haben würden. Tante Merckel, wie ich Ihnen vielleicht schon schrieb, gedenkt auch zu kommen, bleibt aber wahrscheinlich nur von etwa dem 15. bis zum 27. d. M. Bliebe sie aber auch länger, so wäre dadurch nichts gestört, sondern nur gewonnen. Alle Partien, wenn sich die Kosten dritteilen, werden durch ihre größre Billigkeit erst genußreich; macht man sie allein, so findet man leicht, daß Preis und Genuß in einem Mißverhältnis stehn. Unsre Zustände hier haben sich sehr gebessert, und wir würden die Freude haben können, Sie auf eine Brühsuppe und untadlige Eierkuchen einzuladen. Was hiermit schon im voraus geschieht. Meine Frau empfiehlt sich Ihnen angelegentlichst, die Kinder grüßen Pate Rohr. Ihren weiteren Entschließungen entgegensehend, mein gnädigstes Fräulein, Ihr dankbar ergebenster

Th. Fontane.

170

Berlin 26. Aug. 73.
Potsdamer Str. 134. c.

Hochzuverehrendes, Gnädigstes Fräulein.

Gestern abend bei guter Zeit – wir konnten gegen Erwarten den Schnellzug benutzen – sind wir hier eingetroffen, und nachdem heut vormittag einigermaßen Ordnung geschafft ist, richten wir unsre ersten Zeilen an Sie, um Ihnen für die schönen Wochen, ganz besonders aber für den Stutzhaus-Schmücke- und den Schwarzburg-Tag aufs herzlichste zu danken. Die kleine Fasanerie-Episode trägt nur dazu bei, den Reiz dieser schönen Tage zu erhöhn, »kurz war das Leid, doch ewig ist die Freude«. Von unsrem *gestrigen* Abenteuer (kurz vor Arnstadt) werden Sie wahrscheinlicherweise schon gehört haben, denn ganz Thüringen ist wie eine kleine Stadt, in der die Schicksale der Reisenden und Badegäste mit Windeseile von einem Ende zum andern getragen werden. Unser Kutscher fuhr nämlich in den vorauffahrenden Wagen der »Tanne« hinein und schuf dadurch eine Szene, die mit einer regelrechten Ohnmacht von seiten meiner Frau endigte. Es sah in der Tat furchtbar aus, und bestand *meine* Sorge nicht in dem Schicksal *unsres* Wagens, sondern des vor uns befindlichen, mit dem wir eine halbe Minute lang wie verfilzt waren, so daß nun unsre großen Pferde zu bäumen und mit den Vorderhufen zu schlagen anfingen. Hätte dies seinen Fortgang genommen, so wären die in der Chaise befindlichen Damen von den Hufen unsrer Pferde notwendig zerschlagen worden. Endlich kam der Fuß unsres Handpferdes wieder aus den Speichen heraus, aber mit einer so bedeutenden Wunde, daß wir anfangs dachten, daß sich das arme Tier verbluten würde. Ein Tierarzt legte später einen Verband an. Meine Frau und die Kinder legten natürlich den Rest des Weges durch die Stadt bis auf den Bahnhof zu Fuß zurück. Ich kam eine Stunde später nach. Damit war die Reihe unserer

Abenteuer geschlossen, was um so dankbarer hinzunehmen ist, als die Thüringer Bahn das Renommee hat, auch für Abenteuer zu sorgen. Gleich nach 9 waren wir hier und fanden alles in so viel Ordnung vor, als billig zu erwarten war. Heute um 8½ Uhr hatten wir schon Besuch von Zöllner, der ein Riesenbouquet aus lauter Reseda und »brennender Liebe« brachte. Eben erscheinen die Heydenschen Damen, die beiden Fräuleins in weißem Piquet, hell und lachend wie der Sommer. Ich bin noch in solchem Räuberzivil, daß ich nur durch die Türritze habe grüßen können. Leider geht das Papier zu Ende, aber nicht unsre dankbare Erinnerung an so viel Liebe, Güte und Nachsicht. Die Kinder grüßen herzlichst; wie immer Ihr

Th. Fontane

171

[Berlin,] *Montag* d. 15. Sept. [1873]

Mein gnädigstes Fräulein.

Recht sehr haben wir gestern alle bedauert, daß Sie uns verfehlen mußten; die Damen waren bei Heydens, ich bei Frau v. Wangenheim (die sich Ihnen bestens empfiehlt) zum Diner.

Mein Plan geht nun dahin, *zuerst* nach Trieplatz zu reisen und von dort erst nach Ruppin. Ich werde wahrscheinlich morgen (Dienstag) den Abendzug benutzen, um 7½ in Neustadt und bald nach 8 in Wusterhausen sein, wo ich dann die Nacht zubringen will, um am Mittwoch vormittag, frisch wie der junge Tag, in Trieplatz einzutreffen. Ich bitte mir keinen Wagen zu schicken. Entweder, wenn das Wetter *sehr* schön ist, komm ich zu Fuß, oder aber ich nehme in Wusterhausen einen Wagen. Ich bitte Sie, hieran in Ihrer Güte nichts ändern zu wollen, da ich ganz außerstande bin, *bestimmte* Zusagen zu machen. Vielleicht reise ich auch erst Mittwoch vormittag, ich kann das alles selbst nicht wissen, doch halte ich vorläufig Dienstag abend als Abreisetermin fest.

Empfehlen Sie mich Ihrem Herrn Bruder [Otto Heinrich Ludwig Leopold von Rohr] und seinem ganzen Hause angelegentlichst; in der Hoffnung, Sie übermorgen zu sehn, Ihr aufrichtig ergebenster

Th. Fontane.

172

Berlin 3. Oktob. 73.
Potsdamer Straße 134. c.

Mein gnädigstes Fräulein.

Ergebensten Dank für Ihre freundlichen Zeilen vom 30. v. M., an welchem Tage ich hier wohlbehalten wieder eintraf. Im ganzen darf ich mit meinem Ruppiner Aufenthalt sehr zufrieden sein; es hat mir mannigfachen und zum Teil *sehr* guten Stoff abgeworfen.

Hierher rechne ich auch *Trieplatz*, wobei ich freilich nicht vergessen darf, daß ich die Hauptsache Ihnen persönlich zu verdanken habe. Die Hauptsache sind nämlich die drei Geschichten. Andrerseits erzählt sich dergleichen nur gut, wenn man die Lokalitäten kennt. Man soll den Tag nicht vor dem Abend loben, aber ich denke mir, daß das Rohr- resp. Trieplatz-Kapitel ein gutes werden muß, speziell auch *deshalb*, weil es das Historische beiseite läßt und sich mit dem Genrehaften begnügt. Ich lege heute noch einen Fragezettel bei und bitte Sie freundlichst, Ihre Antworten mit einer spitzen Feder dazwischenkritzeln und nur das, was mehr Raum erfordert, auf aparten Zetteln notieren zu wollen. Sowie ich Ihre Antworten in Händen habe, beginn ich meine Schreiberei. Die Briefe, die mir, auf Ihre Veranlassung, Hans Rohr geschickt hat, sind zum Teil sehr interessant.

Nach Stavenow, wenn mir die schöne Frau v. Voß ihre Gunst bewahrt, machen wir ein andermal einen Abstecher; bitte empfehlen Sie mich vorläufig. An G. v. Ciesielski habe ich meine Glückwünsche geschickt; an Hans Rohr erlaubte ich mir den Witz zu machen: »die Braut habe ja die Rente schon im Namen«. Hoffentlich nicht bloß im Namen.

Meine Frau und Lischen [Schwester Elise Fontane], die vorgestern uns verlassen hat, empfehlen sich Ihnen angelegentlichst, die Kinder grüßen Pate Rohr, Theo ist selig in Künkendorf. Hat übrigens vorher eine brillante Zensur und ein Schulgeschenk erhalten.

Mit der Bitte, mich der Frau Domina und Frl. v. Bülow, wenn sie schon zurück ist, empfehlen zu wollen, mein gnädigstes Fräulein, Ihr dankbar ergebenster

Th. Fontane.

173

Berlin 18. Okt. 73.
Potsdamer Str. 134. c.

Mein gnädigstes Fräulein.

Heute früh traf ein rätselhaftes Paket aus Ohrdruff ein, bei dessen Anblick meine Frau und ich – ähnlich wie bei Eintreffen der Kaffekanne aus Oleron – sogleich ausriefen: »der Stock aus Thüringen«. Ja, es war ein Stock aus Thüringen, aber nicht der alte, sondern ein neuer, veredelter, den ich natürlich Ihrer Güte verdanke; Frau v. Zieten, als Exekutive, war sozusagen nur mit im Komplott. Ich finde es, noch über das gewohnte Maß hinaus, gütig und liebenswürdig von Ihnen und empfinde eine aufrichtige Beschämung. Frau v. Zieten hat die Sendung mit einigen Strophen begleitet, die ich beischließe, wie auch meine Antwort darauf. Der Stock wird mich in der Tat nicht nur an die in Stutzhaus verlebten Stunden, sondern an die schönen Thüringer Wochen überhaupt erinnern, Wochen, die in den Ilmenau- und Schwarzburg-Tagen durch Ihre Güte einen so wundervollen Abschluß fanden. Die zwei kleinen Abenteuer haben den Zauber nur gesteigert.

Von hier ist nicht viel zu melden. Unsres Putlitz' Stück

[»Doktor Raimond«] ist am Mittwoch halb durchgefallen. Wie kann man aber auch solch Stück schreiben! Das ist dasselbe Gründertum innerhalb der Literatur, das er, innerhalb der merkantilen Welt, in seinem Stück zu geißeln trachtet. Dasselbe Bestreben, rasch und mit wenig Anstrengung reich zu werden. Wenn das ein beliebiger literarischer Judenjunge tut, so habe ich gar nichts dagegen – ein Mann aber, der der ältesten und wenn auch langweiligsten, so doch angesehensten Familie des Landes angehört, dessen Frau den berühmten Namen Königsmarck führt und der selber als Dichter und Hofkavalier eine gewisse Reputation zu wahren hat, ein solcher Mann darf dergleichen Zeug nicht schreiben. Denn er ist klug und verständig genug, um selbst zu wissen, wie schlecht es ist. Die Blätter, mit Ausnahme der Kreuz-Ztng., die den totalen Mißerfolg aus mir unerklärlichen Gründen zu vertuscheln trachtete, haben es ihm auch gesagt. *Ich* ziemlich ruhig und artig, aber doch immer noch so, daß er mich nun wohl in Ruhe lassen wird. Schreibe Besseres, dann will ich dich loben, auch ohne Einladungen und Freundschaftsbriefe.

Ich stecke seit Wochen stark in der Arbeit; den Aufsatz über Trieplatz habe ich noch immer nicht geschrieben, weil ich dazu durchaus einen guten Tag abwarten muß, den ich in dem beständigen Erkältungszustand, in dem ich mich seit Wochen befinde, noch nicht gehabt habe. Von Ihrem Herrn Bruder [Otto Heinrich Ludwig Leopold von Rohr] erhielt ich vor 8 oder 10 Tagen ein sehr liebenswürdiges Antwortschreiben auf eine Anfrage, die ich wegen einer Streitaxt an ihn gerichtet hatte, die sich im sogenannten »Zietenschen Museum« in Ruppin als ein Prachtstück dieser Sammlung befindet. Wenn Sie gelegentlich an ihn oder überhaupt nach Trieplatz schreiben, bitte, fügen Sie meinen ergebensten Dank bei; eigens deshalb noch mal zu schreiben schien mir meinerseits fast zu viel. Man kann bekanntlich in seinen Artigkeiten auch unbequem werden. – Lepeln hab ich seit Wochen nicht gesehn. Meine Frau empfiehlt sich Ihnen. Wie immer Ihr dankbar ergebenster

Th. Fontane

174

Berlin 25. Oktob. 73.
Potsdamer Straße 134. c.

Mein gnädigstes Fräulein.

Der Brief meiner Frau, der um 8 Uhr in den Kasten sollte, kam erst um Mitternacht hinein, als wir aus einer Lucaeschen Gesellschaft nach Hause schlenderten, und so kann es sich ereignen, daß diese Zeilen gleichzeitig mit dem Briefe meiner Frau bei Ihnen eintreffen.

Der Trieplatz-Aufsatz ist fertig; ich glaube, er ist mir gelungen, und die Nachsicht der Familie (der *Ihrigen* bin ich vorweg sicher) wird hoffentlich nicht allzuviel daran zu tadeln finden. *Ganz* befriedigen kann man auf diesem Gebiete nie. Eine Hauptschwierigkeit bei diesem Aufsatze war die Gestalt des »Hauptmann von Capernaum«. Ich bin nun zwar *sehr* bemüht gewesen, ihn zu idealisieren und alle seine schönen und liebenswürdigen Seiten herauszukehren, die bedenklichen als bloße »Originalitäten« erscheinen zu lassen, all solch Bestreben kann aber nicht ganz hindern, daß der Hauptmann doch immer als eine halb-komische Figur erscheint. Dies wird die Familie, bei Lesung der betr. Seiten, nicht vergessen dürfen. Ich konnte aus ihm keinen Helden und keinen Heiligen machen. Bei den beiden andern Gestalten, Ihr Onkel [Otto von Rohr] und Ihr Bruder [Moritz von Rohr], fallen diese Bedenken weg; alles wirkt schön und poetisch. Überhaupt ist das ganze Trieplatz-Kapitel ein *poetisches* geworden, was die Trieplatzer selbst vielleicht am wenigsten erwartet haben. Hans [von Rohr] wird sich gewiß drüber amüsieren.

Das Liebesverhältnis von 1794, alles nur in kurzen Zügen behandelt, laß ich in Nogent spielen, was – selbst wenn es falsch sein sollte, es ist aber sehr wahrscheinlich richtig – notwendig in Nogent spielen *muß*. In Nogent war er zuletzt, von hier aus kehrte er direkt in die Heimat zurück, und es läßt sich weder annehmen noch glaubhaft erzählen, daß er einen Akaziensamen erst von Paris bis Nogent mitgenommen, *dort ihn ein Jahr lang mit sich herumgetragen* und dann ihn erst mit nach Deutschland genommen habe. Die Sache kann füglich nur so sein, wie sie von mir erzählt worden ist, wobei ich natürlich nur die großen Züge, nicht die Details im Auge habe.

Beim Präsid. v. R[ohr] war ich nicht. Vor solchen Besuchen hab ich einen wohlbegründeten Horror. In der Regel wird einem dann freundschaftlich gesagt: »*das* müssen Sie erzählen, das ist zu nett« und gleich darauf: »*das* aber dürfen Sie *nicht* erzählen, es ist nicht verbürgt oder es ist gegen die Diskretion.« Nun trifft es sich aber immer so, daß man das, was einem dringend empfohlen wird, nicht brauchen kann und daß das, was man *nicht* bringen soll, gerade das Beste ist.

Zum Schluß noch eine Frage: »Würde es Ihrem Herrn Bruder unangenehm sein, dies Trieplatz-Kapitel in der *Vossin* oder einem ähnlichen Blatte abgedruckt zu sehn?« Die Partei-Gegensätze haben sich ja so gemindert, daß im allgemeinen auf solche Dinge kein Gewicht mehr gelegt wird, Ihr Herr Bruder, was ich natürlich zu würdigen weiß, gehört aber zu den Strammen und könnte ein Rohr-Kapitel in einem fortschrittlichen Blatte unpassend finden. Es hat zwei Seiten; man kann auch sagen, es ist nett, in liberalen Blättern auf diese Weise Terrain zu erobern.

Heute waren wir bei der alten (87 Jahr) Frau v. Quast, geb. v. Rohr. In bezug auf geistige Frische doch eine merkwürdige Erscheinung.

Eben kommen Frau und Kinder aus der Tanzstunde und

empfehlen sich Ihnen bestens. Meine ergebensten Empfehlungen an Frau Domina. Wie immer Ihr dankbar ergebenster

Th. Fontane

175

Berlin 20. Novmb. 73.
Potsdamer Str. 134. c.

Mein gnädigstes Fräulein.

Sie sind mir nicht böse, wenn ich – Lazarus wie ich bin (nur nicht der Professor) – Ihre heute früh eingetroffenen freundlichen Zeilen nur in aller Kürze beantworte.

Ihren Brief, in den das freundliche Schreiben Ihres Herrn Bruders [Otto Heinrich Ludwig Leopold von Rohr] eingeschlossen war, hab ich richtig und mit Dank erhalten. Wahrscheinlich hab ich beide Briefe gleich in meine Manuskript-Bogen oder in irgendeine Arbeits-Mappe, deren so viele bei mir umherliegen, mit hineingepackt, und so ist es gekommen, daß ich bis heute weder dafür gedankt noch überhaupt darauf geantwortet habe. Ein neuer Beweis, daß man seine alten Arbeits- und Geschäfts-Regeln nicht unterbrechen soll; alle unbeantworteten Briefe kommen unter einen schwarzen Marmorstein, der links neben meinem Schreibzeug liegt, und weil ich Ihren und Ihres Herrn Bruders Brief sofort an andrer Stelle unterbrachte, ist die Unordnung geschehn, die ich freundlichst zu entschuldigen bitte.

Sie haben übrigens das Erscheinen des Trieplatz-Aufsatzes schneller erwartet, als es sein konnte. Ich muß dergleichen immer erst lagern lassen, um es dann, nach Wochen, wie die Arbeit eines Fremden ruhig beurteilen zu können. Ich werde zu dieser Durchsicht wohl erst Anfang Dezember kommen; dann aber werde ich »Trieplatz« mit mehreren andern Kapiteln wohl an Rodenberg geben, so daß es aller Wahrscheinlichkeit nach im »Salon« und nicht in der Vossin erscheinen wird. Ich erbat speziell die Erlaubnis für die Vossin, weil diese der äußerste linke Flügel ist; der Salon liegt viel mehr nach rechts hin.

Morgen ist Gesellschaft bei Zöllners, übermorgen bei Lepels; ich werde beide schwänzen, also 2mal um die Gelegenheit kommen, die Gnädige [Frau von Lepel] zu sehn, da dieselbe auch morgen bei Zöllners erscheinen wird. Ich will meine Krankheit so viel wie möglich ausnutzen, und zu dem Anmutigsten, was man tun kann, gehört das Überschlagen von einigen Gesellschaften. Außerdem ist es bei Lepels gewiß wieder zum Erkälten. In Gesellschaftgeben war er nie groß, auch unter dem alten Regime nicht.

Meine Frau empfiehlt sich Ihnen herzlichst; sie steht eben auf dem Punkt, mit George ins Gustav Adolf-Konzert zu gehn. Bald ein mehreres. In aufrichtiger Ergebenheit und Dankbarkeit, mein gnädigstes Fräulein, wie immer Ihr

Th. Fontane.

176

Berlin 12. Januar 74.
Potsdamer Str. 134. c.

Mein gnädigstes Fräulein.

Herzlichsten Dank für diesen neuen Beweis Ihrer großen Güte gegen mich. Aber es geht wieder nicht.

1. Sie mögen sich aufs festeste davon überzeugt halten, daß ich die Stelle *nicht* erhalten würde; kein Mensch, mit Ausnahme von Frl. v. Rohr und Frau v. Wangenheim, geht auch nur 10 Schritt in meinem Interesse. Nun räume ich Ihnen ja gern ein, daß, wenn ich in diesem Augenblick anfinge, mich auf Connexionen-Jagd einzurichten, ich in Jahr und Tag auch Connexionen haben und nach 5 oder 15 Niederlagen schließlich irgendeine Stelle erlangen würde. Aber Sie sehen ein, daß ich das nicht kann. Ich habe eben Besseres zu tun, als alle Tage den schwarzen Frack anzuziehn und Prinzen, Minister und Geh. Räte zu belaufen.

2. Alle solche Stellen, wie Sie sie gütigst für mich im Auge haben, kann ich, aus finanziellen Gründen, gar nicht gebrauchen. Sie denken dabei an Max Duncker etc., aber dieser eben Genannte war Professor, Geh. Rat und eine Art hoher Beamter des kronprinzlichen Hofes. *Solchem* Manne gibt man dann allerdings, innerhalb der Sphäre, um die es sich handelt, eine allerbeste Stelle mit 2000 oder 2500 Tlr. Gehalt; *ich* würde 500 bis 800 Tlr. erhalten, die ich selbstverständlich nicht brauchen kann. Wollte man mir aber auch die für subalterne Stellungen in Preußen unerhörte Summe von 2000 Tlr. geben, so würde mir damit nicht geholfen sein, da ich, trotz aller Einfachheit und Sparsamkeit, 3000 Tlr. gebrauche. Solche Stellungen hat der preuß. Staat nicht für Leute *meines Schlages*, denn man haßt die Schriftsteller, die sich mit Journalistik abgeben, oder man verachtet sie; kommt dergleichen aber wirklich mal vor, so geschieht es immer nur dann, wenn der Betreffende irgendeinem Minister persönlich große Dienste geleistet und sich überhaupt als ein sogenannter »fixer Kerl« ausgezeichnet hat. Ich habe aber keine Dienste geleistet und bin weder ein »fixer Kerl« noch kann oder will ich einer werden. Also lassen Sie mich ruhig weiter pusseln. Man kann mir nur durch eine Geld-Unterstützung, durch ein Jahrgehalt helfen, das mitunter Leuten meines Schlages bewilligt worden ist; aber dann waren in der Regel doch auch ihre Verdienste größer oder erschienen wenigstens so. Ich habe nie das freilich zweifelhafte Glück gehabt, mit irgend etwas zu blenden, alles hat mittelmäßig gewirkt und mein Bestes (die Balladen) gerade am allermittelmäßigsten. Also es fehlt mir der »Titul« auf solche Auszeichnung. Jedenfalls kann ich sie nicht nachsuchen. Dies ist nicht Eigensinn, sondern nur der Ausdruck meiner Natur. Ich kann nicht anders. Unter herzlichsten Empfehlungen Ihr dankbar ergebenster

Th. Fontane

Dienstag.

PS Besten Dank für die Notizen aus Nebelin. – Wir leben jetzt sehr üppig: am Montag großes Diner bei Stadtger. R. Lessing (meine Frau zum ersten Mal dort); heute Künstlerdiner bei Heydens.

177

[Berlin,] *Sonnabend.* 21. Febr. 74.

Mein gnädigstes Fräulein.

Eben schickt mir Rodenberg den Trieplatz-Aufsatz, und ich schicke ihn Ihnen. Mög er Gnade vor Ihren und der Familie Augen finden! Die Umwandlung von Urania oder gar Ouranie in Barbara werden Sie schließlich gewiß gutheißen. Urania ist bei uns zu Lande gar kein Name und wirkt bloß lächerlich, Ouranie aber ist vollends schlimm und erinnert jeden an Orangoutang. Solche Stimmungen darf man im Publikum gar nicht wachrufen. Tausendmal der Ihrige. In alter Ergebenheit

Th. Fontane

178

Berlin 26. März 74.
Potsd. Str. 134. c.

Mein gnädigstes Fräulein.

Seit einer Anzahl von Wochen habe ich keinen Brief von unsrem hochverehrten Fräulein v. Rohr eintreffen sehn, woraus ich schließe, daß wir wohl an der Reihe sein werden. So dann ein bißchen Plauderei.

Der Winter, eh er geht, hat sich bei mir noch unbequem gemacht; ich bin seit 3 Wochen krank, nicht bettlägrig, aber doch so, daß ich 8 bis 10 Tage nicht aus dem Zimmer gekommen bin; auch in diesem Augenblick ist es noch nicht besser;

ich schleppe mich nur dann und wann ins Theater, um meines Amts zu warten. Sonst kommt mein gesamtes Tuen über lesen und schreiben wenig hinaus. Meine Frau, trotzdem es ein rechter Sturmwinter war, hat sich im ganzen gut gehalten, was mir immer sehr zustatten kommt. Eine verstimmte Frau ist ebenso ein Druck, wie eine heitre einem Flügel leiht; auch ist mein Metier derart, daß ich kleiner Hilfen und Sekretär-Dienste täglich bedarf, Dienste, die nur bei guter Gesundheit geleistet werden können. Mit den Kindern geht es erfreulich; Theo entwickelt sich mehr und mehr zu unsrer Freude, in den nächsten Tagen wird er nach Künkendorf abgehn; Martha zeigt Begabungen, die über das Alltägliche hinausgehn und ist – im Gegensatz zu ihren früheren Jahren – ein Liebling der Menschen geworden. Sie kommt jetzt in die 1. Klasse. Der Kleinste [Friedrich] läßt es an sich kommen; er ist weniger begabt wie die andern und weniger ehrgeizig, wird aber wohl auch seine Meriten haben. Ganz leer läßt der liebe Gott keinen ausgehn; die Eltern und Erzieher müssen nur ausfindig machen, wo die Spezial-Begabungen liegen.

Unser Leben bewegt sich im alten Gleise, nur fängt es an sich mehr und mehr zu vereinfachen, was seit lange meinen Wünschen und Plänen entspricht. Weder meine Gesundheit noch meine Neigungen, noch meine Verhältnisse konnten sich länger mit dieser täglichen Gesellschafts-Rennerei vertragen. Ich will nur bei den »Verhältnissen« stehnbleiben; die dicke[n] Bücher wollen doch am Ende geschrieben sein, und wenn man 14 Tage lang krank ist und dann 14 Tage lang täglich in Gesellschaft geht, so überkommt einen mit einem Male eine nur zu begründete Angst: »wohin soll das führen?« Ich hab es also seit etwa 6 Wochen so eingerichtet, daß ich nur donnerstags und sonntags in Gesellschaft gehe, und merke bereits, trotzdem ich all die Zeit über nicht gesund gewesen bin, daß es einem doch außerordentlich hilft. Die Abende sind nämlich deshalb die Hauptsache, weil sie eine Art Endlosigkeit haben, man kann sie bis 2, 3 Uhr ausdehnen, und das Gefühl, was einem aus der Vorstellung erwächst: Du hast jetzt, wenn du willst, 7 Arbeitsstunden vor dir, ist außerordentlich angenehm und förderlich. An solchen großen Arbeiten, wie ich sie beständig vorhabe, wo man auf verschiedenen Tischen 10 Karten und 20 Bücher aufgeschlagen hat, kann man nicht viertelstundenweis herumbasteln; dazu sind die Vorbereitungen zu groß. Ich habe übrigens die Freude gehabt, daß alle Freunde mir ausnahmslos zugestimmt und meine Beschlüsse in bezug auf gesellschaftliches Leben und Treiben gebilligt haben. Man unterhält die Leute, und hinterher heißt es dann noch: »mein Gott, er kommt auch nicht von der Stelle.« So erging es beispielsweise beständig unsrem alten Eggers. – Sehr viel Freude haben uns in diesem Winter unsre Schopenhauer-Abende gemacht, wohl schon deshalb, weil sie maßvoll auftraten und nur alle 14 Tage wiederkehrten. Es waren Wangenheims (3), Prediger Windel und Cousine, meine Frau und ich; wir haben doch viel Anregung dadurch empfangen und verhältnismäßig wenig Zeit eingebüßt, da wir immer erst sehr spät zusammenkamen.

Das große Ereignis dieses Winters, innerhalb unsres Kreises, ist Prof. Lucaes Verlobung. Nachdem er lange herumgeliebt (sehr ähnlich wie unser Freund L[epel]) und wenigstens ein halbes Dutzend mal ¼, ½ oder ¾ verlobt gewesen ist, hat er nun endlich das verhängnisvolle Wort, das sonst immer nur partiell über seine Lippe kam, ganz ausgesprochen. Leider ist die Braut kränklich, und die »seligen Tage« haben mit einer Reise nach Montreux begonnen, wo sie bis in den Sommer bleiben soll; am 20. Juli Hochzeit. Es kann aber noch viel dazwischenkommen, und alte Füchse kommen immer wieder aus dem Eisen heraus, wenn sie auch ein Stück Pelz zurücklassen sollen. Übrigens hatten wir hier noch eine zweite Verlobung: eine Pflegetochter des Senator Eggers, ein Fräulein Becker aus Rostock oder Hamburg, hat sich mit einem jungen, blonden, dichtenden Ingenieur verlobt. Das ganze Paar ist aber doch wenig dichterisch.

Der Druck der 3. Auflage meiner »Wanderungen« [»Die Grafschaft Ruppin«], in die dann auch das Rohr-Kapitel hineinkommen wird, schreitet rüstig vorwärts; den Namen Barbara hab ich beseitigt und Urania wiederhergestellt. Ob die Familie im ganzen dadurch befriedigt wird, muß ich bezweifeln, denn immer aufs neue mache ich die Erfahrung, daß Familien, mit Ausnahme der gütigen, nachsichtigen und verehrten Dame, an die ich diese Zeilen richte, nicht zufriedenzustellen sind. Ich glaube auch, daß sie, die Familien, von ihrem Standpunkte aus ganz recht haben, weil ein Schriftsteller, der die Dinge lediglich als einen Stoff für seine Zwecke ansieht, auch bei größter Vorsicht und wirklichem Takt immer noch der Pietät entbehren wird, die im Herzen der Familienmitglieder lebt. Mitunter ist es freilich nicht mehr Pietät, sondern einfach eine Mischung von grenzenloser Dummheit mit ebenso grenzenloser Eitelkeit. So schrieb mir heute meine Schwester Lise aus Ruppin: alle Anverwandten des Hauses Gentz (Gott sei Dank mit Ausnahme der beiden Söhne) seien *empört* über das, was ich über den alten Christ. Friedr. Gentz geschrieben hätte; nach meiner aufrichtigsten Meinung müßten sie mir ein Denkmal errichten oder eine »Stiftung« für meine Kinder ins Leben rufen. Mitunter schwindelt einem. Ich hab es aber nun so oft erlebt, daß es keinen Eindruck mehr auf mich macht. Neulich kriegte ich einen Klagebrief von einer Frau v. Witzleben, geb. v. Meusebach, aus Potsdam, die sich bitter beschwerte über das, was ich über ihren verstorb. Bruder [Karl von Meusebach] geschrieben habe. Er war schließlich absolut verrückt; ich nenne ihn einen »Mann von Genie und Exzentrizität«; das ist nun der Dank dafür.

Vor einer Stunde war Lepel hier, den ich seit 4 Wochen nicht gesehen hatte; er kommt *jedesmal*, wenn ich mit Briefschreiben an Frl. v. Rohr beschäftigt bin. Es ist dann, als ob eine Stimme ihn riefe, ein Magnet ihn zwänge. Er kränkelt auch seit vielen Wochen; doch fand ich ihn viel besser aussehend als früher. Er brachte mir unter andern einen Toast, den er am 22. März in der Franz-Kaserne vorgelesen hat. Allerliebst. In solchen Sachen hat er eine höchst glückliche Hand. Die Strophen sind auch mit Jubel aufgenommen und noch am selben Abend, durch Oberst v. Boehn vom 1. Garde-Regiment, dem Kaiser vorgelesen worden. – Meine Frau grüßt und empfiehlt sich Ihnen angelegentlichst. In alter aufrichtiger Ergebenheit, mein gnädigstes Fräulein, Ihr

Th. F.

179

Berlin 3. Juni 74.
Potsd. Str. 134. c.

Mein gnädigstes Fräulein.

Kein Brief, nur zwei Fragen, die ich Sie freundlichst bitte auf einer Postkarte beantworten zu wollen.

1. Wie ist der Vorname der jetzigen Tante in *Tramnitz*. Frau v. Dalwitz sagte *Minchen*; ist das richtig?

2. Wie hieß doch der adlige Herr [Hagen auf Nackel] im Ruppinschen, dem Friedrich der Große replizierte: »er braucht nun weiter nicht mehr einzukommen«?

Ich schäme mich, diese Frage noch einmal zu stellen, da Sie mir dieselbe schon vor Jahresfrist oder vielleicht erst vor einem halben Jahre beantwortet haben, ich würde aber 3 Tage brauchen, um den Brief, der hier oder dort, in dem einen oder andren Pakete liegen kann, ausfindig zu machen, und so wage ich es, Sie noch mal zu inkommodieren.

Der Druck des Buches [»Die Grafschaft Ruppin«] nähert sich nun Gott sei Dank seinem Ende. Es ist unglaublich, wieviel Mühe man selbst von solcher neuen Auflage hat, vorausgesetzt, daß es einem nicht gleichgültig ist, ob hundert Druckfehler, Unverständlichkeiten und Stilmängel unverbessert bleiben. Ich darf sagen, daß mich das bloße Wiedererscheinen dieses Buches wenigstens 2 Monate Arbeit, und zwar den ganzen Tag gerechnet, gekostet hat. Es ist doch, nach der Geldseite hin, ein *zu* erbärmliches Metier. Glücklicherweise kränkt mich dies nicht allzusehr.

Lepel und Gemahlin sind seit 2 Tagen fort nach Kreuth – der alten Stätte ihrer jungen Liebe. Er scheint nach wie vor glücklich. Wohl ihm.

In alter Ergebenheit und Dankbarkeit Ihr

Th. Fontane

Die sehr nette kleine Anekdote vom Großvater v. R., der die 3 Särge *wieder* abholen ließ, kann ich noch gut verwenden.

180

Berlin 7. Juli 74.
Potsd. Str. 134. c.

Gnädigstes Fräulein.

Der große Tag ist erst übermorgen; aber ich schreibe heut schon, da ich morgen nur Himmel und Wasser um mich her haben und keine Gelegenheit finden werde, einen Brief zur Post zu geben. Ich reise nämlich, binnen jetzt und zwei Stunden, in einem Segelboot nach Teupitz, 10 Meilen von hier, an Köpnick und Wusterhausen vorbei, immer flußaufwärts. Der Fluß ist die Dahme oder Wendische Spree. Das Segelboot ist übrigens keine bloße Nußschale, sondern eine Art englische Yacht mit 2 Kajüten und allem möglichen Komfort (sogar Eiskeller) eingerichtet. Das Ganze reizt mich sehr. Nur ist meine Freude wie die der Kinder am Weihnachtsabend, eh es losgeht. »Krieg ich die Kanone, so ist es der schönste Tag meines Lebens, krieg ich sie nicht, so verschwenden die Lichter vergeblich ihren Glanz, und der Gewürzpfefferkuchen schmeckt wie die Judenmatze.« So ist auch meine Lage. Wirft mir das Ganze nicht einen *brillanten* Beschreibungsstoff ab [»Die Wendische Spree«], so beklag ich es, drei Tage aus meiner Kriegsbuch-Arbeit [»Der Krieg gegen Frankreich 1870–71«] – die gerade jetzt eine so pressante ist – gerissen worden zu sein.

Aber dies alles ist nur Einleitung zu meiner Gratulation, zu meinen

1000 Glückwünschen,

in die sich, egoistischerweise, überall der Wunsch eindrängt, daß Sie uns Ihre Freundschaft, Ihre Güte und Nachsicht bewahren wollen. Mein Angebinde ist, wie sie es von einem armen Schriftsteller erwarten können, und besteht in den sogenannten »Aushängebogen« meines Buches [»Die Grafschaft Ruppin«], so viele deren bis jetzt vorhanden sind. Es gereicht mir zu einer ganz besondren Freude, sie *Ihnen* schikken zu können, vier Wochen früher, eh irgendein andrer Christenmensch Gelegenheit haben wird, sein Auge drüber hingleiten zu lassen.

Nun ist es aber die höchste Zeit, daß ich mich in Reisekostüm werfe. Unter nochmaligen herzlichsten Wünschen für Ihr Wohl, mein gnädigstes Fräulein, Ihr aufrichtig ergebenster

Th. Fontane.

181

Berlin 24. Novmb. 74.
Potsdamer Str. 134. c.

Mein gnädigstes Fräulein.

Seit 4 Tagen wieder hier, eile ich, um Ihnen ein Lebenszeichen von uns zu geben. Sieben schöne Wochen, die wir in Venedig, Florenz, Rom u. Neapel zubrachten, liegen hinter uns; unsre Erwartungen sind fast noch übertroffen worden, dennoch sind wir froh, nun wieder in der Heimat zu sein und unsrer Arbeit, unsren Kindern und Freunden leben zu können. In der Jugend, wo man noch flügger, noch weniger verwachsen mit dem Boden ist, auf dem man geboren wurde, kann einem in der Fremde und ganz besonders in einer so schönen Fremde der Wunsch kommen, sich auf lange niederlassen und das Herrliche ganz genießen, das Lernenswerte ganz lernen zu wollen. Man hat dann noch eine freie Wahl und kann sein Leben, sein Studium, seine Interessen an irgendein Schönes setzen, das einem irgendwo entgegentritt. In spätren Lebensjahren ist das nicht mehr möglich; man ist dann nicht bloß mit einer Frau (wenigstens in der Regel), sondern auch mit einer bestimmten Lebensaufgabe verheiratet, die einem nun nicht mehr erlaubt, willkürlich dies und das zu tun, sondern einen mit wohltuender Gewalt in das vorgeschriebene Geleise pflichtschuldiger Tätigkeit zurückzwingt. Vor 30 Jahren hätten mich nicht zehn Pferde von Neapel weggekriegt, und ich würde Kopf und Kragen daran gesetzt haben, mein Leben, oder doch ein bestes Stück davon, dem Studium Pompejis und seiner ausgegrabenen, wunderbaren Schätze zu widmen. *Jetzt* konnte mir dieser Wunsch nicht mehr kommen, kaum der Gedanke. All dieser Herrlichkeit gegenüber empfand ich deutlich, und nicht einmal schmerzlich, daß meine bescheidene Lebensaufgabe nicht am Golf von Neapel, sondern an Spree und Havel, nicht am Vesuv, sondern an den Müggelsbergen liegt, und inmitten aller Herrlichkeit, die nur eben bildartig gesehn und dann in den Kasten der »Anschauungen« hineingetan sein wollte, zog es mich an die schlichte Stelle zurück, wo meine Arbeit und in ihr meine Befriedigung liegt. Wenn es Zweck des Reisens ist, sich zu enthusiasmieren und innerhalb des Enthusiasmus sich glücklich zu fühlen, so kann man nicht früh genug auf Reisen gehn, handelt es sich umgekehrt um jene gerechte Würdigung, die verständig gewissenhaft abwägt zwischen Daheim und Fremde, zwischen Altem und Neuem, so kann man seinen Wanderstab nicht spät genug in die Hand nehmen. So schön und herrlich Italien ist, so ist es mir doch ganz unzweifelhaft, daß es durch *jugendliche* Menschen, namentlich durch die unglückselige Klasse der Maler, noch zu etwas Herrlicherem hinaufgeschraubt worden ist, als nötig war.

Bei unsrer Rückkehr fanden wir alle vier Kinder vor: Theo hatte mittlerweile Haus gehütet und Friedeln überwacht, George war am 8. auf Urlaub hier eingetroffen, Martha am 18. von Schlesien angelangt. Die Freude war groß. Seitdem fallen wir aus einer Gesellschaft in die andre, und man muß sich, wenn Sie den Berolinismus gütigst verzeihen wollen, den Mund geradezu fußlig reden. Rütli, 2mal bei Heydens, gestern bei Wichmanns, morgen bei Lucaes, übermorgen bei Zöllners, am Sonntag bei Wangenheims, und ich fürchte, daß der Kreis hiermit keineswegs geschlossen ist. Eh ich es vergesse: an der Table d'hôte in Neapel trafen wir Frau v. Hagen auf Langen nebst Gemahl, und nach drei Minuten schon kannten wir alle Ruppiner Stadtneuigkeiten. Glücklicherweise war *ich* nicht dabei; ich war, wegen Unwohlseins, auf meinem Zimmer geblieben, aber meine Frau hatte die ganze Salve auszuhalten. Ich sollte mich beim Tee auch noch vorstellen, hütete mich aber wohl. Es war der *letzte* Abend, sonst würden diese Vorsichtsmaßregeln nichts geholfen haben.

Gestern vormittag war ich bei Herrn Hertz. Er war sehr liebenswürdig, beinah herzlich; ich wünsche aufrichtig, daß schlechter Absatz der Bücher, der doch immerhin möglich ist, nicht eine kleine Verstimmung heraufbeschwören möge. Übrigens bin ich ihm das Geständnis schuldig, daß er nach dieser Seite hin sehr noble ist und einen eine etwa getäuschte Hoffnung nie unangenehm empfinden läßt. Ich bin einigermaßen neugierig, wie sich Kritik und Publikum zu der 2. Auflage der Gedichte stellen werden. Freund Lübke hat in der Augsb. Allg. Ztg. eine glänzende Besprechung veröffentlicht, die ich gestern zugeschickt erhielt.

Von Hans Rohr empfing ich gestern, anläßlich der neuen Auflage der Wanderungen [»Die Grafschaft Ruppin«], die

Ihre Güte ihm zugeschickt hatte, einen sehr liebenswürdigen Brief aus San Remo. Ob ihm das Rohr-Kapitel sonderlich gefallen hat, darüber schreibt er nichts; mir genügt indes die unverändert freundliche Gesinnung, die sich in dem Briefe ausspricht, vollkommen.

Diese Zeilen sollten eigentlich von meiner Frau geschrieben werden, die sich in einer Briefschuld gegen Sie weiß; sie hat aber so viel zu tun, namentlich auch so viel zu schreiben, daß ich versprach, ihr *diesen* Brief abnehmen zu wollen. Sie lassen ihn hoffentlich für voll gelten.

Mit den besten Wünschen für Ihr Wohl, unter herzlichen Grüßen und Empfehlungen von meiner Frau und mir, in alter, aufrichtiger Dankbarkeit, Ihr ganz ergebenster

Th. Fontane.

182

Berlin 23. Dezmb. 74
Potsd. Str. 134. c.

Gnädigstes Fräulein.

Freund Decker, der seit sechs Wochen nur noch »Amtliches« druckt, hat mich mit dem 3. Halbbande des Kriegsbuches [»Der Krieg gegen Frankreich 1870–71«] in Stich gelassen, und so bleibt mir nichts übrig, als diese Zeilen, zugleich mit meinen herzlichsten wie ergebensten Glückwünschen, an Sie gelangen zu lassen. In der Weihnachtswoche schreibe ich noch einmal, erzähle Ihnen vom Aufbau, von den Kindern und allerhand andrem noch. In sehr festlicher Stimmung bin ich leider nicht; ich bin unsagbar menschenmüde und müde des Strebens, das zu nichts führt. Könnt ich, ich zöge mich morgen zurück. Ich komme mir mit meinen Schreibereien vor wie ein Clown im Zirkus. Möge Ihre Stimmung rosiger sein! Meine Frau (krank) empfiehlt sich Ihnen. Wie immer Ihr

Th. Fontane

183

Berlin 28. Dezmb. 74.
Potsd. Str. 134. c.

Gnädigstes Fräulein.

Wollen Sie es gütigst mit dem Trouble der drei Feiertage, mit Visiten, Mittags- und Abendgesellschaften, zu welchem allem auch noch die Verpflichtung kam, einen Aufsatz für die Neujahrsnummer der Vossin zu schreiben [»Ein letzter Tag in Italien«] und zu korrigieren, wollen Sie es mit diesem allem entschuldigen, daß ich erst heute dazu komme, Ihnen in meinem und meiner Frau Namen für ein Geschenk zu danken, das uns doppelt beschämt, aber auch doppelt erfreut hat, weil es zu seinem sonstigen Wert den einer ganz besondren Aufmerksamkeit gesellt, worin doch immer die dem Herzen wohltuendste Seite jeder Gabe, auch der glänzendsten, liegt. Lebhaft wie unser Dank ist auch der Wunsch, daß uns nie die Stunde schlagen möge, wo diese Silber-Dose den Weg ihrer Vorgängerin wandelt, denn was schon in jungen Jahren schmerzlich ist, ist in alten Tagen kaum noch zu überwinden. Wollte Gott, daß es, nach *dieser* Seite hin, in meinem Herzen ruhiger aussehe; ich kann ein beständiges Bangen darüber nicht loswerden, daß ich ohngefähr dreimal soviel Geld ausgebe, als ich mit einer Art Sicherheit zu verdienen imstande bin, und daß alles Fehlende mir alljährlich wie durch ein Wunder zufällt. Nun ist die Gnade Gottes zwar die einzige Garantie unsres und *jedes* Glückes, aber es liegt in der Eigenwilligkeit der menschlichen Natur, das Glück wie ein natürliches Resultat eignen Tuns und Könnens anzusehn, statt es tagtäglich, und immer neu, von der wunderwirkenden Hand Gottes zu erwarten. Das Sprichwort, dessen Zutreffendheit selbst die Frommen zugeben: »Hilf dir selbst, so wird Gott dir helfen«, unterstützt zu erheblichem Grade den Wunsch des Menschenherzens, auch der eignen Helfe-Kraft vertrauen zu dürfen, und so ist ein Zagen begreiflich, wenn man sich tagtäglich von der Unausreichendheit der eignen Kräfte und Hilfsquellen überzeugt. Andrerseits haben uns wieder gerade die letzten Wochen und Monate gezeigt, wie unzuverlässig das *äußere* Glück ist, und je älter ich werde, je länger ich das Leben beobachte, desto mehr bekenne ich mich zu Ihrem mir so oft ausgesprochenen Satze, das an dem schlecht oder liederlich oder gar in Verbrechen Erworbenem kein Segen haftet. Ein paar Ausnahmen mögen vorkommen, aber sie zählen nicht.

Die Feiertage sind uns in Saus und Braus vergangen, auch in *momentaner* Freudigkeit, aber doch eigentlich ohne rechtes Behagen. Ein solches finde ich nur noch in der Arbeit und in allerstillstem Freundschafts- und Plauder-Verkehr. Wie es am 1. Feiertage war, wo ich von 12 Uhr mittags an bis 12 Uhr nachts *unausgesetzt* Visiten oder Besuche empfangen mußte, während ich eigentlich alle Hände voll zu tun und eine pressante Arbeit abzumachen hatte – eine solche Gesellschaftlichkeit, die mich beständig an Erfüllung meiner Pflichten hindert, kann kein rechtes Behagen aufkommen lassen, auch wenn die einzelnen Störungen von den an und für sich liebsten und besten Menschen ausgehn. Am 2. Feiertage waren wir mittags zu Zöllners, abends zu Heydens geladen, gestern (3. Feiertag) dinierten wir bei Wangenheims, nachdem ein Besuch bei Sommerfeldts voraufgegangen war. Dazu meine Frau seit über 14 Tagen krank, mehrere Tage bettlägrig, und doch nicht recht imstande, sich zu schonen.

Lepel seh ich nur im Rütli. Wie mit allen Menschen, so werden auch mit ihm Verabredungen getroffen, sich häufiger zu sehn, in italischen Rückerinnerungen zu schwärmen u. dgl. m., es kommt aber *nie* dazu, weder mit ihm noch mit andern, da man zu solchen Unternehmungen auch nicht eine Minute übrig hat. Man ist immer nur, wie ein schlechter Zahler, mit Briefen, Visiten, Freunde-Empfangen im Rückstand, und ein großer Notizen-Zettel liegt beständig mir zur Seite, der nie leer wird. – Zöllners Geburtstag (12. Dezemb.) wurde durch eine größere Gesellschaft gefeiert, und hier traf ich auch *Frau* v. Lepel. Nach Tisch hatten wir, länger als eine halbe Stunde, ein sehr intrikates Gespräch, in dem sie zwei Themata nebeneinanderher behandelte: unsren Rütlikreis und das Glück ihrer Ehe. Über Punkt 2 ist nichts zu sagen, es scheint in der Tat, daß beide glücklich sind, beide *versichern* es, und beide *zeigen* es auch – so muß man dann am Ende glauben, was man nicht recht begreifen kann. Jedenfalls gönn ich es ihm, ja, ich wollte es für ihn erbitten, wenn er solcher Fürbitte benötigt wäre. Das nebenherlaufende Gespräch über den Rütli, ganz besonders über die Rütli-Damen, war viel interessanter. Frau v. L. hat nämlich nachgerade gemerkt, daß man sich nicht zu ihr hingezogen fühlt, daß alles sich zurückhält oder gelegentlich auch geradezu offensiv gegen sie vorgeht. Zöllner, Menzel, Heyden haben sie mehr als einmal scharf abfallen lassen; die Damen drehen lächelnd die Köpfe nach links. Man traut ihr einfach nicht und findet ihre Unterhaltungsform, unter bereitwilliger Anerkennung ihrer Klugheit, ganz und gar unweiblich, nahezu unertragbar. Daraufhin sagte sie mir nun: der Fehler unsres Kreises wäre eine *eisige Kühle*, man habe keine Begeistrung und verkenne diejenigen, die noch etwas davon aufzuweisen hätten. Ich ging lachend darauf ein, stimmte ihr zu und schloß dann: diese Kühle, meine Gnädigste, ist aber doch das Beste, was wir haben, denn sie hängt zusammen mit einer schönen Wahrheitsliebe und Zuverlässigkeit, die beide das Fundament unsres Freundschaftskreises sind. Deutlicher konnt ich nicht werden. Bitte teilen Sie diese Bemerkungen aber niemandem mit, oder doch immer unter Verschweigung meines Namens. – Für das Zitat aus Strubbergs Brief, das mich sehr erfreut hat, meinen herzlichsten Dank. In alter Verehrung Ihr

Th. Fontane.

[*Nachschrift von Emilie Fontane:*]

Auch von mir, mein teures, gnädigstes Fräulein, tausend Dank! Was habe ich Ihnen alles erzählt, für ein so treues Gedächtnis zu viel. An meines Mannes Geburtstag, den wir mit einem Freundes-Kaffee feiern werden, soll das schöne Geschenk eingeweiht werden. Nehmen Sie die innigsten Glückwünsche zum neuen Jahr in Empfang u. erhalten Sie uns Ihre Freundschaft. Mit herzlichster Liebe Ihre

E. Fontane.

184

Berlin 20. April 75.
Potsd. Straße 134. c.

Mein gnädigstes Fräulein.

Nach langer Zeit mal wieder einige Zeilen von mir, keine Beantwortung Ihres letzten freundlichen Briefes vom 19. März, die ich meiner Frau überlasse, sondern bloß einiges allgemeine Geplauder. – Die sieben Krankheitswochen des Februar und März waren doch mit Ausnahme der ersten kleineren Hälfte, wo wir allerdings tagelang das Schlimmste fürchten mußten, nicht so bedrücklich, wie es unsren Freunden in ihrer Sorge um uns erschienen ist. Das etwas anzügliche »geduldige Schafe gehen viele in einen Stall« bewährte sich auch an uns; die große Rücksicht, die seitens der Angehörigen der Kranken geübt wurde, brachte es dahin, daß ich in meiner Stube oder, was dasselbe sagen will, in meiner Arbeit so gut wie gar nicht gestört wurde; meine Frau aber befand sich während der Rekonvaleszenten-Zeit eigentlich in einer ununterbrochenen Kaffegesellschaft, d. h. sie saß mit ihrer Freundin zusammen im Krankenzimmer und plauderte die Stunden hinweg. Je mehr die Genesung Fortschritte machte, desto lebhafter wurde die Konversation, und häufig hörte ich das vergnügliche Lachen aus dem Nebenzimmer. So empfindlich ich sonst gegen Geräusch bin, so hat doch das Lachen die Eigentümlichkeit, daß es mich mehr erfrischt als stört. So sind denn jene Trauerwochen schließlich Heiterkeits-Wochen geworden, und wir kommen einigermaßen in Verlegenheit, wenn man uns zu unsren menschenfreundlichen Großtaten gratuliert. – Ein nicht geringer Vorteil dieser Krankheits-Episode war auch der, daß wir verhältnismäßig wenig in Gesellschaft waren. Ich werde diesen Abend-Reunions mit Mayonnaise und Kaiser-Wilhelms-Torte immer abgeneigter, und ich bräche ganz und gar damit, wenn ich mir nicht sagte, daß das nicht geht und daß derjenige, dem seine Lage eine schöne Zurückgezogenheit von der Welt leider nicht gestattet, diese Zurückgezogenheit auch nicht forcieren darf. Man hat sonst bald den Schaden davon; die Welt braucht uns nie, aber wir die Welt. – Vor etwa 8 Tagen war das Lepelsche Paar bei uns; es war ein ziemlich verunglückter Abend, weil die drei geladenen Paare untereinander in Kriegführung standen, was wir auch vorher schon wußten. Ich hatte mich rein dazu beschwatzen lassen, und soll mir solcher Unsinn nicht wieder passieren. Lepels benahmen sich übrigens beide sehr taktvoll dabei, und was gesündigt wurde, fällt auf andre Schultern. *Er* wird rapide alt und macht einen verbrauchteren Eindruck, als bei kaum 57 Jahren nötig wäre; alle Elastizität ist hin. Dagegen muß ich zu meiner großen Freude aussprechen, daß er seine frühre Liebenswürdigkeit zu gutem Teile wiedergewonnen hat. Sein Glück scheint ungetrübt; von »Komödie« kann dabei nicht die Rede sein. Solch Spiel läßt sich wohl wochenlang durchführen, aber nicht auf die Dauer. Er hat sich also nicht verrechnet, was wir ihm – nach den Kämpfen und Kränkungen, die er durchgemacht – schließlich alle gönnen müssen, wie wir auch im übrigen zu der »Frage« selbst stehen mögen.

Unsren Kindern geht es gut. George, der jetzt täglich 7 bis 8 Stunden Dienst hat, wird uns zu Pfingsten auf ein paar Tage besuchen; die Mama, die beständig an Krieg glaubt (ich nicht), will sich der ruhigen Tage noch erfreuen. Theo, wie Sie vielleicht schon erfahren haben, ist nun primus omnium seiner Schule und wird daraufhin becourt und beglückwünscht; noch wenige Monate, und wir haben drei erwachsene Kinder, Theo tritt zu Michaelis, Martha zu nächsten Ostern ins Leben. Dann bleibt nur noch der Kleine [Friedrich], der, durch die Erfolge der beiden andern Geschwister (Theo u. Martha) wenig angestachelt, mit Ruhe und Behagen sein Pensum ablernt.

Ich selbst arbeite jetzt fleißig an dem letzten Halbbande meines Kriegsbuches [»Der Krieg gegen Frankreich 1870–71«] und hoffe damit bis Mitte September zu Ende zu sein. Eine Erholungsreise dann anzutreten verbietet sich, da am 16. Oktober unser silberner Hochzeitstag ist, den *ich* zwar am liebsten in Italien oder der Schweiz zubringen würde, den meine Frau aber natürlich im Kreise ihrer Kinder und Freunde feiern will. Selbstverständlich füge ich mich, aber ganz contre cœur. Den Fest- und Feierlichkeits-Sinn hab ich nicht; im Gegenteil alle solche Rührstücke sind mir unsagbar langweilig, die Hauptsache aber ist, daß ich nicht an die Teilnahme der Menschen bei solchen Gelegenheiten glaube und auch nicht glauben kann, da ich diese Teilnahme selber nicht habe, weder für mich noch für andre. So ist solch Fest in meinen Augen eine gezwungene Geschichte, und wie mir schon jetzt die Menschen leid tun (und ich mir auch), die mal die Anstandsverpflichtung haben werden, mir in einer schwarzen Kutsche, vielleicht wenn es grade recht kalt ist, zu folgen, so tuen mir auch die leid, die mir zu meiner silbernen Hochzeit einen eingerahmten Kupferstich schenken oder gar eine Festrede halten müssen. Indessen ich werde mich finden, und so sind denn die Reise-Aussichten für diesen Herbst herzlich schlecht. Vielleicht daß ich Ende Oktober noch auf 14 Tage nach Ober-Italien gehe.

Zum Winter hin will ich dann endlich wieder meinen Roman [»Vor dem Sturm«] vornehmen oder ein halbes Dutzend Wanderungs-Kapitel schreiben, zu denen ich den Stoff gesammelt habe. Unter diesen interessiert mich das Kapitel *»Hoppenrade«* ganz besonders. Dies gehörte einer Frau v. *Arnstedt*, der Mutter der Frau v. Wülknitz, also, wenn ich nicht irre, der Großmutter der Frau v. Blücher. Könnten Sie über diese Frau v. Arnstedt wohl einiges erfahren? Frau v. Romberg und Ihr Herr Bruder [Otto Heinrich Ludwig Leopold von Rohr] müssen sie noch gekannt haben, wiewohl ihre Glanzzeit in die 70er und 80er Jahre des vorigen Jahrhunderts fällt. Frau v. Blücher zu fragen ist mißlich; Frau v. A., geb. v. Kraut, war nämlich ein tolles Kraut und hat unglaubliche Geschichten ausgeführt, wie sie nur in der wüsten Zeit des Rheinsberger Hofes möglich waren. Eine alte 80jährige Frau in Hoppenrade, die eine Art Kammermädchen bei Frau v. A. war, hat mir sehr Interessantes erzählt, aber all diese Dinge, die im wesentlichen gewiß richtig sind, laufen doch wie Kraut und Rüben durcheinander und bedürfen der Sichtung und chronologischen Anordnung. Vielleicht kann mir Ihr Rat und Beistand, wie so oft, auch hierbei von Nutzen sein. – Meine Frau, die krank ist und seit gestern das Bett hütet, empfiehlt sich Ihnen angelegentlichst. In alter, aufrichtiger Verehrung Ihr

Th. Fontane

185

Berlin 17. Juni 76.

Mein gnädigstes Fräulein.

Was werden Sie von uns denken, daß wir so viele Wochen haben vergehen lassen, ohne Lebenszeichen, ohne Ausdruck des Dankes für Ihre freundliche Sendung. Mit Hilfe der letztren waren wir imstande, auch den Kindern einen Begriff von diesjährigem Spargel beizubringen, der hier so rar und teuer war, daß nur der Hausherr von Zeit zu Zeit mit sechs federkieldicken Stangen regaliert werden konnte.

Unser langes Schweigen hat darin seinen Grund, daß sich in unsrem Hause wieder große Umwälzungen vollzogen haben: ich habe vor etwa 3 Wochen meine Entlassung aus meinem Amte nachgesucht. Alle Welt verurteilt mich, hält mich für kindisch, verdreht, hochfahrend; ich muß es mir gefallen lassen. Das Sprechen darüber hab ich aufgegeben; es führt doch zu nichts; ich muß durch Taten beweisen, daß ich nicht leichtsinnig gehandelt habe. Ob mir dies gelingen wird, muß abgewartet werden. Ihnen, die Sie immer so gütig und nachsichtig gegen mich gewesen sind, nur das folgende: ich bin jetzt 3 Monat im Dienst; in dieser ganzen Zeit hab ich auch nicht eine Freude erlebt, nicht einen angenehmen Eindruck empfangen. Die Stelle ist mir, nach der persönlichen wie nach der sachlichen Seite hin, gleich sehr zuwider; alles verdrießt mich, alles verdummt mich, alles ekelt mich an. Ich fühlte deutlich, daß ich immer unglücklich sein, daß ich gemütskrank, schwermütig werden würde. Vom ersten Tage an bis zu dieser Stunde ist meine Empfindung dieselbe geblieben. Ich benutzte eine sich mir darbietende Gelegenheit, erklärte, mein Amt niederlegen zu wollen, und kam tags darauf beim Minister [Falk] um meinen Abschied ein. Bis dieser erfolgt sein wird – worüber noch ein paar Monate vergehn –, führe ich die Geschäfte fort. Ich habe furchtbare Zeiten durchgemacht, namentlich in meinem Hause; meine Frau ist tiefunglücklich, und von *ihrem* Standpunkte aus hat sie recht. Andrerseits konnte ich ihr diese schmerzlichen Wochen nicht ersparen. Und was geschehen sollte, mußte rasch geschehn. Noch hab ich vielleicht die Kraft und die Elastizität, die Dinge wieder in so guten Gang zu bringen, wie sie bis zu dem Tage waren, wo mir diese unglückselige Stelle angeboten wurde. Die Weisheit der Menschen nutzt mir nichts. Was sie mir sagen können, hab ich mir in hundert schlaflosen Stunden längst selbst gesagt. Die Glücksarten der Menschen sind eben verschieden; »den enen sin Uhl is den annern sin Nachtigall«. Mir ist die Freiheit Nachtigall, den andern Leuten das Gehalt. Wenn Sie es über sich vermögen, so schreiben Sie meiner Frau ein paar freundliche, trostreiche Worte; ein paar Hiebe gegen mich können immer dabei abfallen. In 14 Tagen soll sie nach Neuhof; ich verspreche mir viel von diesem Aufenthalt. Eh ein Vierteljahr um ist, wird sie sich mit dem Geschehenen insoweit ausgesöhnt haben, daß sie es als das meiner Natur Entsprechende gelten läßt. Ich muß ja doch schließlich dafür aufkommen und die bequemen Tage (bequem trotz ihres innren Schreckensgehalts) mit arbeitsvollen vertauschen.

Hier haben Sie das Neuste aus unsren sonst so stillen vier Pfählen. Die Kinder werden verhältnismäßig wenig in Mitleidenschaft gezogen; Friedel ist noch zu jung, Theo hat das schöne Gefühl, sich jeden Augenblick auf die eignen Füße stellen zu können; Martha weiß von dem ganzen Vorkommnis noch nichts. Am beängstigsten wird George sein, aber ich hoffe sagen zu dürfen, ohne Not.

Vorkommnisse wie diese machen egoistisch; sonst hätt ich wohl schon über Hans' Tod [Hans von Rohr] an Sie geschrieben. Noch etwa 4 Wochen vor seinem Tode hatte ich einen Brief von ihm; er schien sein nahes Ende zu fühlen und gab einer leis-bittren Resignation Ausdruck. Von Klage keine Spur; er kannte Welt und Menschen zu gut, um auf Mitleid oder Teilnahme zu rechnen. Dulden und Schweigen ist das, was einer noblen Natur geziemt. Ich antwortete noch nach San Remo hin und richtete dann später ein paar Zeilen an die Witwe nach Badenweiler. Ob sie sie erhalten hat, weiß ich nicht.

Heut war Frau v. Lepel-Anklam bei mir. Wir plauderten wohl anderthalb Stunden. Das Ganze war doch tief-traurig, wiewohl sie in ihren Kämpfen obgesiegt und jede Bitterkeit aus ihrem Herzen verdrängt hat. An Franz hat sie ja Freude; auch mit Heinz wird es werden; es kommt nur darauf an, daß jeder an seiner Stelle steht. *Wo* ist gleichgültig. – Entziehen Sie mir nicht Ihre freundschaftlichen Gesinnungen, die ich zu den Errungenschaften meines Lebens zähle, und schreiben Sie meiner Frau recht bald ein ermutigendes Wort. Wie immer in vorzüglicher Ergebenheit Ihr

Th. Fontane.

186

Berlin 1. Juli 76
Potsd. Str. 134. c.

Mein gnädigstes Fräulein.

Für zwei liebe Briefe habe ich Ihnen zu danken, die mir, der eine wie der andre, eine rechte Herzstärkung gewesen sind. Sie haben so recht die Weisheit der klaren Empfindung, des guten Herzens, und keiner von allen denen, die in diesen Wochen zu mir gesprochen haben, hat es so zu treffen gewußt wie Sie. Ja es ist so: man kann nicht gegen seine innerste Natur, und in jedes Menschen Herz gibt es ein Etwas, das sich, wo es mal Abneigung empfindet, weder beschwichtigen noch überwinden läßt. Ich hatte mich zu entscheiden, ob ich, um äußrer Sicherheit willen, ein stumpfes, licht- und freudeloses Leben führen oder, die alte Unsicherheit bevorzugend, mir wenigstens die *Möglichkeit* heitrer Stunden zurückerobern wollte. Ich wählte das letztre, während meine Frau das erstre von mir forderte. Ich würde diese Forderung unendlich lieblos nennen müssen, wenn ich nicht annähme, sie hätte sich in ihrem Gemüt mit dem berühmten Alltagssatze beruhigt: der Mensch gewöhnt sich an alles. Dieser Satz ist falsch. Ich bin so unsentimental wie möglich, aber es ist ganz gewißlich wahr, daß zahllosen Menschen, alten und jungen, das Herz vor Gram, Sehnsucht und Kränkung bricht. Jeder Tag führt den Beweis, daß sich der Mensch *nicht* an alles gewöhnt. Auch *ich* würde es nicht gekonnt haben und wäre entweder, wenn ich durchaus hätte aushalten müssen, tiefsinnig geworden, oder hätte doch wenigstens eine traurige Wandlung aus dem Frischen ins Abgestandene, aus dem geistig Lebendigen ins geistig Tote durchgemacht. Das heißt dann freilich »sich gewöhnen«, aber wie! Noch jetzt empfinde ich täglich, wie wenig meine Stellung, die Dinge wie die Menschen, für mich taugt, und doch ist seit meiner eingereichten Demission, der eine große Szene im Senat zwischen Geh. R. Hitzig und mir vorausgegangen war, eine wesentliche Änderung zum Beßren eingetreten. Denn so sind die Menschen: man flößt ihnen erst Respekt ein, wenn man ihnen den Beweis führt, daß man sich aus ihnen selbst, aus ihrem Geld und ihrer Gunst, aus ihren Ehren und Ämtern nicht das geringste macht. Bis dahin war ich, wenn auch im ganzen wohlgelitten, doch immerhin ein »armer Teufel«, der froh sein mußte, schließlich noch unter Dach und Fach gekommen zu sein; jetzt bin ich ein forscher Kerl, ein Charakter, dem der Ehrenpunkt über den Geldpunkt ging und der nicht Lust hatte, nach jeder Geheimerats-Pfeife zu tanzen. Die Epoche der Anklagen ist längst vorüber; die meisten beglückwünschen mich jetzt. Ich brauche Ihnen wohl nicht erst zu versichern, daß ich auf solche Beglückwünschungen gern verzichten und statt dessen des stillen Glücks einer gesicherten Stellung mich gern (Gott weiß, *wie* gern) erfreuen würde, aber andrerseits konnt ich, von einer ganzen Menge andrer Unleidlichkeiten abgesehn, das *Gefühl des Degradiertseins*, das ich nach Lage der Sache durchaus haben mußte, nicht ertragen. In allen Lebensstellungen, in denen ich bisher war, auch in denen, die mich nur halb befriedigten, hatte ich immer das Gefühl, innerhalb meines kleinen Kreises etwas zu sein und zu bedeuten; von Jugend auf bin ich daran gewöhnt, als etwas nicht ganz Alltägliches angesehn zu werden.

Dieses süßen Gefühls sollte ich plötzlich entbehren, auch *mit gutem Grunde* entbehren, da, wie ich Ihnen schon schrieb, all meine Begabung nicht zu brauchen und alles, was gebraucht wurde, wiederum nicht im Bereiche meiner Begabung war. Ich konnte das Peinliche, was mir daraus erwuchs, nicht auf die Dauer hinnehmen. Wer das Eitelkeit oder Hochmut nennen will, der tu es; ich beneide solchen Jammerprinzen nicht um seine Demut.

Meine Frau, die Ihnen herzlich dankt und gewiß bald von sich hören lassen wird, reist Ende der nächsten Woche. Ich denke, es soll dann alles anders werden; ihr Auge wird sich wieder erhellen. So leid sie mir tut, so muß ich doch sagen: sie hat sich in dieser Angelegenheit nicht *so* genommen [!], wie sie gesollt hätte. Ich bin aber weder nachtragend noch bitter und lasse alle »Naturen« bis zu einem gewissen Grade gelten. Freilich die eine vor der andern.

Zu Beginn der zweiten Juliwoche schreibe ich wieder. Nochmals besten Dank. Wie immer in herzlicher Ergebenheit

Th. Fontane.

187

Berlin 22. Aug. 76.
Potsd. Str. 134. c.

Mein gnädigstes Fräulein.

Wenn diese Zeilen bei Ihnen eintreffen, wird die Handschrift Ihnen wie fremd erscheinen, *so* lange ist es her, daß ich nichts habe von mir hören lassen. Ob meine Frau aufmerksamer gewesen ist, weiß ich nicht (wenn ich es auch hoffe), da sie seit vollen 6 Wochen bei ihrer Freundin [Johanna Treutler] in Schlesien verweilt. Diese Reise war unerläßlich, um sie der tiefen Verstimmung zu entreißen, die sich ihrer, infolge meiner eingereichten Entlassung, bemächtigt hatte. Ist sie auch jetzt noch keineswegs andrer Meinung, so sieht sie doch das Geschehene *etwas* ruhiger, *etwas* billigdenkender an. Ob es vorhalten wird, muß abgewartet werden. Es ist ganz und gar eine Geldfrage. Hab ich das Glück, eine mir passende Redaktion zu finden, stürmen mir die Buchhändler das Haus, um, nach Erscheinen meines ersten Romans [»Vor dem Sturm«], sich eines zweiten à tout prix zu versichern, so wird alles gut gehn; kommen umgekehrt Angst und Sorge, fällt der Roman ins Wasser, so geh ich, von der Sorge ganz abgesehn, einer streit- und kämpfereichen Zukunft entgegen. Meine Frau, die große Meriten hat und in vielen Stücken vorzüglich zu mir paßt, hat nicht die Gabe des stillen Tragens, des Trostes, der Hoffnung. In dem Moment, wo ich ertrinkend nach Hilfe schreie und wo ein freundlich ausgestreckter Finger mich über Wasser halten würde, hat sie eine Neigung, ihre Hand nicht rettend unterzuschieben, sondern sie wie einen Stein auf meine Schulter zu legen. Bescheiden in ihren Ansprüchen, ist sie in ruhigen Tagen eine angenehme, geist- und verständnisvolle Gefährtin, aber ebensowenig wie sie die Stürme in der Luft ertragen kann, ebensowenig erträgt sie die Stürme des Lebens. Sie wäre eine vorzügliche Predigers- oder Beamten-Frau, in einer gut und sicher dotierten Stelle, geworden; auf eine Schriftsteller-Existenz, die, wie ich einräume, sich immer am Abgrund hinbewegt, ist sie nicht eingerichtet. Und doch kann ich ihr nicht helfen. Sie hat mich als Schriftsteller geheiratet und muß sich schließlich darin finden, daß *ich*, trotz Abgrund und Gefahren, diese Art des freien Daseins den Alltagskarrieren mit ihrem Zwang, ihrer Enge und ihrer wichtigtuerischen Langenweile vorziehe. *Jetzt*, wo ich diese Karrieren allerpersönlichst kennengelernt habe, mehr denn je.

Als meine Frau abreiste, befand sich meine Angelegenheit in der Schwebe. Es hieß, ich würde im Amte *bleiben*, man würde mir in diesem und jenem entgegenkommen etc. Diese Äußerungen mehrten sich von Tag zu Tag, so daß ich – gerade damals, infolge von Beurlaubungen, meine Stellung minder unerträglich findend – in einem Briefe an Lucae die Erklärung abgab: ich würde eventuell bleiben, wenn man mich dazu aufforderte. Lucae antwortete mir: er glaube *nicht*, daß die Gerüchte, von denen ich spräche, ein Fundament hätten. Und so war es auch. Alles war eitel Schnack und Redensart gewesen, und am 2. August erhielt ich, vom Ministerium aus, die Anzeige, daß der Kaiser meine Entlassung angenommen habe. Es war mir, um meiner Frau willen, einen Augenblick schmerzhaft. Eine Stellung zu behalten, die ich *unerträglich* fand, dies konnte sie, nach meinem Ermessen, nicht von mir fordern; von dem Augenblick an jedoch, wo mir dies Sekretariats-Amt zwar immer noch trist, aber doch *ertragbar* erschien, glaubte ich ihr ein Opfer meiner persönlichen Neigungen schuldig zu sein. Dies hatte mich den entgegenkommenden Schritt tun lassen, der sich nun als vergeblich erwies. Wie ich jetzt hinzusetzen darf, *glücklicherweise*. Denn es wäre doch nichts geworden. Die paar Wochen im Juli, wo ich ganz allein war und alles nach meiner Art und Weise einrichten konnte, waren Ausnahme-Wochen; längst habe ich mich wieder davon überzeugen müssen, daß alles verloddert und verfahren ist und daß es, was das Allerschlimmste ist, auch an der Einsicht und dem guten Willen fehlt, diese unsagbar miserable Wirtschaft zu ändern. Ich bin also schließlich von Herzen froh, daß es so gekommen ist, wie es kam; in meinem bunten Leben eine Episode mehr; ich kehre dahin zurück, wohin ich nach Neigung und Beruf gehöre.

Mein Roman, nach einem neuerdings getroffenen Abkommen, wird im »Daheim« zuerst erscheinen, später als Buch bei W. Hertz. Ich erhalte vom Daheim 1000 Tlr., von Hertz dieselbe Summe. Bis zum Juli 77 hoffe ich fertig zu sein. Bei der Vossin trete ich wahrscheinlich am 1. Oktober wieder ein. Zerschlägt sich dies aber, so hoffe ich über kurz oder lang eine Feuilleton-Redaktion übernehmen zu können. Erhält mich Gott gesund, so werde ich bald wieder fest im Sattel sein. Aber auch selbst Entbehrungen, wenn sie meiner harren sollten, sind mir nicht so schrecklich wie äußere und innere Unfreiheit. *Sich* angehören ist der einzig begehrenswerte Lebens-Luxus. Die moderne Menschheit ist so herunter, daß sie ein Plüsch-Ameublement vorzieht. Ich habe mit solchen Jammerprinzen nichts zu schaffen.

Morgen kommt meine Frau zurück, am Sonntag Martha, die 4 Monate lang in Rostock und Warnemünde war. Theo reist in 14 Tagen an den Rhein und von da, zu einem Studienfreunde, nach Metz. Das nächste Jahr wird er als eine Art Hauslehrer, dabei seine jurist. Studien fortsetzend, im Hause des Kommerzienrat Hertz [Wilhelm Herz] leben. Friedel ist ein guter, lieber Junge, aber unbedeutend. George kommt hoffentlich zur Kriegsakademie. Lepel sehe ich selten; *wenn* ich ihn sehe, habe ich aber jedesmal, wie in alten Tagen, einen angenehmen Eindruck von ihm. Die Gereiztheit, die so viele Jahre lang herrschte und mir den Verkehr mit ihm wirklich manchmal schwermachte, ist ganz gewichen. – Bitte, mich Fräulein Schwester [Antoinette von Rohr] und Frl. v. Bülow zu empfehlen. Wegen der Buch-Überreichungs-Angelegenheit erlaub ich mir in einigen Wochen noch mal zu schreiben. Etwa Mitte September wird der letzte, stattliche Halbband [»Der Krieg gegen Frankreich 1870–71«], der umfangreichste und der schwierigste, ausgegeben werden. In alter Verehrung, Ihr dankbar ergebenster

Th. Fontane

188

Berlin 1. Novb. 76.
Potsd. Str. 134. c.

Gnädigstes Fräulein.

Auch von mir, nach längerer Pause, mal wieder ein paar Zeilen. Ich schreibe sie um so lieber, als ich zu wissen glaube, daß Sie in dem unglückseligen Streit, der immer noch nicht ausgeglichen ist, einigermaßen auf meiner Seite stehn und mir das Recht zuerkennen, mein Leben nach *meinem* Können und Geschmack zu gestalten. Ich habe das Nötige zu erwerben und entziehe mich dem nicht, aber *wie* ich dies Nötige erwerben will, das muß mir freigestellt bleiben. Ich komme wohl noch auf diesen Punkt zurück. Zunächst lassen Sie mich einiges berichten.

Über meinen Besuch bei Herrn v. Bülow hat wohl meine Frau schon geschrieben. Er war sehr gütig, und ich nahm einen angenehmen Eindruck mit fort, was ich von den Berührungen, die ich jetzt mit den Menschen habe, im allgemeinen nicht sagen kann. Er versprach, mit Wilmowski zu sprechen. Ich erwarte nicht viel davon, da die ganze Geheime-Ratschaft in einer Art Verschwörung gegen mich ist. Sie finden es impertinent, daß jemand erklärt, ich ersehe kein Glück und keine große Ehre darin, langweilige, um den äußersten Kleinkram sich drehende Berichte zu schreiben, und ziehe es vor, das Leben eines Schriftstellers weiter zu führen. Wilmowski hat jetzt gerade meine Akademie-Angelegenheit mehrfach unter Händen gehabt, und wiewohl mir ein von ihm abgefaßtes, an Herrn v. Decker gerichtetes Schreiben vorliegt, in dem sich der Kaiser (d. h. also Herr v. W.) sehr anerkennend über mein Kriegsbuch ausspricht, so weiß ich doch nicht, ob er Lust haben wird, unter den gegenwärtigen Umständen für meine Person ein gutes Wort einzulegen. Ich werde darüber in den nächsten Tagen Gewißheit haben; Herr v. Bülow wollte mir das Resultat seiner Unterredung mit v. W. mitteilen.

Seit gestern habe ich nun meinen Abschied. In diesem Augenblick (Mittwoch abend) wird Zöllner als mein Nachfolger eingeführt. Ich freue mich, daß er die Stelle erhalten hat; er ist der rechte Mann am rechten Platz; die Stelle paßt für ihn und er für die Stelle. Zu übersehen ist nicht, daß – ganz abgesehn von dem Unterschied, der in unsren Personen liegt – er auch unter unendlich günstigeren Verhältnissen in seine Stelle eintritt. Mir gegenüber glaubten Ministerium und Präsident Hitzig das Gefühl haben zu dürfen: »*der* kann Gott danken, dieses Amt erhalten zu haben«, Zöllner gegenüber haben sie das Gefühl: »danken wir Gott, daß wir diesen Mann haben«. Das macht einen ungeheuren Unterschied. Ich bin nur auf Kühle, Ablehnung, Zweifel gestoßen, mein Nachfolger wird überall einem artigen Entgegenkommen begegnen. Er steht nicht unter dem Senat, am wenigsten unter seinem Präsidenten (dies hat er sich klugerweise vorher ausbedungen) und wird binnen kürzester Frist Rang und Titel eines Geheimen-Regierungsrats erhalten. Es wird ihm also freundlicher gesungen als mir, der ich bis zuletzt einem ganz aparten Rigorismus begegnet bin. Noch mein Entlassungsschreiben selbst – im übrigen verbindlich genug abgefaßt – gab den Beweis davon. Die letzten Zeilen lauteten ohngefähr: »Was das für das letzte Quartal 76 empfangene Gehalt angeht, so bitten wir Sie, die den Monaten November und Dezember entsprechende Summe an unsre Generalkasse zurückzuzahlen.« Ich werde also beinah 400 Tlr. morgen wieder abliefern. Solche Rückzahlungen kommen, glaub ich, überhaupt nur selten vor; man trifft andre Auswege, die sich ja immer bieten, wenn man sie nur finden *will.* Es scheint mir dies Verfahren also überhaupt so streng wie möglich. Es kommt aber hinzu, daß ich meine kurze Beamtenlaufbahn gleich mit »zwei Monaten ohne Gehalt« (März und April d. J.) eröffnet und, wie ich wohl sagen darf, mich bis zum letzten Augenblick gentlemännisch betragen habe. Es hätten dies, unter ähnlichen Verhältnissen, wohl nicht viele getan. Eine Verdächtigung meines Charakters, also eine offenbare Beleidigung, veranlaßte mich, meine Entlassung einzureichen. Die ganze wüste Wirtschaft kam als Motiv hinzu. Auf Wunsch des Ministeriums ließ ich, in meinem Schreiben an den Kaiser, dies alles aber fallen und stellte mich wohlgemut als einen halben Imbecile dar, der weder seinem Charakter noch seiner Begabung nach der Stelle gewachsen gewesen sei. Dies war denn doch höchstens die halbe Wahrheit, und unter ein bißchen *angenehmeren* Verhältnissen hätt ich ruhig bleiben und mein Leben als Akademie-Sekretär beschließen können. All das weiß das Ministerium; es weiß, daß man mir nicht allzu freundlich mitgespielt hat, es weiß, daß ich zwei Monate umsonst gearbeitet habe, es weiß, daß ich unbemittelt bin und nun in meinen alten Tagen abermals von vorne anfangen muß, trotz alledem hat man die schöne Seelenruhe, das Gehalt pro November und Dezember von mir zurückzufordern. Ich find es einfach empörend. Kommt man mir mit der »Gesetzlichkeit« der Maßregel, die ich natürlich nicht bestreite, so kann ich bloß die Achseln zucken. Seit 26 Jahren hab ich mit den verschiedensten Ministerien: Auswärtiges, Innres, Kultus und Staats-Ministerium zu tun gehabt, und ich weiß nachgerade, *was möglich ist, wenn man will.* Wenn Sie die Freundlichkeit haben, mir zu antworten, so berühren Sie diesen Punkt *nicht.* Meine Frau weiß nämlich nichts davon und soll auch nichts davon erfahren. Es würde sie nur aufs neue beunruhigen, neue Sorge und, wenn ich Glück habe, auch neue Vorwürfe schaffen.

Nun zu Erfreulicherem. Vor etwa zehn, zwölf Tagen empfing ich den Besuch von einem jungen Herrn v. Rohr [Friedrich Wilhelm von Rohr], einem Bruder von Hans. Er gefiel mir sehr; dem Bruder sehr ähnlich, aber dabei etwas spezifisch Rohrsches, die lange Nase, überhaupt das Gestreckte. Ich hätte nun wohl die Verpflichtung, ihm einen Gegenbesuch zu machen, auch ihn zu einem Tee- und Plauderabend einzuladen. Ich kann aber weder das eine noch das andre. Bei Tage sitz ich an meinem Schreibtisch, fleißig bei der Arbeit, am Abend bin ich im Theater oder lese oder mache einen 2stündigen Dauerlauf am Rande des Tiergartens. Ich bin aus allem Verkehr heraus und werde in diesem ganzen Winter weder eine Gesellschaft besuchen noch Freunde einladen. Am Sonnabend soll Theos Geburtstag mit jungen Herrn und Damen gefeiert werden; ich werde mich dieser Herrlichkeit aber entziehn und am selben Tage nach Küstrin und Frankfurt reisen, wo ich mir, meines Romans [»Vor dem Sturm«] halber, verschiedenes ansehen muß.

Ja, der Roman! Er ist in dieser für mich trostlosen Zeit mein einziges Glück, meine einzige Erholung. In der Beschäftigung mit ihm vergesse ich, was mich drückt. Aber wenn er überhaupt noch zur Welt kommt, so werde ich, im Rückblick auf die Zeit, in der er entstand, sagen dürfen: ein Schmerzenskind. Er trägt aber keine Züge davon; er ist an vielen Stellen heiter und nirgends von der Misere angekränkelt. Dies letztre kann ich mit voller Bestimmtheit behaupten. Ich glaube auch sagen zu dürfen, *Ihnen* wird er gefallen, und die Hoffnungen, die Sie in Ihrer großen Güte immer daran geknüpft haben, werden nicht ganz unerfüllt bleiben. Ich empfinde im Arbeiten daran, daß ich *nur* Schriftsteller bin und nur in diesem schönen Beruf – mag der aufgeblasene Bildungs-Pöbel darüber lachen – mein Glück finden konnte.

Empfehlen Sie mich Fräulein Jeannette v. Bülow. Wie immer in dankbarer Ergebenheit Ihr

Th. Fontane.

189

Berlin 10. Novb. 76.
Potsd. Str. 134. c.

Mein gnädigstes Fräulein.

Herzlichsten Dank für Ihren langen, wie immer gütigen und ermutigenden Brief, den ich heute früh erhalten habe und den ausführlich zu beantworten ich mir für die nächsten Wochen vorbehalte.

Heute nur, um Irrungen zu vermeiden, das Folgende: Eben war Geh. Leg. Rat v. Bülow bei mir. Er sagte mir, daß er mit Herrn v. Wilmowski gesprochen und diesen ohne Voreingenommenheit gegen mich, ihn auch bereit gefunden habe, mein Buch [»Der Krieg gegen Frankreich 1870–71«] dem Kaiser zu überreichen. Er könne aber dafür kein Gnadengeschenk beantragen; das, was, laut Akten, sein Vorgänger [Ferdinand] v. Mühler für mich getan habe, stünde *einzig* da, sei übertrieben und nicht zu rechtfertigen.

Er mag recht haben; wiewohl *das* bestehen bleibt, daß Gnade eben Gnade ist und ebensogut einen Diamanten wie einen Amethyst gewähren kann.

Ich habe Herrn v. B. offen gesagt, daß unter diesen Umständen die Überreichung keinen Sinn habe, da ja das Buch selbst (durch Decker) längst in Händen des Kaisers ist.

Nächstens ein Weiteres. In dankbarer Ergebenheit wie immer Ihr

Th. Fontane.

190

Berlin 30. Noveb. 76.
Potsd. Str. 134. c.

Mein gnädigstes Fräulein.

Der November soll nicht zu Ende gehn, ohne daß ich Ihren lieben Brief vom 9. d. M. vorher beantwortet hätte. Haben Sie Dank für den Trost und freundlichen Zuspruch, der darin enthalten war, wie auch für die Mitteilungen aus Dobbertin selbst, die mich – da ich ja Personen und Verhältnisse kenne – aufs lebhafteste interessiert, aber auch freilich mit einiger Sorge erfüllt haben. Solche Nachbarschaften sind mehr als unbequem. Ich gehe hier nicht weiter darauf ein, da man das Schicksal von Briefen, für die sich mitunter neugierige Augen finden, nie vorausbestimmen kann.

In meinem Hause sieht es etwas besser aus; die Stimmung meiner Frau klärt sich auf, das Gewölk verzieht sich; ich habe so eine Vorahnung, daß, wenn nicht neue Schläge kommen, das Schlimmste überstanden ist. Sie trinkt, seit Anfang dieser Woche, Karlsbader, wovon ich mir, da der Trübsinn zu großem Teil eine Folge von Leberaffektionen ist, viel verspreche. Aber sie scheint sich endlich auch in ihrem Urteil anders zu dieser unglückseligen »Sekretär«-Frage stellen zu wollen. Sie hört jetzt von den verschiedensten Seiten her, daß es, mit alleiniger Ausnahme des Gehalts, nicht bloß eine untergeordnete, unerquickliche Stellung sei, sondern daß man sich auch nicht im geringsten beflissen gezeigt hat, mir diese Unerquicklichkeiten minder fühlbar zu machen. Dies *konnte ich aber verlangen.* Einem jungen Assessor, der sich eben verheiraten möchte, oder einem armen Teufel mit vielen Kindern und wenig Brot kann man schließlich alles mögliche zumuten; ich war aber weder das eine noch das andre, sondern ein Mann, der aus einer freien, ihn vollkommen glücklich machenden Tätigkeit heraustrat, um nunmehr durch Übernahme eines leichten, ehrenhaften und gut dotierten Amtes bequemer und im Hinblick auf die Zukunft sorgenloser leben [zu] können. Danach ist man mir aber nie begegnet. Ohne daß man unartig oder beleidigend gegen mich gewesen wäre, was ich mir einfach verbeten haben würde, hat man mich doch nie wie einen etablierten deutschen Schriftsteller, sondern immer wie einen »matten Pilger« behandelt, der froh sein könne, schließlich untergekrochen zu sein. Immer die unsinnige Vorstellung, daß das Mitwirtschaften in der großen, langweiligen und, soweit ich sie kennengelernt habe, total konfusen Maschinerie, die sich Staat nennt, eine ungeheure Ehre sei. Das »Frühlingslied« von Uhland oder eine Strophe von Paul Gerhardt ist mehr wert als 3000 Ministerial-Reskripte. Nur die ungeheure Eitelkeit der Menschen, der kindische Hang nach Glanz und falscher Ehre, das brennende Verlangen, den alten Wrangel einladen zu dürfen oder eine Frau zu haben, die Brüsseler Spitzen an der Nachtjacke trägt, nur die ganze Summe dieser Miserabilitäten verschließt die modernen Herzen gegen die einfachsten Wahrheiten und macht sie gleichgültig gegen das, was allein ein echtes Glück verleiht: Friede und Freiheit. Je älter ich werde, je mehr empfinde ich den Wert dieser beiden; alles andre ist nichts; jedenfalls bin ich froh, meinen Kopf noch rechtzeitig aus dieser dreimal geknoteten Sekretär-Schlinge herausgezogen zu haben. Ich passe nicht für dergleichen, am wenigsten aber passe ich zum Bücher-Überreichen und zum Antichambrieren und Petitionieren in Geheimrats-Zimmern, bloß um irgendeine goldene Medaille oder ähnliches Zeug zu erreichen. Ich habe nun einen Strich darunter gemacht. Eh mich nicht die bittre Not dazu treibt, laß ich mich, in kindischer Nachgiebigkeit und meiner eigensten Natur zum Trotz, auf solche Torheiten nicht weiter ein. Ich habe diese Kränkungen satt. Die letzte war die größte.

Nur in aller Kürze will ich Ihnen davon erzählen. Ich gebe dabei, dem Inhalte nach, die Worte des Herrn v. B[ülow] wieder, der mir, wie ich nur wiederholen kann, seinerseits mit Freundlichkeit und Wohlwollen begegnet ist. Das Endresultat ist das folgende: Herr v. Wilmowski hat den Kaiser gefragt, ob er (der Kaiser) einen Grund habe, mir besonders wohlzuwollen. Diese etwas sonderbare Frage hat S. M. einfach verneint, wohl aber seine Mißstimmung über meine Amtsniederlegung zu erkennen gegeben. C'est tout! Am andern Tage stand in der Zeitung, daß der Witwe des Schauspielers Pohl (7. Ranges) seitens Sr M. eine Pension von jährlich 500 Tlr. bewilligt worden sei. Zwölf Jahre habe ich an diesen Kriegsbüchern Tag und Nacht gearbeitet; sie feiern, nicht in großen, aber in empfundenen Worten, unser Volk, unser Heer, unsren König und Kaiser; ich bereiste 1864 das gegen uns fanatisierte Dänemark, war 1866 in dem von Banden und Cholera überzogenen Böhmen und entging in Frankreich, nur wie durch ein Wunder, dem Tode. Unabgeschreckt, weil meine Arbeit das Wagnis erheischte, kehrte ich an die bedrohlichen Punkte zurück. Dann begann meine Arbeit. Da steht sie, wenn auch weiter nichts, das Produkt großen Fleißes, ihrem *Gegenstande* nach aber das einzige repräsentierend, dem gegenüber man eine Art *Recht* hat, das Interesse des Kaisers, als des persönlichen Mittelpunkts, des Helden dieser großen Epopöe (ich spreche nur vom Stoff) zu erwarten. Und eben dieser Held und Kaiser, gefragt, »ob er einen Grund habe, dem Verfasser dieses umfangreichen Werkes wohlzuwollen oder gnädig zu sein«, verneint diese Frage. Firdusi, als er dem Schach Mahomet sein Helden-Epos brachte, erhielt 200 000 *Silber*münzen zum Geschenk und schenkte, in bittrem Unmut, die ganze Summe einem Badeknecht zu Gasna, denn er hatte geglaubt, 200 000 *Gold*münzen erwarten zu dürfen. Ich bin kein Firdusi. Aber der Unterschied zwischen Firdusi und mir ist doch nicht so groß, daß Herr v. Wilmowski sagen dürfte: »Herr F. hat durch meinen Amtsvorgänger die Summe von 400 Talern erhalten; nach einem so ›exorbitanten Geschenk‹ ist es mir nicht möglich, für dies neue, größere, sieben Jahre später erscheinende Werk abermals eine Auszeichnung zu beantragen. Ich will indessen S. M. fragen.« Und nun erfolgte jene berühmte Frage. Wie ich selber zum Beamten verdorben bin, so hab ich auch kein Gefühl für solche dürre Beamtenhaftigkeit; sie ist lähmend und erscheint mir einfach als Philisterei. Wenn man mir von »Witwen und Waisen« und von dem ganzen Ernst des Staatshaushalts sprechen will, der weder für die poetischen Quisquilien eines Firdusi noch am allerwenigsten für die Prosa-Kapitel eines Fontane Geld übrig hat, so lache ich dazu. Für ein einziges niederländisches Genrebild sind 140000 Francs gezahlt worden, und wenn man will, so fliegt das Geld nur so. Mir gegenüber wollte man einfach nicht. Eh bien, es muß auch *so* gehn. Aber freilich hat es mehr zu meiner Erbitterung als zu meiner Erbauung gedient. – Bewahren Sie mir Ihre wohlwollenden Gesinnungen; wie immer Ihr

Th. Fontane.

[*Auf besonderem Zettel:*]

Wenn es sich zwanglos machen ließe, so hätt ich gar nichts dagegen, Herr v. B. erführe, wie sehr mich dies Wilmowskische Verfahren indigniert hat. Es ist möglich, daß Herr v. W. »keinen besondren Groll« gegen mich hat, aber so viel ist gewiß, daß er sich auf »besondres Wohlwollen« auch nicht eingelassen hat. Es ist ganz gut, wenn die Herren gelegentlich hören, daß man von ihrer Halbgottschaft auch weiter nicht tief durchdrungen ist. Ich kann an diesen Kümmerlichkeits-Standpunkten nichts Erhabenes entdecken.

Th. F.

191

Berlin 23. Dezb. 76.
Potsd. Str. 134. c.

Mein gnädigstes Fräulein.

Den Dankesbrief meiner Frau will ich mit einigen Zeilen begleiten, die Ihnen meine Freude über den Empfang Ihres gütigen Schreibens vom 10. d. ausdrücken sollen. Auf die triste Affäre, über die ich vielleicht zuviel schon geschrieben habe, will ich nicht wieder zurückkommen, nur das *eine* bitte ich noch aussprechen zu dürfen, daß ich diese miserable Stellung nicht *aus Gnaden*, sondern wegen meines Könnens und Wissens, wegen meiner Zuverlässigkeit und Unparteilichkeit erhalten hatte. Ein als Professor an einen Lehrstuhl Berufener empfängt sein Amt nicht als Gnade, sondern weil es ihm zukommt. Würde man ihn nicht berufen, so würde man mehr *sich* als *ihm* im Lichte stehn. Denn eine fremde Universität würde froh sein, sich seiner Kräfte versichern zu können. Diese ganze »Gnaden-Geschichte«, wenn man nicht Kammerherr oder dem Ähnliches werden will, ist längst zu einer bloßen Phrase geworden.

Aber nun genug davon.

Unser Leben, Gott sei Dank, kommt jetzt wieder in das alte Geleise. Meine Frau findet sich in das Geschehene, und wenn ich nicht dazu ausersehen bin, neues Schweres über mich hereinbrechen zu sehn, so gebe ich mich der Hoffnung hin, daß sie wenigstens im *stillen* zugestehen wird: »er hat ganz recht getan.«

Wir leben jetzt viel in und mit den Kindern, die uns glücklicherweise alle Freude machen. George wird in Jahresfrist Premier, Theo lebt sich in seinem reichen Kommerzienratshause [Wilhelm Herz] mehr und mehr ein, Martha gefällt, und Friedel ist glücklich in Indianer- und Entdeckungs-Geschichten. Morgen abend werden alle unter dem Christbaum versammelt sein und zwei Stunden später den durch Pfefferkuchen und Marzipan verlatschten Magen mit Hilfe des herkömmlichen Heringssalats wieder in Ordnung bringen.

Die drei Festtage drohen mit ebensoviel Mittags- oder Abendgesellschaften, aber unsren alten Lepel werden wir schwerlich auf der einen oder andern sehn. Er ist doch ganz wie aus unsrem Kreise rausgefallen. Zum Teil liegt es an der Frau, mit der sich nun mal niemand unter uns wirklich befreunden konnte, zum Teil an ihm selbst. Denn er ist alt und stockig geworden, und sehr verbraucht. Selten, daß der gute Humor vergangener Tage mal wieder auflacht.

Und nun, mein gnädigstes Fräulein, haben Sie einen recht hellen Christabend und ein frohes Fest. Mit diesem aufrichtigen Wunsche, Ihr

Th. Fontane.

192

Berlin 21. März 77.
Potsd. Str. 134. c.

Mein gnädigstes Fräulein.

Frühlingsanfang, den Geburtstag meiner Tochter und den Vorabend zum 80jährigen Geburtstage des Kaisers kann ich nicht besser feiern als durch Abtragung meiner Briefschulden, zumal der bei Ihnen kontrahierten. Wie lange ist es, daß ich nicht habe von mir hören lassen; in diesem Jahre wohl noch keine Zeile! Ich weiß aber, daß Sie diese Versäumnisse freundlich entschuldigen, teils mit Rücksicht auf meine Zeit, teils mit Rücksicht auf meine Stimmung.

Diese ist die alte, herzlich schlechte, die nun schon seit einem Jahre bei mir in Permanenz erklärt ist. Es ist so, daß ich mitunter darüber lachen muß. Es könnte freilich noch schlechter sein, im großen und ganzen aber darf ich sagen, daß ich seit Jahresfrist nur Niederlagen, Kränkungen, Fehlschläge erlebe und daß ich mich nach einem bißchen Glück und Sonnenschein sehne wie ein Verdurstender nach einem Glase Wasser.

Beständig werden Ansprüche an mich erhoben, ich soll geben, schenken, unterstützen, ich soll die Bücher andrer Leute lesen, ich soll Vorstellungen ansehn, Gelegenheitsgedichte machen, Polterabende leiten, auf »Dichterhallen« und kleine Blätter abonnieren, auch wohl unbezahlte Beiträge liefern, ich kann mich aber nicht entsinnen, daß es irgendeinem einfiele, *mir* zu Willen zu sein, mir einen Gegendienst zu leisten. Die alten Freunde meiner Familie verharren in ihrer Güte, über die Beziehungen, die ich *menschlich* unterhalte, kann ich nicht klagen, aber die *literarischen* sind traurig, niederdrückend und entsprechen dem Bilde, das ich entworfen habe. Dabei muß ich Ihnen eine Geschichte erzählen, die so recht charakterisiert, was ich meine. Vor 5 oder 6 Wochen war der Redakteur des »Daheim« hier, ein Dr. Koenig aus Leipzig. Er wollte durchaus ein Gedicht zu Kaisers Geburtstag von mir haben. Ich lehnte es ab, machte ihm aber andre Dichter namhaft und hatte in dieser Angelegenheit lange Konferenzen, die schließlich, nach einem ungeheuren Zeitaufwand, dahin führten, daß unser Freund Lepel sich bereit erklärte. Er hat dann auch ein vielleicht nicht ganz passendes (weil es nicht würdig genug gehalten ist), aber in seiner Art doch *sehr* hübsches Geburtstagsgedicht [»Kaiser Wilhelm und König Lenz«] gemacht, das an der Spitze der letzten »Daheim«-Nummer prangt. Vor etwa acht Tagen erhielt er auch das Honorar, bestehend in – 6 Tlr. 20 Sgr. Wir hatten alle als Minimum 100 Mark erwartet. Das ist deutsche Buchhändlermanier! Dieser Dr. Koenig befand sich in einer grenzenlosen Verlegenheit, denn es reichen nicht zwanzig Absagen, die er erfahren hatte, und der Dank für den großen Dienst, der ihm geleistet wurde, wird schließlich mit 20 Mark abgetragen. Lepel hat in einem sehr fein, aber auch sehr scharf abgefaßten Schreiben das »Honorar« zurückgeschickt. Ich bin auf den weitren Verlauf neugierig; am Sonnabend sehe ich Lepel in einer Abendgesellschaft, die er selber gibt, und werde bei der Gelegenheit Nähres erfahren. Daß Lepels zweiter Sohn Heinz in den letzten Wochen hier war, haben Sie wohl schon von Wieck her erfahren. Er läßt sich, so scheint es, gut an und hat eine wirkliche Seemannspassion.

Was melde ich Ihnen aus meinem Hause? Meine Frau hat das vorige Jahr insoweit verwunden, daß sie mir keine Vorwürfe mehr macht, ja sogar in rührender Weise einräumt, ich hätte, meiner ganzen Natur nach, nicht anders handeln können. So ist denn der Friede, Gott sei Dank, wieder da, aber nicht die Freude. Denn wir erleben nichts Freudiges mehr, nichts, das aufrichtete und einen hellen Schein in das Leben trüge. Die Kinder sind alle gut und machen uns Ehre; wir sind dankbar dafür und erkennen darin eine Gnade; auch *das* könnte ja noch anders sein. Aber so eine rechte Freudenbotschaft will doch nicht mehr über unsre Schwelle. Es ist alles wie verhext. Und so gedeiht langsam, langsam, unter Sorgen und Kümmernissen mein Roman [»Vor dem Sturm«]. Ich bin nun mit der Hälfte fertig; nach einem halben Jahre wird er beendigt sein, ein wahres Schmerzenskind. Dann wird er gedruckt werden, und alles wird sein wie zuvor; ich habe kein Glück mit Büchern, und die ungeheure Summe fleißiger Arbeit (von was andrem red ich nicht) wird mir nicht angerechnet.

Vor etwa acht Tagen traf ich Herrn v. Ciesielski im französischen Theater, das ich, von Metiers wegen, in diesem Winter bei jeder neuen Vorstellung regelmäßig besucht habe. Anfangs war es mir *sehr* unbequem, schließlich aber hat es mich doch erfreut, weil es mir Gelegenheit gab, mich in der modernen dramatischen Literatur der Franzosen, von der ich wenig oder gar nichts wußte, zu orientieren.

In den letzten 8 Tagen hatten wir einen lieben Besuch aus London. Ein Herr Schweitzer, mit dem wir, während unsrer Londoner Zeit, beinah täglich zusammen gewesen waren, war in Familienangelegenheiten hier. Er hätte damals gern meine

Schwester Lise geheiratet; es wurde aber nichts daraus. So sehr uns dieser Besuch erfreute, so war er doch auch schmerzlich, denn er rief mir aufs neue die Tatsache vor Augen, daß aus allen Menschen, auch aus den ärmsten und unbedeutendsten, mit denen ich längre Zeit auf meinem Lebenswege verkehrte, reputierliche Leute geworden sind, und daß ich fast als der einzige dastehe, aus dem nichts geworden ist. Sich ewig mit dem Ruhm und Namen trösten zu wollen, ist lächerlich; dazu müßten beide denn doch um einige Ellen höher sein. Ich habe mich redlich angestrengt und bin so fleißig gewesen wie wenige, aber es hat nicht Glück und Segen auf meiner Arbeit geruht. Ein Buch wie dies 70er Kriegsbuch wäre sonst nicht *spurlos* vorübergegangen. Es hat so sein sollen; gut; ich murre nicht und nehme die Lose, wie sie fallen.

Aber ich wollte doch mitunter, ich hätte besser gewürfelt. Mit herzlichen Wünschen für Ihr Wohl, in alter Dankbarkeit und Verehrung, Ihr

Th. Fontane.

193

Berlin 8. Juli 77.
Potsd. Straße 134. c.

Mein gnädigstes Fräulein.

Auch von mir die herzlichsten Glückwünsche zum 9.; bleibe Ihnen Ihre Gesundheit und Ihre Frische erhalten; von andrem spreche ich gar nicht erst, denn was man im Herzen und im Charakter hat, das bleibt einem doch.

Unsre Warnemünder Reise, von der vor zwei Monaten mal die Rede war, ist aufgegeben und damit auch die Chance dahin, Sie in Dobbertin auf einen Tag begrüßen zu können. Vielleicht aber führt Sie ein Herbst- oder Weihnachts-Besuch nach Berlin oder Potsdam, und wir haben die Freude, Sie wiederzusehn.

Über unser Tun und Treiben, unsre Hoffnungen und Sorgen

wird meine Frau wohl berichtet haben. Im ganzen geht es uns besser, und die unglückselige Akademie-Episode ist begraben und wird nur immer in Krankheitswochen wieder lebendig. Meine Frau sieht jetzt selber ein, daß ein Ausharren in jener Stellung mein Unglück gewesen wäre, und nur wenn ich krank und elend bin, regen sich natürlich die alten Wünsche wieder.

Lepeln hab ich seit fast drei Wochen nicht gesehn; er war auf einer Vettern-Reise und schrieb mir von Selbelang aus einige freundliche Zeilen. Schlechterweise habe ich sie nicht mal beantwortet; aber ich komme auch zu Notwendigerem nicht, weil alles Dichten und Trachten auf *ein* Ziel gerichtet ist. Erst wenn der Roman [»Vor dem Sturm«] beendigt ist, werde ich wieder Mensch.

Wie immer Ihr aufrichtig und dankbar ergebenster

Th. Fontane.

194

Berlin 23. Dezb. 77.
Potsd. Str. 134. c.

Mein gnädigstes Fräulein.

Auch von mir die herzlichsten Glückwünsche zum heiligen Christ wie zum neuen Jahr. Die Weihnachtslichter, die Sie seit Jahr und Tag an so verschiednen Orten brennen sahn, mögen Ihnen auch diesmal hell und freundlich scheinen. Einen Winter in Wiesbaden denk ich mir reizend; Goethe hatte doch eigentlich recht, als er sagte, daß nördlich vom Main (und östlich vom Rhein) eigentlich gar keine Menschen mehr wohnen müßten. In jungen Jahren, wo man selber noch Wärme hat, kann man sich an Schnee und Eis, an Schlittenfahren und Schlittschuhlaufen erfreun, ist man erst über 50, so zieht man Sorrent und Capri vor. Einen Vorgeschmack davon gibt einem Wiesbaden.

Über unser Ergehen hat meine Frau berichtet; ich habe nichts hinzuzufügen, denn still und gleichmäßig vergehen unsre Tage. Gott sei Dank. Ich sehne mich nicht mehr nach Wechsel und erkenne in friedlichem Abwickeln der Tage das höchste Glück. Zu diesem Glück gehören auch Bücher, mit denen ich längst lieber verkehre als mit den Menschen. Sie bringen mich in Berührung mit dem Besten, was die Besten besitzen, und das Gestörtwerden durch die Unleidlichkeiten unsres Geschlechts fällt fort.

Das gewünschte Autograph schließ ich bei. Mit der Bitte, mich Ihrem Herrn Bruder [Otto Heinrich Ludwig Leopold von Rohr] und Familie wie Graf Saurmas empfehlen zu wollen, in herzlicher Ergebenheit Ihr

Th. Fontane.

195

Berlin 29. Januar 78.
Potsd. Str. 134. c.

Gnädigstes Fräulein.

Heute nachmittag war Diner bei Stockhausens, von dem ich eben *allein* nach Hause komme, da meine Frau darin gewilligt hat, Frau Stockhausen und Frau Zöllner ins Belle-Alliance-Theater zu begleiten, wo heute ein neues Stück [»Die Stützen der Gesellschaft«] von dem norwegischen Dichter Ibsen oder Ipsen gegeben wird. Dies Alleinsein und die gute Tradition, nach einem Diner nicht mehr zu arbeiten, gönnen mir eine freie Stunde, und so eile ich, Ihnen für Ihren letzten Brief auch meinerseits noch aufs herzlichste zu danken. Man bedarf von Zeit zu Zeit solchen freundlichen Zurufs; denn im ganzen sind die Menschen mehr geneigt, einem Unerfreuliches und Tadelndes als Wohltuendes und Aufrichtendes zu hinterbringen. Ich persönlich darf mich allerdings über Böswilligkeit wenig beklagen, gehe dafür aber in temperierten, lauwarmen Verhältnissen durch die Welt, in denen Lob und Tadel gleich fern von mir bleiben. Auch *das* kann unbequem werden, und man freut sich einer anrufenden Menschenstimme. Doppelt, wenn sie so freundlich klingt wie die Ihrige. Außer Ihnen habe ich noch eine fast allzu gütige Verehrerin: Frau Geheimerätin Roland, die mir vorgestern einen Huldigungs-Besuch gemacht hat; im übrigen läßt sich der Beifall [zum Vorabdruck von »Vor dem Sturm«] halten. »Ja, es ist ganz nett, es ist ganz hübsch; aber es ist doch fast zu fein, und die Namen sind so sonderbar, und der Pastor wird doch fast ridikülisiert (was durchaus nicht der Fall ist), und die Bauern im Kruge können mich nicht interessieren.« Und dergleichen mehr. Ich nehme diese Sprache keinem übel; man tut sein Bestes und sucht seinem Publikum zu gefallen, aber zuletzt – wenigstens gilt das von mir – schreibt man doch sich selber zuliebe, will *sich* ein Genüge tun und kann weder verlangen noch erwarten, daß sich der eigne Anspruch und Geschmack in jedem Augenblick mit dem des Lesers deckt. Man muß zufrieden sein, wenn das Publikum im ganzen genommen seine Zustimmung ausspricht; und darauf rechne ich einigermaßen. Offen gestanden, beschäftigt mich die praktische Frage, ob ich imstande sein werde, meinen zweiten Roman unter günstigeren Bedingungen, will sagen nach Abschluß besserer Kontrakte, zu schreiben, mehr als die Beifalls-Frage. Diese Fragen fallen nämlich keineswegs zusammen; man kann sehr gelobt werden ohne äußren Erfolg, und man kann umgekehrt diesen äußren Erfolg haben den heftigsten und berechtig[t]sten Angriffen zum Trotz. Mir scheint solch Erfolg nun mal schlechterdings nicht zuteil werden zu sollen; und ich muß mich darin finden, tu es auch. Meine alte Merington (die Mutter) sagte schon vor zwanzig Jahren in London zu mir: »Sie werden immer zu leben haben, aber immer sehr wenig; Naturen wie die Ihrige bringen es äußerlich zu nichts.« Es scheint, daß die alte Frau recht behalten soll.

Mit besondrer Freude hab ich aus Ihrem letzten Briefe gesehn, daß Sie so freundliche Beziehungen zu den Maxwells unterhalten. Aus alten Zeiten her weiß ich, daß Sie gegen alles Englische ein Vorurteil hatten und meinen entgegengesetzten Versicherungen mißtrauten. Es ist aber doch so, daß uns die beiden westlichen Nationen und ganz besonders die Engländer an Charakter überlegen sind. An Gaben des Geistes sind wir ihnen ebenbürtig, an Allgemeinheit und Vielseitigkeit des Wissens übertreffen wir sie, aber an schöner, edler Gesinnung, an allem, was die Engländer »Gentlemanschaft« nennen, stehen wir weit hinter ihnen zurück. Unser Adel, ich weiß, daß ich zu *Ihnen* so sprechen darf, ist meist nur adlig durch das »von« vor seinem Namen, er hält auf seine Rechte, sucht sich aber seinen Pflichten zu entziehn. Daß er seine Söhne Lieutenants werden läßt, ist Privatvergnügen. Wenn ich Umschau halte, so begegne ich in der Oberschicht unsres Volks, unter Adel, Beamten, Honoratioren, Künstlern und Gelehrten einer nur sehr mäßigen Anständigkeit. Sie sind eng, geizig, neidisch, rechthaberisch, ohne Sinn für Form und Billigkeit, wollen nehmen und nicht geben, huldigen mehr der Schein-Ehre als der wirklichen und entbehren in einem unglaublichen Grade der Hochherzigkeit, des Edelmuts und der Gabe, zu verzeihn und Opfer zu bringen. Sie sind selbstsüchtig, hart, unliebenswürdig. So sind die Tausende, unter denen es immer nur Hunderte von Ausnahmen gibt. Diese Ausnahmen sind mitunter *sehr* glänzend, aber doch immer Ausnahmen. Nehmen Sie Bismarck; so groß er ist und so voll ich ihn bewundere, das, was Washington hatte und der ältere Pitt, *das* hat er nicht. Hochherzig und edelmütig sind am meisten die Franzosen, aber die Engländer haben das Gefühl von dem, was sich ziemt, was anständig ist, in einem wundervollen Grade ausgebildet. Natürlich läuft Heuchelei (cant) und hohles, erbärmliches Wesen mit drunter; aber es bedeutet schon etwas, daß jeder wenigstens begierig ist, anständig zu *scheinen*. Das kommt nur da vor, wo es sehr, sehr viele *sind*. Verzeihen Sie diese lange Abhandlung, in die ich hineingeraten bin, ich weiß nicht wie. Übrigens ist das Lord Maxwell-Gedicht [»Lord Maxwells Lebewohl«] nicht von mir, sondern eine sogenannte »Grenzer-Ballade« (borderer song oder ballad), die sich in W. Scotts »Minstrelsy of the Scottish border« vorfindet. Bitte, wollen Sie mich, wenn es nicht zudringlich erscheint, den Damen empfehlen. Ebenso bitt ich um ergeb. Empfehlungen an Ihren Herrn Bruder [Otto Heinrich Ludwig Leopold von Rohr] und Graf Saurmas. Wie immer in dankbarer Ergebenheit Ihr

Th. Fontane.

196

Berlin 15. Mai 78.
Potsd. Str. 134. c.

Mein gnädigstes Fräulein.

Vor Jahr und Tag hatten Sie die Freundlichkeit, mir »Lebens-Erinnerungen« in halb biographischer, halb novellistischer Form zu schicken (darunter beispielsweise eine Lebensskizze von Frl. v. Crayn), die ich damals mit größtem Interesse gelesen habe. Während der letzten Tage hab ich unter meinen Papieren danach gesucht, habe aber nichts finden können, so daß ich annehmen muß, Ihnen diese vielleicht nur zur Durchsicht empfangenen Aufzeichnungen wieder zurückgeschickt zu haben. Ist dem so, so würd ich Ihnen sehr dankbar sein, wenn Sie mir diese kleinen Lebensbilder noch einmal zugehn lassen wollten.

Ich sammle jetzt Novellenstoffe, habe fast ein ganzes Dutzend, will aber mit der Ausarbeitung [zum Beispiel von »Schach von Wuthenow«] nicht eher vorgehn, als bis mir noch mehr zur Verfügung stehn. Es liegt für mich etwas ungemein Beruhigendes darin, über eine Fülle von Stoff disponieren zu können, etwa wie man mit einer Extra-Summe auf der Brust leichter auf Reisen geht, wie wenn man schon zwischen Berlin und Jüterbog an zu rechnen fängt und von der Frage gequält wird: wird es auch reichen?

Hätt ich doch das alles gegenwärtig, was Sie mir im Laufe vieler Jahre von den Veltheims, Hüneckens, Rohrs und vielen, vielen andren erzählt haben. Stoff über Stoff. Vielleicht tun Sie in alter Freundschaft ein übriges und machen noch jetzt einige Aufzeichnungen; es kann alles *ganz kurz* sein, denn der eigentliche Keim zu einer Novelle kann in vier Zeilen stecken. Sogenannte »interessante Geschichten«, wenn es Einzelvorkommnisse sind, sind gar nicht zu brauchen; es kommt immer auf zweierlei an: auf die Charaktere und auf ein nachweisbares oder poetisch zu mutmaßendes Verhältnis von Schuld und Strafe. Hat man *das*, so findet der, der sein Metier versteht, alles andre von selbst. Die Nebendinge lassen sich erfinden, aber die Hauptsache muß gegeben sein; diese Hauptsache ist aber in der Regel ganz kurz, während die Nebendinge in die Breite gehn. In herzlicher Ergebenheit, wie immer Ihr

Th. Fontane.

197

Berlin 11. Aug. 78.
Potsd. Str. 134. c.

Mein gnädigstes Fräulein.

Vielleicht daß diese Zeilen gleichzeitig mit meinem Töchterlein bei Ihnen eintreffen, und doch stehen sie in gar keiner Beziehung dazu. Es ist eine rein literarische Frage oder allenfalls auch eine historische, die mich heute schreiben läßt. Ich lese jetzt fleißig in Frau v. Rombergs »Sophie Schwerin«, finde darin S. 27 den Namen v. Schack und wollte hiermit gehorsamst anfragen, ob dieser v. Schack derselbe ist, der in dem Leben Fräulein v. Cr...s die Hauptrolle spielt? Ich denke mir, Frau v. Romberg wird die Frage mit ja oder nein beantworten können. Vielleicht fügt Frau v. R. aus ihren Erinnerungen wenigstens annähernd genau hinzu, *in welchem Jahre* der ganze traurige Vorfall stattfand. Dies ist wichtiger für mich, als Sie glauben können. Das Berliner Leben unmittelbar *nach* der Schlacht bei Jena – ich meine etwa von 1808 bis 10, wo das königliche Paar aus Ostpreußen wieder in der Hauptstadt eingetroffen war – war *total anders* als in den Jahren, die der Jenaer Affäre unmittelbar vorausgingen. Das Kolorit der einen Zeit paßt nicht für die andre; Stimmungen, Anschauungen, alles hatte sich geändert. Nun ist es zwar wahr, daß ich die *eine* Zeit, sagen wir 1804 bis 6, geradesogut schildern könnte wie die *andre* (1808 bis 10); jede der beiden Epochen läßt sich gut verwenden, jede hat, novellistisch angesehn, ihre besondren Vorzüge. Aber um mit *freudevoller Sicherheit* zu schildern, muß ich doch beim Schildern die Gewißheit haben: die Dinge vollzogen sich wirklich zu *dieser* Zeit und zu keiner andern. Beunruhigt mich fortwährend der Gedanke: »Du schilderst jetzt 1805, es ist aber vielleicht 1809 gewesen«, so lähmt das meine Kraft. Es schadet nichts, wenn man Fehler macht, man muß es nur nicht wissen, *daß* man sie macht, und muß nicht, unter der Arbeit schon, durch die Vorstellung davon geängstigt werden. Frau v. R.s Buch interessiert mich übrigens aufs höchste, vielleicht weil ich es jetzt mit mehr Muße lese als früher. Wie fein beispielsweise die ganze Betrachtung auf S. 9. Mit Handkuß für Sie und einem Kuß für Martha, in alter Verehrung Ihr dankbar ergebenster

Th. Fontane

198

Berlin 5. Novbr. 78.
Potsd. Str. 134. c.

Mein gnädigstes Fräulein.

Heute früh hat mir Hertz Exemplare geschickt. Das erste davon erhalten *Sie*, weil ich mich, in bezug auf diesen Roman [»Vor dem Sturm«], niemandem so verpflichtet fühle wie Ihnen. Sie haben mich seit zehn Jahren und länger dazu ermutigt, mich immer wieder darauf hinverwiesen, und das danke ich Ihnen. Ob er Ihnen in allen Stücken gefällt, ist eine andre Frage, die neben jener verschwindet. Im übrigen denk ich, daß Ihnen so im Zusammenhange manches berechtigter erscheinen wird als vorher. Wenigstens dient alles einem Zweck, alles ist wohlüberlegt und steht nicht bloß da, um die Seiten zu füllen.

Über Martha hat Ihnen schon meine Frau geschrieben. Es geht, Gott sei Dank, besser. Es war eine rechte Sorge, dies von uns allen so geliebte Wesen in solcher Gefahr zu wissen. Seit vorgestern ist mir das Herz erleichtert.

In aufrichtigster Verehrung Ihr

Th. Fontane.

Im Buchhandel erscheinen die Bücher erst in etwa acht Tagen.

199

Berlin 3. Febr. 79.
Potsd. Str. 134. c.

Mein gnädigstes Fräulein.

Weihnachten, Geburtstag, Neujahr liegen zurück, und ich habe ein dunkles Gefühl großer Briefschuld, trotzdem ich mich, bei Abtragung dieser Schuld, in der Regel auf meine Frau verlassen kann. Aber es kommen Ausnahmen vor, und ich fürchte fast, daß so etwas vorliegt. Unter allen Umständen ist es mir eine Freude, eine Viertelstunde mit Ihnen plaudern zu können. Aber wo anfangen? In Gedanken und selbst in Gesprächen hab ich, während der letzten Monate, Dobbertin öfters vor Augen gehabt. In meiner neusten Arbeit [»Grete Minde«] kommen ein paar Kapitel vor, worin Sie namentlich die alte Domina v. Quitzow wiedererkennen werden; es sind vollständige Stifts- und Kloster-Kapitel. Dann hörte ich bei Wangenheims von Ihrem Grafen Bernstorff, der in Gartow mit bei der goldenen Hochzeit gewesen war. Ein paar Anekdoten sind mir in Erinnerung geblieben, nicht in bezug auf den Grafen, sondern auf das Fest selbst. Derselbe galonierte Diener, der vor 50 Jahren den Kutschenschlag auf- und zugemacht hatte, stand jetzt als 75er wieder am Schlag und wartete seines Amts. Dann: 5 000 Liter Kaffe und 5 000 Liter Punsch waren für die gewöhnlichen Leute des Dorfs und der Umgegend gekocht worden; als das Fest vorüber war, waren noch ganze Kessel voll Kaffe da, aber von dem Punsch kein Tropfen mehr.

Das führt mich auf den Punsch, den wir selber in voriger Woche gebraut haben, und zwar zweimal. Unerhörter Luxus; zwei Gesellschaften! Am *Dienstag* Lepels, Zöllners, Rolands; am *Freitag* Krigars, W. Gentz und Frau und Maler R. Schick. Menzel, der auch mit zugegen sein sollte, war, des Subskriptionsballs halber, nicht erschienen. Beide Gesellschaften schlossen mit Pfannkuchen und Burgunderpunsch, von welchem letztren die Gäste nur wenig genossen, ich, wie gewöhnlich, desto mehr. Der Freitag-Abend war sehr nett, der Dienstag kaum. Zum Teil lag es wieder an Frau v. Lepel; Sie wissen, daß ich mich längst mit ihr ausgesöhnt habe und es ihr *hoch* anrechne, daß sie Lepeln glücklich macht (er bewundert sie in einem fort), aber so froh ich darüber bin und so gewiß es ist, daß sie wirklich gut und freundlich mit ihm umgeht, so kann ich mich doch *gesellschaftlich* nicht mit ihr zufriedengeben. Daß sie derb und drastisch ist und immer nur »tolle Geschichten« erzählt, ist das wenigste; *das*, wenn ich es auch nicht schön finde, möchte hingehn, denn es ist meist amüsant und unterhält die Menschen wie die Aufführung eines Lustspiels, um nicht zu sagen einer Posse. Das Schlimme in ihrem gesellschaftlichen Auftreten liegt darin, daß sie alles andre tot macht; *sie* spricht, *sie* erzählt, ein andrer kommt nicht zu Wort, und muß sie's durch einen Zufall doch auf eine halbe Minute abtreten, so sieht man ihr an, daß sie traurig und gelangweilt ist. Sie strahlt erst wieder, wenn sie weitersprechen kann; das sind wundervolle Damen für verbrauchte Fürstlichkeiten, die sich was »vormachen« lassen wollen, aber in einer Gesellschaft, in der jeder gleichen Anspruch hat, erscheint es mir unstatthaft. Ich mag aber unrecht haben, denn alle andern denken viel milder darüber und hören ihr mit Vergnügen zu. Aber, bitte, dies alles bleibt unter uns.

Martha hat ein paar Bälle mitgemacht, *ich* muß fleißig ins Theater, Theo ist in Eberswalde und fühlt sich als Beisitzer und Protokollführer, aber noch mehr wohl als Skat- und Billardspieler, glücklich. Gestern war er besuchsweise hier und ist erst heute früh zurückgereist, da er einer kleinen französischen Gesellschaft beiwohnen wollte, zu der Mad. Subra, die beste und hübscheste der französ. Schauspielerinnen, ihr Erscheinen zugesagt hatte. Da ließ sich nicht widerstehn. Wie's abgelaufen ist, wissen wir nicht; als wir heute früh aufstanden, war er schon eine Stunde fort. – Gewiß hab ich in diesem Briefe wieder allerhand Hauptsachen vergessen, aber ich rechne auf Ihre Verzeihung. Mit dem Roman [»Vor dem Sturm«] geht es gut; die »Deutsche Rundschau« (Rodenberg) hat eine *sehr* hübsche Kritik gebracht. Mög uns eine 2. Aufl. beschieden sein; wir können es brauchen.

Mit den aufrichtigsten Wünschen für Ihr Wohl, Ihr dankbar ergebenster

Th. Fontane.

200

Berlin 10. April 79.
Potsd. Str. 134. c.

Mein gnädiges Fräulein.

Eben, in mitternächtiger Stunde, hab ich die Schriftstücke durchgelesen, die Sie so freundlich waren mir anzuvertrauen. Ich möchte – wenn Sie sich davon trennen können – beides wohl behalten; geht das nicht, so werd ich es mir abschreiben lassen, wenigstens *das* von der Prinzessin. Nicht daß die Grund- und Urgeschichte dieser drei Ehen aparter wäre, es sind aber ganz kleine Züge darin enthalten, z. B. ein paar gut formulierte französische Aussprüche, die mich interessieren und die sich gut verwenden lassen. Auch die Geschichte mit dem Ring: »Er bindet *Sie*, Madame, nicht mich«, ist gut. Dergleichen Kleinigkeiten finden sich mehrere, die mitunter, an richtiger Stelle angebracht, von Wert und Wirkung sein können.

Alles aber – und ich weiß, daß ich Ihnen das sagen darf – hat als *Geschichte* gar keinen Wert; es ist das immer und ewig Wiederkehrende: ein schöner, hochfahrender, sittenloser Mann und eine schwache unbedeutende Frau, die nicht von ihm lassen kann; dann eine von Geiz und Geldstolz verzehrte Dame, die nicht 5 Tlr. an den Grabstein ihres Vaters setzt etc. etc. All das ist typisch, und es ist gerade so, als würden Geschichten aus Havelland und Ruppin erzählt. Die besondren Züge, wodurch sich diese Individuen von andren ihrer Gattung und Charakterrubrik unterscheiden, fehlen. Auch der edelmütige arme Leutnant, der für seine Mutter warm kochen läßt, ist typisch. Hätt ich Zeit, so käme ich noch zu Ihnen, um ein paar weitere Worte darüber zu sagen. Es ist mir alles so lehrreich, und ich möchte wohl wissen, wie die Prinzessin C[arolath] zu diesen Aufzeichnungen gestanden hat und ob es ihr wohl klar war, daß diese Dinge, von einem gewissen *anekdotischen* Interesse, dennoch ohne *novellisti-*

sches Interesse sind. Es fehlt ganz das Eigenartige. Halten Sie mir dies alles zugut. Über Anna Reventlow existiert, glaub ich, eine Sage, die Lenau, *frei*, in einem Romanzen-Zyklus behandelt hat. Unter Christian dem II. oder IV. kann es *nicht* gewesen sein; ich habe deren Spezial-Geschichte – namentlich auch ihre Liebschaften – durchgelesen. – Verzeihen Sie mir, daß ich mich nicht habe bei Ihnen sehen lassen; aber ich war *zu* abgehetzt.

Mit herzlichen Wünschen für Ihr Wohl, mein gnädigstes Fräulein, Ihr

Th. Fontane.

201

Berlin 3. Juni 79.
Potsd. Str. 134. c.

Mein gnädigstes Fräulein.

Wie's immer geht, wenn sich einer auf den andern verläßt, so auch diesmal; ich dachte, meine Frau würde von Neuhof aus schreiben und danken, und sie hat dasselbe von mir gedacht. Dies mag diese verspäteten Zeilen erklären und entschuldigen. Der Spargel war sehr schön, was ich speziell in diesem Jahre, wo ich, rasch hintereinander fort, Brandenburger, Berliner und Eberswalder gegessen habe, kühnlich behaupten darf. Er war fleischiger, voller und hatte mehr den echten Spargelgeschmack. – Meine Frau ist seit dem 24. v. M. in Neuhof; die ersten Tage waren sehr trubulös und zum Erholen ganz ungeeignet, seit Ende voriger Woche geht es ihr aber um vieles besser, was sich auch in dem Ton ihrer Briefe ausspricht. Sie will bis Ende d. M. dort bleiben und dann mit mir in den Harz gehen, wahrscheinlich wieder nach Wernigerode, das uns im vorigen Jahre so sehr gefallen hat. Ein paar Wochen will ich mir dort Erholung gönnen und bloß laufen und klettern, dann aber hoff ich fleißig sein und endlich die bewußte Fräulein v. C....-Novelle [»Schach von

Wuthenow«] schreiben zu können. Alles ist vorbereitet und der Stoff längst in Kapitel eingeteilt; das erste Kapitel hab ich schon zwei-, dreimal geschrieben, aber immer wieder verworfen. Die Einleitung, wie ich sie *jetzt* habe, scheint mir aber die richtige zu sein. Der Anfang ist immer das entscheidende; hat man's darin gut getroffen, so muß der Rest mit einer Art von innerer Notwendigkeit gelingen, wie ein richtig behandeltes Tannenreis von selbst zu einer graden und untadeligen Tanne aufwächst. – Den Schluß von »Grete Minde« werden Sie nun wohl auch empfangen haben; mög er Ihnen gefallen. An meinem Roman [»Vor dem Sturm«] erleb ich viel Freude; allerbeste Leute – freilich meist Männer – interessieren sich dafür und sagen mir allerhand Freundliches. Ich schriebe gern einen *zweiten* [»Allerlei Glück«], der, in Bücher und Kapitel eingeteilt und in seinen Szenen und Personen skizziert, längst vor mir liegt. Aber unsre deutschen Buchhändler-, Verkaufs- und Lese-Zustände lassen es mir leider fraglich erscheinen, ob ich je zur Ausarbeitung kommen werde. Ich kann dieselbe nur vornehmen, wenn ich eine Einnahme von 5000 Tlr. ganz sicher habe, 3000 für den Abdruck in einem Journal und 2000 für die 1. Auflage des Buchs. Aber wo das hernehmen? Ich habe nicht solche Erfolge aufzuweisen und werde sie, nach der ganzen Art meines Talentes, wahrscheinlich *nie* aufzuweisen haben, daß sich Redaktionen und Buchhändler veranlaßt sehen sollten, mir solche Forderung ohne weitres zu bewilligen. Und doch sind die Summen noch niedriger berechnet, als mir nach der jetzt üblichen *Novellen*-Honorierung wie selbstverständlich zufallen müßte. Wieder unter Sorgen und Ängsten es schreiben, wie den ersten Roman, *das* tu ich sicherlich nicht. – Wir leben hier jetzt schöne, stille, sommerliche Tage; für Martha sind sie vielleicht etwas *zu* still, aber es steht nicht in meiner Macht, ihr andre zu schaffen. Kinder müssen sich ihre gesellschaftliche Stellung, ihre Freund- und Bekanntschaften selbst erobern. Ihr Pastor Pleßmann war auf einer Hochzeit in Rostock; Lise Witte schreibt uns heute davon; so sprechen sich auf Umwegen die Dinge in der Welt herum. Lepel ist ziemlich munter; sein Name erinnert mich – leider erst am Schluß meines Briefes – an Frau v. Romberg. Wir dachten viel an Sie, als wir den Tod der hochverehrten Frau in der Zeitung lasen. Es hat für mich etwas Schmerzliches und Erschütterndes, ein reiches, schönes, bevorzugtes Leben nicht nur so leidensvoll, sondern auch – was ich noch schmerzlicher finde – so *freudlos* endigen zu sehn. Denn neben dem Leide kann auch Freude, auch *irdische* Freude, blühn, und diese, glaub ich, hat sie seit vielen Jahren entbehrt. Mitunter berührt mich die Welt, als wäre sie doch nur der Tummelplatz untergeordneter Kräfte! Wie immer in Dank und herzlicher Ergebenheit, Ihr

Th. Fontane

202

Berlin 29. Juni 79.
Potsd. Str. 134. c.

Mein gnädigstes Fräulein.

Nur ein paar Worte, eine ergebenste Anfrage. Ist vielleicht Ihnen oder Fräulein v. Bülow oder einer andern Dame des Klosters das Stift Marienfließ in Pommern derart bekannt, daß Sie mir eine Empfehlung oder auch nur einen Rat geben könnten, um Zutritt zu demselben zu gewinnen. Es liegt mir nur an der *Lokalität* [für das Novellenprojekt »Sidonie von Borcke«], ich will keiner der Damen beschwerlich fallen, und wenn ich einen Gärtner oder Schulmeister fände, der mich umherführte, so wäre mir dies das liebste. Es bleibt aber immer fraglich, ob man solch Individuum auftreibt, und eine Art sichren Rückhalt möcht ich haben, eh ich die ziemlich teure Reise – es ist so weit wie Dobbertin – unternehme. Mein Aufenthalt an Ort und Stelle würde nur zwei

Stunden dauern und sich auf Besichtigung des Refektoriums, der Kirche, des Parks etc. beschränken.

Darf ich umgehend einer freundlichen Zeile von Ihnen entgegensehn? Der Boden brennt mir hier unter den Füßen, denn ich will fort in den Harz, muß aber vorher diese kleine pommersche Reise abgemacht haben.

In vorzüglicher Ergebenheit

Th. Fontane.

Die Priorin des Stifts Marienfließ heißt v. Schenk.

203

Berlin 15. Januar 80.
Potsd. Str. 134. c.

Mein gnädigstes Fräulein.

Seit gestern bin ich mit meiner Novelle [»L'Adultera«] fertig, leider auch nur wieder im Brouillon, und eile nun, aufgesammelte Briefschulden abzutragen. Der erste Brief richtet sich an Sie. Wie freundlich haben Sie wieder meiner gedacht, wie hübsch und reich mich beschenkt! An meinem Tische war kein rechter Platz für die Decke, und so ist sie denn meiner Frau zugute gekommen, die ohnehin am Weihnachtsabend, soweit *meine* Hand im Spiele war, etwas knapp abschließen mußte. Sie werden mit dieser Wanderung von Mann zu Frau gewiß einverstanden sein. Wanderungen sind ja das einzige, womit ich im Leben Glück gehabt habe. Familie natürlich immer ausgenommen.

Aber nun muß ich Ihnen allerhand erzählen. In den Weihnachtstagen, ich glaube, fast 3 Wochen lang, waren Lepel und Frau hier. Sie kamen aufmerksamerweise zu meinem Geburtstag, und Lepel selbst war ein paar Tage später im Rütli, der sich zufällig bei mir versammelte. Prenzlau scheint ihnen gar nicht zu gefallen. Er trägt es mannhaft, aber sie scheint kreuzunglücklich über das fehlende Berlin. Nicht zu verwundern. Wenn die alte Heyse mitunter sagte: »der ist Jude mit Jude gefuttert«, so kann man von der Heydebreck sagen: »sie ist Berlin mit Berlin gefuttert«. Übrigens tat sie mir wirklich leid. Sie ist doch nun mal, wie sie ist, und zu meinen kleinen Tugenden zählt *die*, die Menschen nicht ändern zu wollen. Lieber geh ich ihnen aus dem Wege. Daß es in Prenzlau nicht gehen will, überrascht mich übrigens keinen Augenblick, und wenn ich unsren märkischen Geschmack nur einigermaßen richtig beurteile, so ist *er* viel mehr schuld daran als *sie*. Sie schwatzt und schreit und ist unfein, aber erstlich schreien die meisten Brandenburger und ganz gewiß die meisten Berliner, und zweitens muß man es ihr lassen, daß sie pikant und unterhaltend zu schreien versteht. Er aber ist stockig und hochmütig, und wenn er es nicht ist, so wirkt er wenigstens so. Er wirft mir Rechthaberei vor und das, was die Berliner »Überzogenheit« nennen, aber selbst wenn er in diesem Vorwurfe recht haben sollte, was ich bis auf weiteres entschieden bestreite, so bin ich doch ein ganz kleiner Cadet neben *ihm*. Er wirkt ganz auf mich wie ein alter pommerscher Gutsherr aus dem vorigen Jahrhundert, der in seiner Jugend statt der Bibel zufällig Voltaire gelesen hat und infolge davon auf die politisch halbliberale Seite gefallen ist, aber in seinem Standesgefühl ist dadurch nichts geändert worden, im Gegenteil, er hat es dubliert, und zwar deshalb, weil er sich für den einzig würdigen, weil »aufgeklärten« Repräsentanten seines Standes hält. Zugleich hält er sich für den Inbegriff feiner Sitte, begeht aber beständig wahre Ungeheuerlichkeiten. Er war immer ein Querkopf und ist es geblieben. Er sagte mir mal vor sechs, sieben Jahren: »meine ganze Weise zu sein und zu sprechen, sei ihm nicht angenehm und mache ihn nervös«; ich hab es ihm nicht übelgenommen, weil ich begreife, daß mein Auftreten und Sprechen jemanden ärgerlich machen kann; aber offen gestanden, von *seinem* Auftreten find ich es noch begreiflicher. Lebhafte

Menschen, die sich jeden Augenblick geben, wie sie sind, können eitel und lächerlich wirken und zuletzt lästig werden, aber sie können nie *so* bedrücken wie die feierlich Schweigsamen, die dann und wann einen gesinnungstüchtigen und bedeutsam sein sollenden Pfeil abschießen, immer zu unrechter Zeit und immer an unrechter Stelle. Ich schreibe dies aus gar keiner Verstimmung heraus, zu der nicht der geringste Grund vorliegt, sondern gebe einfach den Eindruck wieder, den ich regelmäßig von ihm empfange, auch wenn er freundlich und bei bester Laune ist.

Da hab ich einen ganzen Lepel-Essay geschrieben, was mir, als ich anfing, sehr fern lag. Auch ein andres kleines Ereignis wird Sie vielleicht interessieren. Letzten Freitag erschien ein Diener von Exzellenz Graf Redern und sagte mir, der Graf würde sich freuen, mich am Montag zwischen 9 und 11 zu sehen; es sei in einer literarischen Angelegenheit. Meine Frau war wütend über dieses Zitiertwerden, ich beruhigte sie aber und sagte ihr, daß sie dreierlei nicht vergessen dürfe: 1. sei er über achtzig, 2. sei er Oberstkämmerer und Graf, und 3. bewohne er das schönste Palais in ganz Berlin. Kurzum, Montag kam und ich ging. Er war sehr gnädig, und ich kann die gute halbe Stunde, die ich bei ihm war, nicht zu den verlorenen zählen. Er ließ mich Einblicke in die Stellung eines höher potenzierten märkischen Edelmanns gewinnen, die mich wirklich lebhaft interessierten. Vielleicht bin ich auch ein dankbareres Publikum als nötig. Er proponierte mir schließlich, ich solle seine Biographie schreiben. Natürlich war ich gleich gewillt, es *nicht* zu tun, ich bat mir aber Bedenkzeit aus und versprach ihm eine schriftliche Antwort. Die hab ich denn gestern abend zur Post gegeben. Ich hab in dem Verkehr mit Hof und Hofleuten ein Haar gefunden; sie bezahlen nur mit »Ehre«, und da diese ganze Ehre auch noch nicht den Wert einer altbackenen Semmel für mich hat, so wird es mir nicht schwer, darauf zu verzichten.

Den Kreuzzeitungsartikel über James Clark *Maxwell*, den ich diesen Zeilen beilege, haben Sie natürlich längst gelesen; es ist aber oft wünschenswert, ein paar Exemplare zu haben.

Letzte Woche hab ich in N° 2 der »Gegenwart« ein Gedicht publiziert: »Die Brück am Tay«, in dem ich den furchtbaren Eisenbahnunfall bei Dundee balladesk behandelt habe. Vielleicht ist es Ihnen zu Gesicht gekommen; entgegengesetzten Falls schick ich es Ihnen, auch schon der Maxwells halber. Es hat hier eine Art Sensation gemacht, vielleicht mehr als irgend was, was ich geschrieben habe. Sonntag über 14 Tage wird es Kahle in einem Singakademie-Konzert vortragen.

In der Familie ist Gott sei Dank alles wohl, selbst meine Frau hat sich leidlich wieder erholt; ich fürchte nur, daß es nicht von langer Dauer ist. Zwei Sturmtage, und der alte Jammer ist wieder da. George, in Lichterfelde, hat gute Tage und ist beinah täglich in der Stadt, meist um Theater oder Konzert zu besuchen (natürlich gratis), mitunter auch, um an einer Gesellschaft oder einem Ball teilzunehmen. Ich gönne es ihm von Herzen; nur meinen Beutel darf es nicht erheblich beschweren.

In der nächsten Woche kommt Lindaus neues Stück »Gräfin Leah« zur Aufführung; es behandelt die Judenfrage, wird also viel pro und contra finden. Mit andren Worten, ein kleiner Skandal steht in Sicht, vielleicht auch ein großer. Mit der Bitte, mich Ihrem Herrn Bruder [Otto Heinrich Ludwig Leopold von Rohr] und Familie empfehlen zu wollen, Ihr dankbar ergebenster

Th. Fontane.

204

Berlin 12. März 80.
Potsd. Str. 134. c.

Mein gnädigstes Fräulein.

Auch ohne das Eintreffen Ihrer freundlichen Zeilen vom gestr. Tage würde ich heut geschrieben haben, um Ihnen und den lieben Ihrigen unsre herzliche Teilnahme [am Tod von Georg von Ciesielski] auszusprechen. Wir lasen es gleich den andern Tag in der Kreuz-Ztng. Daß er noch durch so schwere Kämpfe gegangen, das ist es, was auch hier wieder meine besondre Teilnahme weckt. Das Sterben an und für sich, wenn jemand todelend ist, ist nicht das Schreckliche, aber das *wie*. Die arme Frau hat viel zu tragen, der Mutter ganz zu geschweigen.

Über all dies bald mündlich, denn wir dürfen Sie also gegen Ende des Monats erwarten. Meine Frau werden Sie nicht treffen, sie wird sich mit Ihnen auf irgendeiner Bahnstation vielleicht kreuzen, da sie vorhat, am 20. oder 22., in Begleitung der Frau Musikdirektor Krigar, nach Nassau (Kaltwasser-Heilanstalt) zu gehn. Sie empfiehlt sich Ihnen angelegentlichst.

Die Nachricht über Oskar Lepel hat mich erschreckt; selbst wenn er sich wieder erholt, wird wohl die Karriere abgeschnitten sein. Übrigens nicht zum Schaden des Staats; ich höre doch von verschiedenen Seiten, daß es nur schwach mit ihm steht. Wo soll es auch herkommen? Mit ein bißchen Sprachkenntnis kommandiert man keine Regimenter. Aber dies alles nur zwischen *uns*! Ihr dankbar ergebenster

Th. Fontane.

205

Berlin 1. Dezb. 80.
Potsd. Str. 134. c.

Mein gnädigstes Fräulein.

Wie lange, daß ich nicht mit Ihnen geplaudert habe! Der Abend ist still, das Tagewerk getan, und so bitt ich mich eine halbe Stunde lang mit Ihnen unterhalten zu dürfen. Nichts von den großen Dingen, nicht einmal von der »Judenfrage«, sosehr mich diese bewegt und geradezu aufregt. Nur so viel: ich bin von Kindesbeinen an ein Judenfreund gewesen und habe persönlich nur Gutes von den Juden erfahren – dennoch hab ich so sehr das Gefühl ihrer Schuld, ihres grenzenlosen Übermuts, daß ich ihnen eine ernste Niederlage nicht bloß gönne, sondern wünsche. Und das steht mir fest, wenn sie sie jetzt *nicht* erleiden und sich auch nicht ändern, so bricht in Zeiten, die wir beide freilich nicht mehr erleben werden, eine schwere Heimsuchung über sie herein. Haben Sie in der gestr. Kreuz-Ztng. die Geschichte gelesen, die Herr v. Uechtritz über einen Benno Cohn mitteilt? Es verrät dies ein Maß von Frechheit, das sich nur infolge deutscher Langmut und Schwäche *so* hat anhäufen können.

Aber genug davon. Ich erzähle Ihnen lieber etwas von Haus und Familie. Mit meiner Frau geht es nicht recht; sie ist vor der Zeit alt geworden; eben erst 56, wirkt sie, als ob sie 66 wäre; sie hat gar keine Kraft mehr und hat ganz jene Beweglichkeit und Energie eingebüßt, die ihr früher eigen war. Um 9 oder 9 ½ legt sie sich in meinem Zimmer aufs Sofa und schläft, während ich bis 2 an meinem Tisch sitze und schreibe oder lese, ganz fest; ein offenbarer Zustand großer Nervenerschöpfung. – Es tut mir leid, daß es ihr körperlich nicht bessergeht, im übrigen paßt es vollkommen zu meinem eignen Tun und Treiben. Sie glauben gar nicht, was ich jahrelang unter der Gesellschaftslauferei gelitten habe! Wer viel arbeiten *muß*, weil er von seiner Arbeit lebt, der hat nicht Zeit, um 7 oder 7 1/2 sich anzuziehn und um 9 in irgendeinem [*Schluß fehlt.*]

206

[Berlin, wahrscheinlich Dezember 1880]
[*Anfang fehlt.*]

Essen ist *zu* schlecht. Ich konnte in ganz Wernigerode kein genießbares Kotelette auftreiben und lief immer auf den *Bahnhof* hinaus, um einigermaßen meinen leiblichen Bedarf zu decken. Übrigens trug ich selbst ein wenig die Schuld. Alles ißt nämlich um 1 Uhr in den Hotels, und bei solcher Table d'hôte, schlecht wie sie ist, kann man wenigstens bestehn. Um 1 Uhr zu essen war mir aber unmöglich, ich hätte dann nur bis 12 Uhr arbeiten können und wäre mit meiner Novelle sitzengeblieben. Apropos Novelle. Grete Minde ist vor einigen Wochen bei Hertz erschienen, und die Kritik nimmt sich der kl. Arbeit wieder freundlich an. Aber ich habe in literar. Dingen kein Glück und werde schließlich wieder froh sein müssen, wenn sich die Auflage einigermaßen verkauft. Und ich bin an Nicht-Erfolge so gewöhnt, daß ich's kaum noch anders wünsche.

Seit Monaten beschäftigen mich lange märkische Kapitel, die »Liebenberg« zum Gegenstand haben. Liebenberg gehörte früher dem »alten Hertefeld«, den Sie noch sehr gut gekannt haben müssen, und kam Anno 67 an die Eulenburgs, und zwar an den jüngeren Bruder des *früheren* Ministers des Innern, der oft bei der Gräfin Schwerin war. Der jüngere Bruder war viele Jahre lang Adjutant beim alten Wrangel und ist durch seine Frau, eine kluge und liebenswürdige Dame, eine Freiin von Rothkirch (*Enkelin* des alten Hertefeld), in den Besitz von Liebenberg gekommen. Die Gräfin

Eulenburg, geb. Rothkirch, muß auch im Schwerinschen Hause verkehrt haben, denn sie kannte den ganzen Kreis, auch Frl. Mathilde v. Rohr, und das bekannte Bild der Gräfin Schwerin hängt in dem einen Zimmer. Man ist in Liebenberg, wo ich innerhalb dreier Monate dreimal war (natürlich immer nur 1 oder 1 ½ Tag) sehr gütig gegen mich, und zwar alle, alt und jung; ich machte sogar eine Enkel-Taufe dort mit, höchst interessant. Doch es ist möglich, daß ich Ihnen davon schon geschrieben habe. Von höchstem Werte für mich war, im Sommer, mein Aufenthalt in Ostfriesland, wohin ich wegen der Frau v. Arnstedt (gest. 1819) gereist war. Aber mir fällt ein, *davon* wissen Sie ganz bestimmt, denn ich schrieb ja an Sie, um durch Major Blücher allerhand Näheres zu erfahren. Und er hat mir auch wirklich *sehr* viel Interessantes mitgeteilt. Interessantes und Wichtiges. Manches, was seinen Mitteilungen fehlte, hab ich mittlerweile aus Kirchenbüchern und *Prozeßakten* [zu »Hoppenrade«] erfahren, und zwar mit Hilfe eines sehr liebenswürdigen Amtsgerichts-Rats Klingner in Gransee, der mich einerseits über die Verwandtschaftsgrade und dann über den Gang des großen Prozesses zwischen den Bredows und Arnstedts (und später Wülknitz) aufgeklärt hat. – Aber nun muß ich schließen, sonst erlischt Ihre Lust zu lesen. Mit aufrichtigsten Wünschen für Ihr Wohl und mit dem Wunsche, mich Frl. v. Bülow empfehlen zu wollen, in dankbarer Ergebenheit Ihr

Th. Fontane.

207

Berlin 6. Juni 81.
Potsd. Str. 134. c.

Mein gnädigstes Fräulein.

Die Dobbertiner Spargel sind längst verzehrt, und wenn meine Frau mittlerweile nicht geschrieben hat – was ich bezweifle, denn sie hatte vorige Woche eine große Arbeit von mir [»Gröben und Siethen«] abzuschreiben –, so läßt der Dank dafür noch immer auf sich warten. In diesen Zeilen aber soll er als erstes abgestattet werden.

Es sind Wochen und vielleicht Monate schon, daß ich zuletzt von Ihnen hörte. Gleich nach Ostern war ich in Potsdam bei Dr. Windel und wollte natürlich auch Frau v. Cieselski besuchen, aber ich bin überhaupt zu keinem Besuche gekommen, selbst bei Hesekiels, bei denen ich notwendig vorsprechen mußte, erschien ich erst 2 Stunden vor meiner Wiederabreise. Der ganze Potsdamer Aufenthalt war kürzer und namentlich unruhiger als gewünscht. Ich traf Oster-Montag am Abend ein und reiste Sonnabend nachmittag wieder ab. Ergibt nur 4 Tage. Und wie vergingen die? Gleich am Dienstag-Nachmittag mußt ich nach Berlin ins Theater, und da das neue Stück *sehr* lange spielte, war ich erst um Mitternacht wieder in der Friedenskirche. Am Mittwoch hatte ich dann die Kritik zu schreiben, was bis 6 dauerte, um welche Zeit Friedel schon im Nebenzimmer wartete und nun holter die polter aufbrach, um die Kritik noch rechtzeitig auf die Vossische Zeitung zu schaffen. Am Freitag kamen Wangenheims, meine Frau und Martha (die gerade in Berlin war) auf Besuch und nahmen wieder einen Tag fort, so daß ich, außer den sehr gemütlichen Abendspaziergängen in Marly-Garten und Sanssouci, nur den Donnerstag zur Verfügung gehabt habe. An einem Abend, ich weiß nicht mehr an welchem, waren wir bei Graf Egloffsteins, wo furchtbar viel Gräflichkeit und Christlichkeit versammelt war. Es ging noch ganz leidlich ab, und eine alte Gräfin Dohna, ferner eine Frau v. Burgsdorff gefielen mir ganz gut, trotz alledem mache ich dergleichen höchst ungern mit. Es ist reine Zeitvergeudung. Wie's in solchem Zirkel überhaupt aussieht, das weiß ich, und im *besonderen* lernt man herzlich wenig dazu. Führen mich bestimmte literarische Zwecke in solche Häuser, so nehm ich das Unbequeme nicht bloß geduldig mit in den Kauf, so fühl ich es auch gar nicht; die stündliche Wahrnehmung, daß ich *das* erreiche, was ich erreichen will, erhält mich bei guter Laune. Ich kriege, wie die Berliner sagen, »meinen Preis heraus«. Fehlen diese Zwecke aber, so krieg ich ihn *nicht* heraus und ärgre mich, meine Zeit so nutzlos veranlagt zu haben. Dazu kommt noch ein kleiner Neben-Ärger, der, je älter ich werde, immer stärker wird. In der Regel verlaufen die Dinge so, daß man zwar mit exquisiter Artigkeit behandelt, dem Ganzen aber doch ein Ton und Wesen gegeben wird, aus dem man die einem zuteil werdende bedeutende gesellschaftliche Auszeichnung erkennen soll. Dies ist mir nun im höchsten Maße langweilig und ridikül; ich empfinde nichts von einer Auszeichnung, bin vielmehr so kolossal arrogant, mir umgekehrt einzubilden, die Leute müßten froh sein, mich kennengelernt zu haben. Denn erstlich hab ich doch auch so was wie einen Namen oder Nämchen, was aber viel wichtiger ist, ich habe viel erlebt und gesehen und kann darüber, wenn mir nur einer zuhören will, was aber freilich selten der Fall ist, in eingehender, bilderreicher und espritvoller Weise sprechen. Es ist nichts Auswendiggelerntes, nichts Schablonenhaftes in mir, ich bin *ganz selbständig* in Leben, Anschauung und Darstellungsart und halte mich deshalb für interessant und apart. Aber die Menschen wollen im ganzen genommen wenig davon wissen. Es geht mir mit meinem Wesen, Charakter und gesellschaftlichen Auftreten wie mit meinen Büchern, einige sind sehr davon eingenommen, aber die große, große Mehrheit läßt mich im Stich.

Ich habe mich auf der letzten halben Seite aus meinem eigentlichen Thema herausverirrt – ich wollte von meinem Selbstgefühl den sogenannten vornehmen Kreisen gegenüber sprechen und habe mich schließlich als Selbstgefühls-Mensch überhaupt decouvriert. In solchen Bekenntnissen macht man sich ja leicht lächerlich, und ich werde dieser Gefahr wohl nicht ganz entgangen sein; aber etwas kann vielleicht mit meinem Selbstgefühl versöhnen: das heitre Zugeständnis all der Niederlagen, die dasselbe beständig erlebt.

Es ist nun aber Zeit, von andrem zu sprechen. Erst von der Familie. Mit meiner Frau geht es leidlich; daß sie den Schmerz nicht verwinden kann, arm zu sein, ist ein alter Schaden, auf den ich unmöglich noch viel Gewicht legen kann; verglichen mit den Verhältnissen, aus denen heraus ich sie geheiratet habe, lebt sie jetzt wie in Abrahams Schoß. Ich kann momentane Geldverlegenheiten, die bei Lichte besehen kaum welche sind,* nicht als ungeheures Lebens-Unglück ansehn; wir haben seit Anno 55, also seit 26 Jahren, alljährlich über 2000, eine kurze Zeit lang gegen 3000 und als Durchschnitt 2500 bis 2700 Taler ausgegeben – ich kann dies unmöglich ein jämmerliches Leben nennen. In Wahrheit leben wir, bei gleichzeitig äußerster Bescheidenheit, auf einem großen Fuß, in *dem* Sinne auf einem großen Fuß, daß wir uns nichts versagen, was uns *sehr* wünschenswert erscheint. Wenigstens paßt das auf mich. Natürlich wünscht sich ein vernünftiger Mensch nur das Zulässige, das Mögliche, das Wohlmotivierte. – Mit den Kindern geht es gut. George wird seine 5 Wo-

* Es kommt vor, aber *sehr* selten, daß wir keine 50 Mark im Hause haben. Ich brauchte nun bloß an irgendeinen Verleger, am einfachsten und leichtesten aber an den mir befreundeten Kassen-Rendanten der Vossischen Zeitung zu schreiben und würde *auf der Stelle* jede beliebige Vorschuß-Summe ausgezahlt erhalten. Ich unterlasse dies aber aus *Klugheit und Feinfühligkeit* und bestreite, daß man einen solchen Zustand der Dinge, den man jeden Moment ändern kann, als »Geldverlegenheiten« bezeichnen darf.

chen Ferien wohl in London zubringen, weil ihm sehr wahrscheinlich eine kleine Summe Geldes zur Ausführung dieses für ihn wichtigen Aufenthaltes bewilligt werden wird. Theo war 8 Wochen in Magdeburg und ist als Vize-Feldwebel retourniert, wird also wohl im nächsten Sommer Reserve-Offizier werden. Friedel hat sich für den Buchhandel entschieden und weiß nur noch nicht wohin? Ich gäb ihn gern nach London, vorausgesetzt, daß dergleichen überhaupt möglich ist. Martha genießt die schöne Jahreszeit in Klein-Dammer und freut sich auf die Ferienwochen, die sie mit uns in Wernigerode verbringen will. Mit ihrer Gesundheit geht es besser als im Winter.

Die Freunde sehen wir selten. Wäre nicht der Rütli, so könnte von Verkehr kaum noch die Rede sein. Senator Eggers hat sich wiederverheiratet, eine allerliebste kleine Frau; Bormann ist 79 und dabei frisch wie der Fisch im Wasser – er war vorige Woche 3 Tage lang in Weimar (Schiller-Stiftung) und berichtete darüber mit jugendlicher Lebendigkeit, er gibt auch immer noch jungen Prinzessinnen Unterrichtsstunden. Menzel hat seine gute Zeit; im Winter, wenn er viel bei Hofe ist, mitunter täglich, wird er schwer traitable, jetzt aber ist er wieder Mensch unter Menschen. Heyden macht auch die Hof-Carrière und vertrödelt mehr Zeit damit als wünschenswert. Um es gröblich auszunutzen, dazu ist er viel zu anständig. Zöllners sind munter; *sie* ist, glaub ich, sehr glücklich, Frau Geheimrätin zu sein, eine liebe, treffliche Dame, aber äußerst konventionell und ganz in den alten preußischen Anschauungen, die mir so lächerlich sind, befangen. Fräulein *Anna* entwickelt sich zur beauté, der Sohn (Karl) ist als junger werdender Architekt in ein Bau-Büro getreten. Der Alte ist unverändert; einige sagen: er sei klapprig geworden; ich kann es aber nicht finden.

Bei klapprig fällt mir natürlich Lepel ein. Er war vor ungefähr 14 Tagen hier, kam auch in den Rütli. Der unglückselige

»Moses«, der fast ebenso verhängnisvoll für sein Leben geworden ist wie die Frauen, nimmt ihn wieder ganz in Anspruch. Es traf sich zufällig, daß Heyden, der davon nichts wußte, lauter in der Kunst- und Kunsthändler-Welt vorkommende Schwindelgeschichten erzählte. Lepel wird wenig Trost daraus geschöpft haben. Im übrigen war er, um ihm seine Ehre zu geben, merkwürdig gut im Stande. Leider bildet er eine sonderbare Sprechweise, die quick, pikant, ironisch und humoristisch und noch Gott weiß was alles sein soll, immer mehr aus. Ist er nun sehr guter Laune (was diesmal der Fall war), so daß das Humoristische seiner Rede prävaliert, so geht es mit diesen pfeilartig vom Bogen geschossenen Pikanterien, in der Regel aber wirken diese sein sollenden Geistreichigkeiten, als fiele einem Mückenstaub auf die Haut, man reibt sich, juckt sich, kratzt sich und wird um so verdrießlicher, je weniger man erkennen kann, wo's denn eigentlich herkommt. Lepel ist ganz Kürassier, und diese Husaren-Gastrolle kleidet ihm nicht.

Mir geht es leidlich. Ich habe in diesen letzten 6 Wochen einen großen Aufsatz geschrieben: *»Gröben und Siethen«*, zu dem mir, außer Dorf und Kirchenbuch, vor allem Frau v. Münchhausen, geb. v. Scharnhorst, und Graf Siegmar Dohna, Zwillingsbruder der verstorbenen Frau v. Chaumontet und jüngerer Bruder der alten vorerwähnten Gräfin Dohna in Potsdam, den Stoff gegeben haben. Im Harz hoff ich zwei Novellen [»Storch von Adebar« und »Sidonie von Borcke«] schreiben, d. h. entwerfen zu können – im Winter korrigier ich dann beide und namentlich auch den Schack-Frl. v. Crayn-Stoff [»Schach von Wuthenow«], der nun schon 2 Jahr im Brouillon in meinem Kasten liegt. Mit den aufrichtigsten Wünschen für Ihr Wohl, mein gnädiges Fräulein, Ihr dankbar ergebenster

Th. Fontane.

208

Wernigerode 25. August 81.
Lindenberg-Straße.

Mein gnädigstes Fräulein.

Am 5. Juli, als meine Frau von Thale abreiste, war ihr letztes Wort: »vergiß auch nicht, zum 9. zu schreiben.« Ich vergaß es aber doch und bitte wegen meiner Unachtsamkeit um Entschuldigung.

Heute nun bitt ich zuerst meinen Dank für Ihre freundlichen Zeilen vom 9. August, für den beigeschlossenen Brief Ihres Herrn Neffen und für den »Lupold v. Wedell« aussprechen zu dürfen. Meine Frau hat mir den größeren Teil dieses Romans und jedenfalls alles auf Sidonie v. Borcke Bezügliche vorgelesen. In Kollision mit Brachvogel werd ich nicht kommen, *er* nämlich schildert ihr ganzes Leben, ich hingegen fange mit *dem* an, womit er aufhört: mit ihren letzten, in Marienfließ zugebrachten Jahren, denen dann ihr Feuertod (*nicht* ihre Enthauptung) folgte.

Noch kannte ich nichts von Brachvogels Romanen, und so mögen Sie sich leicht vorstellen, wie mich die Sache interessierte. Sein Talent zeigt sich auch hier, stofflich ist es gut gewählt, nichts ist langweilig, und er versteht es durchaus, den echten alten Romanfaden zu spinnen: alle Sorten Liebe, höhre und niedre, Mätressenwirtschaft, Intrigen, Edelmut, Frauenwürde, Reise-Abenteuer, Jüdin, Türkin, Geister-Erscheinungen, Haß, Rache, Versöhnung – *alles* ist da, und so läßt sich denn in gewissem Sinne von einem interessanten Romane sprechen. Aber es gehört ein naiver Standpunkt und ein naiver Geschmack dazu; *ich* habe beides, und so kann ich dergleichen lesen oder mir wenigstens vorlesen lassen, meine Frau aber fand es greulich, und von ihrem Standpunkt aus hat sie recht. Sie verlangt in solchem Buche Bildung, Klarheit, Konsequenz und künstlerische Form, vor allem originelle, selbständige Menschen und Gedanken. Von all dem ist wenig oder gar nichts drin; es ist Küchen-Lektüre. Das handwerksmäßige Können, das technische Geschick, die Arrangier- und Schreibe-Routine, mit der dies alles in Szene gesetzt ist und vor der *ich* einen gewissen (freilich keinen großen) Respekt habe, macht auf Personen, die von der Kunst auch *wirkliche* Kunst verlangen, gar keinen Eindruck. Ich meinerseits weiß auch noch das rohe Talent als Talent zu würdigen, aber ich muß einen Standpunkt gelten lassen, ja ihn schließlich als den einzig richtigen erklären, der von rohen Talenten nichts wissen will. Es gibt freilich eine »rohe Kunst« in dem Sinne von Anfänger-Kunst, in dem Sinne von Kunst unzivilisierter oder halbzivilisierter Nationen, unter Kulturvölkern aber darf eine Kunst nicht mehr roh sein. Sowie sie sich als solche gibt, ist es mit ihr als Kunst vorbei. Bitte, sehen Sie hierin nicht bloß eine private Meinung über Brachvogel; ich glaube, daß er *ohne Ausnahme* von allen, die ihr Metier ernsthaft betreiben, in derselben Weise beurteilt wird. Es gibt heutzutage keine bloßen »Talente« mehr, zum wenigsten bedeuten sie nichts, gar nichts. Wer heutzutage eine Kunst wirklich betreiben und in ihr was leisten will, muß natürlich vor allem auch Talent, gleich hinterher aber Bildung, Einsicht, Geschmack und eisernen Fleiß haben. Zum *künstlerischen* Fleiß aber gehört etwas andres als Massenproduktion. Storm, der zu einem kleinen lyrischen Gedicht mehr Zeit brauchte als Brachvogel zu einem 3bändigen Roman, ist zwar mehr spazierengegangen als der letztre, hat aber als *Künstler* doch einen hundertfach überlegenen Fleiß gezeigt. Der gewöhnliche Mensch schreibt massenhaft hin, was ihm gerad in den Sinn kommt, der Künstler, der echte Dichter sucht oft 14 Tage lang nach *einem* Wort.

Neugierig bin ich, ob Graf Bernstorff wiedergewählt wird. Die Dinge haben sich seit 66 sehr geändert, und auch der mecklenb. Adel wird wohl schließlich einsehn, daß es zu nichts führt, gegen den Strom zu schwimmen. Hat denn Graf B. von seinem Vater, dem Gartower, nichts geerbt oder lebt der Alte noch? – Die v. Crayn-Novelle [»Schach von Wuthenow«] nehm ich nun in diesem Winter vor und denke doch mit der Korrektur bis spätestens zum Mai fertig zu sein. In Verehrung und Dankbarkeit Ihr

Th. Fontane

209

Berlin 19. Dezb. 81.
Potsd. Str. 134. c.

Hochgeehrtes gnädigstes Fräulein.

Gestatten Sie mir, Ihnen in Beifolgendem den 4. Band meiner Wanderungen überreichen zu dürfen.

Ich weiß zwar, daß Sie ihn aller Wahrscheinlichkeit nach schon haben werden, halten Sie doch in Ihrer Freundlichkeit gegen mich darauf, daß Hertz Ihnen alles schickt, was von mir erscheint, aber trotz dieses Wissens ist es doch wohl besser, ich komme auch noch selbst. Einzelne Kapitel werden Sie vielleicht interessieren: An Bord der Sphinx, Geist von Beeren, Saalow, und unter den neueren Sachen: Gröben und Siethen. Das Erscheinen dieses 4. Bandes ist mit besondrem Trara begrüßt worden, vielleicht weil das Publikum aus dem Schlußwort ersehen hat: es ist der *letzte* Band. Feiert ein Pastor sein 50jähriges Jubiläum, so kriegt auch der dummste den roten Adlerorden 4. Klasse. Wenn etwas aufhört oder nicht mehr lange dauern kann, wird die Welt wieder gnädig. – Im Hause geht es leidlich; alles ist wieder wohl, selbst meine Frau und Martha. Letztre geht Anfang Januar wieder zu ihren Wittes nach Rostock.

Ihnen, mein gnädigstes Fräulein, ein frohes Fest und ein glückliches Jahr wünschend, in dankbarer Ergebenheit, Ihr

Th. Fontane.

210

Berlin 1. Januar 82.
Potsd. Str. 134. c.

Gnädigstes Fräulein.

Der erste Brief geht an Sie, mein gnädigstes Fräulein; ich kann das neue Jahr nicht besser beginnen und seh ein freundliches Zeichen darin, denn Ihr Name hat mir immer Glück bedeutet. Ich glaube *des*halb, weil Wohlwollen und freundliche Gesinnungen wie von selber Glück schaffen, erst in der Vorstellung eines gewissen Geborgenseins, aber hinterher auch in aller Wirklichkeit. Empfindungen betätigen sich auch und führen Gutes und Schlimmes für uns herauf, je nachdem die Gefühle sind.

Für Ihre freundlichen Zeilen zu meinem Geburtstage meinen herzlichsten Dank, ebenso für das hübsche, mir sehr zupaß kommende Geschenk, womit Ihre Güte die Zeilen begleitet hat. Es stehen nun *zwei* unter der »Hölle« meines Schreibtisches, und jeder Fuß hat seinen aparten Erwärmungs- und Ruhepunkt; der rechte genießt dabei des Vorzugs, auf Rosen zu wandeln.

In der Zeitung hatte ich nur von dem Tode des Frl. v. Ferber gelesen, derselben Dame, wenn ich nicht irre, die mir einmal durch Ihre Güte einen Katte-Brief zustellte, wobei mir einfällt, daß auch die gute Frau v. Katte auf Wust (eine geb. v. Klützow) ihren Sohn verloren hat. Was den Grafen Bernstorff zu Fall gebracht, d. h. seine Wiederwahl gehindert hat, davon hörte ich gern mal von Ihnen. – Martha wird wahrscheinlich am 9., also morgen über acht Tage, ihre Reise antreten; auf der Rückreise wird sie nicht versäumen, in Dobbertin mit vorzusprechen. Mit ihrer Gesundheit geht es *nicht* gut, doch glaub ich nicht, daß es etwas andres ist als Nervosität. Mitten in der höchsten Elendigkeit kann sie vier Stunden oder auch einen ganzen Tag lang höchst glücklich und ausgelassen sein. Also jener Wechsel der Stimmungen und Zustände, denen nervöse Leute immer unterworfen sind. – Zu meinem Geburtstage kam auch Lepel; ich konnt ihn aber nicht sehn, weil ich krank im Bette lag. Er war munter; seine »Anna« pflegt ihn gut und sich mit. Er wird nun wohl bald nach Berlin (ins Invalidenhaus) kommen, da der alte H[au]ptmann Schmack über 90 ist. Meine Frau, Martha, Friedel empfehlen sich Ihnen angelegentlichst. Unter herzlichen Neujahrswünschen in dankbarer Ergebenheit Ihr

Th. Fontane.

211

Berlin 13. Juli 82.
Potsd. Str. 134. c.

Mein gnädigstes Fräulein.

Den Geburtstag hab ich mal wieder vergessen und versäumt, Ihre Güte aber wird auch meine verspäteten Glückwünsche nicht refüsieren. Meine Frau hat ihr besseres Geburtstagsgedächtnis hoffentlich wieder bewährt und ist rechtzeitig unter den Gratulanten erschienen.

Unter meinen Geburtstagswünschen kann ich diesmal auch den mich selbst mit angehenden aussprechen, daß Ihnen die nun bald erscheinende Fräulein v. Crayn-Novelle [»Schach von Wuthenow«] einigermaßen gefallen möge. Manches wird Ihnen zu lang und zu breit ausgesponnen erscheinen, *ist* es vielleicht auch, aber ich wollte mit der Geschichte zugleich ein Zeitbild geben, ja recht eigentlich zeigen, daß der Hergang aus speziell *dieser* Zeit erwuchs. Daß ich alles *frei* behandelt habe, versteht sich von selbst. Und nun hab ich nur noch den Wunsch, daß Sie's *nicht* von Tag zu Tag lesen, sondern dann erst, wenn das Ganze vorliegt. Dies wird nicht sehr lange dauern. Ich denke, daß der Druck etwa am 1. August beginnen und etwa am 15., spätestens am 20. enden wird. – Meiner Frau geht es gut; ich bin von Überarbeit sehr herunter und will in 8 Tagen nach Norderney, leider nicht um auszuruhn, sondern um weiterzuarbeiten. Mit herzlichen Wünschen für Ihr Wohl, Ihr dankbar ergebenster

Th. Fontane

212

Auch von mir, mein gnädigstes Fräulein, Gruß und Empfehlung und erneuten Dank für den *Stoff*, der in beifolgendem Buch [»Schach von Wuthenow«] seinen wohlgemeinten, wenn auch unvollkommenen Ausdruck gefunden hat. Wenn die Novelle vielleicht ein kleines Glück macht (auf großes zu hoffen, hab ich längst verlernt), so schieb ich es darauf, daß es mir mit allem gut gegangen ist, was von *Ihnen* kam. In vorzügl. Ergebenheit

Th. Fontane.

B[erlin] 22. Noveb. 82.

213

Berlin 3. Januar 83.
Potsd. Str. 134. c.

Mein gnädigstes Fräulein.

Die Festtage liegen zurück, das Rehziemer ist verzehrt und die Marzipankiste für die Zeiten eines beßren Magens beiseite gestellt – da geziemt sich's nun, Briefe zu schreiben und Dank auszusprechen, zuvörderst an Sie, mein hochverehrtes gnädigstes Fräulein, denn ich bin mit allem möglichen tief in Ihrer Schuld.

Ein längerer Brief von Ihnen, den ich schon etwa Mitte Dezember erhielt, hat mich sehr beglückt. Sie sprachen sich darin über meinen Schach aus und in einer Weise, die weit über meine Erwartungen hinausging. Alles Lob tut wohl; an

Ihrer Zustimmung aber mußte mir in diesem Falle ganz besonders gelegen sein, schuld ich Ihnen doch den ganzen Stoff; ohne *Ihre* Erzählung existierte auch die meinige nicht.

Mit dem Beifall, den Schach im Publikum und in der Presse gefunden hat, kann ich zufrieden sein, *eine* der Kritiken (im »Magazin f. d. Literatur des In- und Auslandes«) geb ich gleichzeitig mit diesen Zeilen zur Post. Fast noch wichtiger ist mir *das*, daß mir Landgerichts-Direktor Lessing, der reiche Besitzer der Voss. Ztng., einen liebenswürdigen Brief geschrieben, mir seinen Dank ausgesprochen und für nächsten Sommer, 83, etwas ähnlich Novellistisches von mir eingefordert hat, aber über dies schließlich doch immer nur bescheidene Maß von Glück und Anerkennung werd ich schwerlich hinauskommen. Ein *wirklicher* Erfolg war mir nie beschieden und wird mir auch nicht mehr beschieden werden. Ich muß mich einrichten mit Lebenslotterie-Gewinnen von 50 Talern. Je länger ich das Leben beobachte, je deutlicher seh ich, daß dem einzelnen mit einer eisernen Konsequenz des Schicksals das eine gegeben, das andre versagt wird; der eine spekuliert immer glücklich, der andre immer unglücklich; der eine liebt immer glücklich, der andre immer unglücklich; der eine reist dreimal um die Welt ohne Unfall, der andre trifft es bei jeder Ausfahrt so, daß ein Rad bricht oder ein Pferd durchgeht oder doch wenigstens, daß es mit Mollen gießt. Und nach diesem Unwandelbarkeits-Gesetz ist auch über mein Bücher-Glück und -Unglück ein für allemal entschieden: ich werde immer einen mäßigen Anstands-Erfolg erzielen; aber nie mehr. Auch bei Schach wird sich dies wieder zeigen; die 2. Auflage war schnell da, aber darüber hinaus wird es wohl nicht kommen. Der Buchhändler und das Publikum wenden sich schnell andern Göttern zu. Alles lebt nur auf 8 Tage.

Die Festtage, trotzdem uns nichts eigentlich quälte und drückte, waren nicht recht froh. Meine Frau schob es darauf, daß ich *alle die Festtage durch* bis zum 31., wo ich dann um 7 Uhr ins Theater (Silvester-Vorstellung) stürzte, angestrengt arbeiten mußte; aber das ist Täuschung. Der eigentliche Grund, der keine rechte Lustigkeit aufkommen läßt, ist der, daß in unsren sämtlichen Herzen keine Lustigkeit existiert; alles ist unter dem Druck von irgend etwas Lästigem, Unangenehmen; die Kinder – mit alleiniger Ausnahme von Friedel, der einen gütigen, teilnahmevollen, liebenswürdigen Charakter hat – sind, im letzten Winkel ihres Herzens, alle über »die kleinen Lebensverhältnisse« verstimmt; alle drei sagen sich beständig, »Gott, es ist doch aber auch ein Pech, daß *wir* gerade so arme Eltern haben müssen«; sie übersehen das tausendfältig Gute, das sie haben, und kommen zu keiner echten und tiefen Anerkennung meiner Bestrebungen, weil ihnen die relative Resultatlosigkeit dieser Bestrebungen unbequem ist. Meine Frau ist darin viel verständiger und viel liebenswürdiger geartet (überhaupt die Beste von der ganzen Gesellschaft, mich mit eingerechnet) und leidet nur ihrerseits wiederum unter ihrer großen körperlichen Gebrechlichkeit. Ich, trotz aller Arbeit (oder vielleicht *durch* die Arbeit), bin der einzig oft wirklich Heitre und würde dieser Heiterkeit auch Ausdruck geben, wenn mich nicht die tief-innerlichste *Nicht*-Heiterkeit der Kinder um diese meine Heiterkeit brächte. Das Maß von Verkehrtheit und Undankbarkeit, das darin liegt, ärgert mich. Keins der Kinder hat je scharf zugefaßt und gesagt: »*so* soll es sein; *das* übernehm ich, *das* ist nun *meine* Sache« – alle leben ganz ausschließlich nach ihrem Penchant. Dieser Penchant ist nicht schlecht, sie verlangen keine Dummheiten, sie sind nicht faul – aber jeder folgt nur seiner Laune, seiner Natur, keiner hat eine höhere Vorstellung von *Pflicht*. Sie tuen dies und das, auch Gutes und Verständiges, aber sowie es anfängt, ihnen im kleinsten unbequem zu werden, ist es damit vorbei. Vielleicht war ich ebenso, vielleicht sind die meisten Menschen so; aber jedenfalls gibt es auch andre, die voll *Kraft und Mut* nicht bloß der eignen Neigung, sondern auch einer wirklich schönen, über das *Ich* hinausgehenden Aufgabe leben. Die Beobachtung dieser Dinge rund um mich her ist mir mitunter schmerzlich und kann einem das ganze Menschentum, man selbst mit eingerechnet, verleiden.

Die Arbeit, die mich während der Feiertage und auch schon die Wochen vorher beschäftigte, hieß »Dreilinden«, das vielgenannte Wald- und Jagdhaus des Prinzen Friedrich Karl. Ich bin neugierig, wie der Prinz die Arbeit aufnehmen wird; er reiste gerade ab, als das 1. Kapitel erschien.

In den nächsten Tagen fang ich nun an, meine Novelle »Graf Petöfy« (für »Über Land und Meer« bestimmt) zu korrigieren; es wird wohl – selbst wenn ich leidlich gesund bleibe – bis in den Mai hinein dauern. Ende Mai geh ich dann wieder in den Harz, wohin ich mich immer wieder sehne.

Meine Frau und Martha empfehlen sich Ihnen angelegentlichst. In Dankbarkeit und herzlicher Ergebenheit, mein gnädigstes Fräulein, Ihr

Th. Fontane.

214

Berlin 9. Febr. 83.
Potsd. Str. 134. c.

Mein gnädigstes Fräulein.

Frau und Friedel haben schon geschrieben, und ich will nicht zurückbleiben; schuld ich Ihnen doch noch meinen Dank für einen langen und wie immer liebenswürdigen Brief vom 12. v. M. Dieser Brief enthielt nicht bloß viel Freundliches, sondern auch viel Tröstliches und redete mir zu. Solcher Zusprache ist man immer bedürftig. Gewiß liegt es bei mir so wie bei allen andern Menschen: das Gute, das man hat, nimmt man als selbstverständlich hin, und von dem, was einem fehlt, macht man mehr, als man bei richtigerer und dankbarerer Betrachtung daraus machen sollte. Dies sag ich mir oft; aber es immer gegenwärtig haben ist schwer. Manches läßt sich wirklich kaum verstehn, und die Bitterkeit wird nur durch Unterwerfung bekämpft. »Es *soll* so sein.« Aus diesem Satze läßt sich freilich nicht immer Trost schöpfen, und Hunger und Durst bleiben sie selbst und quälen einen weiter. Aber gegen die kleineren Leiden des Daseins – und nur von solchen bin ich bis jetzt heimgesucht worden – ist es ein großes Hilfsmittel. Im ganzen darf ich auch sagen, daß ich in dieser »Resignation« Fortschritte mache und mich mit dem bescheidnen Teile, das mir zugefallen, mehr und mehr einlebe.

Unter meinen Aufzeichnungen find ich unter der Überschrift *»Fräulein v. Rohr«* zwei Notizen:

1. Briefe des Herzogs von Weimar an Frau v. Crayn und
2. Briefe von Julie v. Voß an Gräfin Dönhoff.

Ist Aussicht vorhanden, etwas davon zu bekommen? Wahrscheinlich sind die erstren wichtiger; die der *Voß* aber interessieren das Publikum mehr; sie ist nun mal eine *pikante* historische Person, trotzdem sie persönlich nichts weniger als »pikant« gewesen sein soll, vielmehr eine sentimentale Heul-Lise.

Vielleicht erfahr ich durch Ihre Güte gelegentlich etwas über den Stand dieser Brief-Angelegenheit. In aufrichtiger Dankbarkeit und Ergebenheit, Ihr

Th. Fontane.

215

Berlin 25. März 83.
Potsd. Str. 134. c.

Mein gnädigstes Fräulein.

Empfangen Sie meinen herzlichsten Dank für Ihre freundlichen Zeilen vom 20. d. M.; Frl. Jeannette v. Bülow ist nun hoffentlich zurückgekehrt und hat Plauderstoff für die Festtage mitgebracht. Daß Sie, von Stavenow aus, so gute Nachrichten noch kurz vor Absendung Ihres Briefes empfingen, hat mich herzlich erfreut; ich habe die »schöne Amélie« [von Voß] noch immer lebhaft in der Erinnerung und würde solchen Unglücksfall mit beklagt haben. Von Lepel hatte auch *ich* gestern oder vorgestern einen Brief, worin er mir Freundliches über meinen Aufsatz [»Dreilinden«] sagt. Ich kann Ihnen ehrlich versichern, daß mir das bißchen Lob an und für sich ziemlich gleichgültig ist – die bloße Tatsache aber, daß L. Veranlassung genommen hat, mir nach etwa 20 Jahren mal wieder ein freundliches, ungereiztes, unquengliches Wort zu sagen, hat mich aufrichtig erfreut. *Da*rin besteht für mich der Wert der Sache. Was das Lob selbst angeht, so bin ich mißtrauisch. Ich denke mir, daß er in Prenzlau – wo ja die »64er« des *Prinzen* Regiment sind – allerlei Gutes über den Aufsatz gehört hat, und infolge davon ist er mit einem sehr guten Vorurteil an die Sache rangegangen. Denn sonderbar, so klug und gescheit Lepel ist und so gewiß er vor Hunderten und Tausenden das Zeug dazu hat, gut und fein und zutreffend zu urteilen, ist er doch durch andre Menschen *sehr* bestimmbar. Auf das Gerede der unbedeutendsten Menschen geht er ein und trägt es einem mit einer gewissen Wichtigkeit vor, als ob es was sei.

Nun die Briefe! Ich kann nur wiederholen, daß mir beide von hohem Wert sind, zumeist *die* von Julie v. Voß, die, so denk ich mir, auch wohl am ehsten aufzutreiben sein werden. Wer war eigentlich Erbe von Gräfin Schwerin? Ich denke mir zunächst Frau v. Romberg, und von dieser wird wohl alles an den Sohn, Baron Romberg, übergegangen sein. Daß dieser sich sehr um *diese* Papiere gekümmert haben sollte, ist freilich nicht wahrscheinlich; auch ist wohl nachträglich, weder bei ihm noch bei ihr, ein Interesse dafür vorauszusetzen. Ein Wort von Ihnen wird aber *doch* wirken; Sie müssen beiden nur in die Seele zu reden wissen. Im ganzen weiß man von Julie v. Voß sehr wenig, selbst die Memoiren der alten Oberhofmeisterin [Sophie Marie von Voß], so wichtig und so gut sie gerade an dieser Stelle sind, gehen doch nicht sehr in die Charaktertiefe, wennschon ich andrerseits einräumen muß, daß das wenige, was sie über die Vorgänge im Herzen ihrer Nichte sagt, sehr wahrscheinlich das einzig Richtige ist. Sie hatte weder einen hohen, idealen, dianahaft keuschen Charakter, noch war sie schlau berechnend und mit sanften Mienen intrigierend – sie war einfach eine hübsche, blonde, etwas skrophulöse, etwas eitle und schließlich auch etwas verliebte Dame, die Tugend und Vorteil zu vereinigen trachtete. Liest man zwischen den Zeilen, so gibt das die alte Tante auch eigentlich zu.

Wegen des Herrn v. Wilke hab ich die Ranglisten seit 1870 durchgesehn. Zur Zeit steht überhaupt kein Herr v. Wilke in der Armee mehr; wohl aber existiert in Berlin ein Leutnant *außer Dienst* v. Wilke, Templiner Straße 1, zwei Treppen hoch. Dieser könnte es sein, ist mir aber doch nicht wahrscheinlich. »Templiner Straße« nach dem Wedding hin klingt sehr kümmerlich. v. Wilkes (mit einem einfach k) gibt es also in der Armee *nicht* mehr, wohl aber vier oder fünf v. Wil*ck*es mit einem ck. Die meisten davon sind ganz jung, einer aber ist Major a. D. und wohnt S. W. Wartenburg-Straße 20 III. Dieser könnte es sein. Dieser Major stand aber nie im Train, sondern war Rittmeister bis 1875 in einem rheinischen Ulanen-Regiment. Allerdings ist *das* möglich, daß er nach 75 noch eine kurze Zeit im Train gestanden und dann seinen Abschied genommen hat. Ich glaube, auf *diesen* würde zu regardieren sein. Meine Frau empfiehlt sich Ihnen; Martha reist übermorgen nach Mecklenburg. In dankbarer Ergebenheit, mein gnädigstes Fräulein, Ihr

Th. Fontane.

216

Berlin, 2. Januar 84.
Potsd. Str. 134. c.

Diese Zeilen, mein gnädigstes Fräulein, die Ihnen meinen herzlichen Dank für Ihre Glückwünsche aussprechen sollen, treffen Sie hoffentlich schon wieder bei gutem Wohlsein an, wiewohl das scharfe Frostwetter, das sich inzwischen eingestellt hat, für katarrhalische Affektionen nicht gerade das beste ist.

Das Fest, wie auch meinen Geburtstag, verbrachten wir still zu Haus; ein wahres Glück; ich habe nicht die geringste Neigung mehr, in großen oder kleinen Gesellschaften umherzustehn, erst mit dem Hut und nachher mit einer Tasse Tee in der Hand, allerlei gleichgültiges und dummes Zeug zu hören oder, was noch schlimmer ist, selber zu sprechen und sich schließlich an einer Majonnaise den Magen zu verderben. Das ist für junge Leute oder für Offiziere und Geheimräte, die dergleichen mit Recht als »Dienst« ansehn. Ich bin »außer Dienst« und will wie den Schaden auch den Vorteil davon haben.

George war zum Feste hier, Theo hatte sich von seiner Krankheit leidlich wieder erholt, und Martha kam zu Zeiten, so daß wir ein paarmal allesamt (natürlich auch Friedel) zusammen waren. Wie oft und wie lange noch? Selbst wenn alles am Leben bleibt, müssen die Detachierungen in die

Welt hinein bald beginnen: Theo wird sehr wahrscheinlich in eine Provinzialhauptstadt geschickt werden, Friedel will nach Genf oder Paris oder London, und Martha – wenn sie nicht die Sache *vorher* satt kriegt – verbringt das nächste Weihnachtsfest vielleicht in Chicago oder San Francisco. Sie von solchen Welttouren zurückzuhalten, wenn sie nicht selber eines schönen Tages davon abspringt, haben wir weder ein Recht noch den Mut dazu. Was können wir ihr hier bieten? Die Chancen eines *armen* Mädchens sind hier äußerst gering, und der Umstand, daß sie sehr gescheit und zugleich auch durch ein Leben in reichen Häusern verwöhnt ist, *erschwert* es ihr nur, einen Mann zu finden. Was soll auch ein kleiner Landprediger oder Gymnasiallehrer, wenn er sich nicht weit über den Durchschnitt erhebt, mit ihr anfangen?

Sehr hat mich interessiert, was Ihre lieben Zeilen an meine Frau über Rombergs enthielten. Natürlich ist es traurig, aber das Allertraurigste ist *das*, daß man es nicht mal zum Mitgefühl mit dem Schicksal dieses Ehepaares bringen kann. Wenn ich, ohne schwimmen zu können, ins Wasser springe, so ertrinke ich eben. Und wenn ich herausgezogen werde und immer wieder hineinspringe, so werden die Umstehenden zuletzt eigentlich nur noch ärgerlich. Es spricht sich in der Handelsweise dieses Ehepaares eine unerfreuliche Mischung von Dünkel und Dummheit aus. Ich glaube, beide konnten es nicht recht fassen, daß ein Romberg und ein Itzenplitz je verarmen könnten; da hatte der liebe Gott eben die Verpflichtung, *durch ein Wunder* zu helfen. Ach, du lieber Himmel, welche Vorstellung. Was ist Romberg und Itzenplitz in den großen Ordnungen Gottes! Nicht mehr als ein Sandkorn. – Darf ich bitten, mich Frl. v. B[ülow] empfehlen zu wollen. Mit herzlichen Wünschen für Ihr Wohl, Ihr dankbar ergebenster

Th. Fontane

217

Berlin 30. März 84.
Potsd. Str. 134. c.

Mein gnädigstes Fräulein.

Wie für Ihre freundlichen Worte in Ihrem letzten an Friedel gerichteten Briefe habe ich Ihnen vor allem auch für Ihre an Frau Lina Duncker gerichteten Zeilen zu danken, die bereits gute Frucht getragen haben. Ich war zweimal zu längerem Geplauder bei ihr und habe mehrere kl. Briefe mit ihr gewechselt – eine kluge, liebenswürdige Dame, die nichts von jenem esprit fort-haften und scharfen Wesen hat (oder wenigstens mir nicht zeigte), das ihr früher nachgesagt wurde. Es läßt sich sehr *natürlich* mit ihr plaudern, und das ist immer die Hauptsache, nichts Aufgesteiftes, Zurechtgemachtes. Das erste Mal, wo ich wohl fast 2 Stunden bei ihr war, war ich furchtbar angegriffen und hatte das Gefühl, mich um ein paar Grade lederner und langweiliger gezeigt zu haben als nötig, das letzte Mal aber ging es. Man weiß indes nie, wie man wirkt, und dreht sich schließlich die Sache vielleicht um.

Mit meiner Arbeit [»Christian Friedrich Scherenberg und das literarische Berlin von 1840 bis 1860«] bin ich nun beinah fertig, heut über 8 Tage, denk ich, ist alles abgetan und bleibt dann nur noch eine letzte Durchsicht. Ich habe dann gerade 5 Monate daran gesetzt, was nicht zuviel ist, denn es sind 23 Kapitel, also ein ganzes Buch.

Lepel hatte die Freundlichkeit, mir auch sein Gedicht zu Kaisers Geburtstag zu schicken; man sieht, daß es einer gemacht hat, der das Dichten als Metier versteht, er hat die nötige Kunst weg, aber mit der Seele ist nicht viel los, es wirkt tot. Aber um Gottes willen kein Wort darüber, ich bin froh, daß ich wieder auf einem leidlichen Fuß mit ihm stehe. *Mehr* kann ich auch kaum verlangen, unsre Wege gehen überall zu weit auseinander. In meinem Aufsatze über Scherenberg hab ich seiner aber in aufrichtiger *Liebe und Dankbarkeit* gedacht und das Leben geschildert, das wir durch Jahr und Tag hin in der Kaserne geführt haben. – Wir leben hier still weiter, ganz nach meinem Geschmack, aber meine Frau will nicht viel von dieser Stille wissen und langweilt sich mitunter halb zu Tode. Mir tut das leid, ich kann es aber nicht ändern; ändern kann *sie's selber* nur. Sie könnte sich recht gut junge Dinger und alte Tanten ins Haus ziehn, *ganz ohne mich*, aber das tut sie nicht, weil ihr alle diese jungen Dinger, diese Nichten und Martha-Freundinnen etc., viel zu langweilig sind, und nur wenn sie selber Langeweile fühlt, will sie plötzlich Menschen haben. Das geht aber nicht. Wer einmal Einsamkeit vorzieht, der muß sie dann *immer* vorziehn, sonst kommt er in eine schiefe Lage. – Martha ist seit gestern in Rom – sie schreibt sehr glücklich und fühlt sich wohl und munter. Meine Frau empfiehlt sich. Wie immer Ihr dankbar ergebenster

Th. Fontane

218

Berlin 3. Juli 84.
Potsd. Str. 134. c.

Mein gnädigstes Fräulein.

Seit Wochen will meine Frau schreiben und anfragen, wie es mit Ihrem Befinden, mein gnädigstes Fräulein, geht? Allerlei Trouble hat sie aber nicht dazu kommen lassen, und so schreibe ich und erkundige mich. Hoffentlich steht alles gut; als Sie hier waren, verschlimmerte ein Gefühl der Unruhe Ihren Zustand. Ihr Haus, Ihre wiedergewonnene Bequemlichkeit und Ihr Arzt werden inzwischen alles wieder in Schick und Ordnung gebracht haben, so hoffen wir recht bald zu hören.

Ich sprach von »Trouble«; wir hatten ihn und haben ihn noch. Frl. Treutler war auf Besuch hier, dann kamen deren

Eltern und Anverwandte. Dazu ein unbrauchbares Mädchen und nun seit drei Tagen keines. Vielleicht lassen wir's dabei, da wir in der Mitte des Monats doch fortwollen, nach Krummhübel in Schlesien. Nur Marthas Kommen – wir erwarten sie ungefähr am 10ten – wird unsre Abreise von hier vielleicht hinausschieben. M.'s letzter Brief war aus München und berichtete über einen Besuch bei Paul Heyse. –

Von Lepel hörte ich neulich, »er sei recht elend«; ist das wahr?

Meine Frau empfiehlt sich Ihnen angelegentlichst. Lassen Sie bald *recht* Gutes von sich hören, und bewahren Sie, mein gnädigstes Fräulein, Ihr Wohlwollen Ihrem dankbar ergebensten

Th. Fontane.

219

Berlin 28. Okt. 84.
Potsd. Str. 134. c.

Mein gnädigstes Fräulein.

Darf ich von Ihrer Güte zwei, drei Scherenberg-Kapitel zurückerbitten? An dem Ganzen liegt mir nichts, aber *die* Kapitel von seiner Bekanntschaft mit Lassalle an bis zu seinem 80. Geburtstag (wo er dann verstimmt aus dem Tunnel ausscheidet), *diese* Kapitel, wahrscheinlich nur drei, hätte ich gern.

Es sind nämlich manche Personen, die viel Freundlichkeit für Scherenberg gehabt haben, vergessen worden, und deren Namen und einige kurze Notizen über sie möchte ich gern noch anbringen. Schlimmstenfalls muß ich mir das Manuskript aus der Druckerei zurückfordern, aber das stiftet allemal Konfusion. – Meiner Frau Brief ist hoffentlich in Ihren Händen; uns geht es leidlich, nur das Sturmwetter schafft einiges Nerven-Elend. In Dank und Ergebenheit Ihr

Th. F.

220

Berlin 8. Januar 85.
Potsd. Str. 134. c.

Gnädigstes Fräulein.

Herzlichsten Dank für Ihre Glückwünsche zum 30. v. M. Vor allem wünsche *ich* mir, daß mir Ihre Freundschaft, der ich so viel Gutes und Glückliches verdanke, auch fernerhin treu zur Seite stehn möge. Demnächst kommt es mir auf leidliche Gesundheit an; bleibt mir *die*, so werd ich mich auch weiter durchschlagen und vielleicht sogar die kleine Mission erfüllen, die ich gehabt habe.

Das Fest verlief still und angenehm, ohne große Gesellschaftlichkeit; nur ein einziges Mal waren wir bei Wangenheims mit Hofprediger Windel. George reiste am 3. Januar nach Wahlstatt zurück; am Tage vorher war Lise Witte (Frau Mengel) auf kurzen Besuch bei uns eingetroffen und blieb bis gestern. Wir freuten uns ihrer, denn sie ist lieb und gut und anspruchslos, aber der viele Logierbesuch – vorher George – war doch recht anstrengend für meine Frau, die – weil sie kein brauchbares Mädchen hat – alles selber machen und schließlich auch noch die Liebenswürdige oder doch die ewig Dienstbereite spielen muß. Sie ist denn auch von Überanstrengung, Erkältung und kleinem Magenverderb gestern abend krank geworden, nachdem sie noch vorher eine unendlich langweilige Gesellschaft mitgemacht hatte.

Lepel und Frau sprachen an meinem Geburtstage vor, und letzten Sonnabend kam er auf 10 Minuten in den Rütli; er ist aber immer in der Hetzjagd, so daß man nicht viel von ihm hat. Sie, die Gnädige, ist nach wie vor brillant im Stande, er aber wird doch recht klapprig. Zu einem eigentlichen Gespräch kommt man nicht; es wird bloß immer nach der Uhr gesehn, »nun aber müssen wir fort; – nun, vielleicht kommen wir noch mal mit heran«, das ist die ganze Geschichte. – Martha ist wohl und in ihrer Lehrerinnenstellung glücklich, das ist eigentlich das Beste, was ich zu melden habe. Mein »Scherenberg-Buch« wird wohl Mitte Februar fertig sein – sowie ich ein Exemplar habe, bitt ich es Ihnen überreichen zu dürfen. Mit herzlichen Glückwünschen zum neuen Jahr Ihr dankbar ergebenster

Th. Fontane.

221

Berlin 24. April 85.
Potsd. Str. 134. c.

Mein gnädigstes Fräulein.

Nach langer Zeit mal wieder ein paar Zeilen von mir; gestern habe ich meine für d. »Gartenlaube« bestimmte Novelle [»Unterm Birnbaum«] zur Post gegeben und benutze die 24 Stunden, in denen ich aufatme, Briefschulden abzutragen.

Mit Trauer haben wir von der schweren Krankheit Ihrer Frau Schwester [Emma von Ciesielski, geb. von Rohr] gehört und freuen uns nun mit Ihnen, daß die Gefahr gehoben ist. Wenn nur Potsdam gesünder wäre; es ist gesundheitlich ein erbärmliches Nest. Unser Pastor Windel kehrt jetzt, nach 4monatlicher Abwesenheit, wieder dahin zurück; die Malaria der »Friedenskirche« wird ihm aber nicht von Vorteil sein. Das ganze Terrain ist sumpfig.

Bei uns geht es gut und nicht gut. George kommt in den nächsten Tagen nach Lichterfelde, Theo ist seit heute früh in Münster, Friedel hat in Leipzig gute Tage – aber Martha ist seit 3 Wochen recht krank, nicht gefährlich, aber ernstlich und lange dauernd. Sie hat eine Milz-Anschwellung und befindet sich, was die Hauptsache ist, in einem jammervollen Nervenzustand. Es dauert sicher noch viele Wochen, und dann wird sie monatelang Rekonvaleszentin sein. Sie muß also ihre Schulstellung aufgeben – eben habe ich an die Dame geschrieben und ihr dies mitgeteilt. Es wird der Dame nicht angenehm sein (denn sie, Martha, machte ihre Sache vorzüglich), ebensosehr aber beklagt es Martha, die sich in ihrer Stellung sehr wohl fühlte.

Nun noch zwei wichtige Sachen. Unser alter Lepel ist *sehr* krank gewesen, ja, ist es wohl noch; ein paar Karten von Frau v. L. haben mir Mitteilungen darüber gemacht. Aus Ihrem Briefe schließe ich, daß Sie noch nichts davon wußten. Vielleicht können Sie von Wieck aus Näheres erfahren.

Das andre ist mein Scherenberg-Buch. Ich hätte Ihnen dasselbe geschickt, gerade *Ihnen*, die Sie stets so voll Teilnahme für meine Arbeiten sind, unterließ es aber, weil mir in der Erinnerung war, Sie hätten das Buch bei W. Hertz bestellt. Ist das nicht der Fall, so bitte ich um die Ehre, es Ihnen noch schicken zu können. Das Publikum ist durch die Arbeit zufriedengestellt, ob auch die Familie, ist mir zweifelhaft. Schadet auch nichts. Ich bin daran gewöhnt. Meine Frau empfiehlt sich Ihnen angelegentlichst, sie ist durch Marthas Pflege nicht nur sehr in Anspruch genommen, sondern auch *ganz kaputt*, weil sich diese Nervenkrankheit mitsamt der Milz-Affektion in Niedergeschlagenheit, Gleichgültigkeit und Verstimmung äußert. *Da*durch wird es schwer. In vorzüglicher Ergebenheit Ihr

Th. Fontane.

222

Berlin 23. Mai 85.
Potsd. Str. 134. c.

Mein gnädigstes Fräulein.

An Stelle meiner Frau, die mal wieder ohne Mädchen ist, übernehme ich es, Ihnen unsren herzlichsten Dank für Ihren Brief und die begleitende freundliche Sendung auszusprechen. Wir haben uns den Spargel gleich schmecken lassen. Am 1. oder 2. Juni will ich nach Krummhübel, einige Tage später wird meine Frau folgen, was Grund ist, daß wir uns auf Mietung eines neuen Mädchens gar nicht eingelassen haben.

Die letzte, die wir hatten, eine Pommeranerin (noch dazu aus Anklam) war sehr gut, aber zuletzt so schwach und matt, daß sie sich kaum aufrecht halten konnte, und so bat sie selber, sie zu entlassen. Was denn auch geschah. Ich überzeuge mich jetzt doch mit Schrecken, wieviel Ursach die armen Frauen zum Klagen haben; früher glaubte ich immer, meine Frau verlange zuviel und fordre so viele Tugenden und Vorzüge, wie sich eben selten vereinigt finden. Das ist aber nicht der Fall; von den 6 der 7, die wir nun seit anderthalb Jahren gehabt haben, war die erste roh, eitel und verlogen (sonst ganz brauchbar), die zweite vor Eitelkeit dreiviertel verrückt und stockdumm; die dritte, nett und gut, kriegte den dritten Tag einen kranken Fuß; die vierte, sehr hübsch, war nur für Tanz und Liebschaften; die fünfte, brauchbar, aber ganz krank; die sechste, noch brauchbarer, aber auch noch kränker. Alle, mit Ausnahme der ersten, sind freiwillig gegangen und nicht unsrerseits fortgeschickt worden; die *gesunden* waren eitel, liederlich und dumm, die brauchbaren waren krank. Was soll man da machen!

Unser alter Lepel ist nun nicht mehr! Er hat seinen 68. Geburtstag nicht erleben sollen. Da beinah 14 Tage lang keine Nachrichten kamen, so dachte ich, er würde sich noch mal erholen, und so kam die Todesnachricht doch unerwartet. Das Ganze wirkt so familientragödienhaft auf mich, daß ich zu einem andern Gefühl nicht recht gekommen bin. Welch kümmerliches, kleines, unerquickliches Leben bei so viel Talent, Wissen und ursprünglich guten Bestrebungen. Er sagte mal zu mir: »ja, Fontane, die Weiber haben in meinem Leben eine große Rolle gespielt, vielleicht mehr, als es hätte sein sollen.« Das ist das wahrste Wort, das er je gesprochen. Und wenn nun noch was dabei herausgekommen wäre! Aber alle diese Verhältnisse sind ohne rechte Forscheté, ohne wirkliche Don Juanschaft, ohne Genialität und zeigen nur einen Mann, der nie recht wußte, was er wollte, der immer

Heimlichkeiten hatte und eine instinktive Vorliebe für unerlaubte, ja strafwürdige Verhältnisse besaß. Kate Brown, Miss Atkins, seine erste Frau, seine Cousine (die spätre Caprivi), Frau v. Selchow, Frau v. Hardegg; dann endlich Anna Heydebreck – welches konfuse Durcheinander. Dazu das Verhältnis zu dem schwiegerväterlichen Hause, zu Wieck, zur Familie. Bei jüngeren Jahren – wiewohl ich *nie* auf seiner Seite stand – hab ich milder über vieles gedacht; jetzt ist es mir sonnenklar, daß *alle* Schuld auf seiner Seite war. Er war eine schwache, träge Natur, durch jedes Wort bestimmbar, auch von dem dummsten Menschen, und was ihn und sein Leben recht eigentlich zu Fall gebracht hat, war *das*, daß er nicht arbeiten konnte. Er pusselte immer und lief von einer alten Dame zur andern, dann und wann ein Gedicht vorlesend. Hätte er die *Pflicht* der Arbeit gekannt, so hätte er sich von seinem Schwiegervater nicht ernähren lassen und wäre ruhig als ein geachteter Mann und seinerseits seine brave Frau achtend, in seiner ersten Ehe verblieben. Aber er war immer absolut schiefgewickelt und arbeitete für die »Loge«. *Da* mag er sich ein Denkmal verdient haben, sonst leider nicht. Und doch war er reich beanlagt und hatte schöne Gottesgaben. Aber wie die Engländer sagen: »sein Kontroll-Apparat arbeitete nicht richtig«. – Wie immer Ihr

Th. F.

223

Krummhübel 13. Juli 85.

Mein gnädigstes Fräulein.

Es war meine feste Absicht, zum 9. zu schreiben und, als das scheiterte, wenigstens am Abend des 9. einen kleinen Glückwunschbrief an Sie zu richten. Aber man sitzt plaudernd bis gegen 10 im Freien, und wenn man dann noch etwas tun will, so reichen die Kräfte nicht mehr aus, und die

Augen fallen zu. Mittlerweile hat nun Ihre große Güte freundliche Worte an *mich* gerichtet. Meinen ergebensten Dank dafür.

Hier ist es wundervoll, und ich bin jeden Tag voll Dank, daß ich mit 65, wo doch die meisten schon sehr klapprig sind, noch so schöne, glückliche Tage leben kann. Ich kann arbeiten, in die Berge gehn, mit freundlichen Menschen plaudern und genieße dabei vor allem des Vorzugs, eine bei jedem Atemzuge mich erquickende Luft zu atmen. In Berlin kann ich eigentlich nicht leben, und wenn nicht die Theaterstellung wäre, auf die ich nicht gut verzichten kann – denn es ist das einzige halbwegs *Sichere*, was ich habe –, so würde ich Berlin aufgeben und in eine kleine Stadt ziehn wie beispielsweise Schmiedeberg. Die sogenannten »Vorzüge einer großen Stadt« existieren für mich nicht mehr; in der Jugend und im Mannesalter, wo man noch hofft und strebt, ist das etwas andres; jetzt ist es mir absolut gleichgültig, ja nur störend, zu einem Prinzen oder Minister zu Tische geladen zu werden. Ruhe, Ruhe; nur keine Störungen, nur keine Zapplungen und Anstrengungen, bei denen doch nichts herauskommt. Was ich als Material zu meinen Arbeiten brauche, das habe ich *doch*, ja so viel davon, daß ich's nie abarbeiten kann. – Vorläufig bin ich hier noch allein, morgen aber treffen Frau und Sohn (George) gleichzeitig hier ein; am 15. August dann auch Martha. Von Verkehr habe ich über und über genug, ja ich würde sagen müssen »zu viel«, wenn die Leute, die mich in meiner Laube arbeiten sehn, nicht alle sehr rücksichtsvoll wären. Es gibt hier Hunderte von Berlinern, meistens treffliche Leute, Professoren, Oberlehrer, Doktoren. Keine pratschigen Juden. Feine Juden liebe ich, aber wenn sie gewöhnlich sind, sind sie furchtbar. – Von Familie Heydebreck-Lepel (ich sage dies im Vertraun zu Ihrer vollsten Verschwiegenheit) habe ich, seit dem Tode unsres alten Freundes, *keinen* angenehmen Eindruck gehabt. Gott, das will Adel sein, will sich über gebildetes Bürger- und geistig hochpotenziertes Judentum erheben! Es ist zum Lachen. Wie furchtbar, vor allem auch im Gesinnungspunkt, im Punkte feinen Takts und vornehmen Fühlens, sind diese Leute zurückgeblieben! Ich glaube, *Ihnen* darf ich dies sagen, weil Sie dies selbst so oft und so schmerzlich empfunden haben! Wie immer Ihr dankbar ergebenster

Th. F.

224

Berlin 9. Januar 86.
Potsd. Str. 134. c.

Mein gnädigstes Fräulein.

Ergebensten Dank für Ihre lieben Zeilen zu meinem Geburtstage, welchen letztren ich in leidlichem Trouble verlebt habe, denn am Abend war ein Gastspiel im Theater, das mich hinrief. Noch angestrengter war der andre Tag, wo ich die Kritik schreiben und am Abend das herkömmliche *neue* Silvesterstück sehen mußte. Diesmal (»Tilli«, 4aktiges Lustspiel [von Francis Stahl]) sehr zu meinem Vergnügen.

Unter den Gratulanten zum 30. waren natürlich auch die neuen Schwiegereltern [Robert] samt Braut [Martha Robert], die zu Tisch blieb und in Aßmannshäuser, den uns der gute Theo zum Geschenk gemacht hatte, tapfer mittrank. Es ist ein sehr liebes Mädchen, gütig, gebildet, hübsch, wirtschaftlich und wohlhabend, unter welchen 5 guten Eigenschaften die Wirtschaftlichkeit beinah obenan steht, speziell für George. Pfingsten soll die Hochzeit sein; das junge Paar wird eine Villa beziehn, die die Schwiegereltern in Groß-Lichterfelde besitzen und die jetzt leer steht.

Im übrigen verlaufen unsre Tage ruhig, wenigstens ruhig für *mich* (meine Frau ist viel im Trab), was ich als ein Glück empfinde. Ich bin nicht menschenfeindlich, aber menschenscheu; dazu kommt, daß mir die literarische Kollegenschaft so wenig gefällt – *nicht* auf der Vossin, *da* sind noch die besten –, sondern das sogenannte »höhere Schriftstellertum«, das nur noch aus dem Bengeltum sich rekrutiert. Diese Klage ist freilich alt, die absterbende Generation hat immer so gesprochen, aber so gewiß es wahr ist, daß Nationen sich ändern, so ändern sich auch Stände. Die Franzosen, sonst so artig, sind jetzt rüpelhaft, und dieselbe Bezeichnung läßt sich dem jungen Schriftstellertum beilegen. Alle Bescheidenheit ist aus der Welt, und in vielen Kreisen herrscht ein Ton, als ob man unter den Goldgräbern in Kalifornien lebte.

Fritz Kannacher von Hobrecht habe ich gelesen; es ist kein hervorragendes, kein talentvolles, aber ein recht gutes und lesbares Buch, worauf ich – jetzt am Ende meiner Tage – wieder Gewicht zu legen beginne, nachdem ich ein Lebelang gesagt und gestrebt habe: »nur auf die *Kunst* kommt es an.« Gleichzeitig mit Fritz Kannacher las ich Paul Heyses letzten Novellenband; nun, er hat nie Formvollendeteres und künstlerisch Abgerundeteres geschrieben, und doch bin ich dieser seiner Kunst nicht froh geworden. Im Gegenteil. Schmerzlich genug, und um so schmerzlicher, als ich mir im selben Augenblick sage: »ja, so urteilen nun vielleicht andre auch über *dich* und sagen auch von dir, was nutzt mir die ›Kunst‹.« Das einzige, was einen hält, ist das gute Gewissen, nach bestem Vermögen und Erkennen das Seine getan zu haben. Meine Frau schreibt nächstens und erzählt Ihnen Weitres. Unter herzlichen Neujahrswünschen, Ihr dankbar ergebenster

Th. Fontane.

225

Berlin 11. Januar 86.
Potsd. Str. 134. c.

Mein gnädigstes Fräulein.

Heyse schreibt eine Novelle [»Der Roman der Stiftsdame«], die in Ruppin spielt und den Gegensatz behandelt, daß eine feine adlige *Stiftsdame*, von der Theatersucht befallen (wohl auch etwas Liebe dabei), schließlich im *Georgs-Spittel* in Ruppin ein Armen-Unterkommen und endlich den Tod findet. Es reizt ihn der Gegensatz von *Stifts*dame und *Spittel*frau; dazu als verführerisches Element die Theaterpassion.

Er möchte nun gern etwas von Stift, Stiftswesen und Stifts-*Statuten* wissen, auf welchen Wunsch hin ich ihm schrieb: »Da wird unsre Freundin und Gönnerin, Fräulein v. Rohr, helfen können.« Und an diese zu schreiben und zu bitten, bittet *er* mich jetzt. Ich denke mir, daß sich solche, für die Mehrzahl der Stifte geltende Stifts-Statuten in Ihren oder des Stiftshauptmanns Händen befinden werden und daß es Ihnen nicht schwerfallen wird, mir irgendwas Gedrucktes der Art für unsren Freund und Dichter in München zu schikken.

Zugleich frägt er an, *wann* (vor 30 Jahren) ein Freifräulein mündig wurde?

Auch das wird Ihnen leicht sein in Erfahrung zu bringen, noch wahrscheinlicher, daß Sie's aus eignem Erlebnis wissen.

Pardon für die vielen Fragen; aber ich kenne ja Ihre Hilfebereitschaft und Ihr Interesse für diese Dinge. Tausend Grüße u. Empfehlungen von Ihrem ganz ergebensten

Th. Fontane

226

Berlin 2. Januar 87.
Potsd. Str. 134. c.

Mein gnädigstes Fräulein.

Empfangen Sie meinen herzlichsten Dank für Ihre Glückwünsche, desgleichen für das, was gestern noch, in sich immer gleichbleibender Güte, für Küche und Sonntagstisch einpassierte. Der Geburtstag verlief gut; wir hatten die Freunde gebeten, mit ihrer Gratulation erst am Abend kommen und dann bleiben zu wollen. Und so geschah es denn auch. Wir waren bei Pute und Punsch bis nach 1 Uhr zusammen; Menzel, der immer erst spät kommt, war dafür auch der letzte, der ging. Es verlief alles sehr gut, was man nicht dankbar genug anerkennen kann, denn eine so bunt zusammengewürfelte Gesellschaft zusammenzuhalten und die fremden, ja die beinah feindlichen Elemente bis zu gemütlicher Konversation zu bringen, ist wirklich eine Leistung. Zöllners sind in dieser Beziehung immer eine große Hilfe, auch machte sich's gut, daß drei junge Damen: Anna Zöllner, Fräulein Conrad (die sehr beliebte Schauspielerin) und Georges junge Frau mit unsrer Martha gemeinschaftlich die Bedienung der Gäste unternahmen. Unter diesen waren mein Schwager Sommerfeldt und Frau, Justizrat Robert und Frau, Herr und Frau v. Heyden und eine reiche und schöne Frau Richter (Krummhübler Bekanntschaft) – welche Aufzählung ich nur mache, um Ihnen zu zeigen, wie schwer es war, die Leute aneinanderzubringen. Um 8 erschienen die Gäste, und zehn Minuten vor 8 erschien, wie von ungefähr, auch Frau v. Lepel. Meine Frau geriet in eine gewisse Verlegenheit, *ich* gar nicht, weil mich's amüsierte. Als drei, vier Gäste da waren, brach sie auf, nachdem sie aufgefordert war zu bleiben. Immer wieder (ich bin Ihrer Diskretion in einer so heiklen Sache sicher) habe ich den Eindruck des Unheimlichen. Dieser schwarze, mächtige, wohlgenährte Kasten und ewig mit der Witwenträne im Auge. Wenn ich ihr unrecht tue, will ich ihr gern abbitten. Dabei hat ihr Schmerz so was Beleidigendes; sie tut, als ob der liebe Gott das Herrlichste von Glück, Idyll und Liebe zerstört habe, was je dagewesen sei, ein Glück, eine Herrlichkeit, eine Schönheitsschöpfung, die er eigentlich die Pflicht gehabt hätte noch viele, viele Jahre zu konservieren. Das Schlimmste ist, daß sie auch den armen Lepel dadurch schädigt und daß die Freundschaft für ihn notwendig unter der Betrachtung leiden muß: und mit *dieser* Frau soll Lepel ein Liebes- und Turteltauben-Leben geführt haben! Interessant war übrigens das, ja in hohem Maße interessant, was sie mir über Franz und Heinz und ihr Verhältnis zueinander erzählte. Es ist doch eine merkwürdige und nicht sehr erquickliche Familie. Das Christentum kann einem da ordentlich verleidet werden.

Nochmals Dank und 1000 Glückwünsche zum neuen Jahr. In aufrichtiger Verehrung Ihr

Th. Fontane.

227

Berlin 19.4.87.
Potsd. Str. 134. c.

Mein gnädigstes Fräulein.

W. Hertz wird mir zwar schon zuvorgekommen sein und Ihnen ein »Cécile«-Exemplar geschickt haben, aber auch eins aus des Verfassers, Ihres dankbaren alten Freundes Hand soll nicht fehlen. Möge die Geschichte leidlich Gnade vor Ihren Augen finden; moralisch ist sie, denn sie predigt den Satz: »sitzt man erst mal drin, gleichviel ob durch eigne Schuld oder unglückliche Konstellation, so kommt man nicht mehr heraus. Es wird nichts vergessen.« Frau und Tochter empfehlen sich Ihnen; in vorzüglicher Ergebenheit

Th. Fontane.

228

»Seebad Rüdersdorf«, 8. Juli 1887.

Mein gnädigstes Fräulein.

Mit Schrecken denke ich hier in meiner Einsamkeit an die Möglichkeit, daß meine Frau – sonst so sicher in ihrem Gedächtnis – den Geburtstag vergessen haben könnte, und damit wenigstens einer aus der Familie erscheint, um seine Glückwünsche darzubringen, so schreibe ich von dieser abgelegenen Stelle aus und wünsche Ihnen alles Liebe und Gute, vor allem Gesundheit, die, wenn die Jugend hinter einem liegt, so ziemlich das Beste bedeutet.

Das Theater schloß diesmal mit dem 1. Juli, weshalb ich länger als in früheren Jahren in Berlin bleiben mußte; seit gestern bin ich hier, an einem für märkische Verhältnisse reizend gelegenen Ort, der sich »Seebad« nennt, weil man in einem See hier baden kann. Ebensogut ließe sich sagen »Seebad Dobbertin«. Es ist sehr hübsch hier, und da ich das Talent habe, mich über das, was fehlt, nicht zu grämen, so hoffe ich einige Wochen in Zufriedenheit und Ruhe hier zubringen zu können. Natürlich werde ich auch wieder arbeiten, was mich aber nicht bedrückt, sondern beglückt; ich habe vor, über Quitzöwel, Rühstädt, Kleetzke, mit andern Worten über die Quitzows zu schreiben, und möchte bei der Gelegenheit Ihre freundliche und mir immer Glück bringende Hand und Hilfe mal wieder in Anspruch nehmen. Zu den alten Quitzowgütern gehört nämlich auch *Stavenow*. Darf ich Ihre Güte nun wohl *da*hin in Anspruch nehmen, daß Sie an die junge Gräfin [Amélie von Voß] – hoffentlich noch immer die schöne und freundlich gesinnte Amélie – bez. an deren Gemahl die Frage richten, ob sich in den Gutsakten oder im Kirchenbuch oder in der Kirche selbst oder endlich in der Dorftradition vielleicht noch etwas Quitzowsches vorfindet? Es ist nicht nötig, daß sich's auf die alten historisch-berühmten Quitzows (1400 bis 1414) bezieht, auch Mitteilungen aus spätren Jahrhunderten würden mir sehr willkommen sein, wobei mir historisch Anekdotisches oder poetisch Sagenhaftes immer das Liebste bleibt. Trockne Sachen, wie Verschreibungen, Besitzveränderungen oder Erweiterungen, haben wenig Wert für mich, aber es würde, um ein Beispiel zu geben, schon einen Wert für mich haben, wenn es hieße, *der* focht unter Gustav Adolf und *der* fiel als Oberst bei Roßbach etc. etc. Begehen Sie den 9. in Frohsinn, unterhaltlicher Gesellschaft und schöner Erinnerung.

Wie immer Ihr dankbar ergebenster Th. Fontane.

229

Berlin 2. Januar 88.
Potsd. Str. 134. c.

Mein gnädigstes Fräulein.

Herzlichsten Dank für Ihre Glückwünsche zum 30. Der Tag verging still, vor allem der Abend, denn Zöllners, die sonst wohl für etwas Leben und Frische gesorgt hätten, sind ja selbst in Trauer. Trauer überall. Der Senator Eggers (dessen 4bändige Rauch-Biographie, ein ausgezeichnetes Werk, jetzt, nach 15 Jahren, glücklich beendet ist) hat seinen Bruder [Robert Eggers] verloren, der, sonderbarerweise, zugleich sein Schwiegervater war. Der sogenannte »Ohren-Lucae« ist wegen hochgradigen Nervenleidens wieder nach Nassau geschickt; mitunter denkt man, die ganze Welt ist krank und elend, und staunt darüber, daß mit dem kranken Material doch Kriege geführt werden sollen. Und nun Kaiser, Kronprinz, Prinz Wilhelm – ein langes Kapitel und in mehr als einem Betracht ein trauriges, denn, ich glaube, es ist den Parteien gelungen, doch eine Art Entfremdung zwischen Vater und Sohn und dann *wieder* zwischen Vater und Sohn herzustellen, so daß die frühe Generation immer glauben muß, die nächstfolgende warte auf ihren Tod. Vielleicht ist es auch so, ja sogar menschlich begreiflich. Wir gehen wohl sehr bewegten Zeiten entgegen; mir wär es lieber, sie blieben aus. Mit herzlichsten Glückwünschen für Ihr Wohl, in aufrichtiger Ergebenheit Ihr

Th. Fontane.

230

Berlin 6. Mai 88.
Potsd. Str. 134. c.

Mein gnädigstes Fräulein.

Meine Frau hat schon geschrieben, aber ich will doch auch noch aussprechen, wie betrübt wir waren, durch Fräulein v. B[ülow] von Ihrer Erkrankung zu hören. Glücklicherweise haben wir ja seit heute mildes Frühlingswetter, das auch einer Krankenstube zugute kommt und hoffentlich bald auch Ihrer Rekonvaleszenz. Wie schwer muß Krankheit gerade *Sie* bedrücken, die Sie, solange Sie leben, nur Arbeit und Anspannung aller Kräfte gekannt haben. Mir ist es in diesem Winter gerade nach dieser Seite hin sehr gut gegangen, und ich habe nur wenige Tage das Bett hüten und ausspannen müssen. Der Blick nach Charlottenburg hin stimmt ohnehin zur Herabminderung aller ans Leben zu stellenden Forderungen und predigt Ergebenheit. Daß ich meist beiwege war, ist meiner Arbeit sehr zustatten gekommen, und ich habe seit dem Spätherbst 2 große Arbeiten [»Unwiederbringlich« und »Stine«] geschrieben. Von Frau v. Lepel hier haben wir lange nichts gehört – sie soll in verschiedenen Kreisen sehr beliebt sein, was ich bei ihrer Unterhaltungsgabe sehr wohl begreife. Neulich hörte ich mal ein Wort über Rombergs in Brunne – das erinnert dann an alte Zeiten. Mit dem herzlichen Wunsche, daß wir durch Fräulein v. B. recht bald von Ihrem Besserbefinden hören mögen, in vorzüglicher Ergebenheit Ihr

Th. Fontane.

231

Berlin 16. Mai 88.
Potsd. Str. 134. c.

Mein gnädigstes Fräulein.

Ich wüßte kaum etwas, das mir eine größere innigere Freude hätte machen können als *dies* Geschenk zu unsres Freundes [Lepel] morgen wiederkehrendem Geburtstag. Und dazu das liebe freundliche Bild von Ihnen, der gute Charakterkopf, und die drei Worte, die Ihre Hand noch dazugeschrieben. Das war ein schöner Tag, und mancher kleine Jammer und Ärger, den diese Tage brachten, es verschwand alles daneben, und der Himmel war wieder hell. Jetzt sind es 30 Jahre, fast auf den Tag, daß ich mit Lepel die Reise machte, eine der schönsten in meinem Leben, jedenfalls die poetischste, poetischer als Schweiz, Frankreich, Italien und alles, was ich später sah. Das interessanteste Blatt für mich ist das mit dem Douglasschloß im Kinroß-See, zu dem ich mit Lepel im Boot hinüberfuhr, und als wir 2 Stunden später, nach Besichtigung von Schloß und Insel, über denselben See hin die Rückfahrt machten und ich dabei an Rheinsberg und den Rheinsberger See dachte, stand es in meiner Seele fest, die Mark Brandenburg und ihre Schlösser und Seen beschreiben zu wollen. Was dann auch geschehn ist. Tausend Dank an Frl. v. Bülow. Vor allem aber die Versicherung dankbarster, nie ersterbender Ergebenheit – für Sie. Wir sprechen fast stündlich von Ihnen. Wie immer Ihr

Th. Fontane.

232

Berlin 23. Mai 88.
Potsd. Str. 134. c.

Mein gnädigstes Fräulein.

Ich habe den herzlichen Wunsch, daß diese Zeilen Sie zu einer guten Stunde treffen mögen, an einem klaren, frischen Morgen, wie wir sie jetzt ja haben. Die Nachricht vom Hinscheiden Ihres Bruders [Otto Heinrich Ludwig Leopold von Rohr], die Sie so schmerzlich bewegt haben muß, weckte auch in mir allerlei wehmütige Betrachtungen; mein nächster Gedanke war an Sie, dann trat mir das Bild vor die Seele – wenn ich nicht irre in Husarenuniform –, das ich so oft in Ihrem Zimmer, ich glaube, unter den beiden Pastellbildern des Fräulein v. Sydow, gesehn hatte, und zuletzt gedachte ich des Tages in Trieplatz selbst, wo mich, wegen der hübschen Rohrschen Geschichten, alles so lebhaft interessierte. Nun ist beinah alles hin, was ich damals, im Ruppinschen, noch besuchen konnte, Zeuner, Knesebeck, Quast und so viele von den Stadtleuten. Nur die beiden Scherz' und – ich sind von der alten Garde noch übrig. Aber auf wie lange noch? Und wiewohl ich gern gelebt habe, jetzt, am Ende meiner Tage, bin ich doch tief davon durchdrungen, daß dies alles eine Welt der Mängel ist, viel, viel mehr noch, als man in jungen und mittleren Jahren annahm, und daß es nicht schlimm ist, die Unruhe mit der Ruhe zu vertauschen. Sie glauben gar nicht, in wie hohem Maße die Überzeugung davon während dieser letzten Jahre in mir gewachsen ist. Und nicht eigentlich erst seit Georges Tod. Denn man kann den Tod eines geliebten Menschen tief und innig beklagen und doch in Hoffnung und selbst in Heiterkeit weiter leben. Aber dieser Hoffnung und Heiterkeit – was nicht ausschließt, daß man mal herzlich lacht – entbehre ich seit geraumer Zeit schon, und zwar deshalb, weil so wenig geschieht, dem man aus vollem Herzen zustimmen kann. Unsinn und Ungerechtigkeit und überall Selbstsucht und der Neid in allen Formen. Im kleinen geschieht um einen her vieles, was einen wieder aussöhnt (sonst wär es auch nicht auszuhalten), und unbefangene, nichts wollende Herzensgüte lacht einem hier und da entgegen, aber das politische Treiben, das Finanzielle, das wissenschaftliche, das künstlerische – wie tief unerfreulich. Ich erinnre Sie nur, um wenigstens *ein* Beispiel herauszugreifen, an das Treiben der Ärzte am kronprinzlichen bez. kaiserlichen Krankenbett [Kronprinz Friedrich Wilhelm wurde, todkrank, Kaiser Friedrich III.]. Ich weiß nicht, *wer* Schuld hat, mag es auch nicht wissen, das aber weiß ich, daß ich wenig erlebt habe, was mir den Menschheitsjammer so gezeigt hätte wie dieser Vorfall. Und so überall. Es wird so viel von Fortschritt gesprochen, und die Bildung soll alles besorgen, es wird aber mit Hilfe dieser Bildung nur noch schlimmer, denn die Zahl derer wächst ins Millionenfache, die nun auch »von Bildungs wegen« etwas bedeuten wollen. Und das Einsehn davon, daß es so ist und so bleiben wird, entwertet doch stark das Jammertal, von dem man in der Jugend ein Stück Paradies erwartet.

Morgen ist Hochzeit in Charlottenburg [Prinz Heinrich von Preußen heiratete Irene von Hessen] und wird auch einen sonderbaren Stempel tragen. Ein Glück, daß sie gleich nach der Trauung, oder doch nach dem Dejeuner, nach Erdmannsdorf fahren und 4 Wochen lang von Hof und Hofintrige nichts sehn und hoffentlich auch nicht hören. Wenn sie dann später zurückblicken, werden diese stillen Tage wohl ihre glücklichsten gewesen sein. Außer dem Paare selbst wird, bei diesem Erdmannsdorfer Aufenthalte, nur noch Frau v. Münchhausen auf ihre Kosten kommen; für *die* ist das was, denn auch die Frommen atmen gern Hofluft, oder wenigstens zuweilen. Ich gehe erst spät nach Krummhübel und werde von dem prinzlichen Paare wohl nichts mehr sehn.

Unser Freund Hertz reist heute nach Ems; wenn man erwägt, wie elend er vor 10 Jahren war, so darf man sagen, er hat sich wundervoll rausgerappelt.

Unsre guten Wittes (Rostock) werden wohl morgen ihre Rückreise von New York antreten – es hat ihm drüben nicht an Auszeichnungen aller Art gefehlt, und die Rostocker können ihn noch kopfschüttelnder ansehn als vorher.

Und nun lassen Sie mich, mein gnädigstes Fräulein, am Schluß meines Briefes den Anfang wiederholen und noch einmal den Wunsch aussprechen, daß diese Zeilen Sie zu einer guten, freien Stunde treffen mögen. In dankbarer Ergebenheit Ihr

Th. Fontane

233

Berlin 8. Juli 88.
Potsd. Str. 134. c.

Mein gnädigstes Fräulein.

Wenn die Natur solche schwere Attacke überwunden hat, dann erholt sie sich noch mal zu neuem Leben, und daß es so sein und Ihnen noch ein langes schönes Schaun in die untergehende Sonne vergönnt sein möge, nicht bloß zu andrer (das ist gewiß), sondern auch zu Ihrer eignen Freude – das wünsche ich Ihnen zum 9. von ganzem Herzen. An Beglückwünschungen wird es Ihnen morgen nicht fehlen, denn wer, von allen denen, die Sie gekannt haben, freute sich nicht von Herzen, Ihnen morgen einen Gruß und ein Glückauf senden zu können.

Hier ist alles »auf dem Abbruch«. Ich will in spätestens 8 Tagen fort nach Schlesien, wo sich Martha als Quartiermacherin schon seit 4 Tagen befindet, und meine Frau wird nachkommen, nachdem sie hier das Wirtschaftliche geordnet, die

Teppiche rausgeschafft und die Kirschen und Johannisbeeren eingekocht hat. Dann wird zugeschlossen, und wir hoffen 8 Wochen im Gebirge leben zu können. Man weiß ja nie, wie man's trifft, aber wenn es nur leidlich ausfällt, so bin ich allemal froh, Berlin auf längere Zeit hinter mir zu haben. Nicht bloß von Luft und Gesundheits wegen, sondern auch von Leben-, Verkehrs- und Umgangs wegen. Sie glauben gar nicht, in welcher Vereinsamung wir hier leben, namentlich *ich*; Martha hat ja Beziehungen und meine Frau, wenn auch wenige, so doch ein paar, aber *ich* bin ganz allein, und dies Alleinsein wird womöglich noch wachsen. Man empfindet auch daran, daß es Zeit ist, einen geordneten Rückzug anzutreten. Denn mit wem soll man noch verkehren? Ich hätte nichts dagegen, wenn mich Bismarck alle 4 Wochen zu Tisch lüde oder wenn Graf Otto Stolberg oder der Herzog von Ratibor oder Fürst Putbus oder meinetwegen auch Probst Brückner oder Prof. Zeller oder Prof. Wilh. Gentz mich in den Kreis ihrer Intimen zögen; aber billiger kann ich es nicht tun. Was soll ich mit dem jungen Nachwuchs, der sich längst daran gewöhnt hat, einen für einen toten Mann zu halten. In der großen Stadt sind die »Alten« der Jugend bloß im Wege. In Krummhübel, wohin ich wieder gehe, ist es in dieser Beziehung besser; man hat noch eine Daseinsberechtigung. Aber dies alles ist keine Klage; so war es immer, so wird es immer sein. Und es ist gleichgültig. Ruhe ist das Beste. Herzlichen Dank und viele Empfehlungen an Fräulein v. Bülow. Wie immer Ihr aufrichtig ergebenster

Th. Fontane.

234

Berlin 18. Novb. 88.
Potsd. Str. 134. c.

Hochverehrtes gnädigstes Fräulein.

Meine Frau, seit 2 Tagen bettlägrig und so stark herunter (eine Art Grippe), daß sie wohl noch eine Woche brauchen wird, sich zu erholen, beauftragt mich, Ihnen vorläufig statt ihrer für Brief und Geburtstagsgeschenk aufs herzlichste zu danken; sobald sie wieder leidlich im Stande ist, schreibt sie selbst. Dies Unwohlsein kommt ihr gerade jetzt sehr ungelegen, denn seit 8 Tagen ist unsres Theo junge Frau (samt Söhnchen) aus Münster hier und verbringt, wenigstens von Mittag an, die Stunden in unsrem Hause. Es ist eine sehr nette Frau, auch das Kind allerliebst, ein bißchen an George in seiner frühsten Kindheit erinnernd. – Eine rechte Trauer ist es für uns alle, daß das treffliche, von allen verehrte Fräulein Helene v. Noville – eine Nichte der Präsident Grimmschen Familie – bald sterben wird. Ein unheilbares Magenleiden. Dann ist die 75jährige Mutter ganz allein; ihr einziger Sohn blieb im Kriege. Es gibt viel Not und Leid. Unter ergebensten Empfehlungen an Fräulein v. Bülow und mit herzlichsten Wünschen für Ihr Wohl, Ihr dankbar ergebenster

Th. Fontane

235

Berlin 4. Januar 89.
Potsd. Str. 134. c.

Mein gnädigstes Fräulein.

Herzlichsten Dank für Ihren Brief und seine Wünsche, und um so herzlicher, weil ich weiß, daß es mit dem Schreiben nicht mehr so flink geht wie früher. Unter den Gratulanten zu meinem Geburtstage war auch Frau v. Lepel, die wieder auftauchte wie die »Königin der Nacht« und vor Schmerz und Bewegung nicht sprechen konnte. Es dauerte aber keine 2 Minuten, so war das Trauergeschäft erledigt und die Sprechmaschine wieder da. Eigentlich kam es mir ganz gelegen, denn ich konnte nun eine kleine halbe Stunde still sitzen, während welcher Zeit sie mich und meine Gäste unterhielt. Sie sprach fast ausschließlich von ihrem im Sommer oder Herbst gestorbenen Bruder und gab ein Bild von ihm, als ob er der klügste und edelste der Menschen und ein Liebling und eine festeste Stütze Bismarcks gewesen sei. Es ist ja möglich, eine gewisse Klugheit haben alle Heydebrecks, aber *so* toll wird es wohl nicht gewesen sein. Alles immer übertrieben und redensartlich. Man mußte so sonderbar geartet sein wie unser in vielen Stücken kluger und trefflicher Lepel, um eine Dame derart lieben zu können. Sie hat das Verdienst, *ihn* glücklich gemacht zu haben; an jedem andren wäre sie gescheitert. – Die Kinder, samt dem Enkel, haben gestern ihre Rückreise angetreten; es waren, vom 12. November an, anstrengende, aber doch auch angenehme und gemütliche Tage, die Schwiegertochter nett und gewandt, unser alter Theo lieb und gut wie immer und der Enkel reizend. Selbst *ich* fand es, der ich keinen Sinn für kleine Kinder habe. – Das Aufräumen in der Armee macht auch auf Zivilpersonen, jetzt, wo man die Zahlen übersichtlich liest: 65 Generale und 156 Obersten und Stabsoffiziere, einen großen Eindruck; es wird aber wohl nötig gewesen sein. Wenn ich so Umschau halte, so finde ich, daß sich die Menschen im preuß. Dienst schnell verbrauchen und daß der eine milz- und leberleidend, der andre brustkrank, der dritte nervös und etwas unsicher im Kopfe ist, der Leute mit Kolik und Blutbeschwerden aller Art und solcher, die 30 Hühneraugen haben (ich kannte einen solchen; er war rein dadurch dienstunfähig), ganz zu geschweigen. Mit all solchen Herrn ist aber nicht viel anzufangen, auch wenn sie sehr gescheit sind und Ehre genug haben, in jedem Augenblick ihre Schuldigkeit zu tun. Das ist nicht genug; ein gewisser Überschuß von Kraft muß dasein, sonst ist man im Kriege nicht zu brauchen und kann nicht

Mut einflößen, wenn's mal schiefgeht, und an *solche Fälle* muß man doch auch denken. Man kann nicht immer siegen. – Herzlichste Glückwünsche; tausend Empfehlungen an Sie und Frl. v. Bülow von Ihrem dankbar ergebensten

Th. Fontane.

236

Berlin 6. April 89.
Potsd. Str. 134. c.

Mein gnädigstes Fräulein.

Allerherzlichsten Dank. Es hat uns alle gerührt, daß Sie, von Ihrem Krankenlager aus, nicht nur die ganze Sache wieder so nachdrücklich und liebevoll in die Hand genommen, sondern nun auch noch über den vorläufig glücklichen Erfolg, aller Müh und Anstrengung zum Trotz, mir noch persönlich geschrieben haben.

Ich war sehr erfreut über die freundlichen Zeilen der Frau v. Elsner und habe nicht gesäumt, an Graf Bredow-Friesack zu schreiben und ihm meine Wünsche des breiteren darzulegen, habe auch gebeten, ihm die »Fünf Schlösser« gleichzeitig überreichen zu dürfen, aus deren Kapiteln – namentlich Quitzöwel und Liebenberg – er ungefähr meinen Schlachtplan [für das Projekt einer Geschichte der Bredow-Familie] entnehmen könne. Zum Schluß hab ich mich noch auf Gräfin Bredow-Görne berufen und muß nun abwarten, was im hohen Rate beschlossen wird. Genießt »Gräfin Adele« eines Ansehens bei der Familie, so ist mir nicht bange. Sobald ich Nachricht aus Burg Friesack habe, laß ich Sie's wissen. Ergebenste Empfehlungen an Frl. v. Bülow, die mich durch ihren letzten Brief so sehr erfreut. Ihnen alles Beste und mindestens so wenig Beschwerde wie möglich wünschend, in herzlicher Dankbarkeit und Ergebenheit Ihr

Th. Fontane.

237

Kissingen 7. Juli 89.
bei Gottfried Will.

Gnädigstes Fräulein.

Auch meine herzlichsten Glückwünsche zum 9. sollen nicht fehlen: unsre Tage stehen in Gottes Hand, aber welches Maß an Tagen Ihnen auch beschieden sein möge, das eine lassen Sie mich wünschen, daß Ihnen diese Tage glücklich und wenn nicht glücklich, so doch ohne Beschwerde vergehen mögen. Zunächst wird der schöne Sommer Ihnen gesundheitlich wohltun, und Freundschaft und Liebe werden Ihnen, durch Sommer und Winter hin, zur Seite stehn.

Uns geht es hier gut. Anfangs war es einsam; aus der Welt-Judenschaft (alle Nationen), die hier versammelt ist, kannte ich niemand, seit meine Frau aber hier ist, hat sich auch Verkehr eingestellt: Familie Krigar-Menzel, Frau Dr. Karl Frenzel, ein Oberst Rohne (Bekanntschaft von Wangenheims her) und flüchtig sogar ein Baron Gleichen aus Weimar, Enkel Schillers. Heute begegneten wir auch Fräulein Clara Meyer (K. Schauspielhaus) auf der Promenade, und sehr wahrscheinlich werden sich im Laufe der Zeit noch andre Bekannte finden. Die Kur bekommt mir sehr gut, besonders seitdem ich von dem unsinnig starken Kaffe Abschied genommen habe. Dank für Ihre letzte Karte. Unter herzlichen Empfehlungen an Frl. v. Bülow, Ihr treu ergebenster

Th. Fontane.

Anhang

Aus den »Wanderungen durch die Mark Brandenburg«

Trieplatz. Ein Kapitel von den Rohrs

Die Douglas waren immer treu.
Schottisches Lied

Trieplatz ist alter Besitz der Rohrs, wiewohl es nicht zu den Gütern zählt, die, gleich nach ihrem Erscheinen in den Marken, von ihnen erworben wurden.

Die Rohrs kamen mutmaßlich aus Bayern und stammen, einer Familiensage nach, von jenem Grafen von Abensberg ab, der mit zweiunddreißig Söhnen am Hoflager Kaiser Heinrichs IV. erschien.*

Einer dieser zweiunddreißig, Adalbert mit Namen, wurde mit dem in der Nähe von Abensberg gelegenen Dorfe Rohr belehnt und nannte sich danach Adalbert von Rohr. Er war ein tapferer Kriegsmann, gegen Ende seines Lebens aber verließ er Haus und Hof und Weib und Kind und baute das Kloster Rohr, in das er nun selber eintrat. Dies war 1133. Die Kirche des damals gestifteten Klosters, zum Teil aus Salzburger Marmor aufgeführt, ist noch sehr wohl erhalten; über dem Altar befindet sich ein zweigeteiltes Gemälde, dessen eine Hälfte den Adalbert von Rohr darstellt, wie er im Ritterkleide das Gelübde ablegt, die

* Die *Stadt* Abensberg, nach der sich die Grafen von Abensberg nannten, liegt in Niederbayern und zeigt auf ihrer efeuumrankten Ringmauer noch einige jener vierzig Türme, von denen, der Sage nach, acht *viereckige* Türme zur Erinnerung an die acht Töchter und zweiunddreißig *Rundtürme* zur Erinnerung an die zweiunddreißig Söhne des Grafen erbaut wurden. Soviel über die Ringmauer. In der *Kirche* zu Abensberg existiert noch das *Bild*, das das Erscheinen des alten Grafen mit seinen zweiunddreißig Söhnen vor dem Kaiser darstellt. Von diesem interessanten Gemälde befinden sich zwei Kopien in der Mark, die eine im Schloß Meyenburg (Prignitz) bei dem Senior der Familie von Rohr, die andere in Wolletz (Uckermark) bei dem Landschaftsrat Theobald von Rohr. (Letzterer besitzt auch eine Kopie des Altarbildes im Kloster Rohr, von dem ich weiter oben im Text erzähle.)

andere Hälfte, wie er, im geistlichen Ornate bereits, vom Bischofe die Weihen empfängt.

Die Nachkommen dieses Adalbert von Rohr waren es, die zu Beginn des vierzehnten Jahrhunderts im Brandenburgischen erschienen, nach einigen im Gefolge Markgraf Ludwigs von Bayern, der 1323 die Mark in Besitz nahm, nach anderen schon um beinahe zwanzig Jahre früher. Gleichviel, um die Mitte des Jahrhunderts sehen wir die Familie von Rohr in der Prignitz, und zwar in Freyenstein, Holzhausen und Meyenburg, angesessen und etwa zur Reformationszeit auch im Ruppinschen. Sie besaßen hier ganz oder teilweis: Leddin, Brunn, Trieplatz, Tramnitz, Ganzer. Leddin war, soweit die ruppinschen Güter in Betracht kommen, am frühesten erworben worden, etwa um 1400.

Eine Geschichte der Rohrs schreiben wollen hieße, mittelbar eine Geschichte Brandenburg-Preußens schreiben.

Bei Leuthen, Lipa, Leipzig,
An der Katzbach und an der Schlei,
Von Fehrbellin bis Sedan –
Ein Rohr war immer dabei.

Sie sind eiserner Bestand in den Ranglisten unserer Armee, zu allen Zeiten mit einem Dutzend Lieutenants und Capitains vertreten. Aber auch darüber *hinaus* bewährt und treu befunden, finden wir sie als Generallieutenants und Generalmajors in nicht geringer Zahl. Und wie im Heer, so in Staat und Kirche. Um 1400 Otto von Rohr, Bischof von Havelberg; seitdem, in langer Reihenfolge, Präsidenten und Pröbste, Amtshauptleute und Ritterschaftsräte, verschieden an Gaben und Verdienst, aber in drei Eigenschaften einig: gütig, tapfer, loyal.

Nicht von dem *Ruhm* der Familie will ich in nachstehendem erzählen, nicht von denen, die bei Prag mitstürmten und bei Hochkirch unter Tod und Flammen aushielten; es entspricht dem einfach-demütigen, alles Anspruchsvolle zurückweisenden Sinne der Familie mehr und besser, wenn ich bei *Genrebildern* verweile, wie sie das Leben dreier aufeinanderfolgender Generationen bot. Ich wähle diese drei Generationen aus den *Trieplatzer* Rohrs. Begleite mich der Leser zunächst nach Trieplatz selbst.

Trieplatz liegt eine Meile nördlich von Wusterhausen an der Dosse. Der Weg geht über Brunn, das, wie schon angeführt, früher ebenfalls den Rohrs zugehörte, seit Ende vorigen Jahrhunderts aber in den Besitz der Rombergs übergegangen ist.*

Die ganze Gegend am Dosse-Ufer hin, von dem wir uns übrigens mehr und mehr entfernen, ist, wie so viele Punkte der Mark, witwenhaft traurig und mit keinem andern Reize ausgestattet als dem *einen*, den ihr ebendies *Witwenkleid* leiht. Wohl ist dies Kleid unter den Händen der Kultur, die hier und dort, wie eine heitere Enkelin, ein buntes Band eingeflochten hat, um seinen vollen Trauergehalt gekommen, aber das, was vorherrscht und nach wie vor den *Charakter* gibt, ist doch immer noch das monotone Grau, das selbst der Ackerscholle nicht fehlt, die daliegt, als ob Asche über ihr frisches Braun ausgestreut worden wäre. Kein See, kein Weiher, kein Fluß; von Zeit zu Zeit eine Gruppe graugrüner Bäume, meist Pappeln und Weiden, die die Stelle andeuten, wo hinter Wipfeln ein Dorf vergraben liegt.

So hinter Wipfeln vergraben liegt auch Trieplatz. Im Näher-

* Im Schloßpark zu Brunn, unter dunklen Tannen und fast am Rande eines stillen Weihers, erhebt sich ein schönes, von Drakes Hand herrührendes Monument, das dem Obersten von Romberg und seinem sechzehnjährigen Sohne errichtet wurde. Sandsteinstufen tragen einen Granitwürfel; auf diesem ruht ein halbkreisförmiger Marmor mit den Hautrelieffiguren der Hingeschiedenen. Der dargestellte Moment ist der des *Wiedersehns*; beide reichen sich die Hand, und eine hohe Freude verklärt ihre Züge. Die Inschrift am Granitwürfel lautet:

Vater und Sohn
und
von Romberg

Conrad	Anton
geboren zu Hamm	geboren zu Brunn
den 25. April 1783.	den 23. Juni 1819.
Als preußischer Oberst gestorben	In seiner Blüte gestorben
zu Groß-Kamin den 20. April 1833.	zu Dresden den 8. Mai 1835.

Getreu bis in den Tod und reinen Herzens sind sie eingegangen und heißen sich willkommen, wo die Treue ihre Kronen empfängt und die Reinheit Gott von Angesicht schaut. – Dem Gedächtnis der Verklärten gewidmet von der Witwe und Mutter: Amalie von Romberg, geborne Gräfin von Dönhoff, 1844.

kommen bemerken wir eine prächtige Linden- und Kastanienallee, deren Linien sich kreuzen und dann avenueartig auf den *alten* und *neuen* Hof des Gutes zuführen. Der alte Hof, jetzt eine bloße Meierei, war der Rittersitz des vorigen Jahrhunderts. Dort stand das Herrenhaus, ein einfacher Fachwerkbau, den Georg Moritz von Rohr bewohnte. Von ihm erzähl ich zuerst.

»Der Hauptmann von Kapernaum«

Georg Moritz von Rohr war 1713 geboren. Selbstverständlich trat er in die Armee – in welches Regiment, hab ich nicht erfahren können –, war bei Ausbruch des Siebenjährigen Krieges Hauptmann, wurd in einer der ersten Schlachten schwer verwundet und zog sich, zu fernerm Kriegsdienste untauglich, auf sein väterliches Gut Trieplatz zurück.

Er war ein echter Rohr, einfach von Sitten, ein frommer Christ, dabei von jenem verqueren Zuge, der auch aus den schlichtesten Naturen *Originale* schafft. Georg Moritz von Rohr war ein solches Original. Er gab es schon dadurch zu verstehen, daß er sich selber den »Hauptmann von Kapernaum« nannte. Die Worte, die, der Schrift nach, der wirkliche Hauptmann von Kapernaum an Christum richtete: »Herr, ich bin nicht wert, daß du unter mein Dach gehest«, entsprachen ganz seinem eignen demütigen Herzen, aber über all dies hinaus reizte ihn, seiner ganzen Natur nach, auch wohl das Scherzhafte, das in der selbstgewählten Bezeichnung eines »Hauptmanns von Kapernaum« lag.

Kein Zweifel, seine Popularität zog Nahrung aus diesem Namen, was ihn indes in der ganzen Gegend am populärsten machte, das waren doch seine vielen Brautwerbungen, die nicht abrissen und ihn befähigten, es bis auf vier Frauen zu bringen.* Dies allein schon würde genügt haben, alle Zungen der Grafschaft

* Dies »vier Frauen nehmen« war im vorigen Jahrhundert, wenn es die Verhältnisse gestatteten, an der Tagesordnung. Selbst die Unbequemlichkeit, daß – wenigstens seitens des Adels und Militärs – ein Konsens beim Könige eingeholt werden mußte, hielt nicht davon ab. Herr von Hagen auf Nackel bat sogar zum *fünften* Mal um die Erlaubnis und erhielt als Antwort weder Zustimmung noch Ablehnung, sondern die echt altenfritzige Replik: »Er braucht *künftig* nicht mehr einzukommen.«

über ihn in Bewegung zu setzen, unser Hauptmann von Kapernaum aber wußte nebenher noch dem immer wiederkehrenden Begräbnis- und Freiwerbungszeremoniell so viel eigentümlichen Beisatz zu geben, daß auch die jedem Klatschbasentum abgeneigtesten Kreise notwendig Notiz davon nehmen mußten. An dem jedesmaligen Begräbnistage ließ er singen: »*Lobe* den Herrn, meine Seele«, hielt in Promptheit und Treue das Trauerjahr und sprach dann mit einem gewissen humoristischen Trotze: »Nimmt Gott, so nehm ich wieder.« War aber *dies* Wort erst mal gesprochen, so begannen auch, vom nächsten Tag an, seine Freiwerbungen aufs neue, bei denen er ebenso konsequent und systematisch verfuhr wie bei dem vorgeschilderten Funeralzeremoniell.

Und auch bei diesen Freiwerbungen ist näher zu verweilen. Georg Moritz von Rohr hatte nämlich drei nicht mehr junge Cousinen, die zu Tornow lebten und die Namen führten: Henriette, Jeannette und Babette von Bruhn. Im Trieplatzer Herrenhause, wo sie bloß als eine dreigegliederte Einheit galten, lief ihr Unterschied auf einen einzigen Buchstaben hinaus: Jettchen, Nettchen und Bettchen. Namentlich die beiden letzteren von anheimelndem Klang.

Es war jedoch nicht dieser anheimelnde Klang, sondern lediglich eine donquixotisch-ritterliche Vorstellung von pflichtschuldiger Cousingalanterie, was unsern Hauptmann immer wieder veranlaßte, nach Absolvierung seines Trauerjahrs, *erst* um die Hand seiner drei Cousinen anzuhalten. Läufer vorauf und gekleidet in den Uniformrock, den er bei Prag getragen, fuhr er dann in Gala nach Tornow hinüber, ließ sich bei den Fräuleins melden und begann seine Werbung bei »Jettchen«, um sie bei »Bettchen« zu beschließen. Immer mit demselben Erfolge, denn die Fräuleins waren längst gewillt, in dem stillen Hafen ihrer Jungfräulichkeit zu verharren und das sturmgepeitschte Meer der Ehe *nicht* zu befahren. So hatte denn diese regelmäßig wiederkehrende Szene nur noch eine *symbolische* Bedeutung und bezweckte nichts weiter, als den drei Fräuleins von Bruhn eine exzeptionelle Stellung vor allen anderen Jungfrauen des Landes zu geben. Es war die Konservierung eines Muhmenkultes, zuletzt *mehr* als »Muhme«. Gleichviel, bei den Cousinen in Tornow lag, in Rücksicht auf die Wandelbarkeit menschlicher Natur, immer wieder das entscheidende Wort, und erst der dreimal wiederholte, verbindlich ablehnende Knicks schuf unserm »Hauptmann von Kapernaum« jene Freiheit der Aktion, von der bis diesen Tag nicht genau festzustellen gewesen ist, ob er sie segnete oder beklagte. Denn die Cousinen waren reich, und die Zeiten waren arm.

Aber wenn ihm die Freiheit der Aktion kein überhohes Glück schaffen mochte, so schuf ihm andererseits der »Refus« keinen allzu tiefen Schmerz, zu welcher Annahme die vorerwähnten *vier* Frauen wohl eine genügende Berechtigung geben dürften.* Alle vier waren Nachbarstöchter aus dem Adel der Grafschaft oder der angrenzenden Prignitz. Die erste Frau eine Platen, die zweite eine Jürgaß, die dritte eine Hagen, die vierte eine Putlitz. Durch die Platen und Jürgaß ergab sich denn auch eine nahe Verwandtschaft mit den Zietens, so daß unser Hauptmann mit dem gesamten Adel der Nachbarschaft verschwägert war.

Georg Moritz von R. kam zu hohen Jahren, und wenn er bald nach seiner Geburt die Kanonen von Landau (1713) gehört hatte, so kurz vor seinem Tode die Kanonen von Valmy. Achtzig Jahre lagen dazwischen und drei Kriege, die er selbst bestand. Mit dem Älterwerden wuchsen auch seine Schrullenhaftigkeiten, und er mußte den Tribut entrichten, den das Alter ohnehin so leicht zu zahlen hat. Dem Ehrwürdigen gesellte sich das Komische. Jeden Morgen stieg er mittelst einer Leiter in eine Pappelweide hinein, um in den Zweigen derselben seine

* Bei Gelegenheit seiner vierten Verlobung hatte Georg Moritz von R. (ähnlich wie Herr von Hagen auf Nackel, über den ich in der vorstehenden Anmerkung berichtet) allerdings auch eine Kränkung zu bestehn, die nur den *einen* Vorzug aufwies, daß sie nicht von dem gefürchteten Könige ausging. Der Kränkende war der eigne Bruder auf Tramnitz, allwo sich das Erbbegräbnis befand, in dem auch die Trieplatzer Rohrs beigesetzt wurden. Als Georg Moritz von R. seinem Bruder anzeigte, daß er sich zum *vierten* Male verlobt habe, schrieb ihm der Tramnitzer zurück: »er wünsche ihm Glück, müsse ihm aber von vornherein erklären, daß für diese vierte Frau kein Platz mehr im Erbbegräbnis sei«. Dies war denn doch zuviel, und Georg Moritz erschien schon am nächsten Tage mit drei Wagen in Tramnitz, um die Särge seiner drei Frauen aus dem ungastlichen Erbbegräbnis abzuholen. Er begrub sie nunmehr auf dem Trieplatzer Kirchhof.

Morgenandacht abzuhalten, und sang, während sein weißes Haar im Winde flatterte, mit klarer Stimme: »Wie schön leucht't mir der Morgenstern«. Grotesk und rührend zugleich. Für die Dorfjugend aber herrschte das erstere vor, und ein paar Übermütige sägten den Ast an, mit dem der Alte denn auch zusammenbrach, als er anderntags seinen Platz in dem Gezweige wieder einnehmen wollte.

Daß er gezürnt habe, wird nicht berichtet. Er stand bereits da, wo Leid und Lust nur noch traumhaft wirken und selbst Unbill nichts weiter als ein Lächeln weckt. Seine Zeit war um, und seine Seele flog dem Morgensterne zu, zu dem er so oft emporgesungen hatte. Den 14. Juni 1793 ward er in Trieplatz begraben. Die Dorfjungen aber waren ernsthaft geworden, folgten seinem Sarge und sangen diesmal *ihm*: »Lobe den Herrn, meine Seele!«

Der Akazienbaum

Dem Hauptmann von Kapernaum waren aus seiner zweiten Ehe mit dem Fräulein von Jürgaß zwei Söhne geboren worden, von denen der jüngere den Namen des Vaters, Georg Moritz, führte. Der ältere dagegen war Otto von Rohr. Sein Gedächtnis lebt in Trieplatz in einem schönen *Akazienbaume* fort, der vom Park aus in das Gartenzimmer blickt.

Otto von Rohr war 1763 geboren. Er trat früh in ein Infanterieregiment und stand 1792, als der Krieg gegen Frankreich ausbrach, beim Grenadierbataillon von Kalckstein. Über die Charge, die er bekleidete, verlautet nichts Bestimmtes; wahrscheinlich war er Stabscapitain. 1793 nahm er teil an der Rheincampagne und gehörte jenem Heeresteile zu, der im Spätherbste genannten Jahres unter dem Herzoge von Braunschweig gegen General Hoche kämpfte. Hoche wurde den 17. November bei Blieskastel geworfen und am 28., 29. und 30. in der dreitägigen Schlacht bei Kaiserslautern geschlagen. Unter denen, die preußischerseits dieses schönen Sieges wenig froh werden konnten, befand sich auch Otto von Rohr, der gleich am ersten Tage, den 28., als er mit seinem Grenadierbataillon aus einer Waldecke vorbrach, in Gefangenschaft geraten war. Diensteifer und Herzensgüte trugen die Schuld daran. Schon war ihm der Rückzug durch einen Hohlweg geglückt, als er noch sieben seiner Leute, die das Signal überhört haben mußten, jenseit des Défilés im eifrigsten Scharmützeln mit dem nachdrängenden Feinde sah. Er eilte zurück, um sie zu retten, wurd aber dabei von einem Haufen *Volontairs* gefangengenommen, die mittlerweile den Hohlweg besetzt hatten.

Die »Volontairs« von damals waren den »Franctireurs« von heute sehr ähnlich. Otto von Rohr hat seine Schicksale während der nächsten fünf Tage in ebenso vielen, mir zur Benutzung vorliegenden Briefen aufgezeichnet, Aufzeichnungen, aus denen ich ersehen konnte, wie wenig achtzig Jahre jenseits der Vogesen geändert haben. Alles liest sich wie Erlebnisse von heut oder gestern. Im Guten und Schlechten, in Liebenswürdigkeit und Frivolität, in Artigkeit und Frechheit ist der nationale Charakter derselbe geblieben.

»*28. November 1793.* Drei oder vier Volontairs nahmen mich gefangen, zwölf oder mehr aber waren es, die mich zurückführten. Ich mochte zwei Minuten zwischen meinen Begleitern gegangen sein, als diese plötzlich einige Schritte hinter mir zurückblieben und mich allein stehenließen. Die ganze Bande schwatzte; zugleich mußt ich wahrnehmen, daß einer von ihnen das Gewehr anlegte und auf etwa sechs Schritt nach mir schoß. Der Schuß versagte. Mein Volontair begann nur zu poltern, schüttete neues Pulver auf die Pfanne, schärfte den Stein und legte wieder an. Mittlerweile war ich von meiner ersten Betäubung zurückgekommen und hatte die klare Vorstellung eines unvermeidlichen Todes. Mich wehren, dazu fehlte mir die Waffe (meinen Degen hatte man mir abgenommen), mich durch Flucht retten war ganz unmöglich; ich verteidigte mich also nicht, weil ich nicht konnte, und stand, weil ich mußte. Ich weiß nicht mehr, was ich tat, nur *das* hab ich noch in Erinnerung, daß die ganze Gesellschaft lachte. Auch der Volontair, der im Anschlage lag, lachte mit. In diesem Moment, der über mich entscheiden mußte, trat ein alter Soldat, Sergeant, wie sich später ergab, aus dem Dikkicht, schlug dem Buben das Gewehr nieder und rettete mich dadurch. Die ganze Bande verlief sich nun, und ich war mit meinem Retter allein. Er hieß Malwing, war ein geborner Elsässer, hatte den Siebenjährigen und dann den amerikanischen Krieg mitgemacht und vermaledeite seine eigenen Leute, die er Meuchelmörder nannte. Er hieß mich guten Mutes sein, führte mich zum kommandierenden General Hoche und übergab diesem meine Person und meine Habseligkeiten. Die letzteren stellte mir ein Adjutant des Generals sofort wieder zu. Hoche selbst unterhielt sich ein wenig mit mir, war sehr artig und überließ mich dann wiederum der Obhut Malwings. Unter den Gegenständen, die mir zurückgegeben wurden, befand sich auch mein Degen, meine Schreibtafel und Schärpe. Ich bat Malwing, die letztere anzunehmen, was er indessen entschieden ablehnte. Er sagte nur, ›ich solle sie verbergen‹, ein Rat, dem ich leider nicht folgte. Meine Börse mit etwa elf Dukaten nahm er. Ich besaß außerdem noch eine auf den General Möllendorf geprägte Medaille und eine kleine Schaumünze, ein Geschenk meines seligen Onkels; ich erzählte ihm, was es mit beiden für eine Bewandtnis habe, worauf er sie mir ließ. Meine Uhr war bei der Bagage. Jetzt nahm mir der Alte Wort und Handschlag ab, daß ich mich als sein Gefangener benehmen wolle, führte mich dann nach einer nahe gelegenen Bauernhütte und sorgte für ein Abendbrot, wie es die Umstände gestatteten. Darauf legte er sich neben mich schlafen. Mit uns war eine Rotte von Volontairs, unsaubere, ekelhafte Kerle. Ich hoffte aber sicher am andern Tage ausgewechselt zu werden, und so stählte mich diese Hoffnung gegen die Widrigkeit alles dessen, was mich umgab. Ich schlief ein.

Den 29. November 1793. Morgens mit dem Tage kam mein alter Malwing. Ich war froh, ihn wiederzusehen, stand auf und ging mit ihm, wohin er wollte. Er führte mich nach dem etwa eine halbe Stunde entfernten Hauptquartier, wobei wir an Truppenteilen vorüberkamen, die sich schon zu ihrem nahen Tagewerk versammelt hatten. Dieser Gang war eine Art Spießrutenlaufen, doch waren die Bemerkungen, die fielen, mehr beißender Spott und launiger Scherz als pöbelhafte Worte und grobe Beschimpfungen. Sie frugen mich, ob ich etwas an meine Geliebte zu bestellen hätte, sagten, ich hätte viel Republikanisches, offerierten mir eine Prise Contenance und dergleichen mehr. Endlich langten wir im Hauptquartier an. Hier waren drei Generale, ebenso viele *Repräsentanten* und einige andere Offiziere in *eine* Stube einquartiert. Malwing stellte mich den Generälen vor und verließ das Zimmer. Generale und Packknechte, Fleischer und Repräsentanten saßen (gewiß ihrer dreizehn an der

Zahl) um einen großen Kumpen Reis mit Hühnern und frühstückten. Man war allgemein äußerst artig gegen mich und forderte mich auf, mit zu frühstücken. Eine kleine Weile hatte ich es mir gut schmecken lassen, als sich jemand neben mich hinstellte, der dem Anscheine nach ebenso hungrig war als ich. Er hatte keinen Löffel, ich bot ihm also meinen an, in der Hoffnung, daß ich ihn zurückerhalten würde. Das war aber irrig. Die Gesellschaft hatte nicht Löffel genug, und gingen diese deshalb auf eine Art Pränumeration aus einer Hand in die andre. An mich kam kein Löffel wieder. Nach dem Frühstück ging alles auf seinen bestimmten Posten zur Schlacht; vorher indessen gaben mir die Generäle noch die Versicherung, sie wollten an diesem Nachmittag noch dem Herzoge von Braunschweig meine Auswechselung vorschlagen. Sie würden zu diesem Behufe das Nähere mit mir in Kaiserslautern, allwo sie ihr Hauptquartier zu nehmen gedächten, verabreden. Bis dahin möcht ich mir die Zeit nicht lang werden lassen. Diese ganze Unterhaltung und besonders der Punkt, ›in Kaiserslautern Hauptquartier nehmen zu wollen‹, war in so festem, zuversichtlichen Tone gesprochen worden, daß ich jeden Glauben an das gute Glück der Preußen für *diesen* Tag aufgab. Ich blieb noch ein Weilchen allein, ward aber dann von einem Gendarmen abgeholt und auf die Wache gebracht.

Das Wachthaus lag so, daß ich einen großen Teil des Schlachtfeldes übersehen konnte. Nicht mit den angenehmsten Empfindungen. Ich wußte, daß unsere Armee, besonders durch Krankheiten geschwächt, selbst unter Hinzurechnung der Sachsen kaum gegen 60 000 Mann ausmachte; wenn ich nun hörte, daß die Franzosen nach Vereinigung ihrer Rhein-, Maas- und Moselarmee 150 000 Mann stark seien, wenn ich sie, so unmittelbar vor mir, alle Felder und Wiesen weit umher bedecken sah, so stand meine Hoffnung niedrig, und ich vergaß bei diesem Anblick alle meine eigne Not. Nachmittag brachte man einige Gefangene ein, erst einen Junker von Schulz vom Dragonerregiment Sachsen-Kurland, dann auch Capitain Wilhelmy von demselben Regiment. Auch einige Mannschaften. Wilhelmy sollte später, wie mein Unglücksgefährte, so auch mein Freund werden. Wir hatten bereits eine Weile miteinander gesprochen, ich meinerseits ihm schon diese und jene kleine Aufmerksamkeit erwiesen, und er hielt mich immer noch – durch meinen blauen Surtout mit weißen Aufschlägen dazu veranlaßt – für einen Volontair. Als er nun aber von seinem Irrtum zurückkam und mich als einen preußischen Offizier erkannte, da war er froh, ganz wie ich es war, einen Schicksalsgefährten zu treffen. Herzlich und gefühlvoll waren seine Äußerungen; fest war der Bund, den die neuen Bekannten schlossen; mir dünkt es ein Freundschaftsbund für die ganze Zukunft, für Zeit und Ewigkeit. Auch er war durch übereilte Hitze seiner Befehlshaber ins Mißgeschick gekommen; im übrigen unverwundet wie ich. Er war der erste, der mir sagte, daß das Grenadierbataillon von Kalckstein den vorigen Abend nah an sechzig Mann verloren habe, daß ich zu den Toten gezählt worden und daß außerdem Lieutenant von Reitzenstein gefallen und zwei Offiziere blessiert seien.

Abends in der Dämmerung erschien abermals Freund Malwing. Er trat ein mit einem: ›À présent tout est au diable!‹ Dies hatte zum Teil Bezug auf die mir abgenommenen Habseligkeiten. Er hatte sie zusammen in ein Papier gewickelt, in seine Rocktasche gesteckt, und diese war ihm durch eine preußische Kanonenkugel weggerissen oder, wie er sich ausdrückte, ›zum Teufel geschickt worden‹. Er hatte dabei eine Kontusion davongetragen, weshalb er zurück in ein Lazarett gehen mußte. Ich bot ihm, da mir sein Verlust leid tat, nochmals meine Schärpe an, aber er lehnte nochmals ab und verwies mir meine Unfolgsamkeit, sie nicht nach seinem Rate besser versteckt zu haben. Dann mahnte er mich zu Geduld und Vorsicht, reichte mir seine Flasche und ging fröhlich und guter Dinge ab, mit dem Versprechen, mich wieder zu besuchen.

Und so beschloß sich der zweite Tag meiner Gefangenschaft. Durch tausend Bemerkungen belästigt, von Ahnungen und Besorgnissen gequält, dazu von der Hoffnung einer baldigen Änderung meines Geschickes nicht mehr geschmeichelt, setzte ich mich, meinem neuen Freunde Wilhelmy gegenüber, auf einen Schemel und wünschte mir Schlaf. Doch ihn zu finden, daran war nicht zu denken. Die Stube zum Ersticken heiß und mit Menschen derart gefüllt, daß ich schlechterdings meine Füße nicht regen konnte, ohne jemanden zu treten. Meine Lage war äußerst lästig, und endlich durch die Bewegungslosigkeit, zu der sich mein Körper gezwungen sah, dem Erstarren nahe, blieb mir kein anderes Mittel, als auf den Schemel zu steigen. Hier stand ich wie ein Säulenheiliger. Alles schlief und schnarchte, nur Wilhelmy und ich nicht.

Genug, es war nicht die schmerzhafteste, aber doch die peinlichste Nacht meines ganzen Lebens. Endlich kam der so lang ersehnte Morgen, und alles regte und reckte sich. Ach, wie war ich so froh.

Den 30. November 1793. Der Morgen kam und mit ihm die Sterbestunde für so manchen, Freund wie Feind. Viele fanden ihren Tod gestern schon, viele ehegestern, noch mehr fanden ihn heute. Früh mit der ersten Morgendämmerung begann die Schlacht von neuem; das Feuer der Kanonen war dabei so heftig, wie ich es noch nie gehört hatte. Etwa um elf war die Bataille völlig zum Vorteil der Preußen entschieden. Die Franzosen machten indessen, wie bekannt, einen meisterhaften Rückzug, so daß sie trotz des schlechten Terrains, auf dem sie sich bewegten, keine Kanone verloren. Es kam ihnen dabei freilich zustatten, daß unsere Kavallerie ganz entkräftet war. Von dem Gewimmel der Zurückkommenden sahen wir nur wenig, da auch wir, als die Retirade begann, zurück mußten. Wir bildeten nur ein kleines Häuflein: Wilhelmy, ich, der Junker und etwa acht Gemeine, das war die ganze gefangene Gesellschaft, schließlich noch durch sechs oder sieben Deserteure vermehrt. Letztere höchst widriges Gesindel. Mit genauer Not bekamen wir einige von den erbeuteten Pferden; dann, bei jedem Offizier ein Gendarm, außerdem noch zwei, drei zur Eskorte der übrigen, so ging unser Zug rückwärts auf der Straße nach Homburg zu.

Ein wahrer Golgathas-Weg für uns arme Sünder. Gleich zu Anfang passierten wir einen großen Teil der französischen Armee, die auf einer weiten Ebene hielt. Hier fanden wir Truppen aller Art, auch das Proviantfuhrwesen. Wir kamen leidlich vorüber. Als wir aber eine andere Abteilung der geschlagenen Armee erreichten, bei der sich viele Hunderte von Schwerverwundeten befanden, war es mit unserer Ruhe vorbei.

Ein großer Teil dieser Unglücklichen, als sie uns sahen, gebärdeten sich wie rasend, wetterten und fluchten und schienen durchaus willens, es bei den insultierenden Worten nicht bewenden zu lassen. Mehr als einmal schlug man die Gewehre auf uns an, und nur der Umstand, daß wir rechts und links Gendarmen zur Seite hatten, die bei dieser Gelegenheit so gut wie wir getroffen werden konnten, rettete uns aus dieser Gefahr. Die Insulten dauerten fort, aber nach einer halben Stunde schienen auch die Lungen erschöpft, und man ward still. Nochmals eine halbe Stunde später, und wir wurden in einem Stall untergebracht, wo sich unser Häuflein alsbald um einen Unglücksgefährten vermehrte. Das Regiment Göckingk-Husaren hatte verfolgt, und bei diesen Verfolgungsscharmützeln war Cornet Gottschling vom genannten Regiment erst verwundet und dann gefangengenommen worden. Er hatte einen Hieb über den Kopf, einen andern über die Hand und war in sehr bedauernswerter Lage.

Der Zug setzte sich endlich wieder in Bewegung. Neue feindliche Trupps waren zu passieren, da wir aber auf dem Marsche blieben, so hatten wir weniger zu leiden; nur der arme Gottschling erhielt einen Steinwurf.

Gegen Abend rückten wir in ein Dorf ein, das nicht mehr ferne von Homburg war. Der Führer der Eskorte wollte weiter, aber die Mannschaften, die sich angeschlossen hatten, wollten bleiben oder wenigstens eine Rast machen. Der Führer mußte nun gehorchen. Ein Haus wurde ausgewählt, und wir Offiziere, der Junker, die Deserteurs und die Gendarmen kamen in ein und dieselbe Stube. Die gutmütige Wirtin schaffte Milch, wir selbst hatten Kommißbrot, und so wurde denn eine Milchsuppe gekocht, die mir ganz besonders mundete, da ich, seit jenem Reisfrühstück in Gesellschaft der Generalität, nichts Warmes mehr gegessen hatte.

Homburg indessen sollte noch erreicht werden, und um zehn Uhr abends rückten wir in seine Straßen ein. Quartiere erhielten wir im Ratskeller, in einem weitläufigen Gemach, das schon vorher mit vielen Verwundeten belegt worden war. Uns blieb nur, wie in der Nacht vorher, ein kleines Plätzchen zum Stehen übrig. Hart an uns vorüber trug oder führte man die Verstümmelten. Eine Hölle war uns dieser Aufenthalt; das war ›gekerkert im Kerker‹. Unbegreiflich und wunderbar war es uns allen und ist es mir noch in dieser Stunde, daß nicht einer dieser Unglücklichen, wütend, wie sie waren, uns niedermordete oder doch mißhandelte. Wir erwarteten es jeden Augenblick, aber es blieb bei Fluch und Verwünschung. Ein oder anderthalb Stunden mochten wir in diesem Zustande zugebracht haben, bittend, flehend, daß man uns aus dieser Hölle des Jammers fortführen möge. Alles umsonst. Endlich, aufs äußerste empört, begannen wir selbst zu toben und zu fluchen. Das half. Man brachte uns in ein Wirtshaus, in dem ein französischer Artilleriegeneral logierte. Dieser teilte seine Stube mit uns und behandelte uns mit vieler Artigkeit. Wir ließen uns ein gutes Nachtmahl schmekken, legte uns auf Streu oder Stühle und vergaßen in festem Schlaf die bittern Erlebnisse des letzten Tages.

Den 1. Dezember 1793. Morgens beim Erwachen war der General fort; wir haben auch später seinen Namen nicht erfahren können. Unser Frühstück, Kaffee und Zubehör, stand bereit, wir ließen es uns schmecken, und weiter ging es bis Zweibrücken. Hier führte man uns auf den Marktplatz, wo denn alsbald alles, was nur Raum finden konnte, sich an uns herandrängte. Wir fürchteten ein Dakapo des Spiels vom vorigen Tage, aber es unterblieb; teils waren hier keine Blessierten, teils war die erste Wut schon verraucht; zudem befanden wir uns hier zumeist unter Linientruppen. In ihrem Beisein waren wir in der Regel vor groben Beleidigungen sicher. Jeder von uns ward von einem ganzen Haufen umzingelt, alles schwatzte und frug auf uns ein, frug immer von neuem und immer etwas anderes, ohne unsere Antworten abzuwarten. Dabei reichten sie uns Cognac und Brot, sprachen uns Mut zu und hießen uns guter Dinge sein. Genug, das Ganze dieser Szene war menschenfreundlich und gutartig, wenn ich einige Tölpel ausnehme, die grob wurden, weil wir ihnen kein Gegenprosit mehr zutrinken wollten. Einer, den ich bat, mich nicht weiter zu nötigen, erklärte laut: ›ich sei ein Emigrierter, er kenne mich‹. Dabei nahm er mein Pferd beim Zügel und wollte mich zum Repräsentanten abführen. Doch kam es nicht soweit; einige andere bedeuteten ihm seinen Unsinn und drängten ihn weg.

Nach einer halben Stunde führte man uns auf die Hauptwache. Hier wiederholten sich die Szenen vom Marktplatz, aber schon nach kürzester Frist wurden wir weitergeschleppt, und zwar in das Gefängnis der Stadt; wir drei Offiziere kamen in die Armesünderstube. Wohl allenthalben sind sich diese Lokalitäten so ziemlich ähnlich. Das erste, was mir ins Auge fiel, war eine mit Kohle an die Wand geschriebene Zeile: ›Der nächste

Gang von hier geht zum Galgen.‹ Nun durften wir zwar annehmen, *diesen* Gang *nicht* tun zu dürfen, nichtsdestoweniger wirkte diese Zeile sehr unangenehm auf meine Empfindung und stand mir immer vor Augen. Sie war eine häßliche und beständige Mahnung an das höchst Kritische unserer Lage. Der Gefangen[en]wärter frug, ›ob wir Geld hätten, um uns durch seine Vermittelung Lebensmittel kaufen zu können‹, eine Frage, die wir leider verneinen mußten. Er schüttelte den Kopf, setzte einen Krug mit Wasser hin und wies auf einen andern, größern Kübel; zugleich versprach er, Brot und Streustroh zu bringen. Wir waren wie versteinert; doch kam ich mit Hilfe eines listigen Schurken von Gendarmen, deren zwei bei uns geblieben waren, bald zu mir selbst. Freilich nicht auf angenehme Weise. Der Gendarm redete mich an: ›Monsieur, il y a bien long temps que je désire à avoir un souvenir d'un officier prussien. Vous avez là quelque chose, dont vous ne pouvez plus faire usage: votre *escarpe*; en faite moi présent.‹ Ich band meine Schärpe ab, erinnerte mich, leider zu spät, der guten Lehren des alten Malwing, schwieg und gab dem Buben, was er spottend von mir erbat. Zugleich mein Letztes. Mit ironischer Höflichkeit bedankte er sich und schritt unter vielen Kratzfüßen zur Tür hinaus. Sein Spießgesell hatte es mit Gottschling ebenso gemacht.

Der Gefangen[en]wärter erschien nun wieder, brachte Streustroh und Leuchtung, fragte nochmals, ›ob wir *wirklich* kein Geld hätten‹, und bedauerte uns herzlich, als wir ihm unser Nein wiederholten. Der gute, christliche Deutsche beklagte uns sehr und schien in Mitleiden für uns aufzugehen; nichtsdestoweniger vergaß er, uns unser Deputat Brot für den Nachmittag und Abend zu geben. Nur ein Weilchen noch blieb er, um uns Trost und Mut einzusprechen, wünschte uns dann eine wohlzuruhende Nacht und – ging. Das letzte, was er uns hören ließ, war das Rasseln und Klirren der Schlösser und Riegel.

Nun waren wir mit uns und unserm Elend allein. Mein alter Wilhelmy erlag fast seinem Schicksal: er schwankte zur Streu und wünschte sich laut die ewige Ruhe. Gottschling litt heftige Schmerzen, legte sich auch und hoffte Linderung vom Schlaf. Ich folgte seinem Beispiel. Ein paar Stunden mocht ich geschlafen haben, als Wilhelmy mich weckte; ihm brannten Kopf und Körper, Gottschling erwachte ebenfalls im heftigsten Wundfieber.

Beide lechzten nach Wasser und – Gott! der Krug war leer, ebenso der Kübel. Ich lief in der Stube umher, rief und schrie nach Hilfe; umsonst, unser Kerker war zu abgelegen, als daß irgendwer hören konnte. Ich stieß gegen die Tür, in der Hoffnung, sie zu sprengen, aber Schloß und Riegel waren zu fest. Hinweg, selbst von der bloßen Erinnerung an diese Unglücksnacht.

Den 2. Dezember 1793. Morgens, vielleicht acht Uhr, saß ich an dem Lager meiner beiden Gefährten, vertieft und verloren in unser trübes Geschick. Wilhelmy und Gottschling, trotz Fieber und Durst, waren eben wieder eingeschlafen, als plötzlich die Tür aufging und einige junge Frauenzimmer, deren Bekanntschaft Gottschling vor acht oder zehn Tagen gemacht hatte, mit Kaffee und Semmel bei uns eintraten. Diese gutmütigen Magdalenen, die vielleicht durch den Gefängniswärter von ihm gehört haben mochten, hatten sich mit Mühe und Schwierigkeiten einen Weg zu uns gebahnt und leisteten nun so viel Hilfe, wie in ihren Kräften stand. Auch einen Stadtwundarzt brachten sie mit, um Gottschlings Wunden zu verbinden. Ich weckte nun meine beiden Kranken jubelnd auf, und beide labten und erquickten sich an dem Frühstück, das ihnen geboten wurde. Unsere barmherzigen Samariterinnen standen uns gegenüber und freuten sich herzlich, daß uns ihre Gabe so vortrefflich mundete; ebenso herzlich war unser Dank. Während des Frühstücks fand sich allerlei Gesellschaft ein: der gute, christliche Kerkermeister, dessen Ehegespons, einige Gendarmen, schließlich auch einige Offiziere. Man kam und ging, alle waren voller Mitleid, aber dabei hatte es sein Bewenden.

Im Laufe des Vormittags erschienen: ein Generaladjutant namens Bertrand, mehrere junge Leute von der Adjutantur, endlich auch ein Sekretär, um unsere Charaktere und Namen aufzunehmen. Alle diese Herren, besonders sichtbar und auffallend aber der Erstgenannte (Bertrand), waren äußerst betreten, uns so gemißhandelt zu finden. Der Umstand, daß die Zweibrücker Mädchen uns ein Frühstück, und zwar als ein Almosen, gereicht, dazu auch einen Arzt uns zugeführt hatten, brachte die Herren vorzugsweise in Verlegenheit. Sie waren Zeugen, daß wir unsere Wohltäterinnen mit einem einfachen ›Gott vergelt's euch‹ bezahlen mußten. Einige der jungen Offiziere versuchten auf mancherlei Art, die Sache zu entschuldigen, doch ging es ihnen damit nur schlecht vonstatten. Der Umstand, daß man uns in drei Tagen noch kein Zehrungsgeld, am Nachmittag und Abend kein Brot und auf die letzte Nacht auch nicht einmal Wasser, Heizung und Licht zur Genüge gegeben hatte, war nicht wohl zu entschuldigen. Alles, was man für uns getan, war, daß man uns unsere Schärpen geraubt hatte. Bei Aufzählung aller Unbill, die wir erfahren, traten mir die Tränen in die Augen. Bertrand, als er dessen gewahr wurde, trat zu mir heran und hatte freundliche Worte für mich. Es tat mir wohl, und ich vermochte mich wieder zu fassen. Nachdem man unsere Namen und Charakter aufgeschrieben, schenkte uns Bertrand unter dem großmütigen Vorwande, ›daß es die rückständige Gage sei‹, anderthalb Karolin; auch wurde ein Mittagbrot für uns besorgt. Ein Bekannter Wilhelmys, ein verabschiedeter Soldat, der jetzt in Zweibrücken lebte und vor einigen Wochen erst als Handelsmann Wein und andere Lebensmittel ins Lager geliefert hatte, erschien ebenfalls. Dieser verschaffte einem jeden von uns ein Hemd. Infolge davon wurde nun zwar unsere Kasse so gut wie wieder gesprengt, aber dennoch erkauften wir die Glückseligkeit des Wäschewechselns damit nicht zu teuer.

Gegen Mittag brachen wir aus der Zweibrückener Armensünderstube auf und kamen um drei Uhr in Blieskastel an. Man war unschlüssig, wohin mit uns. Nachdem wir wieder dreiviertel Stunden lang auf freier Straße zur Schau ausgestellt gewesen waren, brachte man uns endlich in den ›Turm‹. Sergeanten und Gemeine bekamen den Raum unterm Dach; wir Offiziere und der Junker aber wurden in die Stube des Stockmeisters einquartiert. Hier fanden wir bereits zehn oder zwölf *Geiseln* vor, die die französische Armee bei ihrer Retirade aus der umliegenden Gegend mitgenommen hatte.«

Hier brechen die Briefe ab. Was ich noch zu erzählen haben werde, steht räumlich in keinem entsprechenden Verhältnis zu dem bis hierher Mitgeteilten. Otto von Rohr samt seinen Leidensgenossen, die wir aus vorstehenden Briefen kennengelernt, wurde nach Frankreich abgeführt und in Nogent-sur-Seine, etwa siebzig Kilometer von Paris, interniert gehalten. Hier lebte er, ein Jahr lang und darüber, in ungetrübtem Glück, soweit das Leben eines Gefangenen überhaupt ein glückliches sein kann.

Die große Zeit störte nicht seine Kreise. In Paris die Schrekkensherrschaft, in Nogent Friede. Auf dem *Eintrachts*-Platze (furchtbare Ironie) fiel Dantons Haupt, und sein blutiger Schatten ging um, bis das Haupt dessen, der ihn stürzte, dem seinen nachgefallen war – in Nogent aber, als wäre die Welt so klar wie die Sommernacht, die sich jetzt über ihm wölbte, saß Otto von Rohr unter dem Gezweig einer mächtigen *Akazie*, und neben ihm saß Jacqueline, die Tochter des Hauses, halb Kind noch, und hörte ihm zu, wenn er von seiner Heimat erzählte, von den weiten Strecken Sand und der Sumpfniederung, in der ein Fluß laufe, »schilfbestanden und tief und schwarz wie der Styx, der um das Reich des Todes schleicht«. Dann fragte Jacqueline, »ob dort auch Menschen wohnen«.

»Kaum«, antwortete der Gefangene voll übermütiger Laune, »Halbwilde nur, die schwarzes Brot essen und einen bräunlichen, immer schäumenden Saft trinken, den sie Bier nennen. Und zur Winterzeit machen sie Löcher ins Eis und springen hinein oder jagen tagelang durch den Wald, um Füchse zu fangen und mit dem wilden Eber zu kämpfen. Und wenn sie dann heimkehren, können sie oft ihr Dorf nicht finden, weil es in Schnee versunken ist.« Dann fragte Jacqueline: »Und wie sehen diese Menschen aus?«, worauf dann Otto von Rohr erwiderte: »Genau wie ich, Jacqueline.« Und dann lachten sie beide und hörten nicht, daß ein leises Rauschen, wie ein Klageton, durch den Wipfel der alten Akazie ging.

Denn der alte Baum, der das Leben kannte, wußte, was bevorstand: *Trennung*. Sie kam; der Basler Frieden machte den Gefangenen frei. Wieviel Schwüre wurden laut, wieviel Tränen fielen. Eines Tages aber lag alles zurück wie ein Traum, und nur zweierlei war noch wahr und wirklich: das Leid im Herzen Jacquelines und eine kleine seidengestickte Henkelbörse, die sie dem Scheidenden zum Abschiede gereicht hatte. Darin befand sich eine Schaumünze mit ihrem Lieblingsheiligen darauf und – ein Samenkorn von dem Akazienbaum, unter dem sie so oft gesessen.

Dies Samenkorn ist in Trieplatz aufgegangen. Es ist *derselbe* Baum, der (womit wir diese Erzählung einleiteten) vom Park aus in das Gartenzimmer blickt.

Urania von Poincy

Die Tage von Nogent-sur-Seine lagen über ein Menschenalter zurück. Da (dasselbe Jahr noch, in dem unser Otto von Rohr, inzwischen zum General und Präsidenten hoher Kommissionen emporgestiegen, aus dieser Zeitlichkeit schied) knüpften sich *neue* Beziehungen zwischen Frankreich und – Trieplatz. Noch einmal gewann ein Rohr ein französisches Frauenherz. Und diesmal keine Trennung, oder doch keine andere als durch den Tod!

Moritz von Rohr, ein Neffe Ottos, stand 1838 bei einem rheinischen Regiment in Saarlouis. Er war zweiundzwanzig Jahr alt, groß und schlank. Der Winter brachte Maskenbälle wie gewöhnlich, und auf einem dieser Bälle war es, daß Moritz von Rohr die Bekanntschaft Urania de Poincys machte, der schönen Tochter des Herrn und der Frau von Poincy, die sich damals, sei es erziehungs- oder zertreuungs- oder gesundheitshalber, in Saarlouis aufhielten. Dieser Ball entschied über das Leben des jungen Paares; die leidenschaftliche Liebe, die beide füreinander hegten, überwand jedes Hindernis, Moritz von Rohr erbat und erhielt seinen Abschied, und in demselben Winter noch erfolgte die Trauung zu Notre-Dame in Paris.

Der Hindernisse, deren ich eben erwähnte, waren nicht wenige: Die Familie de Poincy war nicht mehr jenseits des *Rheines*, sie war jenseits des *Ozeans* zu Hause, seitdem der Großvater der jungen Dame das vom Schrecken regierte Frankreich Anno 93 gemieden und, nach Amerika flüchtend, erst in Kuba, dann in Neuorleans sich niedergelassen hatte. Dort lebten sie jetzt in hohem Ansehen: der Name de Poincy war der Name einer *Handelsfirma* geworden. Selbstverständlich lag nicht *hierin* die Schwierigkeit; die Rohrs dachten niemals gering von bürgerlicher Hantierung, am wenigsten vom Großhandel, der mit eigenen Schiffen die Meere befährt, aber der Weg von der Dosse bis an den Mississippi war doch weit, und ein Rohrsches Herz hält fest an Wusterhausen und Trieplatz.

Dies waren die Schwierigkeiten. Die Liebe des jungen Paares indes, wie schon angedeutet, überwand sie. Moritz von Rohr trat in das Handelshaus seines Schwiegervaters ein, und nie wurde brieflich oder mündlich ein Wort laut, das darauf hingedeutet hätte, er habe die Trennung von Vaterland und Familie bereut. Kein Klagewort, aber auch kein rechtes Wort des *Glücks*! Die *nationalen* und *konfessionellen* Unterschiede ziehen eben eine tiefe Kluft, und der Beispiele sind wenige, wo die *bloße Sympathie der Herzen* stark genug gewesen wäre, diese Kluft zu überbrücken. Je feiner und durchgeistigter die Naturen sind, desto mehr tritt dieses Trennungselement hervor. Man liebt sich, aber man ist nicht eins, und *jede* Freude halbiert sich oder schwächt sich ab, weil sie nur einmal unter hundert Fällen auf *neutralem* Gebiet erblüht. Die Herzen stimmen, aber der Gegensatz der Geister klingt disharmonisch hinein. Auch das Glück Moritz von Rohrs und Urania von Poincys wurde getrübt oder trug wenigstens einen Schleier.

Zehn Jahre nach der Vermählung war dieser Schleier für die junge Frau zum *Witwenschleier* geworden. Moritz von Rohr glaubte sich akklimatisiert und unterließ es, im Sommer 1848 die Fieberluft Neuorleans' mit der gesunden Küstenluft am Mexikanischen Golf zu vertauschen. Er wurde vom gelben Fieber befallen und erlag ihm.

Zwei Jahre später (das kaufmännische Geschäft war inzwischen an den Sohn des Herrn von Poincy übergegangen) kehrte der ältere de Poincy mit seiner Familie: Frau, Tochter und Enkelin, nach Europa zurück. Die Enkelin war das einzige Kind Moritz von Rohrs. Man kaufte sich in Frankreich an, und 1854 waren Frau von Poincy, die Schwiegermutter, und Urania von Rohr, geborne von Poincy, in Trieplatz auf Besuch; sie mochten Parallelen ziehen zwischen ihrer Hazienda daheim und dem alten Hofe des »Hauptmanns von Kapernaum«. Vieles fehlte; aber allerdings auch die Sumpfluft, die so frühe schon die schöne Frau zur Witwe gemacht hatte. Denn die Dosse ist gesund.

Die *Tochter* Moritz von Rohrs war nicht mit bei diesem Besuche, war vielmehr in einer französischen Klosterschule zurückgeblieben. Erst sechzehn Jahre später lernte sie die Kompatrioten ihres Vaters kennen, als diese, während des siebziger Krieges, vor dem Kloster Abbaye-aux-Bois ihr Lager aufschlugen. In diesem Kloster stand das junge Fräulein von Rohr damals als Novize. Längst seitdem hat sie den Schleier genommen, die Großeltern sind tot, und nur die Mutter lebt noch in Paris.

Ein Porträt, das inmitten der Familienbilder in Trieplatz hängt, mahnt an die nahen Beziehungen des Hauses Rohr zum Hause de Poincy. Der weiße Teint, das schwarze Haar, die leuchtenden Augen – sie geben das typische Bild der schönen Kreolin.

An Sommertagen, wenn der Akazienbaum seine Zweige bis dicht vor das Fenster streckt, ist es, als spielten seine Blätterschatten mit Vorliebe um *dieses* Bild.

Und es ist dann wie ein Nicken und Grüßen Jacquelinens an Urania von Poincy.

Tramnitz

Beneath those rugged elms,
Where heaves the turf in many a mouldring heap,
The rude forefathers of the hamlet sleep.

Thomas Gray

Eine halbe Meile nördlich von Trieplatz liegt Tramnitz, ebenfalls ein alt-Rohrsches Gut. Der Weg dahin hat denselben Einsamkeitscharakter wie die zu Beginn des vorigen Kapitels von mir geschilderte Landschaft. Die Dosse-Ufer sind eben von einer ganz besonderen Tristheit, wenigstens soweit der obere Lauf des Flusses in Betracht kommt. All diese Strecken veranschaulichen in der Tat jenes märkische Landschaftsbild, das im allgemeinen weniger in der Wirklichkeit als in der Vorstellung der Mittel- und Süddeutschen existiert.

Dorf Tramnitz wirkt wie ein Kind des Bodens, auf dem es gewachsen. Es weckt ein Herbstgefühl. Und auch die Stelle, wo das Herrenhaus gelegen ist, ändert nichts an diesem Eindruck. Vielleicht wär es anders, wenn nicht der weiße, ziemlich weitschichtige Bau, vor dem ein paar mächtige Linden aufragen, eine wahre Mausoleumseinsamkeit um sich her hätte. Hat sich doch, seit dem Tode des Vorbesitzers, aus dem jetzt leerstehenden Herrenhause das Leben in ein abseits gelegenes einfaches Fachwerkhaus zurückgezogen, an dessen Schwelle wir von einer freundlichen alten Dame begrüßt und an einen mit Meißner Tassen besetzten Kaffeetisch geführt werden.

Die freundliche alte Dame ist »Tante Wilhelmine«. Sie verwaltet, neben andrem, auch den Anekdotenschatz des Hauses, und der Kaffee, von dem wir eben wohlgefällig nippen, wohin könnt er den Gang der Unterhaltung natürlicher hinüberleiten als zur Geschichte von »Tante Fiekchen«.

Ebendiese, die zu Beginn des vorigen Jahrhunderts auf Tramnitz lebte, war um 1733, als Kronprinz *Friedrich* in Ruppin stand, eine hochbetagte Dame, die des Vorrechtes genoß, allen derb die Wahrheit sagen zu dürfen, am meisten den jungen Offizieren des Regiments Prinz Ferdinand, wenn diese zum Besuche herüberkamen. Einstmals kam auch der Kronprinz mit. Er ward inkognito eingeführt, und da ihm »Tante Fiekchens« Kaffee, der wenig Aroma, aber desto mehr Bodensatz hatte, nicht wohl schmecken wollte, so goß er ihn heimlich aus dem Fenster. Aber Tante Fiekchen wäre nicht sie selber gewesen, wenn sie's nicht auf der Stelle hätte merken sollen. Sie schalt denn auch heftig, und als sie schließlich hörte, wer eigentlich der Gescholtene sei, wurde sie nur noch empörter und rief: »Ah, so. Na, denn um so schlimmer. Wer Land und Leute regieren will, darf keinen Kaffee aus dem Fenster gießen. *Sein Herr Vater wird wohl recht gehabt haben!*« Übrigens wurden sie später die besten Freunde, schrieben sich, und wenn der König irgendeinen alten Bekannten aus dem Ruppinschen sah, unterließ er nie, sich nach Tante Fiekchen zu erkundigen.

Das Tramnitzer Haus umschließt manche alte Erzählung, manche anekdotische Überlieferung.

Unter den Familienbildern, die dichtgedrängt an den Wänden hängen, ist eines, das aus den sechziger Jahren des vorigen Jahrhunderts stammt und der Tradition nach von Philipp Hackert herrührt. Es heißt: *ausnahmsweise* (was auch zutreffen würde) hab er hier ein Porträt gemalt. Das Bild stellt ein Fräulein von Rohr als junges, kaum erwachsenes Mädchen in dem Rokokokostüm jener Tage dar. Hackert *soll* sie geliebt haben. Wer will es heute noch feststellen! Aller Wahrscheinlichkeit nach liegt übrigens eine Verwechselung der beiden Brüder Philipp und Wilhelm Hackert vor. Philipp, der weitaus berühmtere, war Landschafter, Wilhelm Porträtmaler. Woraus sich auch das Vorhandensein eines Hackertschen *Porträts* an diesem Ort, aber von dem unberühmteren Bruder herrührend, am einfachsten erklären würde.

Der interessanteste Punkt, den Tramnitz aufzuweisen hat, ist der »alte Kirchhof«. Er liegt mitten im Dorfe, von der sich hier teilenden Straße rechts und links umfaßt, und macht außen und innen den Eindruck eines verwilderten Parks. Eichen, Linden, Akazien wachsen hoch auf, dazwischen Fliederbüsche, halb Strauchwerk, halb Unterholz, alles umschlungen und durchdrungen von Blumen und Unkraut, von Efeu und Hagebuttengestrüpp. Eine vollkommene Wildnis. Die Stelle, wo die alte Kirche stand, ist kaum noch wahrzunehmen, seitdem Moos und Farnkräuter über die Fundamente hinweggewachsen sind. Nur zwei Denkmäler, freilich auch *sie* halb versteckt, mahnen noch daran, daß hier einst begraben wurde. Das eine – ein *Obelisk*, der »dem teuren Andenken der besten Gattin und Tochter, Frau Margarete von Rohr, gebornen Freiin zu Putlitz«, errichtet wurde – trägt folgende Inschrift:

Sie ließ der Welt vergänglich Glück,
Ließ Schmerz und Elend hier zurück,
Drang, ewig frei von aller Not,
Ins Freudenleben durch den Tod.
Wann einst von uns, in Gott vereint,
Der letzte auch hat ausgeweint,
Dann wird ein frohes Wiedersehn
Auf ewig unser Glück erhöhn.

Das andere Denkmal, um zehn Jahre älter, stellt den bekannten trauernden Knaben dar, der sich an eine Aschenurne lehnt. »Kindliche Ehrfurcht widmet dies Andenken.« Einer Inschrift am Sockel entnehmen wir, wem und wann es errichtet wurde: Hans Albrecht Friedrich von Rohr, königlich preußischer Oberst, geboren den 3. August 1703, gestorben den 6. Dezember 1784.

Dieser Hans Albrecht Friedrich von R. stand in Magdeburg, machte sämtliche Kampagnen unter Friedrich II. mit und nahm 1760 den Abschied. Während seiner Garnisontage zu Magdeburg, unmittelbar vor Ausbruch des Siebenjährigen Krieges, trat er – soweit die Verhältnisse dies gestatteten – in Beziehungen zum Freiherrn von der Trenck, der ihm eine in seiner Gefangenschaft selbst gefertigte Tabaksdose von Kokosnuß und Perlmutter zum Geschenk machte. Die Seitenwände zeigen Cupido mit Pfeil und Köcher, der nach einem Herzen schießt, dazu die Umschrift:

Du hast mich nicht getroffen,
Was hat mein Herz von dir zu hoffen?

(Etwas dunkel.) Oben auf dem Deckel ein Adler, der mit der Klaue das Rohrsche Wappen hält. All dies hatte Trenck mit einem eisernen Nagel gearbeitet, da er kein Handwerkszeug besaß. – Die Dose existiert noch im Herrenhause zu Tramnitz.

Der »alte Kirchhof«, umspielt von Kindern, überwachsen von Gesträuch, ist, wie schon angedeutet, das Poetischste, was Tramnitz aufzuweisen hat. Der *neue* Friedhof, draußen am Rande des Dorfes, reicht an diesen alten nicht heran, und auch die hart daneben gelegene »neue Kirche« kann *poetisch* nicht retten und helfen. Hat sie doch selber keinen Überschuß davon. Sie stammt aus der »armen Zeit«, will sagen aus den zwischen 1806 und 1815 liegenden Jahren (auch die Jahre, die folgten, waren nicht viel besser), und gleicht einer Fachwerkscheune, der man ein halbes Dutzend Fenster gegeben hat. Vielleicht, daß ich gar nicht dazu gekommen wäre, sie zu sehn, wenn ich nicht in Erfahrung gebracht hätte, daß hier, hinterm Altar, eine Fahne aufbewahrt würde, die von irgendeinem Tramnitzer Rohr entweder den Schweden bei Fehrbellin oder den Österreichern bei Hohenfriedberg abgenommen worden sei. Und wirklich, da war sie, hinterm Altar, alles wie erzählt. Ich rollte denn auch das Fahnentuch auseinander, das mir, anderer verdächtiger Anzeichen zu geschweigen, sofort durch seinen gänzlichen Mangel an Spinnweb auffiel. Denn eine richtige alte Fahne ist immer so, daß man nicht recht weiß, wo das Seidenzeug aufhört und das Spinnweb anfängt. Und als das Fahnentuch nun ausgebreitet vor mir lag, sah ich, daß es einfach das Rohrsche Wappen war, was darin prangte. So schwand die historische Glorie hin, die bis dahin dieses Banner umgeben hatte. Sehr wahrscheinlich war es eine Fest- oder Einzugs- oder Wappenfahne, die bei irgendeinem Carousselreiten von irgendeinem jungen Rohr getragen worden war.

Mir aber erwuchs daraus ein neuer Beweis für die hundertfältig beobachtete Tatsache, daß überall da, wo Dorfbevölkerungen einem Gegenstande begegnen, der Interesse weckt, ohne verstanden zu werden, die »mythenbildende Kraft« sofort in Aktion tritt. Ob die Dinge dabei lang oder kurz zurückliegen, ist gleichgültig. Die Sage verfährt in allen Stücken souverän; was sie aber am souveränsten behandelt, das ist die – Chronologie.

Ganzer

> Wohl hab ich euer Grüßen,
> Ihr Ahnen mein, gehört;
> Eure Reihe soll ich schließen,
> Wohl mir, ich bin es wert.

Mit Tramnitz haben wir unsre Wanderungen an »Rhin und Dosse« beendet und kehren nunmehr auf die große Straße zurück, um mit Hilfe derselben das Ruppiner *Plateau* von West nach Ost oder von der Prignitz bis zur Uckermark hin zu durchschneiden. Die Dörfer und Städte, denen wir auf dieser Querlinie begegnen werden, sind Ganzer, Gottberg, Kränzlin, Lindow und Gransee.

Zunächst Ganzer, ehemaliger Besitz der Familie Wahlen-Jürgaß, etwa zwei Meilen westlich von dem *Zietenschen* Wustrau. Beide Familien, die Zieten und die Jürgaß, waren recht eigentlich ruppinsche Geschlechter, seßhafte Leute, die, durch die Jahrhunderte hin, schlicht gelebt und treu gedient und den Boden ihrer Väter in Ehren gehalten hatten. Hans Zieten zu Wildberg, wie schon in unsrem Wustrau-Kapitel hervorgehoben, war Geschworner Rat des letzten Grafen zu Ruppin und begleitete diesen auf den Wormser Reichstag, um dieselbe Zeit aber saßen auch schon die Jürgaß auf Ganzer und werden 1525 urkundlich genannt. Von da ab gehen die Zieten auf Wustrau und die Jürgaß zu Ganzer in Leid und Freud mit- und nebeneinander, um schließlich auch, wie ein altes Paar, gemeinschaftlich in den Tod zu gehen. Nur um anzudeuten, wie vielfach beide Familien versippt und verschwägert waren, stehe hier das Folgende. Die *Mutter* des berühmten alten Zieten war Ilsabe Katharina von Jürgaß aus dem Hause Ganzer (geboren 1666), und die *erste Frau* des alten Zieten war wiederum eine Jürgaß (Leopoldine Judith, geboren 1703). Aus dieser Ehe, zwischen Hans von Zieten und Judith von Jürgaß, ward eine Tochter geboren, Fräulein Johanna von Zieten, die sich mit Karl von Jürgaß vermählte, der seinerseits wieder ein Sohn Joachims von Jürgaß aus seiner Ehe mit Luise von Zieten war.

Man wird an diesem einen Beispiel erkennen, daß die Verwandtschaft oft fünf- und sechsfach und in ihren verschiedenen Graden gar nicht mehr zu verfolgen war. Es waren nur noch zwei Familien dem *Namen* nach, während längst dasselbe Blut in den Adern hüben und drüben floß.

Ganzer selbst ist ein noch übriggebliebenes Musterstück aus jener Zeit her, wo die Dörfer im Ruppinschen, oder doch viele von ihnen, nicht aus *einem* Rittergute, sondern aus zwei, vier und selbst sechs Edelhöfen bestanden, die dann freilich sehr viel mehr einem Bauernhof als einem Rittergute glichen. Auch Ganzer gehörte seinerzeit *vier* Familien, und zwar den von Jürgaß, von Rohr, von Kröcher und von Wuthenow, aus welcher Vierteilung später eine Zweiteilung ward, indem der ganze Grundbesitz, durch Kauf oder Tausch oder Erbschaft, an die Rohr und die Jürgaß überging. Das war ohngefähr zu Anfang des vorigen Jahrhunderts, und diesen Charakter eines zweigeteilten Besitzes hat sich das Dorf in einer so markanten und zugleich so malerischen Weise gewahrt, wie mir kein zweites Beispiel in der Grafschaft bekannt geworden ist.

Wir halten vor dem Dorfeingang und schwanken, ob wir unser Fuhrwerk nach links oder rechts hin lenken sollen, denn scharf einander gegenüber erblicken wir zwei Krugwirtschaften, jede mit dem üblichen Vorbau, jede mit einer Anzahl Stehkrippen und jede mit einem Wirt in der Tür. Wir entscheiden uns endlich für links und sind infolge dieser Wahl, ohne Wissen und Wollen, auf der *Rohrschen* Seite gelandet.

Der Damm oder Fahrweg macht die Grenze: was links liegt, ist alt-Rohrscher, was rechts liegt, alt-Jürgaßscher Besitz. Jede Seite hat ihr Herrenhaus und ihren Park, und nur die Dorfgasse samt Kirchhof und Kirche bildet das beiden Hälften Gemeinschaftliche.

Wir haben im Krug ein Gespräch angeknüpft und über die beiden alten Herren von Jürgaß, zwei Brüder, die nun seit dreißig Jahren und länger das Zeitliche gesegnet haben, ein wenig zu plaudern gesucht, aber sei's nun, daß unser Wirt, als »Rohrscher«, sich um die Jürgasse drüben nie recht gekümmert hat, oder sei's andererseits, daß all die zwischenliegenden Aussaaten und Ernten ihre Bilder in seiner Erinnerung etwas abgeblaßt haben, gleichviel, seine Mitteilungen beschränken sich darauf, »dat de een en beten streng wör« und »dat de anner et ümmer wedder goodmoaken un 'n Daler gewen deih«. »Awers« – so schloß er – »he gäw en ümmer so, dat de Broder nix merken künn.«

Wir verabschieden uns nun und treten auf die malerische Dorfgasse hinaus. Links vom Wege, von hohen Ulmen und Linden umstellt, schimmern die weißen Wände des alten Rohrschen Herrenhauses (eines weitschichtigen Fachwerkbaus mit schwerfälligen Flügeln und Doppeldach), das halb gemütlich, halb spukhaft dreinblickt, je nach der Stimmung, in der man sich ihm nähert, oder nach der Beleuchtung, die zufällig um die Kronen der alten Ulmen spielt. Dem Rohrschen Herrenhause folgt dann die Kirche samt Schulhaus und Predigerhaus, zwischen denen ein Garten in leiser Schrägung ansteigt. Es summen Bienen drüberhin, und träumerisch die Steige verfolgend, stehen wir plötzlich, statt zwischen Beeten, zwischen Gräbern. Unwissentlich haben wir den Schritt aus Leben in Tod getan.

Die frühgotische Kirche hat einen Schindelturm aus späterer Zeit. Ihr Inneres ist einfach und erhält nur durch die Zweiteilung, der wir sofort auch hier begegnen, einen bestimmten Charakter. Links die Rohrsche, rechts die Jürgaßsche Seite: *hier* ein paar Rohrsche Galanteriedegen aus der Zeit der Zöpfe, *dort* ein Jürgaßscher Säbel und Federhut aus der Zeit der Freiheitskriege, *hier* eine Rohrsche Familiengruft, *dort* eine Jürgaßsche. Die Jürgaßsche gleicht mehr einer in gleicher Höhe mit dem Kirchenschiffe befindlichen Grabkammer, durch deren Fensterchen man die dahinter aufgeschichteten Särge zählen kann. Anders die Rohrsche Gruft. Über ihrer Eingangstür erhebt sich eine vortreffliche Marmorbüste (vielleicht von Glume), die wohl eine andere Inschrift als die folgende verdient hätte: »Bedaure und verehre, billiger Wandersmann, hier noch die Asche eines Ruhmwürdigen, eines im Leben Gerechten, im Tode Unverzagten, dessen *Rat Land* und *Leuten* treulich *geraten*, aber wider des Todes allgemeinen Einbruch als eines Landrats (das heißt, trotzdem er ein Landrat war) nichts vermochte. Seine Schwachheit und Stärke siegen zugleich. Seine *Stärke* durch weisen Rat wider die Unsterblichkeit. Darum stößt die Fama durch Posaunen noch seinen Ruhm aus, und die flüchtige Zeit kann seine ruhmwürdigen Taten nicht verbergen noch zernichten. Sein Lorbeerkranz grünt mitten unter Zypressen, und sein Palmbaum trägt Früchte in Apollens Garten, wo Mars ihm von ferne steht und den Zutritt scheuet wie ein Unbekannter. Die *Schwachheit* siegt durchs Alter und trägt die Krone des Lebens im Glauben davon am Ende.«*

Die Jürgaßsche Gruft ist ohne Schmuck und Bild, aber draußen auf dem Kirchhofe, zwischen Blumen und Gräbern, steht ein mächtiges Monument, das nicht einem einzelnen Toten, sondern dem ganzen aus diesem Leben geschiedenen *Geschlecht* errichtet ist. Die beiden letzten Jürgasse, »de strenge un de gode Herr«, wiesen in ihrem Testament eine bedeutende Summe zur Aufführung desselben an, und mit Gewissenhaftigkeit sind die Vollstrecker des Testaments diesem Letzten Willen nachgekommen. Es ist kein eigentliches Grabmal, sondern, wie schon hervorgehoben, ein mehr architektonisch gehaltenes *Monument* und stellt auf einem hohen Postamente von Sandstein, dem als nächstes ein Eisenwürfel folgt, eine baldachinartige, nach allen vier Seiten hin geöffnete Nische dar, in der, gesenkten Blickes, ein

* Einzelne Stellen dieser Grabschrift sind völlig unverständlich. Am bemerkenswertesten ist wohl der Passus, wo Mars, in seinen Nichts durchbohrendem Gefühle, Bedenken trägt, dem alten Rohr unter die Augen zu treten. (Alle diese Inschriften, in denen der Lebensberuf des Hingeschiedenen zu allerhand Wortspielen benutzt wird [hier also »Landrat«], haben ihr unerreichtes Vorbild in der berühmten Postmeister-Grabschrift zu Salzwedel. Sie lautet: »Eile nicht, Wandersmann! als [wie] auf der Post; auch die geschwindeste Post erfordert Verzug im Posthause. Hier ruhen die Gebeine Herrn Matthias Schulzen, königlich preußischen, fünfundzwanzigjährigen, untertänigst treu gewesenen Postmeisters zu Salzwedel. Er kam allhier 1655 als ein Fremdling an. Durch die heilige Taufe ward er in die Postcharte zum himmlischen Kanaan eingeschrieben. Darauf reisete er in der Lebens-Wallfahrt durch Schulen und Akademien mit löblichem Verzug. Hernach, bei eingetretenem Postamte und anderen Berufssorgen, richtete er sich nach dem göttlichen Trostbriefe. Endlich, bei seiner Leibesschwachheit, dem gegebenen Zeichen der ankommenden Todespost, machte er sich fertig. Die Seele reisete den 2. Junius 1711 hinauf ins Paradies, der Leib hernachmalen in dieses Grab. Gedenke, Leser, bei deiner Wallfahrt beständig an die prophetische Todespost, Jesaja 38, I.«

Engel des Friedens steht. Der Eisenwürfel ist mit Inschriften überdeckt. Was im Durchlesen dieser Inschriften am meisten überrascht, ist, daß die beiden letzten Jürgaß einer überaus zahlreichen Familie von acht Brüdern und einer Schwester angehörten, daß aber alle acht Brüder starben, ohne Kinder hinterlassen zu haben. Ein neuer Beweis, wie der Prozeß des Lebens nach frischem Blute verlangt.

Von den Inschriften mögen hier nur die beiden stehen, die, für länger oder kürzer, die Namen der beiden letzten Jürgasse der Nachwelt erhalten werden.

Auf dem Seitenfelde zur Linken lesen wir wie folgt: »Herr Alexander Konstantin Maximilian von Wahlen-Jürgaß, königlich preußischer Generallieutenant von der Kavalerie, Drost zu Stückhausen, Ritter vieler hoher Orden, Erbherr auf Triglitz, geboren den 15. Junius 1758 zu Ganzer, focht von 1778 bis 1816 in allen preußischen Kriegen, wohnte sechsundzwanzig Schlachten und Hauptgefechten bei, ward bei Hainau durch den Schenkel und bei Ligny durch die Brust geschossen. Ein Muster der Tapferkeit und der *Herzensgüte*, geehrt und geliebt von seinem Könige und von *jedermann*, starb er zu Ganzer den 8. November 1833.«* (Dies ist »de gode Herr«.)

* Obiger Inschrift füg ich hier noch folgende biographische Notizen hinzu: Alexander Georg Ludwig Moritz Konstantin Maximilian von Wahlen-Jürgaß, am 5. Juni (auf dem Monumente steht »am 15.«) 1758 zu Ganzer geboren, ward er auf der école militaire zum Kriege gebildet und trat im Jahre 1775 in das damalige Regiment Gensdarmes, darin er 1803 zum Major avancierte. Im unglücklichen Feldzuge von 1806 von einer Masse feindlicher Reiterei umzingelt, griff er den Feind, mit etwa 350 Mann, nichtsdestoweniger an und kämpfte auf einem sehr ungünstigen Terrain gegen die französische Division Beaumont. Obgleich der Major von Jürgaß im nächtlichen Getümmel einen Hieb über den Kopf erhielt, so sammelte er dennoch brave Kameraden, schirmte die Standarte und schlug sich mutig durch. Er stieß später zu dem Corps des Prinzen von Hohenlohe, welches eben im Begriff war, das Gewehr zu strekken. Von Jürgaß entzog sich dieser Schmach und entkam noch einmal glücklich, indem er zu dem Corps des Generals von Biela stieß, mit dem er dann leider doch bei Anklam gefangen wurde. Nach dem Tilsiter Frieden lebte er bei seinem Bruder in Ganzer. Bei der neuen Formation erhielt er 1809 wieder eine Anstellung im brandenburgischen Kürassierregiment, zwei Monate darauf ward er Kommandeur des Brandenburger

Auf dem Seitenfelde zur Rechten begegnen wir einer doppelten Grabschrift, und zwar der des *letzten Jürgaß* und seiner Gemahlin, der *letzten Zieten* aus dem Hause Wustrau. Jene lautet: »Franz Karl Wilhelm Rudolf von Wahlen-Jürgaß, Erbherr auf Ganzer und Triglitz, ward geboren den 14. September 1752 zu Ganzer und verstarb daselbst, im zweiundachtzigsten Jahre, den 26. Juni 1834, als das *letzte Glied seiner Familie*. Er war der treuste Freund seiner Freunde, und alle, *die ihn näher kannten*, schätzten ihn hoch.« (Dies ist der ältere Bruder, »de en beten streng wör«.) Die andere Inschrift lautet: »Frau Johanna Christiana Sophie von Wahlen-Jürgaß, geborne von Zieten aus dem Hause Wustrau, ward geboren den 23. Januar 1747 und ehelich verbunden am 23. Oktober 1776 mit Karl von Wahlen-Jürgaß, Erbherr auf Ganzer und Triglitz. Ein Muster weiblicher Tugenden und Größe, entschlief sie sanft den 7. Juni 1829.«

Diese Frau von Jürgaß, zugleich die *letzte* Zieten aus dem

Dragonerregiments, 1812 aber Obristlieutenant, in welcher Eigenschaft er dem Corps des Generals von Grawert in Kurland zugeteilt wurde. Er befehligte meistenteils die Vorposten, wozu seine ungemeine Tätigkeit und Wachsamkeit ihn vorzüglich eigneten. Im Jahre 1813 kommandierte er als Oberst eine Brigade in dem Corps seines vertrauten Freundes, des damaligen Generals von Blücher. Er focht tapfer bei Großgörschen und Bautzen und erhielt bei Hainau, als er in die feindlichen Vierecke einbrach, einen Schuß in den Schenkel. Später trug er in dem furchtbaren Kampfe bei Möckern zu dem glücklichen Erfolge dieses entscheidenden Tages wesentlich mit bei und wurde dafür zum Generalmajor erhoben. In Frankreich ward er mit der Reservereiterei an die Befehle des Prinzen Wilhelm gewiesen, der den Vortrab des Heeres führte. Bei Lachaussée traf er auf die französische Reiterei vom Corps des Marschalls Macdonald, warf sie über den Haufen und erbeutete eine Standarte, fünf Kanonen und die dazugehörigen Pulverwagen. In der Schlacht von Laon entriß er dem Feinde fünfzehn Kanonen und fünfunddreißig Artilleriewagen. Im Jahre 1815, in der Schlacht von Ligny, leitete der Generalmajor von Jürgaß die Angriffe auf das Dorf St-Amand-la-Haye. In der Nacht erhielt er in dem Getümmel einen Schuß unter der linken Schulter, nahe am Herzen. Er empfing darauf im Jahre 1816 den ehrenvollsten Abschied als Generallieutenant. Von da an lebte er abwechselnd in Berlin und bei seinem Bruder zu Ganzer, woselbst er am 8. November 1833 nach langen, höchst bittern körperlichen Leiden starb.

Hause Wustrau, hat uns vorzugsweise nach Ganzer geführt, und voll Erwartung, in dem Dorfe, darin sie so lange lebte, noch ihrem Andenken zu begegnen, treten wir jetzt von dem Kirchhof aus auf den Fahrdamm zurück und setzen unsere Wanderung bis zum alten Jürgaßschen Herrenhause fort. Ein Heckenzaun trennt das Haus von der Gasse, von rechts her lehnen sich Wirtschaftsgebäude, von links her hohe Parkbäume bis dicht an den Giebel und geben ein freundliches Bild, aber doch zugleich auch ein Bild äußerster Schlichtheit, und wären nicht ein paar Edeltannen und die Malven, die, hoch am Stock gezogen, ein Stück englischen Rasen umstehen, man würd eine kleine Pachterswohnung, aber keinen Edelhof hinter diesem Heckenzaune vermuten. Und eine Pachterswohnung *ist* es auch seit des letzten Jürgaß Tode. Wir treten ein und werden freundlich empfangen. Eine junge Frau kommt unsrer Neugier entgegen, zeigt uns Küch und Keller, auch das Zimmer, wo General Blücher geschlafen,* und führt uns endlich in den Park hinaus, auf dessen sonnigem Grün die Schatten der leise bewegten Zweige hin und her tanzen. Wir nehmen Platz unter einer breitblättrigen Platane, wo Tisch und Bank zum Plaudern einladen, und während allerhand Erfrischungen, und darunter, als die willkommenste, Milch und Blaubeeren, auf den Tisch gestellt werden, gesellt sich uns eine Anverwandte des Hauses, eine schlanke, nicht mehr junge Dame mit dunklen Augen und feingeformtem Mund. Die Pachtersfrau, die bis dahin die Kosten der Unterhaltung mühsam bestritten, ist augenscheinlich froh über den eintreffenden Sukkurs, und mit einem kurzen »Tante Helene weiß alles« ihren Rückzug antretend, eilt sie wieder ins Haus, um nach dem Rechten zu sehen. Und nun sind wir allein, und »Tante Helene« legt ihren breiten Sommerhut beiseit, entweder weil wir im Schatten sitzen oder vielleicht auch, um die Schönheit ihres schwarzen Haares zu zeigen, und während sie mit dem Band am Hute spielt, beginnen meine Fragen. Aber wir verirren uns immer wieder in unsrem Gespräche, sind bald in Wustrau bei den Zietens, bald in Trieplatz bei den Rohrs, bis sie mir die Hand über den Tisch reicht und mit gewinnender Freundlich-

* In der Nacht vom 25. auf 26. Oktober war Blücher mit seinem Corps, das später, nach tapfrem Widerstand, in Lübeck kapitulieren mußte, hier in Ganzer.

keit zuruft: »Es wird nichts; plaudern wir lieber, wie der Zufall es will. Ich erzähl Ihnen brieflich, was Sie wissen wollen. Und seien Sie sicher, ich halte Wort.«

Und sie *hielt* Wort, und nach kurzer Zeit schon empfing ich folgenden Brief: »Ich habe sie gut gekannt, die Frau von Jürgaß, besser vielleicht als irgendwer. Sie nahm mich zu sich, als ich eine Waise geworden war, und so kam ich aus dem Pfarrhaus ins Herrenhaus hinüber. Meine Mutter hab ich nie gekannt, sie starb bei meiner Geburt; aber *hätt* ich sie auch gekannt, ich hätt ihre Liebe kaum vermissen können, so gut, wie die gnädige Frau gegen mich war! Sie war sehr klein und sehr häßlich, und doch mußte man sich immer wieder fragen, ob sie denn *wirklich* so häßlich sei. Sie hatte kleine blaue Augen, eine wunderbare Nase und gelbe Löckchen, auf denen eine Turmhaube saß. Es ist wahr, sie sah sehr altfränkisch und beinah komisch aus, und doch lachte niemand über sie, dazu war sie zu gut und zu gescheit. Sie besaß aber auch zwei Schönheiten: perlenweiße Zähne, die sie bis zuletzt behielt, und kleine weiße Hände, die mit Ringen überdeckt waren. Ich fühlte mich immer geehrt, wenn ich eine dieser Hände küssen durfte. Sie litt es aber nur selten.

Außer der hohen Haube trug sie Hackenschuhe mit hohen Absätzen. Mitunter, wenn ich die Turmhaube und die hohen Absätze sah, zwischen denen sich die kleine Frau bewegte, kam sie mir noch kleiner vor, als sie wirklich war. Sie liebte ihren Mann und verehrte ihren Schwager, den alten General, und beide vergalten es ihr und trugen sie auf Händen. Es war ein Leben, wie ich es nie wieder gefunden habe, und ich habe doch viele Menschen und viele Häuser gesehen. In Winterzeit, wenn die Wege verschneit und die Freunde ausgeblieben waren, saßen wir oben im Ecksaal und spielten ›Gesellschaft‹. Frau von Jürgaß nahm dann Platz auf dem Sofa, die doppelarmigen Leuchter wurden angezündet, und ich durfte nun neben ihr sitzen auf einem großen, alten Fußkissen, darauf der Alte Fritz gestickt war. War alles vorbereitet, so gab sie mir ein Zeichen oder klingelte; dann mußt ich aufspringen und den General von Jürgaß anmelden. Der alte General trat dann auch wirklich herein oder erhob sich von dem Stuhl, auf dem er bis dahin gesessen, und küßte der Gnädigen die Hand, fragte nach ihrem Befinden und nach ihres

Bruders Befinden drüben in Wustrau, und eh zwei Minuten um waren, waren sie im lebhaftesten Gespräch über die alte Zeit. Alle Ereignisse, die sie seit fünfzig Jahren zusammen durchlebt hatten, wurden nun wieder durchgeplaudert wie etwas Neues, Fremdes, wovon man die Mitteilung wie eine Ehre anzusehen und deshalb mit Dank und Teilnahme entgegenzunehmen hat. Dann brachen sie plötzlich ab, lachten herzlich, schüttelten sich die Hände und holten das Dambrett herbei, um Schlagdame oder Toccadille zu spielen. Ich muß Ihnen gestehen, es ängstigte mich damals mitunter, die beiden alten Leute so zeremoniell miteinander verkehren zu sehn, und ich dachte dann wohl, sie wären tot und ihre Gespenster kämen zusammen, um an alter Stelle nach alter Weise zu sprechen. Aber ich habe später in andern Häusern oft denken müssen: ›Ach, wenn doch Mann und Frau hier, oder Schwager und Schwägerin, nur ähnliche Gesellschaftsspiele spielen wollten!‹ Und mir fiel dann immer das Wort ein, das Frau von Jürgaß einmal zu mir gesagt hatte: ›Gute Gewohnheiten wollen geübt sein; sie rosten sonst.‹ Dies zeremonielle Wesen schloß übrigens gesellschaftliche Freiheit nicht aus, ja, bedingte sie vielleicht, und ich bewunderte Frau von J. jedesmal, wenn sie, sobald Besuch von den Gütern oder gar aus der Hauptstadt eintraf, die Honneurs des Hauses machte. Den beiden alten Herren an Witz und Wissen sehr überlegen, hätte sie's leicht gehabt, auf ihre Kosten die geistreiche Wirtin zu machen, aber wenn abends beim Souper die alten Anekdoten von Hainau und Katzbach und Vater Blücher zum wer weiß wievielsten Mal erzählt wurden, hörte sie aufmerksam zu und suchte nur durch eine geschickte Wendung der alten Geschichte eine neue Pointe zu geben. Sie war ganz ihres Vaters Tochter: klein, unansehnlich und unschön, aber fromm und mutig und pflichttreu, und wie ihr Vater gestorben war, so starb auch sie, ruhig, hochbetagt und ohne die Bitterkeit des Todes zu fühlen. Sie schlief sanft hinüber. Einen der Ringe, mit denen ich als Kind spielen durfte, wenn ich neben ihr auf dem gestickten Kissen saß, hat sie mir vermacht, aber es hätte dieses Zeichens nicht bedurft, um ihrer immer in Dankbarkeit zu gedenken.«

Am 7. Juni 1829 starb des alten Zieten Tochter, am 29. Juni 1854 starb des alten Zieten Sohn. Ein Feldstein ohne Spruch und Inschrift deckt das Grab des letzten *Zieten* aus der Linie Wustrau, das Monument aber, das zu Ehren des letzten *Jürgaß* und seines mit ihm ausgestorbenen Geschlechtes errichtet ist, zeigt auf dem schmalen Eisenstreifen, der die vier Pfeiler der Nische trägt, den schönen Spruch: »Der Herr hat sie zu einem beßren Leben berufen, wo sie sich der Herrlichkeit unsres Erlösers erfreuen.«

Noch einmal: Frau von Jürgaß, geborne von Zieten

Zehn Jahre nachdem das vorstehende Kapitel geschrieben und eine Charakterskizze der alten Frau von Jürgaß versucht wurde, ging mir durch Frau von Romberg, geborne Gräfin von Dönhoff († 1879) eine *zweite*, denselben Gegenstand behandelnde Schilderung zu, der ich nachstehendes entnehme.

»Als ich im Jahre 1818, eben verheiratet, nach dem Rombergschen Gute Brunn, in der Grafschaft Ruppin, zog, lernte ich Frau von Jürgaß, die Tochter des berühmten ›alten Zieten‹, auf ihrem benachbarten Gute Ganzer kennen. Sie war schon hochbetagt, und ich kann also von dem, was zurücklag, wenig oder nichts berichten. Ich weiß weder das Jahr ihrer Geburt, noch wo und wie sie ihre Kindheit und Jugendjahre verbrachte, nicht einmal, an *welchem* der Berliner Höfe sie als *Hofdame* fungierte, bevor sie sich (nicht mehr in der ersten Jugendblüte) mit ihrem fünf Jahre jüngeren Manne, dem damals sehr schönen und von ihr mit schwärmerischer Liebe geliebten Karl von Jürgaß, vermählte, mit dem sie dann auf sein nicht großes, aber hübsches und einträgliches Landgut Ganzer zog. Oft erzählte sie mir später von der Verlegenheit, mit der sie sich – ein verwöhntes und jeder häuslichen Sorge völlig überhobenes *Hoffräulein* – plötzlich an der Spitze einer großen Landwirtschaft befunden habe, deren ganzer Betrieb ihr fremd gewesen sei. Schnell aber war ihr Entschluß gefaßt, sich unbefangen in die Lehre einer tüchtigen Haushälterin zu geben, um nun, gleichsam von der *Pike* an, bis zur Hausfrau hinaufzudienen. Keine Arbeit war ihr dabei so niedrig oder so schwer, daß sie sie nicht mit eigenen Händen angegriffen hätte, jedem Dienstboten lernte sie die Kunstgriffe seines besonderen Amtes ab und gelangte so sehr bald dazu, sich sowohl den klaren Überblick über das Ganze wie die genaue Kenntnis aller

Einzelnheiten zu verschaffen. Ich denke, es war nach Jahresfrist, daß sie sich selbst das Zeugnis ausstellen konnte, Herrin der Situation geworden zu sein. Und nun folgte der zweite energische Schritt: die gesamte Dienerschaft, von der obersten bis zur letzten Stufe, wurde mit *einem* Schlage entlassen und durch eine ganz neue und fremde Schicht ersetzt. Denn keiner im Hause sollte die *Herrin* als *Schülerin* gekannt haben, vielmehr sollte der *alleinigen* Autorität ebendieser durch Kenntnis des Voraufgegangenen kein Abbruch geschehen. Sofort ging es jetzt ans *Befehlen* und *Selbstregieren*, und kein Feldherr hat wohl je seinen Kommandostab sicherer geführt als diese echte Soldatentochter. Bald war ihr Haushalt als der *Muster*haushalt der Gegend bekannt, und alle jungen Frauen auf den Rittergütern erholten sich Rat bei ihrer unbestrittenen Autorität. Dabei war ihr Haus bald das gastlichste in der durch ihre Gastlichkeit berühmten Gegend und hielt doch gleichzeitig den einfachen Charakter der Zeit sowohl in der Ausstattung der Zimmer als auch im Hinblick auf die zwar stets überreichliche, aber nie künstlich verfeinerte Bewirtung fest. Zu Tisch ward man per carte auf eine ›*freundliche Suppe*‹ geladen, die sich dann freilich zu einer Masse von Gängen und Schüsseln erweiterte; aber immer nur treffliche Hausmannskost. Ein einziger alter Diener (Christoph) war das Faktotum des Hauses, und gebrach es an bedienenden Händen, so griffen die Hausmädchen zu. Mit patriarchalischer Naivität benachrichtigte die treffliche Frau ihre Nachbarn und Nachbarinnen von den bevorstehenden *Wasch- und Schlachttagen*, um in diesen ganz von ihr geleiteten ›großen Aktionen‹ durch keine Besuche gestört zu werden. Ja, dem Wurstmachen räumte sie sogar ihre sehr einfach ausgestatteten Wohnstuben ein.

Als ich die treffliche Frau kennenlernte (die auch *mir* später eine mütterliche Ratgeberin wurde), muß sie schon hoch in den Siebzigern gewesen sein, aber sie zeigte sich noch in voller, rüstiger Lebenskraft, alle Jüngeren durch ihre Tätigkeit beschämend. Sie war immer die erste, die im Hause erwachte, ging umher, um alle Dienstboten aus dem Schlafe zu wecken, und erst wenn das tägliche Uhrwerk im Gange war, legte sie sich noch einmal auf ein Stündchen zur Ruh.

Sie war von kleiner, kräftiger, untersetzter Gestalt, dem ›alten Zieten‹ auf dem Wilhelmsplatze wie aus den Augen geschnitten.

Der Ausdruck von Klugheit und Energie, der ihr eignete, war durch den einer großen Freundlichkeit und Herzensgüte gemildert, wie ich denn auch nie gehört habe, daß sie ihre Autorität im Hause durch Strenge oder gar Härte unterstützt hätte. Sie regierte vielmehr ausschließlich durch Ernst und Konsequenz, vor allem aber durch ihr *Beispiel*, und war von ihren Untergebenen, wie von allen Nachbarn und Freunden, ebenso geliebt als verehrt. Von ihrer *Frömmigkeit*, dem schönen Erbteil ihres gottseligen Vaters, machte sie keine Worte, und alle Liebeswerke wurden in der *Stille* geübt.

Bei aller häuslichen Tätigkeit vernachlässigte sie nicht die Bildung ihres Geistes und ging stets mit der fortschreitenden Zeit, deren Erscheinungen sie mit dem lebendigsten Interesse verfolgte. Walter Scotts Romane zählten zu ihrer Lieblingsunterhaltung, und oft erinnerte sie mich selbst an einzelne poetische Gestalten darin, besonders wenn sie mit einem wahren Feuereifer von dem Besuche Friedrich Wilhelms III. und der reizenden Königin Luise in Ganzer erzählte, als wär es ein Vorgang von *gestern* gewesen. Eine lila Flachsstaude im Garten, die die Königin Luise für ihre Lieblingsblume erklärt hatte, wurde, fast ein halbes Jahrhundert hindurch und von einem eisernen Korbgeflecht umfangen, sorgsam gepflegt und jedem Besucher gezeigt.

Ihre Unterhaltung war belebt und belehrend und oft vom originellsten Humore gewürzt, wie sie denn durch und durch ein naturwüchsiges *Original* war. Wenn man sich ihrer Kräfte bei allen Anstrengungen verwunderte, versicherte sie, das rühre von einem starken Beisatz von *Schwefel* in ihrem Blute her, und rieb sich, zum Beweise, die Hände, wobei ich indes von dem verheißenen Schwefelgeruche niemals etwas wahrgenommen habe.

Die Frische und Jugendlichkeit aber, die sie sich bis ins hohe Alter bewahrte, gipfelte besonders in ihrer fast anbetenden *Liebe zu ihrem Manne*, der dieselbe mit großer Treue und etwas kühler Verehrung erwiderte. Bei Tische horchte sie nur auf seine Stimme, und wenn irgendein scherzhaftes Wort seines Mundes zu ihr herüberklang, so rief sie, wie in unwillkürlichem Entzükken und mit strahlender Miene: ›*Himmlischer* Jürgaß!‹, ›*göttlicher* Karl!‹ Nie werd ich den Zustand vergessen, in dem wir die Achtzigjährige fanden, als sie die Nachricht erhalten hatte, daß ihr Karl, während eines Besuches bei seinem Bruder in Berlin, heftig erkrankt sei und sie nicht zu ihm dürfe! Mit Tränen überströmt, an allen Gliedern zitternd, ganz aus ihrer gewohnten festen und kräftigen Haltung hinausgeworfen, stand die alte Frau da wie das Bild der *Leidenschaft jugendlichster Liebe*.

Einst gestand sie mir, daß sie, an jedem Jahrestag ihrer Vermählung, in aller Stille immer ihr Hochzeitskleid unter ihrem einfachen Hausrock anlege und daß ihre große Halskrause dann den Schmuck und die Perlenschnur des Hochzeitsstaates vor aller Augen berge.

Sogar der Beisatz der *Eifersucht* fehlte dieser leidenschaftlichen Liebe nicht; doch richtete sie sich auf den unschuldigsten Gegenstand, auf den von sieben andern einzig übriggebliebenen *Bruder* ihres Mannes, den als Held aus den Freiheitskriegen berühmten, mit den schwersten Wunden und den ehrenvollsten Orden bedeckten *Generallieutenant* von Jürgaß (›die *Exzellenz*‹, wie sie ihn in tiefer Ehrfurcht stets nannte), der fast jeden Sommer, zur Stärkung seiner erschütterten Gesundheit, einige Wochen oder Monat in Ganzer zubrachte, wo dann die Brüder, wie ein Paar Inséparables, vom Morgen bis zum Abend untereinander verkehrten und *sie* sich, als die *Dritte* im Bunde, etwas beiseite geschoben fühlte. Auch verhehlte sie, in ihrer großen Wahrheitsliebe, nicht eine jedesmalige, etwas wehmütige Scheu bei der Meldung dieses Besuches, und war es drum in der Nachbarschaft eine gern erzählte Anekdote, daß sie sich, in ihren häuslichen Verpflichtungen, bei Bewirtung der *Exzellenz* noch *absichtlich steigre*, um vor sich selbst und vor anderen den kleinen eifersüchtelnden Verdruß an dem Besuche zu bemänteln.

Diese Exzellenz *selbst* aber war der einfachste, anspruchsloseste Heldengreis, der mir je vorgekommen, bedeutender als sein Bruder, bescheiden im Bericht über seine Taten und mit der Schwägerin auf einem ziemlich förmlichen Fuß. Ich habe nie etwas Kindlicheres und Naiveres gesehen als das zärtliche Verhältnis dieser beiden Brüder – besonders sind mir die harmlosen kleinen *Whistpartien* um allerniedrigste Points in Erinnerung geblieben, die jeden Abend in der Wohnstube stattfanden und noch jahrelang nach dem Tode der im neunzigsten Jahre sanft entschlafenen Heldin dieser Erzählung fortgesetzt wurden, bald in Ganzer und bald in Brunn. *Damals* aber, wo die liebe Alte noch als stille Zuschauerin auf dem Sofa saß, entweder ihren Walter Scott lesend oder mit mir oder einem andern Besuche plaudernd, wurde ›Pasterchen‹ als vierter zur Whistpartie herbeigerufen, wenn nicht gar Charlotte, das Hausmädchen, als homme de bois fungieren mußte. So einfach waren die Zeiten und die Sitten des patriarchalischen Hauses!

Kinder waren der Frau von Jürgaß nicht beschieden, aber teilnehmend war und blieb sie gegen jung und alt, und ihr lebendiger Sinn für Schönheit machte (bei ihrem gänzlichen Mangel derselben) einen beinah rührenden Eindruck. So kann ich das ›Ah!‹ nicht vergessen, mit dem sie, statt aller Begrüßung, vor der reizenden Erscheinung der jungen Henriette von Röder, Gemahlin des späteren Generals Karl von Röder, stehenblieb, als wir ihr diese zum Besuche zuführten. Jahrelang erzählte sie noch ›von den langen, blonden Ringellocken, die die schönen Züge des durchsichtig-klaren Gesichtes umrahmt hätten‹, und ermahnte mich immer wieder, daß die schöne Frau ›für die *Akademie*‹, wie sie sagte, gemalt werden müsse.

Während ihrer letzten Lebensjahre war ich leider aus der Gegend fern und weiß über ihren Tod nur das eine, daß es ein *sanfter* war.

Wie ihr *Charakter* aus einem Stück, so war ihr *Leben* aus einem *Guß*, und ihre lautere Seele wird dort oben in der ewigen Einheit des Wahren und Guten ihre Heimstätte gefunden haben.«

Texte über Dobbertin

Kloster Dobbertin in Mecklenburg-Schwerin

Die Umwandlung [*Darüber:* Auslöschung] der Klöster erfolgte in den norddeutschen Landen unter den verschiedensten Modalitäten. Aus vielen wurden Domainen, also landesherrliche Güter, während andre etwas von ihrem ehemaligen Klostercharakter bewahrten. So entstanden die protestantischen *Stifter*, von denen wir eins (Heiligengrabe) soeben geschildert haben. Den alten Familien des Landes blieb ein Anrecht, aber doch immer nur ein sehr begrenztes, indem dies Recht die Guthei-ßung des jedesmaligen Fürstenhofes oder der Regierung desselben zur Voraussetzung hatte. Zu diesen Stiftern, wie sie sich im Brandenburgischen finden, gehört »Heiligengrabe« etc., anders aber gestalteten sich die Sachen in dem benachbarten Mecklenburg, wo der Katholizismus zwar ebenfalls ausgefegt wurde, der Adel aber sein Besitzesrecht auf die Klöster siegreich durchfocht. Nicht in *allen* Fällen, aber in *einigen*. Die Klöster [*Größere Lücke in der Zeile.*] wurden landesherrlicher Besitz; die Klöster Dobbertin, Malchow, Ribnitz verblieben dem Adel, verblieben überhaupt, wie sie waren, mit dem einzigen Unterschied, daß die Konfession gewechselt wurde. An die Stelle des rechtgläubigen Katholizismus trat strenggläubiger Lutheranismus, sonst blieb alles beim alten *bis auf diesen Tag*. Es sind protestantische Klöster geblieben, sie halten mit Bewußtsein statt der Bezeichnung »Stift« die Bezeichnung »Kloster« aufrecht und sind für den Besucher, der Gelegenheit nimmt, näher in ihr Wesen einzudringen, deshalb so interessant, weil sie ihm, bei der absoluten Stabilität der Verhältnisse, das Leben eines Klosters aus der Mitte des 16. Jahrhunderts vollständig anschaulich machen. Die Konventualinnen leben unter ihrer Domina, wie die Nonnen vor über 300 Jahren unter ihrer Äbtissin lebten. Es wird sich wenig geändert haben.

Das größte und interessanteste unter diesen drei »Klöstern« ist *Kloster Dobbertin*. Ihm wenden wir uns zu.

1. Kloster Dobbertin, zwei Meilen von Güstrow, liegt in fruchtbarer Gegend am Dobbertiner See.

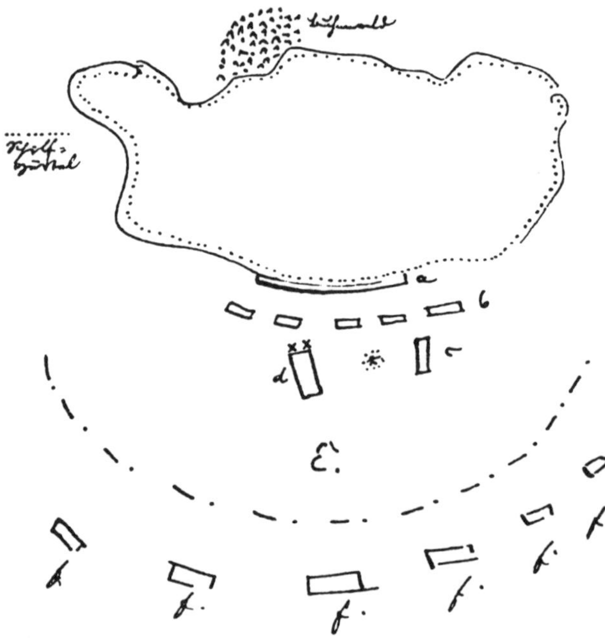

a. Quai am See
b. Wohnungen der Konventualinnen
c. Klosterhauptmann ⊛ prächtige Linde
d. Klosterkirche
e. Park
f. f. f. Dorf

Das Ganze ein dörfliches, in klein*re* Verhältnisse (aber keineswegs in kleine) transponiertes Oxford. Park, Gärten, alte Bäume, geräumige, anheimelnde Wohnungen, alles um die Kirche herum gruppiert. Wohlleben, Abwesenheit der kleinen Tagessorge, *geistige Freiheit*. Zu erstaunen bleibt immer, daß dabei *nicht* *mehr herauskommt.* In dieser Betrachtung liegt der einzige Trost; man müßte sonst vor Neid verkommen.

2. Alt-Historisches. (Auszug aus dem roten Buch. S. Blatt 1 der kleinen Briefbogenzettel.)

3. Reformationszeit. (Die Auszüge aus Lisch[s] Aufsatz.)

4. Umbau-Zeit. Le Fort. Schinkel. Demmler.

5. Revolutionszeit von 1848. Gegnerschaft der Demokratie. Rettung durch die *fremden* Fürsten (Preußen, Hannover, Dänemark, Schweden), deren Untertanen Mitansprüche hatten.

6. Gegenwart. Besitz. Reichtum. Umfang der Güter. Die *Domina.* Ihr hohes politisches Ansehn. Die Klosterhauptleute und Provisoren.

7. Die Kirche. Ihre Eigentümlichkeiten: Romanisches Parterre; gotisches erstes Stock. Die Stellung des Kreuzganges. Sonstige Merkwürdigkeiten:

a. Kalt. Der Schnee (Hauch), der von der Decke fällt.
b. Die grünen Fenster und *das* grüne Fenster.
c. Das gestickte Kreuz der ehemaligen Altardecke.
d. Die Wappen der Verstorbenen auf dem Altar und die Leuchter dahinter. Dann aufgehängt.

8. Der See. Der Wald. Der Quai. Das Rohr. Die Wellen. Der Schaum. – Der Kirchhof. Früher gemischt, jetzt apart, geschieden. Die Konventualinnen und ihre Wohnungen. Die Lage derselben. Alte und moderne Gotik.

9. Jede Konventualin ein Haus mit 6, 10, 12 Zimmern. Begehrenswerte Sommerplätze für Neffen u. Nichten etc. Jede eine Wirtschaft. Kuh. Milch. Butter. Land. Garten. Drei Streifen an verschiedenen Stellen. Alte Weisheit, die darin sich ausspricht. Die Obstbäume, in den drei Streifen stehend. Dienstmädchen-Eldorado. Gute Tage, Chance auf Erbschaft.

10. In einem dieser Häuser sitze ich. Refektorium hochgewölbt auf niedrigen Pfeilern. Dicke Mauern. Lauben. Efeumassen. Der in die Dachrinne retirierende Tulpenbaum. Draußen tobt der Lärm der Welt, hier Klosterstille.

Dobbertin

Das *Kl. Dobbertin* liegt am Dobbertiner See. 1222 ein Mönchskloster; 1225 wurde ein Nonnenkloster draus. Etwa von 1238 begann die Blüte. Es wuchs und erfreute sich der besondern Gunst des Werlaschen Fürstenhauses. Es erwarb bis 4 □ M., eine Gütergruppe in der Nähe, die andre am Müritzsee. Dies waren die Sandgüter. Der Verwalter derselben, in Röbel wohnend, hieß scherzhaft der Sandprobst und danach die Güter selbst »die Sandprobster«.

Kloster am See, der Flecken etwas rückwärts. Klosterhauptmann. 32 Konventualinnen. Kirche ohne Kreuz- und Seitenschiffe. Werdersche Kirche. Der *westl. Teil*, unten, niedrig, romanisch, der *ältre*. Dann der gotische Ostteil *drangesetzt*, dann der niedre romanische Westteil gotisch nach oben fortgeführt.

Dies ist eine Eigentümlichkeit, deren die Kirche mehrere hat.

Sonst setzte man an oder brach die romanischen Oberhälften ab und setzte gotische Wölbungen auf die romanischen Unterbauten. Hier liegt ein Fall vor, wo man auch gotisch *ansetzte*, den romanischen Bau aber bestehn ließ und ihm bloß sozusagen ein *gotisches Stockwerk* aufsetzte, so daß in der Tat die Westhälfte der Kirche *zwei* Gewölbe, zwei Etagen hat: ein niedriges romanisches unten, ein hohes gotisches oben darüber.

Hofbaurat Demmler hat die *ursprünglich schmucklose Kirche* mit *einem gotischen Mantel* umkleidet; in diesem präsentiert sie sich jetzt und sieht der Werderschen sehr ähnlich. Ob Schinkel den Entwurf machte, stehe dahin. Vorher aber hatte er jedenfalls den Entwurf zu den Türmen gemacht, die dann Demmler, damals noch ganz jung, ausführte.

Der Bau erfolgte großenteils unter Le Fort, der achtzehn Jahr Klosterhauptmann war. Sie folgten: Blücher, Le Fort, Maltzahn, Liebetreu, Graf Bernstorff. Le Fort war ein holländischer Kaufmann und wurde dem Kloster zu einem besondren Segen. Er ordnete das Unordentliche, sparte, schaffte das Geld zum Bau, schuf den Park in gegenwärtiger Gestalt und hinterließ wohlgeordnete Finanzen.

[*Den folgenden Absatz nachträglich am Rand notiert:*]

Le Fort war ein Sohn der in M. ansässigen adligen Familie Le Fort, verwandt oder abstammend von dem Le Fort, Freund Peter des Großen und Gründers der russischen Flotte. Dieser mecklenb. Le Fort sah zu Anfang des Jahrhunderts die Familie ziemlich verarmt und ging deshalb in die Welt hinaus, wurde Handelsherr zu Amsterdam u. London. Er machte aber unterm Einfluß der Kriegszeiten nahezu bankrutt, kehrte zurück und übernahm ein kleines väterliches Gut, das ihm geblieben. Dadurch kam er in den Landtag; zeichnete sich aus als Organisator u. wurde Klosterhauptmann. Er war so ausgezeichnet, daß sie ihn dreimal hintereinander (dreimal sechs Jahre) wählten.

Der Kreuzgang lehnt sich seltsamer [*Darüber:* seltener] Weise mit einer *Ecke* an das Westende oder die Westhälfte der Kirche. Die beiden dem Westende der Kirche zunächst stehenden Seiten des Kreuzganges stammen aus der ältesten romanischen Zeit; die beiden andern Seiten sind gotisch.

Aus einem Brief an Césaire Mathieu, 5. Oktober 1871

Den ganzen vorigen Monat habe ich in dem benachbarten Großherzogtum Mecklenburg zugebracht, wohin ich mich zurückgezogen hatte, um ganz ungestört arbeiten zu können. Zuerst befand ich mich in einem Fräuleinstift, dessen etwas kümmerlich geratenes Bild ich diesen Zeilen anschließe und das bis diese Stunde, trotz seines protestantischen Charakters, den Namen führt: »Kloster Dobbertin«. Wir haben solcher »Klöster« hier sowohl wie auch in meiner heimatlichen Provinz Brandenburg mehrere; Stiftungen, die etwa dreißig Jahre nach der großen deutschen Kirchenbewegung aus dem katholischen Glauben in das lutherische Bekenntnis übertraten, mit Ausnahme dieses einen Unterschiedes aber *in allem andern völlig unverändert blieben.*

Deshalb kann man an diesen Orten die Art und Weise des 16. Jahrhunderts noch ganz vorzüglich studieren, um so mehr, als alle diese Plätze, meist abgelegen vom Weltverkehr, in ihren alten Überlieferungen in nichts gestört wurden. Hier gibt es noch eine Domina, eine Priorin, Praepositi und einen Klosterhauptmann; die adligen Damen selbst führen den Namen »Konventualinnen«, und das Ganze behauptet noch eine völlig selbständige Stellung und kennt keine andere Abhängigkeit als die Abhängigkeit von einer Art adligem Oberhause, die aber seinerseits an den alten Überlieferungen weder rüttelt noch rütteln darf. Die »Domina von Dobbertin« nimmt den ersten Rang nach dem Landesfürsten ein und genießt in wie außerhalb des Klosters eines hohen Ansehens. Es ist in diesem Augenblick eine 92jährige, kleine Dame (ein Fräulein von Quitzow), die dieses hohe Amt bekleidet, seltsamer Weise ein Zwillingskind, deren Zwillingsschwester, ebenfalls unverheiratet und von gleicher Rüstigkeit, bei ihrer Schwester oft zu Besuch ist. Es gibt eine ganze historische Literatur dieses Klosters, und nichts ist amüsanter zu lesen als der »Nonnenkrieg«, den die in ihrem Glauben verharrenden adligen Damen gegen die dann und wann erscheinende protestantische Pfarrgeistlichkeit führten, wobei es, von den unglaublich stärksten Ausdrücken abgesehen, auch zu Tätlichkeiten, zu einer Kriegführung im kleinen kam.

Jeannette von Bülow über Mathilde von Rohr

Am 9ten Juli 1810 wurde Mathilde von Rohr in Trieplatz geboren. Sie war die fünfte Tochter ihrer Eltern. Ihr Vater, früher beim General von Knobelsdorff Generaladjutant, war jetzt Gutsbesitzer und hatte in der Zeit, die Franzosen im Lande, sehr zu kämpfen, aber er war wohl ein seltner Mann an Gesinnung und Bildung, ein edler hochsinniger Mann, der lieber selbst entbehrte, seine Kinder streng und einfach erzog, in Arbeit und Gottesfurcht suchte vorwärtszukommen. Ihre Mutter, eine geb. von Hünecke, Schönheit erster Größe, hatte sich schon mit 18 Jahren verheiratet, war aber eine äußerst tüchtige, arbeitsame, sparsame Hausfrau. So wuchs sie auf zwischen ihren Geschwistern, eine Schwester und ein Bruder jünger als sie, und vor ihr 4 Schwestern und ein Bruder. Als sie 12 Jahr war, die Schwestern erwachsen, der Bruder aus dem Hause, mußte sie alle Tage allein nach Brunn gehen, zu dem Prediger, wo sie mit seinen Kindern unterrichtet wurde, erst Nachmittag nach der Schule zurückkehrte. Im Winter war es dann schon dunkel, dann kam ihr ihr guter Vater entgegen, sie abzuholen, und damit sie nicht ängstlich wäre und ihn gleich von weitem erkannte, schickte er ihr seinen Hund und treuen Begleiter entgegen. Daraus hat sich wohl früh der tapfere Mut entwickelt, der Mathilde ihr Leben lang zu eigen geblieben ist, dieser persönliche und moralische Mut, immer das *Rechte* zu tun, immer die Wahrheit zu sagen, mag daraus kommen, was da will. Vom 10ten bis 12ten Jahre war Mathilde in Brandenburg in Pension gewesen. Dann kam erst der Unterricht in Brunn, wo sie auch konfirmiert ward.

Die Sonntagmorgende waren immer mit ihrem Vater. Da sie nicht sehr oft zur Kirche konnten, nahm der Vater die Kinder, ging mit ihnen in die Natur hinaus, hielt ihnen da Gottesdienst und ließ sie Gott in der Natur erkennen. Als sie dann erwachsen, mußten die Töchter alle Arbeit mit tun, morgens 4 Uhr das Melken übernehmen, die Wirtschaft führen etc. Drum ist auch Mathilde so tüchtig in jeder Arbeit, versteht die Küche perfekt, praktisch, aber besonders so pflichttreu, nichts zu versäumen, denkt nie an sich, sondern immer nur, was geschehen muß und wie alles am richtigsten einzurichten. Diese Töchter, die alle so schön und vortrefflich waren, wollte aber der Vater gar nicht gern heiraten lassen. Mathilde hatte den Klosterplatz in Dobbertin, und wollte ihr Vater, daß sie auch dahin käme, damit eine Stütze für die Schwestern später zu sein. Die älteste Schwester heiratete einen Vetter Rohr, die zweite einen Herrn von Bülow als dritte Frau. Junge Herrn durften da nicht Besuch machen im Hause, und taten sie es, so wurden alle Töchter aus dem Zimmer geschickt. Doch hatte ein reicher Nachbar und Gutsbesitzer um Mathilde angehalten. Der Vater nichts davon gesagt, fand sich der Brief erst in seinem Nachlaß. Sie hätte es aber doch nicht getan, da sie ihn nicht mochte und er auch nicht gerade im besten Ansehen stand, trotz Reichtum. Jeder andre Vater hätte entschieden gern den reichen Schwiegersohn genommen, mochte er sein, wie er wollte. So hatte auch um Emma ein Herr von Saldern angehalten. Da er aber ein Sohn war von dem, der den Grafen Dönhoff erschossen, wurde er auch nicht angenommen. Mathilde sagte mir später mal, sie hätte so viel Glück durch Freundschaft genossen, daß sie für Liebe keinen Platz gehabt. Im Jahr 1832 starb ihr Vater im Februar, und in demselben Jahr ward Trieplatz verpachtet, ihre Mutter zog mit den jüngeren Töchtern nach Berlin. Dort bildete sich nun ein neues Leben für sie, das mit ganzer Tatkraft angegriffen wurde. Die beiden jüngsten Töchter Mathilde und Emma waren noch so jung, daß sie Gesellschaften besuchen mußten, wozu ihr Onkel, der General von Rohr, Gelegenheit gab, der in Berlin auch wohnte. In dem Hause lernte Mathilde den Grafen Roß kennen. Silvester 1833 zuerst die Tochter Luise, nachherige Frau Doktorin Schneider in Krefeld, die dort zum Ball war. Ein schönes Mädchen, wie auch Mathilde, und fühlten sich sehr zueinander hingezogen. Im andern Sommer, wo Mathilde mit ihrer Mutter in Künkendorf bei dem Onkel war, traf sie dort mit dem Bischof Roß zusammen, und sie traten sich näher, was sich dann in den Jahren in Berlin zu enger Freundschaft gestaltete, die bis auf diesen Tag mit einigen Gliedern der Familie noch besteht, die noch leben. Die Doktorin Schneider u. Wentzels. Mathilde verehrte den alten Bischof sehr und hatte das Glück, ihm auch große Dienste leisten zu können, beim Tode seiner Frau, als die Frau Wentzel wahnsinnig ward etc. Er muß ein selten edler, geistreicher Mann gewesen sein, mit einem Kindergemüt.

Verschiedne andre Verbindungen knüpften sich in Berlin, ganz besonders mit Gräfin Schwerin, dieser ausgezeichneten Dame, mit der sie sehr befreundet war und der sie auch so viel leistete. Sonntags war sie immer bei ihr, aber auch viele Tage in der Woche, Mathilde mit ihrer geistvollen, lebhaften Unterhaltung paßte recht zu ihr. Dort traf sie mit manchen interessanten, gescheuten Leuten zusammen, da jeder gern bei Gräfin Schwerin war, es eine Ehre war, bei ihr eingeführt zu sein. Frau von Romberg war eine noch ältere Freundin von Mathilde, schon von Trieplatz her. Die schrieb später das Leben von Gräfin Schwerin und lebte im Winter viel in Berlin, mit Gräfin Schwerin, bis die im Jahr 64 starb.

Dann war ihre Freundin die Prinzessin Carolath, geb. Emma Oppen Schilden aus Dänemark, eine sehr kluge poetische Natur, die bei Mathilde öfters zum Besuch war und endlich hier den Prinzen Carolath heiratete. Sie hat eine Menge hübsche Gedichte geschrieben, die Mathilde dann sehr schön vorlas. Vorlesen konnte sie ausgezeichnet schön, mit Ausdruck, und doch einfach dabei. Ihr Vater verstand die Kunst so sehr, gut vorzulesen, er hatte beim General Knobelsdorff als Adjutant viel vorgelesen, mit einem schönen Organ, und hatte in frühern Winterabenden seine Töchter lesen lassen und ihnen Anweisungen dabei gegeben, so las Mathilde mit vielem Verständnis, auch mit dem schönen Organ. Bei ihr im Hause wurde oft mit verteilten Rollen gelesen. Da waren ihre Freunde, der Dichter Fontane, Paul Heyse, Lepel, dann Ernst Wenzel, die abends öfters zu ihr kamen, wo vieles gelesen wurde, einzelnes oder größere Sachen zusammen. Auch Herr Rath und General Strubberg waren einzeln mal dabei.

Ihre Schwester Emma hatte sich verheiratet, ihre Mutter war im Jahr 53 gestorben, sie wohnte mit ihrer Schwester Annette in der Behrenstraße. Im Jahre 69 kam an sie die Aufforderung, ihren Klosterplatz in Dobbertin einzunehmen, wozu sie sogleich bereit war, nach dem Wunsch ihres Vaters, so schwer ihr das Scheiden aus dem schönen Kreis in Berlin war. Aber sie hatte mit vielen Hindernissen zu kämpfen. Die damalige alte Domina von Quitzow ließ ihr sagen, sie wünschte so sehr mal eine Preußin und ein neues Element im Kloster, und sie ging auch hin. Anstatt es ihr aber im Dezember zu sagen, wo die dann gestorben war, erfuhr sie es erst im Januar, wo sie ihr Quartier nicht mehr kündigen konnte und ½ Jahr unnütz bezahlen mußte. Dann als sie ankam, war die Wohnung noch nicht fertig, daß sie nicht hineinkommen konnte, und ehe sie nicht drin wohnte, wollte ihr der Küchenmeister nichts auszahlen, so kam sie um viel Geld. Annette Grävenitz, die gerade in Berlin war, suchte ihre Bekanntschaft und reisete mit ihr nach Dobbertin zurück, nahm sie unter ihre Flügel. Doch das hatte sie nicht nötig, sie wußte allein besser, was gut war. In Dobbertin war die alte Domina Quitzow gleich ihre Freundin, sie erkannte Mathildens hohen, reinen Sinn, ihren Geist und ihre Güte, war sie doch selbst eine kluge ausgezeichnete Person. Da die Domina schon in den 90ern war, konnte Mathilde ihr in manchen Sachen beistehen, und die Domina wünschte sehr, Mathilde sollte nach ihr Domina werden, teilte ihr auch alles mit, über Gesetze und Gebräuche des Klosters. Gleich im ersten Jahre hatte Mathilde die berühmte Kuhgeschichte, wo eine andere Dame eine ganz kranke Kuh für 5 Tlr. verkauft, der Schlächter bringt das Fleisch, Mathilde kauft davon, nach einigen Stunden ist es mit Eiter überdeckt, und sie zeigt es bei der Domina an. Natürlich nahmen viele Damen es sehr übel, aber sie hatte damit das Rechte getan, dem Unheil gesteuert und vielen Leuten geholfen, die auch von dem kranken Fleisch gekauft hatten. Dann wieder war [die Geschichte] mit Graf Bernstorff mit dem Rehziemer. Eine andere Dame hatte auch gesagt, die Rehziemer sollten durchgeschnitten werden, und er läßt es ohne weiteres, ohne die Domina zu fragen, geschehen und schickt Mathilde ein ganz kleines Ziemer. Natürlich gab sie es gleich der Domina zurück, da es gegen das Gesetz war und sie es so nicht annehmen konnte. Nun entstand eine große Sache daraus, große Aufregung im Kloster. Endlich ging eine Schrift herum, jede Dame mußte ihre Ansicht aufschreiben, und schließlich waren alle für das alte Gesetz, auch diejenigen, die es so hatten leise anders machen wollen. Und obgleich sie selbst viel Ärger davon hatte, war es doch ein Segen gewesen, daß Mathilde gerade und offen wie immer sich an die rechte Stelle gewandt hatte. Graf Bernstorff, der damals ein so heftiger Welfe war und gegen alles Preußische, war allerdings gegen Math. heftig geworden, und sie hatte ihm denn auch Bescheid gesagt. Und ihm tat es nachher sehr leid, er sah sein Unrecht ein, bat sehr um Verzeihung und verehrte sie dann sehr, bei näherer Bekanntschaft. Im Mai 1875 starb die alte Domina im 96ten Jahr. Mathilde sollte ihren Nachlaß ordnen, ihr Begräbnis besorgen etc., leider aber war sie 8 Tage vorher sehr krank geworden, eine Blinddarm-Entzündung, und lag nun todkrank, konnte sich natürlich an nichts beteiligen. Nach 6 Wochen war die Neuwahl der Domina, während Mathilde im Bett lag [?]. Mein sehnlicher Wunsch, daß sie es werden sollte, ging nicht in Erfüllung. Alle die älteren Damen, die sie besonders geliebt hatten, waren in den Jahren gestorben, und von den Jüngeren wollte es eine selbst werden, und ihr [?] Anhang, dazu der Klosterhauptmann und die Provisoren, die keine Preußin wollten. So hatte sie nur 10 Stimmen, und die andre wurde es. Zum Schaden des Klosters, denn sie wäre eine vorzügliche Domina geworden. Und Graf Bernstorff wie Herr von Bülow haben es später sehr bereuet, daß sie dagegengetan, und haben es selbst ausgesprochen, wie sehr sie es bedauerten. Für Mathilde selbst mochte es ja *so* besser sein, bei ihrer großen Gewissenhaftigkeit hätte sie sich alles sehr zu Herzen genommen und viel Quälerei gehabt. Sie konnte so freier leben, gütig und gastfrei, wie sie war, sah sie oft Menschen bei sich, gab viele Gesellschaften, aber auch im kleineren Kreise die näheren Freunde. Bei ihr konnte sich jeder Rat holen und tat es auch, ihr wurde alles mitgeteilt, sie wußte Rat, Trost und Hilfe nach jeder Richtung. War mal etwas passiert im Kloster, eine Unordnung oder Unrecht, dann hielt sie im kleinen Kreise einen »Vortrag« darüber, um den Nächststehenden das Rechte wissen zu lassen, was sehr amüsant war. Wie manchmal sagte sie, ehe wir zusammenkamen: »ich werde einen Vortrag halten.« Groß war das Benehmen von Mathilde der neuen Domina gegenüber. Als sie von der Reise zurückkam, war ihr erster Gang ein Besuch bei der Domina, sie erzeigte ihr jede Ehre. Während sie ihr besonders gern hinterrücks etwas antat, was ihr nicht lieb war oder sie kränkte. Ihr Charakter ist zu kleinlich und voll Eifersüchteleien. So war ihr Mathildens gerader offner Charakter, ihre hohen Gesinnungen und die große Achtung, die sie bei allen genoß, ein Dorn im Auge, und sie fügte ihr manches Leid mit Absicht zu. Wie ja so oft kleine unbedeutende Menschen an großen Charakteren Anstoß nehmen und sie zu verleumden suchen. So noch in kürzester Zeit, wo sie Mathilde so recht verleumdete, ihr dadurch Kummer und Schmerz machte. Aber Mathilde hat es ihr großartig verziehen, feurige Kohlen auf ihr Haupt gelegt, ist immer wieder für das Wohl des Klosters aufgestanden und hat ihr Freundlichkeit erzeigt, die sie nicht verdiente.

Mathilde von Rohr war früher in Berlin zu der Königin Elisabeth in Beziehung getreten, durch die Kleinkinderschulen, deren Begründung sie mithalf bewerkstelligen und dann immer zum Vorstand gehörte, zuerst bei einer Schule am Dönhoffsplatz, nachher in der Luisenstraße. Sie verehrte die Königin sehr und war zuweilen bei ihr zur Tafel, noch von Dobbertin aus den Winter 70 auf 71 war sie bei ihrer Anwesenheit in Berlin bei ihr zur Tafel geladen. Sie hatte die Gabe der Unterhaltung, immer im rechten Moment etwas Passendes und Tröstendes zu sagen, höchst interessant und anziehend, manchmal auch verletzend, denn die Wahrheit hören leider die Menschen selten gern. So war auch im Jahr 72 der verstorbne Großherzog von Mecklenburg mit Gemahlin Marie und Tochter in Dobbertin, um der alten Domina von Quitzow, die er sehr hochschätzte und fast alle Jahre besuchte, seine Gemahlin vorzustellen. Da bemerkte man sehr bald, wie sehr anziehend der Großherzog ihre geistvolle Unterhaltung fand. Gleich bei der Vorstellung sprach er vom teuren Kaiser Wilhelm und ruhmvollen Herrn, regte dabei ihr patriotisches Gefühl an. Der Herr, der sie vorstellen mußte, machte sich darum weg, weil sie »als Preußin« in Mecklenburg damals nicht beliebt war. Und als sie sich selbst vorstellen wollte, sagte der Großherzog gleich: oh, wir kennen uns schon, ich habe mit Freude gehört, daß Sie Preußin sind, Frl. v. Rohr – und so ging es weiter, er hob sie ganz besonders hervor. Den andern Tag war großes Diner, wo er sie auch auszeichnete, und abends mußte sie im kleinen Zirkel mit dem Großherzog und Gemahlin den Tee einnehmen. Manches, was man ihr hier aus Eifersucht oder Mißgunst antun wollte, wurde gerade für sie zum Guten gewendet. Aber manches Herzeleid hat sie doch erfahren, da sich an hervorragenden Geistern die kleinen oft reiben. Doch ließ sie nie nach, Gutes zu tun in regem Geist, Vornehmen und Geringen, wo sie konnte, ihren Mitschwestern eine Hilfe und Rat zu sein. Ihr Haus war ein gastliches und stand zu allen Zeiten jedem offen. Wie oft vereinigte sie mittags oder abends von den Damen und Familien um sich, und bei ihr war jeder gern, denn sie verstand es, den verschiednen Ansprüchen zu genügen. Wo Unrecht war, da trat sie dagegen auf, und wo jemand verkannt war oder in falsches Licht gestellt, da klärte sie es auf, tröstete und brachte wieder ins Geleise. Sie hatte den Mut, offen *das* zu sagen, was *Unrecht* war, aber dadurch machte sie sich oft Feinde, man nannte das scharf, was den Leuten nicht gefiel, und ihre große Herzensgüte wurde oft übersehen. Und wie strenge war sie gegen sich selbst, wie aufrichtig und demütig erkannte sie es, wenn sie selbst mal Unrecht hatte. So vergingen die Jahre, je älter sie wurde, konnte sie weniger reisen, und den Winter war sie immer zu Hause, weil sie viel am Husten litt, in der Brust, und die gleichmäßige Wärme des Hauses haben mußte. Im Sommer machte sie alle Jahr eine kleine Reise nach Berlin oder zu ihren Verwandten, hatte dann lebhaften Geistes eine Menge erlebt und erfahren und kehrte neu erfrischt, geistig angeregt hier in ihr Heim zurück. Und sie kam immer gern zurück, denn ihr hübsches Haus und ihr reizender Garten am See machten ihr Freude, sie liebte die Blumen, die sie pflegte, und ihr ganzes kleines Reich, sie sorgte für alles und dachte an alles. Im April 86 hatte sie den Schmerz, ihre letzte Schwester zu verlieren, die jünger war als sie. Sie reisete sogleich nach Potsdam ab, um beim Begräbnis zugegen zu sein, blieb einige Wochen dort und lud sich dann die trauernden Töchter zum Sommer ein, die lange Zeit bei ihr waren. Aber auch außerdem kamen oft Gäste von außen in ihr gastliches Haus, das oft ganz besetzt war und sie es jedem lieb und teuer machte. Den folgenden Sommer 1887 kamen die beiden Nichten wieder, und in der Zeit geschah etwas, was auf ihr Leben leider traurigen Einfluß hatte. Mit unserm Klosterhauptmann war sie ja anscheinend in sehr freundlichem Verkehr, ich glaubte es und sie selbst auch. Besonders die Frau war ja immer schrecklich freundlich, sagte, wie sie sie liebte und verehrte, man konnte es ja nicht anders denken. Sprach sie den Klosterhauptmann, so kam auch manchmal die Rede auf Sachen, die eben passierten, wo sie natürlich dann auch ihre Meinung sagte. So z. B. Schwester Doris, die Diakonissin im Krankenhaus, die alle möglichen kranken Kerle in unserm Park spazierengehen ließ und wo unsre gute alte *ganz blinde* Frl. Bülow, die immer *allein* spazierenging, mit in Konflikte gekommen war. Da sagte sie, diese gewöhnlichen Leute sollten doch nicht im Park gehen, da sie am Krankenhaus einen schönen großen Garten haben. Nun war eine Geschichte mit einem Kronleuchter. Dieser Kronleuchter war früher mal von einer Domina Margarethe von Bülow der Kirche geschenkt worden, ich glaube, im vorigen Jahrhundert, den nahm die Domina in unsern Chorsaal, und der Klosterhauptmann schaffte dem Kloster 2 riesige Kronleuchter wieder für die Kirche an. Die Kronleuchter waren Untiere an Häßlichkeit und so schwer, daß das ganze Kirchengewölbe dabei einstürzen würde. Es sollte[n] in jedem Stück die 12 goldnen Tore vom künftigen Jerusalem dargestellt werden, aber diese Tore waren nicht golden, sondern ganz schwarz, und da sie so schwer waren, wurde 1 Drittel davon abgenommen, und es sind nur 8 Tore, so daß alle Besucher, die es sehen, lachen und sagen: wir haben nur 8 Tore. Mit großer Mühe sind auch diese 8 Tore noch hinaufgewunden und im Kirchendach ein eignes Gewinde angebracht, damit sie nicht herabstürzen. Unser guter Pastor war gar nicht gefragt worden, und er hat doch in der Kirche zu sagen, er ist leider etwas schwach und hatte es erst geschehen lassen. Dann nahm er sich aber zusammen und beklagte sich, daß man den Kronleuchter der alten Domina aus der Kirche genommen und daß die Kirche den behalten müßte. Zugleich hatte das Kirchenfräulein im Kloster einen sehr schönen, ganz antiken Messingteller, der immer in der Kirche zur Kollekte gebraucht wurde, fortgenommen, statt dessen einen ordinären Küchenteller von Zinn dazu in die Kirche gestellt. Das empörte Frl. Rohr, und sie beklagte sich bei der Domina, daß unsre Kirchensachen entweiht würden, und der alte Teller mußte zur Kirche zurück, die Domina sah es ein, daß es unrecht war, aber es erregte doch viel Ärger beim Kirchenfräulein. Nun brachte der Pastor das mit den Kronleuchtern an und hatte leider auch gesagt, Frl. Rohr hätte über den *Teller* gesprochen. Die Domina und das Kirchenfräulein ergriffen das mit Freuden, drehten es etwas um, gingen zusammen extra zum Klosterhauptmann, klagten Frl. Rohr an, sie hätte sich mißbilligend über die Kronleuchter ausgesprochen, verleumdeten Frl. Rohr aufs schwärzeste, hetzten ihn noch mehr auf, und er, ein sehr eitler, schwacher Mann, wenig Verstand und gar keine Überlegung, läßt sich in die äußerste Wut reizen. Frl. Rohr ahnt von dieser ganzen Sache kein Wort, das war alles heimlich abgemacht. Aber im August eines Nachmittags, als Frl. Rohr nach dem Essen in ihrem Lehnstuhl die Zeitung lieset, erscheint der Klosterhauptmann bei ihr, in einer grenzenlosen Wut, und macht sie herunter, wie eine Viehmagd. Sie mischte sich ein in Dinge, die sie nichts angingen, und als sie ganz erstaunt fragt, was er meint, sie wäre sich nichts bewußt, da schreit er: »Und nun *lügen* Sie noch!«, und so geht es weiter, in der gräßlichsten Weise. Sie war natürlich in höchster Erregung, aber dabei so niedergeschmettert, daß sie auch dem Kerl in seiner Wut nichts antworten konnte. Sollte man es für möglich halten, daß ein Mann, der Anspruch darauf macht, gebildet zu sein, und sich mehr dünkt wie mancher wahre Edelmann, es möglich macht, selbst wenn er Grund gehabt hätte, zu einer alten 79jährigen Dame auf ihr Zimmer geht und ihr solche Beleidigungen sagt? Eine Dame, und dazu eine so alte Dame, die doch nichts dagegen tun kann, fordern kann sie ihn nicht und in der Wut solchem Menschen etwas sagen, hilft ja gar nichts, sie muß es hinnehmen, was daraus kommt. – Zu [?] ihr kam der Tod! Denn diese furchtbare Erregung hatte ihr Herz so ergriffen, daß von dem Augenblick an sich das Herzleiden bei ihr bemerkbar machte. – Sie ergriff, wie immer, das Beste, sie schwieg, ließ ihn austoben und sich entfernen. Was für ein erbärmlicher Mensch er ist, sieht man hieraus, erst hätte er nachfragen müssen, ob das *wahr* war, was man ihm von ihr verleumdet, und selbst hätte sie das gesagt über die Kronleuchter, so muß er es sich gefallen lassen, wenn er solche Dummheiten macht, daß man seine Meinung sagt, hatten wir doch alle darüber gesprochen. Außerdem stehen die Damen nicht *unter* seiner Botmäßigkeit, sondern die Damen des Klosters sind die *Ersten*, und er ist unser *erster Beamte*, also hat er auch darin uns nichts zu sagen. Trotzdem geht er, der ein Kavalier sein will, zu einer alten Dame, um sie aufs gemeinste zu beleidigen. Und dazu *solcher* Dame, einer so edlen, großen Seele, die nur das Gute wollte und, wenn sie so etwas sagte, immer recht hatte, nie aus eigennützigen Gründen, sondern immer die reinsten, das wahre Wohl und das Recht des Klosters wie der Menschen. Das ist aber gerade, was so erbärmlichen Naturen nicht recht ist. – Das war *ihr* geschehen, sie wurde nach einigen Tagen krank, und da erst erfuhr ich die Geschichte, ich hatte wohl bemerkt, daß ihr etwas war, aber sie sagte es nicht. Da kamen zuerst diese Herzbeklemmungen, und der Dr. sagte, es käme von der großen Erregung, und dann das In-sich-Behalten dieser furchtbaren Beleidigung. Viele Erregungen folgten noch, Frau von Örtzen kam und wollte ihren Mann entschuldigen, weinte und bat, Frl. Rohr sollte dieses geheimhalten, wenn es bekannt würde, würde ihr Mann nicht wieder gewählt zum Klosterhauptmann, den Herbst sollte gerade seine Wiederwahl sein, und er war so nur mit 3 Stimmen Mehrheit gewählt. Es war viel verlangt, aber um ihretwegen ging Frl. Rohr darauf ein, aber Herr v. Örtzen sollte schriftlich um Verzeihung bitten, das war sie sich schuldig. Es dauerte lange, lange Zeit, auch ich hatte eine große Auseinandersetzung mit Fr. v. Örtzen darüber, erst kurz vor dem Komitee entschloß er sich und schickte ihr einen Wisch, wo kein Um-Verzeihung-Bitten darin stand, nur etwas von Mißverständnis, ein sehr nichtssagendes Blatt. In ihrer hohen Güte nahm Frl. Rohr das Schreiben an, und sie verzichtete darauf, irgend jemand davon zu sagen, auch den Herrn nicht, die jeden Herbst vom Landtag kommen, alles hier zu revidieren, was Komitee genannt wird. Diese Geschichte ward also in Schweigen begraben, und sie erlaubte auch mir nicht, davon zu sprechen, was ich so gern getan hätte, denn mir war es so leid, daß er in keiner Weise eine Strafe dafür bekam. Bei der Teuren ging der Keim der Krankheit im Herzen weiter den Winter durch, und im Frühling 88 ging die schwere Krankheit an. Ihm aber wird die Vergeltung wohl noch heimkommen, wie alles Böse sich auf Erden schon rächt und Gottes Strafen dem aufmerksamen Auge auch hier schon folgt, so wird Gott auch diese schwere Sünde, das unschuldige Blut auf seinem Gewissen zu haben, nicht unbestraft vorübergehen lassen. Und sagte Frl. Rohr so oft, wenn wir davon sprachen, »ich will nicht in sein Leben eingreifen und die Verantwortung auf mich nehmen, Gott wird es ihm schon zeigen, wie *Er* es für gut findet.« Edel und groß, wie sie immer dachte, war auch dieses. Sogar hat sie, als wir im Frühling zum heiligen Abendmahl gingen, mir gesagt, »sie hätte es über sich vermocht, Herrn von Örtzen auch im Herzen ganz zu verzeihen«. Das war mir so rührend und machte ihr so leicht niemand nach.

Ja, sie erkannte selbst immer ihre eignen Schwächen und wollte niemals andern etwas Böses oder Unfreundliches zufügen, nur immer für das Rechte trat sie ein und tat auch selbst nie etwas Unrechtes. Und das fand sie so einfach und selbstverständlich, es konnte nicht anders sein. Aber es war oft mit größter Selbstüberwindung und war immer groß. So sollte ich auch nicht nach ihrem Tode darüber sprechen und Herr[n] von Örtzen noch anklagen. Und allerdings, ich fürchte, wenn ich es jetzt sage, so würde wahrscheinlich ihr Andenken vergiftet, da jetzt doch alle die bösen Elemente noch hier sind, und das wäre mir furchtbar, da ich so gern möchte ihr Andenken hier in Ehren gehalten sehen. –

Die Krankheit war aber nun so schlimm geworden, daß man glauben mußte, sie würde daran zu Ende gehen. Ach, sie war ja so klaren Geistes, sie sah es kommen, und es war ihre größte Sehnsucht, von dieser Erde abgerufen zu werden und zu Gott zu kommen. Dann kam aber der Tag, wo sie durch die große Sorgfalt des Medizinalrat[s] doch noch so weit kam, etwas besser zu werden. Sie konnte wieder im Zimmer etwas umhergehen, im Lehnstuhl sitzen, Menschen bei sich sehen und etwas schreiben. Es war ihr so traurig, sie wäre so gern ganz fort gegangen, und der Dr. mußte es ihr ordentlich dringend machen, daß sie noch leben müßte, sie wäre so gern abgeschieden. So wurde sie denn allmählig etwas besser, konnte wirklich etwas mehr und zuweilen auch allein durch die Stuben gehen, auch mal in die Küche, dann war sie aber schon recht erschöpft. Sie konnte doch im Winter viel schreiben, an all ihre Lieben, und hatte eine Menge Interessen, auch vieles, was sie hier wie in der Familie Gutes tat. Im Januar 89 war ihr Neffe Christian mal 2 Tage hier, dem sie alle ihre Geschäfte und Papiere übergab, da es ihr selbst natürlich zu schwer war und der Neffe mal Testaments-Vollstrecker werden sollte. Mit dem Befinden ging es mal etwas besser, mal wieder schlechter. Rührend war es, als sie unter dem Weihnachtsbaum saß, ihre Geschenke in Empfang nahm, das blasse schmale Gesicht gütig und ergeben und hatte soviel Freude um sich her verbreitet. Sie hoffte, es wäre das letzte Mal, und sie sah so angegriffen aus. Aber sie bat doch im Fest Ottilie Behr mal zum Tee, sie mußte dann etwas früher fortgehen. So ging der Winter vorüber, der kalt und lang war. Hinaus konnte sie nicht, auch die Sonntage durfte sie nicht zu mir, dann ließ ich da kochen, was ihr eine kleine Abwechselung war. Aber Luft mußte sie immer viel haben, die Fenster oft lange offen, weil sie den schrecklichen Luftmangel doch immer hatte. Und noch so viele Leiden, die damit zusammenhingen. Sie war immer geduldig, aber wie oft sagte sie abends: »Nun ist wieder ein Tag dahin, und das Ende kommt immer noch nicht, beten Sie doch, daß ich endlich sterben kann.« – Es war so traurig. Sie war eine gläubige Christin, ohne viele Worte davon zu machen, aber in ihrem Herzen und Wandel. Doch in den Zeiten, wo ihr so schrecklich zumute war und sie damit so zu kämpfen hatte, hätte sie oft gedacht, selbst wenn es in die ewige Vernichtung ginge, möchte sie um jeden Preis los sein von dieser Qual, sagte sie mir später. Zu Pfingsten hatte ich Besuch von 2 jungen Neffen, da war sie noch so liebevoll gegen dieselben, tat ihnen so viel Güte an und später ebenso einer älteren Bekannten von mir, die mich besuchte. Es war wirklich rührend, dazu immer noch das lebhafte Interesse, was sie an den Menschen nahm, die ihr nahe kamen. Ende Juni kam ihre Nichte, die Frau von Rohr, auf 2 Tage. Den Ankunftstag so elend, daß ich sie am liebsten abgeschrieben hätte, konnte ihr den Abend die liebenswürdigste Wirtin sein. Die beiden folgenden Tage ging es ihr wunderbar gut, dazu auffallend schönes Wetter. So fuhr sie einen Nachmittag mit der Nichte auf dem See und drüben nach den Buchen zum Kaffee. Den andern Tag im Garten, wo sie so gern saß, und durch den Park. So hatte sie doch Freude an dem Besuch, und die Nichte war entzückt. Mitte Juli kam ihre Nichte Hedwig Rohr, die sie besonders liebte, auf einige Wochen. Die erste Zeit ging es auch ziemlich gut. Dann hatte sie sich mal anscheinend etwas erkältet, auch das Wetter weniger gut, da ging es wieder so schlecht. Doch erholte sie sich auch wieder etwas. Dann meldete sich Luise Wentzel zum Freitag bei ihr an, aus England. Donnerstag nachmittag erscheint eine Dame – Luise Wentzel, schon einen Tag früher gekommen. Doch es schadete ihr nicht, und sie sprachen viel von alten Zeiten. Luise blieb bis Mittag und reisete dann weiter. Dann war es ihr noch vergönnt, den Besuch ihres alten Freundes, des Herrn Fontane, zu erhalten. Zwar nur einen halben Tag, aber es war noch der letzte Sonnenblick, der an frühere glückliche Zeiten erinnerte. Sie hatte die Gabe, die Zeit zu nutzen, viel zu geben und viel zu empfangen auch in wenigen Stunden. So waren ihr diese Stunden ein Schatz in der Erinnerung, und sie erkannte es immer wieder dankend an, daß Herr Fontane sich der Anstrengung der kurzen Reise ihretwegen unterzogen.

Dann mußte Hedwig abreisen, und es waren nun traurige Wochen. Nur wenige bessere Stunden, die meisten waren sehr schlecht. Doch ging sie bei gutem Wetter in den Garten oder saß in der Haustür, fuhr auch noch mehre[re] Male zu Wagen spazieren in den Wald. Das letzte Mal war es etwas zu lange geworden, da sagte sie: »Fürs erste tue ich es nicht wieder.« Es sollte nie wieder kommen! Sie hatte immer weniger Appetit, aß fast gar nichts mehr, die Kräfte nahmen immer mehr ab, daß ich wohl dachte, es wird nicht mehr lange dauern. Doch sagte der Medizinalrat noch den letzten Sonnabend: »Es ist früher schon viel schlimmer gewesen, es kann sich noch bessern.« Was mir besonders in der letzten Woche auffiel, war, daß sie manchmal so etwas unklar im Geiste war, daß sie nicht ganz genau wußte, *wo* sie war und wer sie umgab, und in manchen Dingen des täglichen Lebens. Dann wieder kam Besuch, so konnte sie sich zusammennehmen und war immer die alte. Schreiben konnte sie nicht mehr, aber sie diktierte mir Briefe mit aller Klarheit. Sie hatte noch in letzter Zeit ihrer Großnichte Guretzki eine große

Freude gemacht, indem sie ihr die Reise zu einer Hochzeit ihrer Freundin schenkte, was ihr selbst noch Freude machte. So kam der letzte Tag für uns ahnungslos heran, wenigstens daß es da schon zu Ende gehen würde. Den 15ten Sept., Sonntag, wollte sie zu mir zum Mittag gehen. Sie war den Morgen so sehr schwach, sah auch so aus, die Augen, halb schon wie gebrochen, ein so wunderbarer Ausdruck. Es war heftiger Ostwind, und ich bat, sie sollte lieber im Hause bleiben, wir wollten das Essen herüberbringen. Nein, sie wollte zu mir gehen. Mir war es ja immer die größte Freude. Sie ging auch zu Fuß herüber zu mir, war aber ganz besonders angegriffen und elend den Nachmittag. Wir waren ganz allein ohne Besuch, und ich erfreue mich noch dieser Stunden, wo sie über so manches sprach, auch ihrer Leidenszeit, aber das Ende nicht erwähnt wurde. Hätte ich geahnt, daß es der letzte Tag wäre, hätte ich wohl noch manches angeregt, was ich sonst oft vermied, um sie nicht anzugreifen. Sie diktierte mir noch 2 Briefe, die ihr auf dem Herzen lagen. Nachher war sie wieder so etwas unklar, glaubte in Trieplatz zu sein, redete mich als Hedwig an, wollte ihre Schwägerin und Guretzkis sehen. So gingen wir wieder hinüber, sie trank ihre Tasse Tee, war auch nachher wieder klar und ging zur gewöhnlichen Zeit, gegen 10, zu Bett. Dann sagte sie mir gute Nacht, sagte noch: »ich denke, ich schlafe gut, nun gehen Sie auch zu Bette«. Das war das Letzte, ihre letzten Worte, also doch ganz ahnungslos, freilich immer fürsorgend für ihre Umgebung. Mir war aber doch so angst zumute, nach diesem Tage, daß ich beschloß, ohne ihr Wissen im Hause zu bleiben. Ich etablierte mich im Wohnzimmer in ihrem Lehnstuhl, löschte die Lampe aus, wie sie es immer hatte, und blieb die Nacht da. Nun hörte ich sie die ganze Nacht ruhig schlafen, manchmal etwas stöhnen im Schlaf, was sie im letzten Jahr öfter tat. Dann wieder so ganz ruhig und sanft, und ich hoffte, sie ruhte sich recht aus, hätte dann einen beßren Tag. Endlich kam der Morgen, sie schlief noch immer, und ich wagte nicht, sie zu wecken. Als es aber 7 war und sie wachte nicht auf, schickte ich zum Medizinalrat, und als der kam und sie am Puls befühlte, sagte er, der Puls geht schlecht. Er erholte sich zwar, bis er wegging. Wir versuchten, ihr starken Kaffee einzuflößen – sie schluckte nicht, das Bewußtsein war geschwunden. Der Dr. ging noch fort, ich saß bei ihr und hielt ihr ein Kissen. So um 10 kam er zurück, sie lag noch unverändert und schlief, sogar etwas mehr Farbe im Gesicht. Ein paar Minuten vor 11 Uhr vormittags stand der Atem still, noch ein paarmal geatmet, dann – zu Ende für dieses Leben! Oh, was ein Augenblick, wenn solch ein edler, großer Mensch scheidet für immer! Es steht auf einmal alles still, und man fühlt, daß etwas Großes war und Gott sie genommen hat. Dann erst bricht der irdische Schmerz hervor. Aber ihr war nun wohl, sanft hinübergeschlummert, die klaren Augen sonst, hier nicht mehr geöffnet, so lag sie da. Sie hatte nun alles irdische Leid überwunden, droben bei Gott in der Herrlichkeit den Lohn zu bekommen für all das Gute, all die Liebe, die sie hier geübt! Ihre Werke folgen ihr nach.

Dienstag mittag kam schon die Nichte Hedwig, den Abend der Hauptmann, Mittwoch abend R[?]schs und noch 2 Nichten. Den Abend schon ward sie in die Kirche gebracht, die Teure, und Donnerstag nachmittag ½4 Uhr brachten wir sie in ihr letztes Kämmerlein. Um 2 gingen wir noch mal zur Kirche, den Sarg zu schließen, sie sah noch so schön aus, wieder der energische, jugendliche Zug in dem lieben Gesicht – aber wir mußten sie doch hergeben! Währenddem wir da waren, kam noch Franz Lepel aus Wieck an, um ihr den letzten Liebesdienst zu erzeigen. Es war sehr nett und wäre ihr gewiß eine Freude gewesen. Er reisete dann sogleich wieder ab. Es war eine schöne Feier in der Kirche, eine sehr hübsche Rede, und dann gingen wir, die Verwandten und ich, mit ihr, sie bis zuletzt zu begleiten. Da ward sie in die kühle Erde gebettet, es war so ergreifend. Und dann kehrten wir in das öde Haus zurück, um nun immer *ohne sie* weiterleben zu müssen.

Den andern Tag reiseten R[?]schs fort, aber der Hauptmann Rohr und die 3 Nichten blieben, um die traurigen Geschäfte zu tun und alles aufzulösen, so rasch als möglich, wie es ihr Wille war. Und nun ist auch das geschehen, alle abgereiset, das Haus aufgelöset, und nur die Erinnerung bleibt an die Verklärte, die dort oben ihren Lohn findet.

Nachtrag [1]

Sie sagte mal: »Nicht die Liebe ist mir das erste, sondern die Pflicht. Immer erst das Rechte tun, was vor Gott recht ist, dann kommt die Liebe zu den Menschen.«

Als wir von jemand sprachen, der Unrechtes getan und es nicht selbst eingesehen, sagte sie: »Wo bleibt da das Christentum? Der Christ soll doch sein Unrecht erkennen, sich demütigen, nur dadurch kommt man auf den Weg der Umkehr, der Besserung.« Zu andrer Zeit: »Nie über seine Verhältnisse leben, wie vereinigt sich das mit Verstand und Rechtlichkeit, wenn man das tut? Strenge gegen sich selbst, alles entbehren, entsagen, nur nie andern zur Last fallen, nichts von andern annehmen, auf eignen Füßen stehen!« Nach diesem Ausspruch hat sie immer selbst gelebt und war das beste Beispiel. Sie hat selbst gedarbt und entbehrt, dem Rechte ihres Vermögens aus dem Gute zugunsten ihres Bruders entsagt. Strenge gegen sich selbst, gearbeitet und gesorgt, immer für andre tätig, aufopfernd im größten Maßstabe.

Wohl konnte sie manchmal etwas sagen, was schmerzt, aber es ist immer wahr, und in ihrer großen Aufrichtigkeit sagt sie es. Ein guter oder gütiger Grund liegt immer dazu vor, und sollte man immer dankbar sein, wenn sie so aufrichtig die Wahrheit sagte. Die alte Domina sagte schon immer: »es gibt nur *eine* Rohr«, und sie hat recht. Sie ist wie ein Herzenskündiger, wenigstens in der Weise, daß sie die tiefsten Bedürfnisse der Herzen versteht und den Weg weiset, der zum Himmel führt.

Wir sprachen mal von der Gabe der Klugheit, da sagte sie: »Die größte Klugheit ist immer, auch wahrhaft *gut* zu sein und immer *wahr*. Alles andre hilft nicht, und wenn die Klugheit noch so raffiniert wäre, eine Stelle ist es immer, wo es herauskommt, wenn das Gute und die Wahrheit fehlt.«

Das Unabhängigkeitsgefühl, nichts von andern annehmen zu mögen, hatte sie schon früh. Als kleines Mädchen in der Pension, noch nicht 12 Jahre alt, hat ihre Tante sie mal besucht und schenkt ihr 1 Tlr. Da hat sie geweint und immer gesagt: »ich brauche ihn ja nicht, ich brauche ihn ja nicht!«

Nach dem Tode ihrer Mutter, als ihr Bruder das Gut Trieplatz übernahm, wurde es ihm schwer, den Schwestern das Geld, was sie beanspruchen konnten, zu geben. Da sagte Mathilde gleich, sie verzichtete darauf, Annette folgte ihr. Ob die andern Schwestern es taten, weiß ich nicht, zweifle aber daran. Diesen beiden hat es Segen gebracht, sie haben sich redlich durchgeschlagen in Berlin, doch sehr anständig gelebt, und haben nun zuletzt doch noch ziemlich viel Vermögen hinterlassen, da Gott wohl ihre Treue gesegnet.

[*Nachtrag 2, offensichtlich schon zu Lebzeiten der Rohr niedergeschrieben*]

Ihre Freundschaft mit Bischof Roß, bis zu seinem Tode! und was sie ihm leistete, wie hat er sie geschätzt und geliebt! Und später seinen Kindern, was haben die ihr alles zu danken, noch immer steht sie in Freundschaft ihnen verbunden. Der alte Bischof mit seinem Geist und seinem tiefen kindlichen Gemüt konnte ihr etwas sein – aber wer kann ihr sonst genügen von gewöhnlichen Menschen, die alle so tief unter ihr stehen und sie dennoch so mit Liebe an sich heranzieht. Diese Demut und Bescheidenheit ihres Herzens ist so groß! Gott segne sie!

Wenn ich so täglich ihre Handlungen sehe, bis ins kleinste die Treue, so im Garten. Voll Bewunderung bleibe ich oft stehen von ihr unbemerkt – wie groß ist sie, in jeder Kleinigkeit. Bei Sonnenhitze geht sie selbst, holt das Wasser aus dem Graben, begießt jedes kleine Pflänzchen, im Schweiß ihres Angesichts. Es ist die Treue, die jedes anvertraute Pfand mit größter Liebe versorgt, die Pflichttreue; erhaben steht sie da. Ob es ihr Schmerz oder Unbequemlichkeit macht, jede Pflicht muß bis ins kleinste erfüllt werden. Aber helfen darf ich ihr auch nicht, sie hat es nicht mal gern, wenn ich es sehe, wenn ich dabei bin. – Und wie sie das Haus für die neue Konventualin bauen läßt und für alles sorgt. Mit welcher Treue, bis ins kleinste, welcher Ausdauer! Es ist so viel Ärger dabei, daß es niemand wie sie so durchführte. Mich rührt es, wenn ich es sehe, mit welcher Gewissenhaftigkeit und Pünktlichkeit jedes ausgeführt wird und es auf ihre Kräfte und Gesundheit dabei losgeht. Sie hatte die Genugtuung, als es zu Ende, daß Bernstorff, der erst, sehr grob, gesagt hatte: Jeder Bau müßte vor den Damen hermetisch verschlossen werden, sie zuletzt bat, sie möchte es doch noch mal wieder übernehmen. Aber sie sagte, sie wollte ihm das Versprechen geben, daß sie es nie wieder unternähme, sie hätte zu viel Last und Ärger davon. Er bekümmerte sich nicht darum, Reineke, der Bauführer, nicht, und die Leute wußten von nichts. Da hatte er es, es war ihm ganz recht. Aber leider Gottes hatte ich Mathilde so sehr geärgert, bei dem Bau, in meiner Dummheit. O hätte ich es nicht getan, ich kann es mir nie verzeihen! Es war, während sie krank war und ich nach dem Bau sah, die Tage. Die Gosse sollte durch den Garten offen führen, was sie nicht wollte. Reineke, der Maurer wagten es nicht, dem Grafen zu sagen, Mathilde durfte nicht aufgeregt werden – nach vielem Überlegen schrieb ich an Bernstorff, setzte ihm alles auseinander, auch Mathildens Wunsch, und bat ihn, danach den Leuten zu bestimmen. Da bekam ich den Abend eine abschlägliche Antwort von ihm schriftlich! ich war außer mir, denn daß er es abschlagen würde, hatte ich nicht erwartet. Als sie nun daran arbeiteten und Mathilde soweit war, hinauszugehen und es zu sehen, sagte ich es ihr vorher. Aber da erst bereute ich, daß ich mich hineingemischt hatte, wie schrecklich unangenehm es ihr war, wie sie tagelang nichts davon weiter von mir hören wollte und alles wieder selbst übernahm. O Gott, es war für mich ein schwerer Kampf und tiefe Reue. Sie hatte gewiß recht, ich hatte zwar die beste Absicht, aber es war falsch angefangen. Sie sagte zu mir: »Sie hätten mich doch kennen müssen«; und darin lag es gerade, ich hätte wissen müssen, daß ihr das unlieb, darin lag die Dummheit. Sie wird mir nun nie wieder etwas überlassen. – Nachdem Wochen vergangen waren, reisete ihre Schwester Annette ab. Den Abend vorher war ich auf ihren Wunsch noch da, hatte etwas gelesen, sie ging dann früher hinauf, gab mir die Hand, sagte freundlich Lebewohl, »in 3 Wochen komme ich zurück«. Das war das letzte Mal, daß ich Annette sah. Sie war früh mit der Post gefahren, ging nach Berlin. Sehr heitere Briefe kamen von dort. Plötzlich kam Math[ilde] mit verweinten Augen, sie hatte einen Brief der andern Schwester, Annette hatte plötzlich eine Geschwulst, die operiert werden sollte, sie nach Bethanien sich begeben. Mir war es auch sehr erschwerend, und ich sah vom ersten Augenblick, daß Math. es für tödlich ansah, ich fürchtete es auch, suchte sie aber zu trösten. So kamen bald bessere, bald schlechtere Nachrichten, und was sie in diesen Wochen litt, wo sie noch nicht zu ihr eilen konnte, ist nicht zu sagen. Sie behielt dieses für sich, ohne sonst darüber zu sprechen, um auch dem steten Nachfragen zu entgehen. Sie arbeitete von früh bis spät angestrengt, sie lief, tat und dachte alles für andere, um diese Angst mehr zu unterdrücken; schlief wenig nachts; ich fühlte und sah, wie sie immer mehr angegriffen und reizbar wurde, sie konnte es nicht aushalten. Groß stand sie wieder da! Als alle Pflichten erfüllt waren, erlaubte sie sich erst dahin zu eilen, wohin ihr Herz sie längst gerufen, an das Sterbebett ihrer geliebten Schwester. Sie hatte für alles gesorgt, und tief bewegt reisete sie ab, in der festen Überzeugung, daß die Schwester nicht hergestellt würde. Wie oft hatte sie es mir unter strömenden Tränen gestanden, daß sie auf keine Besserung hoffte. Und sie hatte recht. Klar hatte ihr Blick auch dieses durchschaut. Zwar fand sie die Schwester noch, wenn auch schon sehr teilnahmlos, und sie verlebte noch 4 schwere Wochen an ihrem Lager. In Hitze und Regen ging sie vom evangelischen Verein alle Tage zweimal nach Bethanien, vormittags und nachmittags bis Abend, obgleich Annette manche Tage so schwach war, daß sie sie nicht mal erkannte. Es war eine furchtbare Zeit für Mathilde, körperlich die Anstrengung, vielmehr aber geistig der Kummer, sie immer mehr abnehmen zu sehen, bis sie endlich am 17ten August mittags sanft einschlief und Mathilde nun den ganzen Schmerz da zu tragen hatte. Mit großer Kraft und Selbstüberwindung nahm sie auch das auf sich, das Begräbnis etc., wobei ihr Bruder ihr beistand. Erst im September kehrte sie zurück und mit welchen Gefühlen in ihr nun leeres Haus zurück, worin sie früher so ganz *nur* für die Schwester gelebt hatte. Natürlich war sie tief bewegt, aber ihr Herz beugte sich in christlicher Ergebung Gottes Willen, sie ertrug mit Kraft, was Gott ihr auferlegt. Immer klar und selbstlos, trug sie auch ihren Schmerz für sich. Ich sah sie wohl manche Träne vergießen, fühlte ihr Entbehren, doch rücksichtsvoll wie immer, hat sie niemand mit ihrem Schmerz belästigt und hatte immer Augen und Herz für andere offen. Nun lag ihr die große Arbeit der Erbschaft am Herzen, und sie faßte dieselbe sogleich an. Es war nicht leicht, es gehörte ihre Kraft und Tätigkeit dazu, so bald damit vorwärtszukommen. Alles taxieren, aussuchen, aufschreiben, dann gerecht verteilen, den verschiednen – Schwestern, Nichten, Neffen etc. – schicken, war eine große Sache, und ich durfte ihr so wenig helfen. Mit gütiger Hand gab sie großmütig, obgleich sie ja die eigentliche Erbin war. Da habe ich sie erst wieder recht verehren gelernt, wie sie in dieser Sache, die so oft der Prüfstein ist, woran Menschen scheitern, erst recht sich groß zeigte. Sie scheute keine Mühe und Unannehmlichkeit, nur das Rechte wollte sie und Großmut üben, ganz unscheinbar und demütig, in der Meinung, nur das Rechte zu tun, tat sie das Größte, ohne an sich zu denken, dachte sie nur an die andern, hielt es einfach für ihre Pflicht. Noch nie habe ich einen Charakter gesehen, nach innen so klar, einfach, demütig, nach außen so strahlend rein und groß! Und was war sie dabei für mich und für jeden sonst. Ratend, helfend, tröstend nahm sie jeden an ihr Herz. Wie sie mir mal beim Rollen der Wäsche half, so stand sie mir bei, bis zur größten Not meines Herzens. Sie ist mir Rat, Trost, Hilfe, unerreichbares Vorbild, Licht des Lebens – und *muß* es jedem sein, der ihr nahe tritt, sie kann nicht anders. Ein Menschenbild, wie aus Gottes Hand geschaffen, ein reiner Diamant. –

Jeannette von Bülow an Theodor Fontane

Dobbertin, den 28sten Nov. 1889

In alten Briefen von Fr. v. Romberg an unsre liebe Frl. Rohr, die mir dieselbe gegeben, um sie noch mal durchzulesen, fand ich gestern abend diese Stelle, mit der Idylle von Trieplatz, verehrter Herr Fontane, und da dachte ich, es wäre unverzeihlich, wenn ich Ihnen die Stelle nicht abschriebe, so tat ich es denn heute gleich. Es wäre doch möglich, daß Sie dieselbe noch zu dem Jugendbilde und der Heimat der teuren Mathilde gut verwenden könnten, und der Vater muß wirklich ein besonders seltner Mann gewesen sein, hing doch Mathilde auch besonders an ihm. Fr. v. Romberg erwähnt weiter nichts, aber auch in anderen Briefen nur immer den Vater, was für ein Ehrenmann! Die Mutter ja auch so schön und reizend. Fr. v. Romberg erwähnt noch eine Geschichte, die Mathilde sehr drastisch erzählt hätte, von der kleinen Sophie Strubberg, nebst einem Bilde von der, doch das habe ich nie gehört und kenne sie nicht. Machen Sie nun mit dieser Idylle, was Sie passend finden, schicken wollte ich sie Ihnen wenigstens, daß Sie es wüßten, was Fr. v. Rombergs

Herzenswunsch war. Sie ist ja freilich auch schon längst dahingegangen, wie so viele teure Menschen und Freunde von Mathilde; aber in Ihren Händen würde es gewiß besonders reizend und poetisch werden. Und wie werde ich Ihnen das Ganze überhaupt je danken können! Mit herzlichem Gruß Ihrer lieben Frau Gemahlin und inniger Verehrung,

Ihre ergebene Jeannette Bülow.

Abschrift aus einem Brief der alten Frau von Romberg, geb. Gr. Dönhoff an *Mathilde von Rohr* am 4ten Mai 1874, nachdem sie das Rohrkapitel von Trieplatz gelesen.

Oh, wie interessierten mich die »Rohrs« *unbeschreiblich* und lassen für Stoff, *Darstellung* und *Stil* nichts zu wünschen übrig. Und doch ist etwas, was mich förmlich *schmerzt*, eine überraschende *Lücke* in der 2ten Generation. So *bedeutend* und interessant die 5 Briefe Ihres Onkels sind, so kann ich es doch kaum verschmerzen, daß *sein* Bild *allein* aus dieser Generation herausgenommen wurde, daß die *patriarchalische* Gestalt Ihres herrlichen Vaters, die Lebens-Idylle Ihrer köstlichen Eltern mit den 8 schönen Kindern auf dem durch diese Blätter fast klassisch verewigten Boden von *Trieplatz ganz fehlt*! und wieder, daß nur der gute Moritz als *einziger* Repräsentant der 3ten Generation dasteht. Freilich waren er und seine schöne Uranie notwendig zu dem so zart und reizend geschlungenen Schlußworten vor Uranies Bilde, unter den spielenden Sonnenstrahlen und Schatten der aus Jacquelines Samenkorn erwachsenen Akazie! Aber doch tröstet es mich nicht über das Wegfallen der lieben *Patriarchen*-Gestalt, an der Herr Fontane gewiß seine poetische *Freude* gehabt, wenn er ihn gekannt hätte, und über *mein* Trieplatzer *Idyllenbild*, das ich mein Lebenlang schreiben wollte und *nie* dazukam. Freilich mußte man diese Idylle *mit* erlebt haben, um sie zu schildern? und *Sie* konnten ihm doch nicht wohl *beschreiben*, welche poetische Bilder dies Trieplatz bot, wenn man in den Hof fuhr und die schönen Mädchen alle, in ihren einfachen Hauskleidern, immer wie aus dem Ei gepellt, aus Stall oder Küche, vom Butterfaß oder dem Bleichplatz den *immer willkommnen* Gästen freundlich begrüßend entgegeneilten, die *liebliche Mutter* wohl mitunter etwas verschämt *lächelnd*, über das in der Arbeit verschobene *Häubchen* – dann der *schöne* stattliche Vater in dem grauen Arbeitsrock, unter dem man immer die Haltung und Miene, den alten *aristokratischen* Ritter und Offizier wiedererkannte, auf seinen derben Knotenstock gestützt, vom *Felde* herbeikommend, wo er *selbst* die Aufsicht bei seinen Leuten geführt, das weiße Haar im Winde um die hohe Stirn fliegend, von der er den Arbeitsschweiß trocknete, die schönen tiefblauen Augen, unter den buschigen Brauen von *Gastlichkeit* und *Freundlichkeit* leuchtend – nein, Mathilde, ich glaube, Sie *wissen* es gar nicht, wie *reizend* das Ganze war und wie *tief* sich alle *einzelnen* Bilder dieser fast paradiesischen *Einfachheit* und *Menschenwürde* in meiner und meines Mannes Phantasie einprägten? und darum kann ich ja auch noch *weniger* verlangen, daß Herr Fontane es wissen oder gar *beschreiben* soll. Sie sehen also, ich tadle bei der hübschen Arbeit *nur*, was sie *nicht* gibt und was *mir* gerade bei den Namen Rohr und Trieplatz und Dosse stets am *lebendigsten* vor Augen steht. Ich sehe sogar ein, daß in der ganzen Ökonomie und *Harmonie* des Bildes vielleicht kein *Raum* dazu war.

Amalie Romberg

Nachwort

Das stille Leben eines adligen Fräuleins

Das Foto im ovalen Rahmen zeigt eine Dame mittleren Alters mit dem typischen Kopfschmuck der unverheirateten Frau; ein sympathisches Gesicht, strenger, aber gütiger Blick. Ihr Name: Mathilde von Rohr.

Sie ist Jahrgang 1810, wird also in jenen schwierigen Zeiten geboren, da Napoleons Truppen und deren Verbündete das Land ausplündern, die Kräfte zu ihrer Vertreibung mobilisiert werden und die verlustreichen »Befreiungskriege« neue Opfer fordern. In diesen Zeitläuften wächst Mathilde mit sieben weiteren Geschwistern auf dem väterlichen Gut Trieplatz, westlich von Neuruppin, auf, und sie wird früh an die Mühsal landwirtschaftlicher Tätigkeit gewöhnt. Die entbehrungsreichen, aber durch herzlichen Zusammenhalt in der Familie erträglichen Kinder- und Jugendjahre prägen ihren Charakter: anspruchslos, geradlinig, lebenstüchtig und zuverlässig.

Als der Vater, gedienter Offizier und erfahrener Landwirt, 1832 stirbt, wird das Gut verpachtet, die Mutter zieht mit den Töchtern nach Berlin. Mathilde vertauscht die Enge der brandenburgischen Provinz, die freilich eine Fülle von Bekanntschaften in den Adelsfamilien der umliegenden Dörfer bescherte, mit der geistig anregenden Atmosphäre der preußischen Hauptstadt. Vor allem im Kreis um die Gräfin Sophie von Schwerin wird das Fräulein von Rohr ein gern gesehener, belebender Gast, der schließlich, kommunikativ und liebenswürdig, seinen eigenen cercle intime in der Behrenstraße 72 etabliert – mit vielfältigen Beziehungen in die Adelspalais der Wilhelmstraße und diversen Verbindungen in die künstlerische Szene.

Aus diesem engagiert gestalteten geselligen Leben in der Residenz hat sich Mathilde von Rohr 1869 zu lösen, als im »Kloster Dobbertin« ihre längst vorherbestimmte »Stelle« als Konventualin frei wird, und sie kehrt zurück in die Provinz, diesmal in die mecklenburgische. Unter materiell vorzüglichen Umständen – eigenes Haus und eigener Garten im parkähnlichen Klostergelände am See – lebt sie dort an schönem, aber einsamem Ort noch zwanzig Jahre, durch regelmäßige Reisen und ausgedehnte Korrespondenz mit Verwandten und Freunden verbunden, aber mitunter auch bedrängt von den Querelen der meist antipreußisch gesinnten übrigen Stiftsdamen. 1889 vollendet sich dieses »einfache Leben« eines adligen Fräuleins vom Lande; es verlief bescheiden, in aller Stille, aber stets integer, korrekt und in protestantischem Gottvertrauen – ein Dasein, wie es Zehntausenden der häufig zahlreichen Töchter des Adels beschieden war.

Die übliche Todesanzeige in der »Kreuzzeitung« wäre die letzte öffentliche Nachricht gewesen und die relativ zahlreichen Fakten aus ihrer Biographie wären längst vergessen, wenn nicht Theodor Fontane, wohl um den Jahreswechsel 1859/60, in den Kreis um diese Mathilde von Rohr geraten wäre und wenn sich nicht aus jener ersten, etwas kurios verlaufenen Begegnung in der Wohnung des Fräuleins eine jahrzehntelange Verbindung, ja so etwas wie eine literarische Freundschaft entwickelt hätte. Sie dokumentiert sich in einer Folge von 230 Briefen Fontanes, die eine seiner besonders aufschlußreichen Korrespondenzen ausmachen und seinen Lebensgang vor allem in den sechziger und siebziger Jahren des 19. Jahrhunderts begleiten. Diese Schreiben an die Rohr setzen die großen Briefdialoge fort, die Fontane zunächst in den Jahren um die achtundvierziger Revolution mit Bernhard von Lepel und dann in seiner England-Zeit mit Henriette und Wilhelm von Merckel geführt hat; allerdings muß sich die Nachwelt im Falle Rohr mit einem Monolog begnügen, da die Rohr-Briefe nicht erhalten sind.

Anfangs beschränken sich Fontanes Briefe meist auf knappe Nachrichten, auf Einladungen und Absagen, Verabredungen und Entschuldigungen; aber auch diese sachlichen, der Organisation von Geselligkeit dienenden Texte haben ihren eigenen Charme, warten jeweils mit einer originellen Wendung auf. Und vor allem: sie belegen, wie regelmäßig und wie oft man sich bei den Fontanes oder bei der Rohr zu treffen pflegt. Mit der Übersiedlung Mathildes nach Mecklenburg – Fontane wünscht, daß sie auch dort »Rat und Trost und Kitt der Gesellschaft« sein möge – gewinnen seine Briefe eine neue Qualität. Sie müssen nun den mündlichen Austausch ersetzen; es beginnt die Phase der ausführlichen, oft drei Bogen langen Bekenntnis- und Beichtbriefe, die zum Schönsten Fontanescher Epistolographie gehören und die ahnen lassen, was alles an jenen Plauderabenden in der Behrenstraße verhandelt worden sein mag.

Die seinerzeit briefverborgene Beziehung zur Rohr hat Fontane nach ihrem Tod auch öffentlich gemacht: in dem für den ersten Band der »Wanderungen« bestimmten biographischen Essay, der, zwar 1892 in einer Zeitschrift gedruckt, zu seinen Lebzeiten nicht mehr in die »Grafschaft Ruppin« eingegliedert wurde. Ein sehr persönlich gehaltenes Kapitel; das liebevolle Porträt einer Preußin von der angenehmen Observanz, das fein ziselierte Bild einer märkischen Adligen, der er, bei manchem behutsamen Vorbehalt, unendlich viel zu danken hatte.

Sie hatte nur Liebe und Güte für mich

Fontane, der ewige Einzelgänger, vom Schicksal nicht gerade verwöhnt, hat das Glück gehabt, uneigennützige Freunde zu finden, und was die Merckels in den ersten Ehejahren waren, das setzt Mathilde von Rohr, fast bruchlos, seit dem Beginn der sechziger Jahre fort. Sie wird der gute Geist der Fontanes, die verläßliche Freundin in Rat und Tat.

Es ist schwer zu sagen, was die etwa Fünfzigjährige an dem vierzigjährigen verkrachten Apotheker, anerkannten Lyriker und England-erfahrenen Journalisten gereizt hat, den ihr alter Freund Bernhard von Lepel bei ihr einführt. Sicher sind es ihre (von Fontane ein wenig ironisierten) literarisch-geselligen Ambitionen, die sie den Dichter aus dem »Tunnel über der Spree« an sich binden läßt. Vielleicht ist es aber einfach auch die Sympathie für den jungenhaft-ungenierten Fontane, für dessen lebhafte märkische Interessen und für dessen nicht gerade rosigen Lebensumstände. Wie dem auch sei: sie wendet sich in ihrer Herzensgüte Fontane und den Seinen zu, er wird ihr »Verzug«, den sie fast mütterlich umsorgt. Sie stellt sich mit praktischen Gaben pünktlich ein: im Frühjahr mit Spargel, im Winter mit

Rehziemer und zu Weihnachten mit selbstgemachtem Marzipan, und Fontane bittet sie im Gegenzug um ihre Assistenz, wenn er Geburtstagsgeschenke für seine Frau besorgen muß.

Was die Rohr für die Fontanes im Lebensalltag bedeutet, geht eindrucksvoll aus einer kleinen Episode von 1872 hervor. Das Haus in der Königgrätzer Straße, in dem Fontane neun Jahre gewohnt hat – »es waren wie die besten so auch die interessantesten Jahre meines Lebens. Drei Kriege und welche!« –, hat den Besitzer gewechselt, die Miete wird steigen, und die Familie zieht ins Johanniterhaus, Potsdamer Straße 134 c. Das »alte Judenweib«, das bislang dort hauste, schockiert Emilie mit den Worten: »na, Freude soll er hier nicht erleben«. Fontane kommt diese Prophezeiung wie ein »alter, halbversteckter Judenfluch« vor, den er jedoch als wirkungslos empfindet, als Mathilde von Rohr ihm schreibt: »Sie und Ihre liebe Frau bringen Segen in jedes Haus, in der unausgesetzten Tätigkeit und der dankbaren Anerkennung dessen, was Gott Ihnen schenkt.« Diese Zeilen (nur als Zitat bei Fontane überliefert) seien »wie eine Art Exorzismus des Teufels« aufgenommen worden. (Dieser Brief vom 31. Oktober 1872 markiert eine der zahlreichen Stellen, an denen sich Fontane zur »Judenfrage« äußert, und es gehört zum Kosmos dieses Briefkonvoluts, daß eines der bedenklichsten Statements – die Vorhersage von der unvermeidlichen »Heimsuchung« der Juden – an Fräulein von Rohr geschickt wird.)

Offenbar sind die »vertraulichen Tee-Sitzungen«, die »heitren, zwanglosen Abende« in der Behrenstraße, die Fontane sehr sorgfältig von den »Gesellschaften« gewöhnlichen Stils unterscheidet, ein bevorzugter Ruhepunkt des mit »Wanderungen« und »Kriegsbüchern« reichlich beschäftigten »Kreuzzeitungs«-Redakteurs. Die »von Herzen kommende und daher herzerquikkende Hospitalität« der Rohr hat er stets gelobt und die bei ihr »verplauderten Stunden« zu den glücklichsten seines Lebens gezählt. Bei ihr kann der passionierte Causeur seiner Leidenschaft fast uneingeschränkt frönen, wobei die nachsichtige Gastgeberin immer zu einer Entschuldigung bereit ist, wenn er mit seinem saloppen »Bummelton« die bei der Rohr ohnehin liberalen Grenzen des Statthaften überschreitet. Mehr als einmal bittet er am anderen Tag, »auch diesmal eine kleine Ungezogenheit freundlichst zugute halten zu wollen, die, wie Sie wissen, aus einer gewissen nervösen Lebendigkeit, um nicht zu sagen Reizbarkeit entspringt«; er verspricht, beim nächsten Mal »desto frommer und traitabler« sein zu wollen.

Bei aller Standesgebundenheit ist Mathilde von Rohr offensichtlich eine ungewöhnlich aufgeschlossene Frau, bei der Fontane alles loswerden kann – was immer ihn bedrückt oder bewegt. Auf sie trifft vor allem zu, was er von Bekannten sagt, »die mich ein für allemal von der strikten Innehaltung gesellschaftlicher Formen dispensiert« haben. Er hat in seinen Briefen, überraschenderweise, über die Jahrzehnte hin nie die rituellen Anrede- und fast devoten Grußformeln aufgegeben und sich doch zwischen dem scheinbar Distanz gebietenden »Mein gnädigstes Fräulein« und dem »aufrichtig ergebensten Th. Fontane« wie kaum an anderer Stelle offenbart. Gegenüber Mathilde von Rohr räsoniert er rückhaltlos über sich, seine Ehe, seine Familie und die Freunde.

Er hat kein Problem, sich als Langschläfer vorzustellen oder einzugestehen, daß er »mit siegender Gewalt« über das geschenkte Marzipan hergefallen sei. Aus seinen Briefen erfährt man, daß er sich spät erst vom »unsinnig starken Kaffe« verabschiedet und auf die beruhigende Macht von Apfelkuchen schwört. Er bekennt seine Neigung zum »Räuberzivil«, zu einer bedenklich nachlässigen Kleidung zu Hause. Er verteidigt seinen fehlenden »Fest- und Feierlichkeitssinn« und versagt sich auch Pikantes nicht; von der dicken Dame im Theater vermutet er: »Sie hatte mindestens das Gewicht von 7 Berlinerinnen«, und von Prinzen heißt es, sie müßten auf Jagd gehen, Geliebte haben oder alte Münzen sammeln, das Dichten aber sollten sie sein lassen. Auch vorübergehende Unlust wird unumwunden eingestanden: »ich bin so kathedralen- und galerienmüde, wie man nur sein kann, und jedes Schloß, das ich *nicht* zu sehen brauche, ist ein Segen für mich.«

Der Dichter »un sin Fru«

Beiläufig liefern die Briefe auch die nahezu beängstigende Krankengeschichte der Familie Fontane. Ständig ist von Unwohlsein und Erschöpfung, von Angegriffen- und Abgehetztsein die Rede, und Erkältungen und gastrisch-nervöse Anfälle sind an der Tagesordnung – auch bei Frau Emilie, die sich, wie Fontane schreibt, wieder »in ihren gewöhnlichen Novemberzuständen« befinde, das heißt »andauernd krank« sei. Emilie ist von Anfang an in die Geselligkeit und die Fürsorge der Rohr einbezogen und in all den Jahren in einen eigenen umfangreichen Briefwechsel mit ihr verwickelt, der aber, mit Ausnahme von einem halben Dutzend unveröffentlichter Briefe Emilies, nicht überliefert ist. Daher nimmt es nicht wunder, daß Fontane sehr freimütig und in vielfältiger Nuancierung über seine Frau spricht. Was er in der Korrespondenz mit Emilie nie recht wahrhaben will, das gibt er gegenüber der Rohr gern zu: daß er nämlich ohne »sin Fru« verloren sei. Das bezieht sich nicht nur auf das Familien-Organisatorische (»meine Frau, sehr herunter durch Plätten und Kindergeschrei«) und die Umsicht, mit der sie für rechtzeitige Glückwünsche zu Geburtstagen sorgt (sie habe das »bessere Geburtstagsgedächtnis«), sondern vor allem auf die täglichen »kleinen Hilfen und Sekretär-Dienste« bei seinem schriftstellerischen Gewerbe. Freilich klagt er auch mitunter (»Eine verstimmte Frau ist ebenso ein Druck, wie eine heitre einem Flügel leiht«), und 1876, als er mit der Kündigung seiner Stellung in der Akademie der Künste eine heftige Ehekrise auslöst, schreibt er sogar jene reichlich böse Analyse über Emilie, die nur »in ruhigen Tagen eine angenehme, geist- und verständnisvolle Gefährtin« sei, ihn aber in den Stürmen des Künstlerlebens allein lasse. Da er weiß, daß die Rohr seinen Schritt billigt, bittet er sie, bei seiner Frau zu intervenieren: »ein paar freundliche, trostreiche Worte; ein paar Hiebe gegen mich können immer dabei abfallen«. Jahre später aber, als die Affäre überwunden ist und man sich wieder zusammengerauft und mit der relativen Erfolglosigkeit seiner literarischen Arbeit abgefunden hat, gesteht Fontane: »Meine Frau ist darin viel verständiger und viel liebenswürdiger geartet (überhaupt die Beste von der ganzen Gesellschaft, mich mit eingerechnet) und leidet nur ihrerseits wiederum unter ihrer großen körperlichen Gebrechlichkeit.« Auch der köstliche Bericht über die Dienstmädchen vom 23. Mai 1885 zeigt, wie sehr er die Arbeit der Hausfrau schätzen und achten gelernt hat. Und er respektiert auch ihr literarisches Urteil. Als sie einen handlungsprallen historischen Roman von Brachvogel gelesen haben, der ihm gefallen hat, bemerkt er: »Meine Frau aber fand es greulich, und von ihrem Standpunkt aus hat sie recht. Sie verlangt in solchem Buche Bildung, Klarheit, Konsequenz und künstlerische Form, vor allem originelle, selbständige Menschen und Gedanken. Von all dem ist wenig oder gar nichts drin; es ist Küchen-Lektüre.«

Es versteht sich, daß auch Fontanes vier Kinder ihren Platz in den Berichten nach Dobbertin haben, und in dem gerade zitierten Brief vom 3. Januar 1883 sind sie gemeint, wenn etwas abwertend von der »ganzen Gesellschaft« die Rede ist. Über ihre Entwicklung informiert er regelmäßig und meist recht nüchtern. Im Grunde ist er bitter enttäuscht, daß die drei älteren kein Verständnis für die prekäre materielle Lage der Familie aufbringen. »Das Maß von Verkehrtheit und Undankbarkeit, das darin liegt, ärgert mich. Keins der Kinder« – er nimmt nur den Jüngsten, Friedrich, den Patensohn der Rohr, aus – »hat je scharf zugefaßt und gesagt: ›*so* soll es sein; *das* übernehm ich, *das* ist nun *meine* Sache.‹« Fontane weiß, daß er den Kindern kein Vermögen vermachen kann, und so läßt er ihnen – soweit er es vermag – wenigstens eine solide Ausbildung angedeihen, eine gute »innerliche Ausrüstung«, weshalb er beispielsweise Mete ein Jahr nach England schickt: »Die volle Kenntnis einer fremden Sprache ist wie ein Kapital, von dessen Zinsen man leben kann.« Gerade der Liebling Mete freilich wird, die Briefe spiegeln es behutsam, zunehmend zum Sorgenkind.

Ein problematischer Freund

Eine andere Person spukt, fast leitmotivisch, durch nahezu alle Briefe: Bernhard von Lepel. Die Irrungen und Wirrungen seines Lebens verfolgen Fontane und die Rohr mit ständiger Sorge.

Lepel hatte Fontane schon 1843 in die literarische Gesellschaft des »Tunnels über der Spree« gebracht, Fontane leistet sein Militärjahr im gleichen Regiment, in dem Lepel Leutnant ist. Zusammen erleben sie die Turbulenzen des Vormärz, der Revolution und der Reaktionsperiode, und ihr intensiver Briefwechsel belegt viel Gemeinsames. Doch die beiden leben sich auseinander. Es sind nicht nur gegensätzliche politische Meinungen;

Fontane vertritt als Mitarbeiter der erzreaktionären »Kreuzzeitung« mitunter recht konservative Positionen, während Lepel eher liberal orientiert ist. Nein, es brechen mit fortschreitendem Alter Differenzen in Temperament und Charakter auf. Er sei, gesteht Fontane 1863, »zu nah am Kochpunkt, aber er ist zu nah am Eispunkt. Empfindlich und eigensinnig sind wir beide, und das ist schlimm genug. Das schlimmste aber ist mein raschblütiger, oft *unvorsichtiger*, auch wohl mal *ungeziemender* Bummelton, gegenüber seiner *steinernen Würde* und *Superiorität*.« Gleichwohl sucht Fontane in der Redaktion etwas für Lepel zu tun, sieht sich aber bei diesem undankbaren Vermittleramt dem Einwand seines Chefredakteurs Beutner ausgesetzt: »Was gehen mich die *liberalen* Freunde meiner Mitarbeiter an!«

Unendlichen Stoff für den Briefdisput zwischen Berlin und Dobbertin liefert die brüchig werdende Ehe mit Hedwig von Lepel, die nach quälenden Monaten erfolgende Scheidung und die zweite Ehe mit Anna von Heydebreck. Die »Neue« mit ihrem schnabbrigen Redefluß und den Gewagtheiten der Themenwahl stößt auf Kühle und Ablehnung im Freundeskreis, Fontane aber akzeptiert sie mit kaum verhohlener Sympathie – auch so dürfen Weiber sein (wie er später Dubslav von Stechlin sagen lassen wird). Den von Fontane ironisch apostrophierten berlinischen »Sprechanismus« scheint sie in Reinkultur repräsentiert zu haben. Auf Lepel, der in Prenzlau lebt, kommt Fontane immer wieder kopfschüttelnd zurück, und sein privater Nachruf im Brief an die Rohr vom 23. Mai 1885 gerät ihm zu einer bitteren Klage über ein verpfuschtes Leben. Er war so »reich beanlagt und hatte schöne Gottesgaben«, aber sein Verschleiß an Frauen habe ihn ruiniert, erklärt Fontane, der, bei allen Problemen, seiner Emilie fast ein halbes Jahrhundert hindurch ein treuer Ehemann war.

Wahres Anekdotenbuch und brillante Erzählerin

Die Rohr, bekennt Fontane, hatte »nur Liebe und Güte für mich und war mir auch, um eine Hauptsache nicht zu vergessen, bei meinen Arbeiten vom allergrößten Nutzen«. Tatsächlich sind viele Passagen der »Wanderungen« durch ihre direkte oder indirekte Mitwirkung entstanden, ja Fontane zögert nicht, »ein Dutzend der lesbarsten Kapitel« ihren »ersprießlichen Diensten« zuzuschreiben.

Sie ist bekannt und verwandt mit allen möglichen Leuten, hat persönliche Beziehungen in höchste Kreise der Gesellschaft und der Verwaltung und verfügt obendrein, dank eines vorzüglichen Gedächtnisses, über einen unausschöpfbaren Fundus familiengeschichtlicher Fakten. Fontane bescheinigt ihr, sie sei ein »wahres Anekdotenbuch« und eine »brillante Erzählerin«. Und so geht vieles, vor allem aus dem Havelland, der Prignitz und dem Ruppinschen, unmittelbar auf ihre Mitteilungen zurück, in anderen Fällen beschafft sie Dokumente und Materialien, oder sie schreibt wirkungsvolle Empfehlungsbriefe, die dem Wanderer den Zugang zu den märkischen Edelleuten und ihren Archiven öffnen. Fontane behelligt sie mit Detailfragen ebenso wie mit großen Zusammenhängen, und Passagen in märkischem Platt gibt er ihr zur Korrektur. Oft genug meldet er sich erst in letzter Minute und setzt sie unter Druck: die »Wanderungen« würden ohne ihre rasche Hilfe ins Stocken geraten! Am Trieplatz-Aufsatz, der, lange geplant, erst 1875 in die »Grafschaft Ruppin« aufgenommen wird, läßt sich eindrucksvoll beobachten, wie »Wanderungen«-Kapitel allmählich reifen und, vor allem, mit welcher Rigorosität er die Rohr in die konkrete Zuarbeit einbindet: »Ich lege heute noch einen Fragezettel bei und bitte Sie freundlichst, Ihre Antworten mit einer spitzen Feder dazwischenkritzeln und nur das, was mehr Raum erfordert, auf aparten Zetteln notieren zu wollen.«

Übrigens verdankt auch der Romancier Fontane der märkischen Stoff-Verwalterin einiges: zum Beispiel, schon 1862, die Geschichte des Fräuleins von Crayn, aus der er den »Schach von Wuthenow« formt. Als er ihr 1882 ein Exemplar schickt, vermerkt er dankbar, »daß es mir mit allem gut gegangen ist, was von *Ihnen* kam«. Die »Stifts- und Kloster-Kapitel« in »Grete Minde« sind Eindrücken in Dobbertin deutlich nachempfunden, und sicher ist auch das Atmosphärische im Abschnitt »Kloster Wutz« (»Der Stechlin«) noch davon beeinflußt. Daß die Rohr auch bei dem Novellenprojekt »Sidonie von Borcke« vermittelnd einspringen muß, liegt nahe, denn die Geschichte sollte im Kloster Marienfließ spielen, und er brauchte für seine Recherchen an

Ort und Stelle die Zustimmung der dortigen Domina. Selbstverständlich wird die Rohr auch eingeschaltet, als Paul Heyse in München den »Roman der Stiftsdame« konzipiert und Unterlagen über Stifts-Statuten braucht. Und nicht zuletzt: Mathilde von Rohr ist in die langwierige Entstehungsgeschichte des Romanerstlings »Vor dem Sturm« eingeweiht, kennt die Hoffnungen, die der Autor auf dieses »Schmerzenskind« setzt, und ermutigt ihn auf seinem langen Weg zum Erzähler, was außer Frau Emilie niemand sonst getan hat.

»Ehre« im Wert einer altbackenen Semmel

Indes bestimmen nicht nur menschliche Zuwendung und literarische Zuarbeit das Verhältnis Fontanes zu Mathilde von Rohr. Auch sie ist – wie Fontane von sich zu behaupten pflegt – »in der Wolle gefärbter Preuße«, und das schließt im besten Fall Kritik und Zweifel an der eigenen Existenzform ein; die Fronde hat ja Tradition im Lande. So findet Fontane bei seiner lebenslangen Auseinandersetzung und wachsenden Distanzierung von Preußentum und preußischem Staat ausgerechnet in der märkischen Adligen im mecklenburgischen Dobbertin eine wichtige Partnerin. In den »Bekennerschreiben« an sie ist jener Vorgang minutiös belegt, wie, nach seiner burschikosen Formulierung, seine Preußen-Begeisterung einen »kolossalen Knax« bekommt.

Die Wurzeln der Entfremdung reichen in die England-Zeit zurück, als ihn die »poplige Unteroffizierswirtschaft« der Berliner Behörden mehr als einmal zur Verzweiflung bringt. Dann aber, ab 1868, empört ihn, der noch immer nicht in glänzenden Verhältnissen lebt, die Streichung der Beihilfe für seine märkischen Arbeiten (immerhin 300 Taler jährlich), die er seit 1861 vom Kultusministerium erhält. Die vergeblichen Bemühungen um die Weitergewährung dieses Fixums, bei der die Rohr ihre diplomatischen Kanäle nutzt, ziehen sich über Monate, ja über Jahre hin und stacheln Fontanes Zorn auf das »vielgerühmte Zopfpreußentum mit seinem Dünkel, seiner Filzerei und seiner Grobheit« immer neu an. Er liefert dabei köstliche Charakteristiken der preußischen Minister, vor allem des Herrn Heinrich von Mühler, der die Annullierung veranlaßte. Genüßlich stellt er sich vor, wie seine wirklichen Freunde, Wilhelm von Merckel und dessen Schwager Ferdinand von Mühler, einst im Himmel (wenn er denn überhaupt dorthin kommt) bei seinem Anblick »beide Hände in die Hosentaschen stecken und ohne Gruß und Handschlag an ihm vorbeigehen werden«.

In der langen Folge der Querelen bringt das Jahr 1876 einen weiteren Höhepunkt. Fontane versucht ein letztes Arrangement mit der preußischen Ministerialbürokratie und wird Erster Sekretär der Akademie der Künste. Was zunächst passabel aussieht, ist in Wahrheit ein subalterner Schreiber- und Protokollantenposten, nicht etwa eine kunst- und kulturpolitische Position. Fontane kündigt nach wenigen Wochen das gerade erst vom Kaiser bestätigte Amt, führt aber bis in den späten Herbst hinein die Geschäfte weiter. Er gewinnt ernüchternde Einblicke in die ministeriellen Mechanismen, in die korrekte Knausrigkeit der Behörden, in die Pedanterie der zuständigen Beamten, und er schüttet gegenüber der Rohr sein gedemütigtes Poetenherz aus: »Mir ist die Freiheit Nachtigall, den andern Leuten das Gehalt.«

Ins gleiche Jahr 1876, in dem Fontane nach jahrelanger Kärrner-Arbeit den vierten und letzten Band seines Buches über den »Krieg gegen Frankreich« veröffentlicht, fällt auch die herbe Enttäuschung über die (Nicht-)Reaktion Kaiser Wilhelms auf ebendieses »Kriegsbuch«. Doch Fontane weiß ja längst (und er hat die Rohr schon 1872 daran erinnert), daß die Hohenzollern für Schriftsteller (gegenüber »Militärpersonen« verhielten sie sich anders) »*nie* etwas getan« haben, und er erwähnt die beschämenden zwei Taler, die Friedrich der Große der Dichterin Anna Luise Karsch spendierte. Und so verwundert es ihn schließlich nicht, daß der Kaiser das Mammutwerk über den deutsch-französischen Krieg nicht mit einer wohlwollenden Dotation würdigt, wohl aber der Witwe des Schauspielers Pohl (»7. Ranges«; man kennt tatsächlich nicht einmal seinen Vornamen!) eine jährliche Pension aussetzt.

Als Fontane, vier Jahre danach, »in einer literarischen Angelegenheit« zu Exzellenz Redern gebeten wird, der sein Leben von ihm beschrieben zu sehen wünscht, da ist die engagierte Frau Emilie von vornherein »wütend über dieses Zitiertwerden«, und Fontane selbst artikuliert seinen lange aufgestauten Frust in drastischer Deutlichkeit: »Ich hab in dem Verkehr mit Hof und Hofleuten ein Haar gefunden; sie bezahlen nur mit ›Ehre‹, und da diese ganze Ehre auch noch nicht den Wert einer altbackenen Semmel für mich hat, so wird es mir nicht schwer, darauf zu verzichten.«

Die Briefe an Mathilde von Rohr dokumentieren, daß dieses Credo nicht einer augenblicklichen Verärgerung entspringt, sondern daß darin zahllose Erfahrungen, Kränkungen und Demütigungen kulminieren. 1868 trägt ihr Fontane geradezu enthusiastisch und ebenso patriotisch wie europäisch orientiert, seinen Plan für ein »Nationalhistorisches Museum« in Berlin vor (und die Angelegenheit zeigt, wie hoch er ihr Interesse und ihre Einflußmöglichkeiten veranschlagt: »Bitte, zeigen Sie, was Sie können«). Aber schon im Vorfeld gibt er die Hoffnung auf, daß das Kultusministerium *ihn* mit dem Projekt betrauen könnte, und er macht »die Bettelvorstellung, die man von einem deutschen Schriftsteller hat«, dafür verantwortlich, die »Vorstellung, daß erst ein Geheim-Sekretär oder ein Konrektor kommt und dann ein Schriftsteller noch lange nicht«. Auf das Thema Geist und Macht, schriftstellerische Verantwortung einerseits und politisch-staatliches Mißtrauen gegenüber den »catilinarischen Existenzen« andererseits kommt er immer wieder zurück, und in dem 1891 anonym veröffentlichten Aufsatz »Die gesellschaftliche Stellung der Schriftsteller« hat er sich öffentlich dazu geäußert.

In seiner literarischen Praxis liefert er freilich genügend Anhaltspunkte für die Skepsis des etablierten Preußen. Seine Bücher über die Kriege von 1864, 1866 und 1870/71 sind zwar Dokumente über die »glänzenden« preußischen Siege, über die Schlagkraft der Truppe und die Talente der Führung, aber sie stimmen nie in den chauvinistischen Hurra-Patriotismus der offiziellen Publizistik ein und schildern mit unverhohlener Sympathie die Besiegten. Besonders der Reisebericht »Aus den Tagen der Okkupation« – er entsteht zu großen Teilen im Hause der Stiftsdame Mathilde von Rohr in Dobbertin – vermittelt ein ausgewogenes, überwiegend freundliches Bild vom vermeintlichen »Erbfeind« und von der Kultur seines Landes. An seine Gastgeberin schreibt der Autor Ende 1871 in diesem Zusammenhang: »... hier wird man es wohl wieder zu ›franzosenfreundlich‹ finden, weil ich nicht ausgesprochen habe, jeder Franzose muß zur Strafe seiner Sünden lebendig gebraten werden. Daß mich dies alles wenig anficht, werden Sie glauben.«

Die folgenden Verse übrigens beziehen sich auf jene ebenso arbeitsreichen wie stimmungsvollen »Tage von Dobbertin« im Sommer 1871:

Die Sonne ist im Scheiden,
Das Boot fährt über den See,
Die Erlen und die Weiden
Spiegeln sich im See;
Die Schwäne stillere Kreise
Im weiten Wasser ziehn,
Ich denk an die goldenen Tage,
An die Tage von Dobbertin.

Mir ist die Freiheit Nachtigall

So wie Fontane im Fall seines Frankreich-Berichts die Meinungsfreiheit des Autors verteidigt – um den Preis der öffentlichen Mißachtung –, so ist die gesamte Korrespondenz mit der Rohr das Medium, in dem er sich über die unabdingbare Unabhängigkeit seines Metiers ausspricht und über sein Künstlertum und seine Produktion überhaupt immer aufs neue mit sich selbst verständigt.

Was die Rahmenbedingungen für den Beruf des freien Schriftstellers angeht, so hat er es der besorgten Emilie mehr als einmal eingeschärft: »Sicherheit is *nich*.« Und das einzig halbwegs Sichere ist in den Jahrzehnten von 1870 bis 1890 (also im Zeitraum von etwa Dreiviertel der Rohr-Korrespondenz) das angemessene Fixum, das ihm die »Vossische Zeitung« für die Berichterstattung aus dem Schauspielhaus zahlt. Dies bindet ihn freilich auch an die hektische Großstadt Berlin, der er, zeitweise wenigstens, am liebsten den Rücken kehren würde, und vor allem frißt diese Stellung auch viel von seiner kostbaren Zeit (»Mich absorbiert ganz das Theater; *vier* Vorstellungen in einer Woche«). Daher ist nicht zufällig verhältnismäßig oft vom Theater die Rede, das ihn in der Saison stark in Anspruch nimmt: durch die Abende am Gendarmenmarkt und die jeweils folgenden »Kritiktage«, die er und die Familie sehr ernst nehmen und respektieren (»Der Herr hat heut Kritik«). Emilie, ihr Leben lang theaterbegeistert, findet die Kritikschreiberei wohl etwas unter der Würde ihres Mannes, und mitunter fühlt sich dieser auch nicht sehr behaglich, wenn er über Fräulein Keßler oder Herrn Liedtcke seine »Witzchen« verzapft – sehr zu Unrecht übrigens, denn diese Rezensionen, diese klugen und entschiedenen Überlegungen zu Stück und Autor, zu den Mimen und zur Inszenierung, auch gerade die gnadenlosen Verrisse gehören vor Alfred Kerr zum Besten deutscher Theaterkritik.

Nicht unproblematisch ist auch die andere Einnahmequelle: die aus Büchern resultierenden Honorare, und insofern geben die Briefe an die Rohr aufschlußreiche Einblicke in die Beziehungen zu Wilhelm Hertz, den, natürlich, auch Mathilde gut kennt. Fontane schätzt den angesehenen Berliner Verleger als kompetenten geistigen Partner, aber er wünscht sich, wie jeder Autor, mehr finanzielle Großzügigkeit. Hertz sei ein »Sicherheitskommissarius«; er kajoliere ihn, »aber mit *zugemachter* Hand«. Und dabei träumt Fontane vom »Geheimnis schriftstellerischen Wohlergehns«, nämlich Geld zu verdienen, ohne dafür schreiben zu müssen!

Trotz dieses materiellen Dilemmas und obwohl er auch später nicht an seinen literarischen Nachruhm glaubt (allenfalls seinen Gedichten räumt er eine Überlebenschance ein), hat er, ein überaus fleißiger Autor, sich täglich sein Pensum Kunst abgefordert (nach dem gern bemühten Goethe-Satz: »Gebt ihr euch einmal für Poeten, so kommandiert die Poesie«). Interessant ist dabei sein nachdrückliches Bekenntnis zum Ort dieser geistigen Lebensform, abgelegt in einem Brief an die Rohr nach der ersten Italien-Reise: »All dieser Herrlichkeit gegenüber empfand ich deutlich, und nicht einmal schmerzlich, daß meine bescheidene Lebensaufgabe nicht am Golf von Neapel, sondern an Spree und Havel, nicht am Vesuv, sondern an den Müggelsbergen liegt«; hier finde er seine Arbeit »und in ihr meine Befriedigung«.

Dies bedeutet ausdrücklich die Hinwendung zu Schauplatz und Thematik seines erzählerischen Spätwerks. Mathilde von Rohr erfährt aus erster Hand, wie er das Desaster mit der Akademie – trotz Depression, Verzweiflung und Ehekrach – kreativ bewältigt und den ersten Roman, »Vor dem Sturm«, den er seit fast zwanzig Jahren mit sich herumträgt, endlich abschließt und eine neue Schaffensphase einleitet. Ihr entwickelt er sein poetologisches Konzept, ihr trägt er vor, wie erzählende Kunst beschaffen sein muß: »es kommt immer auf zweierlei an: auf die Charaktere und auf ein nachweisbares oder poetisch zu mutmaßendes Verhältnis von Schuld und Strafe«.

Allerdings fühlt er sich mit seinen »Schreibereien« gelegentlich auch wie der Clown im Zirkus, und resignierte Töne klingen bei allem künstlerischen Selbstwertgefühl immer häufiger an. Als er vom Besuch seines längst arrivierten ehemaligen Londoner Apotheker-Freundes Julius Schweitzer erzählt, lautet die Quintessenz: aus allen seinen Weggefährten seien »reputierliche Leute« geworden und er stehe fast als der einzige da, »aus dem nichts geworden ist«.

Die Rohr erfährt – meist nur noch in Briefen zum Geburtstag oder zum Jahreswechsel – von seinem Mißtrauen gegenüber den Freunden, von der Ruppigkeit der öffentlichen Verhältnisse (beim schockierenden Tod des ältesten Sohns), von seiner tiefen Skepsis gegenüber der politischen Situation und der sozialen Entwicklung (»eine Welt der Mängel«) und immer wieder von den »nur mäßigen Anstandserfolgen« seiner Romane. Und ein bitteres Resümee steht ziemlich am Schluß: er habe sich einzurichten mit »Lebenslotterie-Gewinnen von 50 Talern«.

Diese Haltung korrespondiert mit Fontanes Vorstellung von Schicksal, die wiederum mit einem säkularisierten Gottesbegriff in Beziehung steht. In verschiedenen Variationen betont er, daß Gottes Gnade die »einzige Garantie unsres und *jedes* Glücks« sei, doch das bedeutet bei ihm nicht hilflose Schicksalsergebenheit, denn er sagt der Rohr auch: »Ich werde nach wie vor auf die beiden alten Hauptfaktoren unsres Daseins angewiesen sein: auf Gott und das eigene Tun.«

Wo man die Briefe an Mathilde von Rohr auch aufschlägt – man begegnet einem bekenntnisfreudigen Fontane und, im Spiegel seiner Texte, einer hilfsbereiten, gütigen und verständnisvollen Adressatin, deren »freundschaftliche Gesinnungen« er zu den »Errungenschaften« seines Lebens zählt.

Gotthard Erler

Zu dieser Ausgabe

Der vorliegende Band enthält sämtliche erhaltenen Briefe Fontanes an Mathilde von Rohr; chronologisch eingeordnet sind die zu bestimmten Anlässen an sie gerichteten Verse. Die Texte wurde 1971 erstmals als geschlossener Komplex in Band 3 der »Briefe« veröffentlicht (4 Bände, herausgegeben von Kurt Schreinert, zu Ende geführt von Charlotte Jolles, Propyläen Verlag, Berlin 1968–1971). Die Handschriften der Fontane-Briefe – durchweg sorgfältig mit Tinte geschrieben (nur einmal benutzt Fontane, sich sogleich entschuldigend, den Bleistift) – werden in der Staatsbibliothek zu Berlin – Stiftung Preußischer Kulturbesitz aufbewahrt; sie haben den typischen kalligraphischen Zauber von Fontanes Briefen, sind häufig kleine Manuskripte, und nicht selten besteht ein Brief aus drei, mitunter sogar aus vier Bogen, also aus 12 bzw. 16 Seiten, und, wie üblich, nutzt der Autor gern und ausgiebig die Ränder. Briefe von Mathilde von Rohr an Fontane, die es zahlreich gegeben haben muß, sind, leider, nicht erhalten. Die Verse folgen der Ausgabe der »Gedichte« in der Großen Brandenburger Ausgabe.

An den Anfang haben wir, statt einer Einleitung, den biographischen Essay gestellt, der, nach dem Tode der Rohr geschrieben, für den »Wanderungen«-Band »Die Grafschaft Ruppin« bestimmt war, aber dort, nach einem Abdruck im »Daheim« im März 1892, zu Lebzeiten Fontanes nicht aufgenommen wurde; er erschien erst in der achten Auflage von 1903. Im Anhang sind Texte zusammengestellt, die mit der Rohr-Familie und mit Mathilde von Rohr in Dobbertin zu tun haben: aus dem Band »Die Grafschaft Ruppin« die Kapitel »Trieplatz«, »Tramnitz« und »Ganzer« sowie die nachgelassenen Notizen über Dobbertin (aus dem Band »Das Ländchen Friesack und die Bredows«, Band 7 der »Wanderungen«-Ausgabe des Aufbau-Verlages), ferner Fontanes Brief über Dobbertin an Césaire Mathieu vom 5. Oktober 1871. Als Erstveröffentlichung (mit freundlicher Genehmigung des Theodor-Fontane-Archivs) folgen die Aufzeichnungen über die Rohr aus der Feder von Jeannette von Bülow, die Fontane teilweise für seinen Essay benutzt hat, sowie zwei bisher ebenfalls ungedruckte Briefe zum Thema von Frau von Bülow an Fontane vom 28. November 1889 und einen von ihr kopierten Brief von Amalie von Romberg vom 4. Mai 1874.

Für die Textgestaltung der Briefe wurden die Handschriften herangezogen, wobei zahlreiche kleinere Versehen der Propyläen-Ausgabe korrigiert werden konnten. Auch wurden, in Übereinstimmung mit den Originalen, aber abweichend von der Propyläen-Ausgabe, charakteristische Eigenheiten Fontanes erhalten: D^{r} statt Dr., N$^{\underline{o}}$ statt N^{o}, die vielfach variierenden Hervorhebungen bei Orts- und Datumsangabe, der unterschiedlich gebrauchte Punkt nach »Fontane« am Briefschluß. Das zeitübliche Zeichen Ꞇ für (Reichs-)Taler wurde dagegen in Tlr. aufgelöst. Nicht reproduziert wurde der Doppelpunkt als Abkürzungszeichen, wie ihn Fontane bis in die achtziger Jahre hinein, zunehmend weniger, gebraucht (Th: Fontane). Die Texte wurden den üblichen Gepflogenheiten vor der Rechtschreibreform von 1999 angeglichen; die charakteristische Schreibung von »Kaffe« wurde selbstverständlich beibehalten.

Abgekürzte oder indirekt genannte Namen sowie ungenau zitierte Titel sind im Text in [ ] ergänzt und rektifiziert. Knappe Angaben zu Personen und Periodika vermittelt das Register, wobei der Kommentar der Propyläen-Ausgabe dankbar zu Rate gezogen wurde.

G. E.

Register

(Die Belegstellen sind die Briefnummern)

Personen und Werke

Periodika

Schriften und Werke Fontanes

Selbständige Bücher

Gedichte

Aufsätze, Berichte, Fragmente

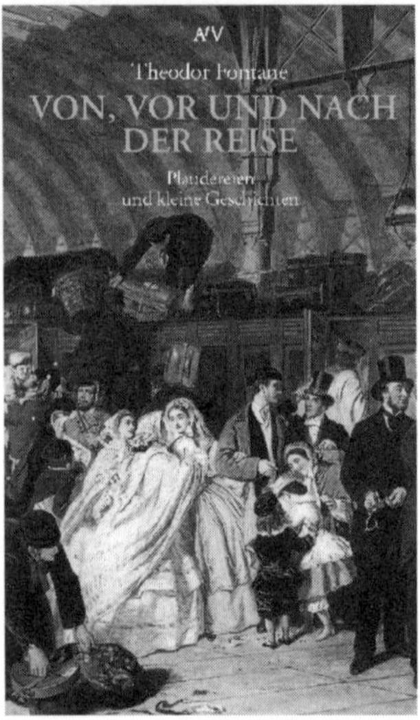

Theodor Fontane

Von, vor und nach der Reise

Plaudereien und kleine Geschichten

140 Seiten
Band 5278
ISBN 3-7466-5278-2

»Zu den Eigentümlichkeiten unserer Zeit gehört das Massenreisen. Sonst reisten bevorzugte Individuen, jetzt reist jeder und jede.«

Mit dieser verblüffenden Feststellung aus dem Jahre 1873 eröffnet Fontane seinen kleinen Erzählzyklus. Dreizehn Prosastücke zwischen Feuilleton und Short story versorgen den Leser mit erheiternden Betrachtungen über alles, was einem auf Reisen zustoßen kann. Reiche Erfahrungen in puncto Sommerfrische, Hotelleben und Kurpromenade liefern Fontane den Stoff für seine köstlichen Szenen. Ob im Harz oder im Riesengebirge, auf Norderney oder in Bad Kissingen, der Autor kennt sich aus mit der Spezies »Urlauber«, einem Wesen, das trotz aller guten Vorsätze immer der alte Adam bleibt.

Ein charmantes Büchlein für jeden Reisenden und alle, die vor der Frage stehen: »Wohin?«

AtV
Aufbau Taschenbuch Verlag

Theodor Fontane

Kriegsgefangen

Erlebtes 1870

Herausgegeben
von Christel Berger

199 Seiten
Band 5277
ISBN 3-7466-5277-4

Im September 1870 reiste Fontane nach Frankreich, um für ein Buch über den Deutsch-Französischen Krieg zu recherchieren. Am 5. Oktober wird er »zu Füßen der Jungfrau« – des Jeanne-d'Arc-Denkmals in Domremy – verhaftet. Die Situation ist gefährlich genug, ja, dem Schriftsteller droht standrechtliche Erschießung. Schließlich wird Fontane zwei Monate inhaftiert, zuletzt auf der Insel Oléron. Unter dem Eindruck des unmittelbar Erlebten entsteht eines seiner schönsten Prosabücher.

Theodor Fontane

Aus den Tagen
der Okkupation

Eine Osterreise
durch Nordfrankreich
und Elsaß-Lothringen 1871

Mit einem Nachwort
von Gotthard Erler

404 Seiten
Band 5279
ISBN 3-7466- 5279-0

Nach seiner Rückkehr aus zweimonatiger französischer Kriegsgefangenschaft im Dezember 1870 bricht Fontane am Ostersonntag des folgenden Jahres noch einmal auf, um die Schauplätze des Deutsch-Französischen Krieges zu besichtigen. Reims, Amiens, Rouen, Sedan, Metz und Straßburg sind die geschichtsträchtigen Orte, die er besucht und auf seine charakteristische Weise beschreibt. Entstanden ist ein sehr persönliches Buch, in dem sich historische Rekonstruktion mit der Unmittelbarkeit des Erlebens verbindet. Worauf es ihm ankommt, ist die menschliche Dimension des Geschehens.

Theodor Fontane

Jenseits von Havel und Spree

Reisebriefe

Herausgegeben von Gotthard Erler

418 Seiten
Band 6027
ISBN 3-7466-6027-0

Den Zauber seiner Briefschreibekunst entfaltet Fontane vor allem auch in seinen Reisebriefen. Als charmanter Plauderer bringt er Menschlich-Allzumenschliches ebenso vergnüglich zur Sprache, wie er Land und Leute charakterisiert, manche Eigentümlichkeit seiner Mitreisenden ironisch präsentiert und kuriose Begebenheiten zu kleinen humoristischen Szenen gestaltet.